本研究得到中国人民大学 985 研究基金资助

人在世界中的位置及其责任

——古斯塔夫森的伦理思想研究

江庆心 著

中央编译出版社

图书在版编目(CIP)数据

人在世界中的位置及其责任:古斯塔夫森的伦理思想研究/江庆心著.—北京:中央编译出版社,2011.11

ISBN 978-7-5117-1112-0

Ⅰ.①人… Ⅱ.①江… Ⅲ.①伦理学-研究-美国 Ⅳ.①B825

中国版本图书馆 CIP 数据核字(2011)第 231126 号

人在世界中的位置及其责任

出 版 人:和 龑
策划编辑:冯 章
责任编辑:冯 章
责任印制:尹 珺
出版发行:中央编译出版社
地　　址:北京西城区车公庄乙5号鸿儒大厦B座(100044)
电　　话:(010)52612345(总编室)　(010)52612351(编辑室)
　　　　　(010)66130345(发行部)　(010)66509618(读者服务部)
　　　　　(010)66161011(团购部)　(010)52612332(网络销售部)
网　　址:www.cctpbook.com
经　　销:全国新华书店
印　　刷:北京瑞哲印刷厂
开　　本:787×1092 毫米　1/16
字　　数:350 千字
印　　张:23.5
版　　次:2011 年 11 月第 1 版第 1 次印刷
定　　价:59.00 元

本社常年法律顾问:北京大成律师事务所首席顾问律师　鲁哈达
凡有印装质量问题,本社负责调换,电话:010-66509618

目 录

引言 1

第一章 古斯塔夫森的学术生涯 1
第一节 古斯塔夫森其人 1
第二节 学术研究及著述 7
第三节 思想的出发点 13

第二章 古斯塔夫森伦理思想溯源 18
第一节 伦理学思想溯源 18
第二节 现实经验与道德认识 39
第三节 哲学伦理与宗教伦理的互通 47

第三章 人的合理位置及其伦理意义 59
第一节 上帝观 59
第二节 人之"存在"的多维性 75
第三节 人之"存在"的伦理意义 100

第四章 人对世界整体秩序的道德责任 114
第一节 道德责任的概念 115
第二节 责任的限制 135
第三节 个体责任与群体责任 148
第四节 规范、德性、责任的整合 195

第五章　道德责任的承担 ································ 203
  第一节　责任承担的原则 ······························ 203
  第二节　责任承担的途径 ······························ 211
  第三节　道德模糊的消解 ······························ 232
  第四节　道德生活的憧憬 ······························ 251

第六章　古斯塔夫森伦理思想的贡献 ···················· 256
  第一节　社会文化的现实批判 ·························· 256
  第二节　道德责任边界的拓展 ·························· 263
  第三节　生态整体伦理观 ······························ 269
  第四节　宗教伦理与科学的交叉互动 ···················· 275

第七章　古斯塔夫森伦理思想的批判性思考 ·············· 289
  第一节　神学的合法性质疑 ···························· 289
  第二节　道德认识论的批判 ···························· 295
  第三节　温和的"人类中心论"？ ······················ 299
  第四节　神学伦理学的亲科学倾向 ······················ 303

第八章　古斯塔夫森伦理思想的后续阐发 ················ 312
  第一节　整体主义伦理普适性之分析 ···················· 313
  第二节　古斯塔夫森之后的道德哲学批判 ················ 318
  第三节　与中国"天人合一"传统对话的可能性 ·········· 324

结束语 ·· 328

附录　古斯塔夫森的论文和手稿馆藏档案 ················ 334

主要参考文献 ·· 341

后记 ·· 354

引　言

　　二十世纪是灾难性的百年。两次世界大战导致众多生命和人之尊严备受摧残，特别是战后的技术飞跃更加刺激了人的物质欲望，人类掠夺性地开发自然资源已经导致生态环境遭到严重破坏。科学技术在不断为人类解决物质生存问题的同时，对人类的生存安全及生态系统的完整和谐带来新的威胁与破坏，并且不断引发更深层的伦理道德问题和社会问题，"和谐"、"整体"、"爱"、"关心"和"舍己"等价值都遭到极大破坏。面对各种道德困境以及愈加困扰整个人类生存的社会现实，一些思想家们悲叹：道德滑坡使人类陷入了自我制造的生存困境。更多敏锐的思想家则站在时代前沿，以高度的社会责任感和历史责任感，密切关注和思考这些问题，探寻解决之道。在美国的神学伦理学领域，一些思想家站在对抗人类中心主义的立场上，以宇宙整体秩序和谐统一为旨归，从理论与实践上对上述问题作出了有力的回应，成为美国二十世纪思想领域中一股重要的力量。

　　回顾二战之后神学伦理学对社会的深入批判、对人之责任和社会问题的回应，必然要提到 H. 理查德·尼布尔（H. Richard Niebuhr, 1894—1962）。尼布尔逆时代的主流声音，对抗十九世纪后期盛行的神学自由主义。他强调上帝的主权和全能，突出人的罪性和上帝的恩典，由此强调个人应当悔改、顺服在上帝的主权之下，积极地、负责任地回应上帝在当下历史时刻的作为,亦即成为负责任的自我(the responsible self)。① 尼布尔强调伦理学的神本主义基础,强调人回应上帝行动的责任,对美国神学和神学伦理学界影响深远。② 在受尼布尔思想影响的众多学生当中,詹姆斯·穆迪·古斯塔夫森(James Moody Gustafson,1925—)因其在神学伦理学研究方面的成就,成为继尼布尔之后美国二十世纪下半叶最具影响的基督教伦理学家。

古斯塔夫森曾在耶鲁大学神学院从师于 H. 理查德·尼布尔,之后师生二人均在该神学院执教,从事宗教伦理学的教学和研究。这对师生兼同事建立了深厚的情谊,以至于在尼布尔辞世之后,古斯塔夫森与尼布尔的儿子 R·R·尼布尔合作,编撰出版了导师的遗世之作《负责任的自我》(The Responsible Self),该著作也是尼布尔在西方伦理学界的代表作。

古斯塔夫森秉承尼布尔逆时代主流声音而清醒反思的精神,继续拓展其导师的伦理学主张,提出"以神为中心"的伦理学(theocentric ethics),来驳斥上20世纪60年代到80年代人类中心主义的各种伦理主张及其狭隘性。古斯塔夫森指出,启蒙运动以来"道德哲学的总体尺度就是使人作为一切的尺度"。③

西方文化中的伦理学思想,无论是基督教还是世俗领域,都一贯在关

---

① 尼布尔认为:首先提问的问题总是"现在正在发生什么事?"(What is going on?)或者"上帝正在做什么?"(What is God doing?)紧随这个问题应当提出的问题是:"在当下时刻上帝对我有何期待?"(What does God expect of me in the present moment?)。H. Richard Niebuhr. *The Responsible Self:An Essay in Christia Moral Philosophy.* New York:Harper & Row,1963. 125f.

② 尼布尔借用三种形象表示个体,以此区分出三种伦理学不同的角度:人作为制造者(man-the-maker),这是目的论和功利主义多采用这种角度;人作为公民(man-the-citizen),义务论常常采用这种角度;人作为回应者(man-the-answerer),尼布尔本人主张的伦理视角,强调人作为行动者就是时刻要在当下历史时刻从自身的经历来对上帝做出回应,人的回应即是人的责任(response as responsibility)。H. Richard Niebuhr. *The Responsible Self:An Essay in Christian Moral Philosophy.* New York:Harper & Row,1962. 51f,p. 65,p. 108 等。

③ James M. Gustafson. *Theology and Ethics:Ethics from a Theocentric Perspective.* Chicago:University of Chicago Press,1981. p. 81.

注什么对人是好的，经常忽视了去思考个体与他人之间的相互关系，忽视了去思考对特定群体和人类整体的共同善的限制，以及对于将来子孙后代福祉的限制。人既是善的主体又是善的客体。④

古斯塔夫森认为，这种人类中心论的实质就是否认上帝为上帝，是将人代替上帝成为价值善的根据和归宿。⑤

与此人类中心论相对抗，古斯塔夫森在其两卷本代表作《神本主义的伦理学》（*Ethics from a Theocentric Perspective*）中强调：上帝必须作为伦理学思考的参照点和根基，伦理学必须以神的整体创造及其目的为出发点和最终目标，即一切伦理思想及行动必须以整体宇宙秩序和谐统一的尺度取代人类自我利益中心的尺度，将宇宙世界中的一切存在与上帝的根本目的合理联系，在世界整体秩序的历史变化之中，寻找整体世界和谐发展的秩序、连续性和结构；为此，上帝应当而且必须进入人类道德生活的中心，人的任何伦理思考都要重新审视"人之存在"（being）在整体世界中的关系性的本质，重新审视人作为参与者如何回应整体创造和谐统一的动态秩序进程。作为多重关系中的存在，人之存在的价值和意义在于人要重新回归人作为多重关系之部分存在的本位，发挥自己作为道德行动者（moral agent）的作用，积极参与所在的各种关系，将各种关系整体引向最终动态的、和谐的合一。伦理学必须走出象牙塔，深入到社会、文化、历史、科学、环境等现实问题中，直面人之生存的各种社会现实问题，与时代展开对话和交锋。

古斯塔夫森是时代的思想先锋。在世俗化程度越来越高并迫使美国社会中宗教信仰的力量逐渐被边缘化的时代，在技术革新、文化多元化及道

---

④ James M. Gustafson. *Theology and Ethics：Ethics from a Theocentric Perspective*. Chicage：University of Chicago Press，1981. p. 84.

⑤ James M. Gustafson. *Theology and Ethics：Ethics from a Theocentric Perspective*. Chicage：University of Chicago Press，1981. p. 84.

德问题为人们带来价值混乱以至于正值美国的"文化战争"（the culture wars）⑥波涛汹涌的关键时期，古斯塔夫森以其神本主义伦理学的主张，向美国思想界、美国社会乃至整个西方世界呼吁：人必须重新反思人在宇宙中的本位、做人的本质和为人的责任。

概述而言，古斯塔夫森的伦理学主题围绕两个根本问题展开：人在动态的普遍联系世界中的"是"或"存在"（"being"），以及应当之"行为"（"doing"）。或者说：人之为谁？又该当何为？若以问答的方式来描述这两个核心的伦理学焦点，即是："在相互依赖的生命秩序和过程之中，我们作为参与者，上帝要求我们成为怎样的人、应当怎样行为？对此的回答是：我们应当根据与上帝之关系的合理方式，将我们自己和一切事物与上帝联系起来。"⑦

古斯塔夫森重申了以神为中心的神学伦理主张，并在美国伦理学界掀起讨论热潮。学界针对他的主张，提出诸多质疑：神本主义伦理学何以在处理神学与伦理学的关系上具有合法而完备的神学基础？面对世俗社会中生物医学技术进步带来前所未有的挑战、基因工程引发的伦理问题、干细胞研究的问题、环境问题、人口问题等等，神本主义伦理学何以提供有效的道德理论指导？1982年秋季《宗教伦理学杂志》（The Journal of Religious Ethics）推出对其作品的讨论专辑。⑧ 1985年，该杂志再次发起专题研讨会。1994年，古斯塔夫森的学生又一次召开专题研讨会，讨论他在神学伦

---

⑥ "美国文化战争"是美国在20世纪60年代至20世纪末表现激烈的意识形态争夺战。主要在以基督教传统价值观为主导的保守者与主张自由的进步派之间展开。前者以基督教右翼为代表，力图通过政治参与来获得强大的社会影响力，他们通过基督教信仰及其传统价值观来影响政治、参与政府选举，强调美国的基督教性质，其代表政党是民主党；后者努力争取政教分离，逐渐将基督教和其他宗教信仰逐出公共空间，尤其主张禁止学校教授《圣经》和禁止学校公开祷告，其代表政党是民主党。詹姆斯·戴维森·亨特第一个在著述中正式提出"文化战争"这一概念。参见James Davison Hunter: Culture Wars. The Struggle to Define America. BasicBooks: A Division of Harper Collins Publishers, 1991.

⑦ James M. Gustafson. Ethics and Theology: Ethics from a Theocentric Persepctive. Chicago: University of Chicago Press, 1984. p. 279.

⑧ 参见书末的"参考文献"部分。

理学上的贡献，并于会后出版论文专辑。⑨ 古斯塔夫森从神本主义立场出发对基督教伦理学中存在的问题的讨论，对人类（特别是美国）的现实环境、医学、文化等问题的关注，吸引了伦理学界内外众多思想家的目光，古斯塔夫森因此也被誉为美国最具"雄心壮志、最清醒、具有创新精神"的思想家之一，"当代基督教伦理学领域最伟大、最重要的思想家之一。"⑩ 神学家和伦理学家对其伦理学的理论合法性和现实可行性同时发出的褒奖、怀疑、指责等声音，使古斯塔夫森成为20世纪下半叶美国神学伦理学界影响最广泛、最深入、最具争议性的思想家。

古斯塔夫森将其神学思考和哲学方法建立在与传统对话的基础之上。他据此对话展开对人类生存现实问题的道德讨论，展开对"人之所是"和"人之当为"的神学伦理学反思。在神学思想方面，古斯塔夫森主要继承改革宗传统，尤其是借鉴卡尔巴特（Karl Barth）、托马斯·阿奎那（Thomas Aquinas）、卡尔·拉纳（Karl Rahner）⑪ 和保罗·拉姆塞（Paul Ramsey）的神学思想；⑫ 他的哲学思想主要批判继承了功利主义和康德的

---

⑨ 第一章"研究综述"部分将作详细介绍。

⑩ James F. Childress & Stanley Hauerwas. "Introduction," *Journal of Religious Ethics*. Vol. 13. Fall, 1985. p. 1.

⑪ 天主教神学家。其核心观点是：人是自由的存在，人类自身的发展已不再仅仅从永生（eternity）的角度来理解，人类发展自身是一个历史过程。人类已经成为有自由本质的自由的存在，因而人不再仅仅是上帝之下的道德意义和理论意义上的存在，而且也是属世的、肉体的和历史的存在。Karl Rahner. Theological Investigations. New York：Herder & Herder, 1973. 9：213—214.

⑫ James M. Gustafson. *Ethics and Theology：Ethics from a Theocentric Perspective*. Chicage：University of Chicago Press, 1981. pp. 25—96.

义务论。⑬ 此外，古斯塔夫森也继承卡尔巴特和尼布尔的新正统神学思想，⑭ 强调神的全权、全能及人相应的责任，主张神学伦理学必须回应现实社会问题，强调人应当遵循上帝普遍的道德原则命令，为人类及其各种具体情境承担责任，最终向上帝交代。古斯塔夫森深受老师尼布尔的影响，特别是关于"道德的自我"（the moral self）这个概念，即自我作为道德主体或者道德行动者这一核心主张，师生的观点完全一致。古斯塔夫森在《基督与道德生活》（*Christ and the Moral Life*）中表示："我若不是过分在乎自我尊严，我就可能会根据尼布尔的《道德的自我》作为副标题来构思本书。"⑮

本书将沿着古斯塔夫森的思想主题及其方法，结合美国的时代现实和人类生存面临的诸多道德问题，在不同章节讨论如下问题：古斯塔夫森如何继承并发展了神学家和哲学家的思想，如何拓展了尼布尔关于人作为上帝命令回应者的责任伦理主张？古斯塔夫森的神学理论是否在逻辑上支持了其伦理学主张？其"人之所是"和"人当何为"的思考如何具备理论上的充分性？如何在应用伦理领域具有可实践性？在越来越世俗化的美国文化中，古斯塔夫森从神学立场出发建构的责任伦理学，如何有效地帮助人们深入思考人之为人的本质和意义、并积极承担人之为人的责任？在不同文化传统和历史背景的中国文化之中，古斯塔夫森的责任伦理主张能在何种程度上发挥其作用？换句话说，古斯塔夫森的伦理思想是否具有普适

---

⑬ James M. Gustafson. *Ethics and Theology：Ethics from a Theocentric Perspective.* Chicage：University of Chicago Press, 1981. pp. 97—142.

⑭ 新正统神学是20世纪新教神学家针对19世纪出现的神学自由主义所做的神学反思和规正。新正统神学家有共同关注的主题，但观点不完全一致。其中包括卡尔·巴特、瑞士的爱德华·突尼森（Eduard Thurneyson）和伊米尔·卜仁纳（Emil Brunner）、德国的鲁道夫·布尔特曼（Rudolph Bultmann）和弗里德里克·戈迦吞（Friedrich Gogarten），美国的保罗·蒂利希（Paul Tillich）和尼布尔（Niebuhr）兄弟、瑞典的尼安道斯·格伦（Anders Nygren）和古斯塔夫·奥连（Gustav Aulen）等。Johnson, W. S. (ed.) *Introduction to "H. Richard Niebuhr：Theology, History and Culture：Major Unpublished Writings"*, xiv. New Haven：Yale University, 1996. p. 7.

⑮ James M. Gustafson. *Christ and Moral Life.* Louisville：Westmister John Knox Press, 2009 (reprint). p. 10.

性？其神学伦理主张如何能够与世俗伦理学沟通，帮助解决信仰者和非信仰者共同面临的道德问题？

本书的结构如下：

第一章介绍古斯塔夫森的生平和学术背景，概览其神学伦理思想的发展历程及其著述成果。

第二章阐述古斯塔夫森的理论构架，厘清其继承并发展神学传统和道德哲学传统的脉络。本章主要介绍古斯塔夫森的人类学观点，分析其有关人作为宇宙动态多重关系网中部分之存在的主张，讨论兼有自我创造性与受造性特质的人，如何在与自然、社会、文化、历史、自我等关系维度上，体现人之能动性与局限性共在的生存本质。古斯塔夫森的人类学所关注的焦点是：人之存在是具有实证性、宗教性、道德性和审美性等多维性的辩证统一体，这是把握和理解整体善的主要根据。

第三章评介古斯塔夫森关于"人在世界中的合理位置及其伦理意义"的主张，即针对人在宇宙中"是"或"存在"（being）的伦理学探讨。古斯塔夫森坚持动态、普遍联系的整体宇宙观和价值观，强调整体善大于部分善之和。整体善即具有共同体主义特点的共同体利益。人应当根据对世界整体善的把握，基于关系的价值理论，重新审视人在宇宙整体秩序中的合理位置，不断协调人之存在所依赖的各种关系，协调人与其他部分以及与相对关系整体之间的关系。"人之存在"与"人之行为"的辩证统一，是人类进行"神学？伦理学"反思的起点。

第四章探讨古斯塔夫森伦理思想的核心："人对世界整体和谐秩序进程的道德责任"，即人的伦理角色赋予人应当之"行为"的责任问题，以及个体与群体责任辩证统一的基本主张。古斯塔夫森从人之存在的生物性、社会性、历史性等综合维度，探讨人作为世界整体之部分的道德行为者的存在本质及其伦理意义。人不应仅仅作为生存世界中的观察者和消费者，而是应当与关系中的一切存在互为手段与目的，共同参与关系整体秩序的进程，"向"（to）自身所依赖的自然、文化、社会、历史及自我乃至人类整体负责，也"为"（for）这些关系整体负责，成为维护和促进整体善中临时的、负责任的治理者、呵护者、管理者和贡献者，承担其护理、看护和管理世界秩序的责任，以此实践人之存在的完整本质，最终向（to）上帝负责。即：人应当作为道德行动者，从自身合理的位置积极回应所承担的道德责任，参与、维护并促进宇宙整体关系秩序的动态的和谐与统一。

第五章探讨古斯塔夫森关于道德责任的承担、有关解决道德冲突和落实道德责任的原则、途径、方法以及合理消解道德模糊的主张。根据古斯塔夫森的整体善主张，人之"责任"是综合性、立体性的关系概念。"责任"的目标是不断超越个体性和部分性并且指向整体性、历史性和超人类性的归宿，责任是综合前瞻性义务和追溯性责任的神圣道德命令。根据整体善的责任要求，关系中的行为者应当关注所在关系的整体利益，自觉合理地筹划行为，积极参与维护并促进整体善的行为实践，并且适时调整行为，以最大程度满足整体善的要求。人要在自然面前保持做人所必需的谦卑，愿意成为自然的伙伴和合作者。在人际关系中，整体责任和整体利益的诉求，是旨在关系中的各个部分共同协调、平衡从而相互促进，唯有道德的人和道德的社会共同协调作用，才能促进和谐、合理又统一的世界秩序。责任承担的原则是坚持旨在维护和促进整体善的行为合理性。人要最大程度承担并履行其作为道德的行为者的责任，必须肯定人作为能力与局限的共在。行为者既要充分意识到各种关系赋予自己道德行为的可能性，在综合分析与平衡各种价值关系的过程中积极合理地行动；也应当在复杂多变的关系网中，全面、合理地分析和把握各种关系的限制、规律与要求，合理控制能动性的发挥，在必要时有所不为。行为者应当在现实的时空处境中，将人类对整体世界的责任有机地统一于纵横交织的时空坐标之中。通过合理的代际关系，将人与自然共同置入和谐、平衡的连续性关系，将当前和长远意义上自然内在循环发展的要求置于与当前和未来人类连续共构的历史整体之中。古斯塔夫森的神本主义伦理学是一种整体主义的伦理学，他强调行为者应当动态地平衡人之"存在"与"行为"所涉及到的一切关系,努力提高道德认识,培养道德自觉,理性地反思生存经历中的情感,发挥理性与情感的共同作用,加强道德信念,将外在的道德命令内化为主观的道德认同和道德努力,提高道德实践能力。行为者也应注重道德与政治、经济、法律、科学等力量的综合作用,在各个利益群体和不同视角之间平等地展开道德商谈,最大程度取得道德共识。当关涉整体或群体利益的重大伦理问题无法达成共识并且可能破坏整体秩序时,应当借助于公共决策和共同权威的合理强制,努力将价值追求和道德目标作为内在的行为动力,培养舍己的德性,以成就整体善。行为者在多重关系中的不同角色和多重责任之间的冲突,会引发行为选择中的道德模糊乃至价值冲突。行为者应当承认道德模糊存在的一定合理性,坚持超越性地"爱邻人"、心存乐观的盼望、恳求上帝的宽恕并彼此宽恕的行为原则,效法基督无条件的"爱"与"宽恕"的舍己行为,最大程度缓解和消解道德模糊与价值冲突可能导致的悲剧性后果。

第六章深入古斯塔夫森生活时代的社会现实、伦理学发展的趋势和人类整体生存的道德困境,挖掘其思想和方法在社会文化的现实批判、道德责任边界的拓展、生态整体伦理观、宗教伦理与科学交叉互动的积极意义和贡献。

第七章从古斯塔夫森阐述的理论、方法与内容方面,检讨其神学伦理思想理论基础的缺陷,探讨其神学理论上的合法性,分析批判他强调普遍之经验优先性的道德认识论,讨论伦理学界对其温和"人类中心论"的责难及其伦理思想的亲科学倾向。

第八章讨论古斯塔夫森之后美国基督教道德哲学的发展,即作为系统构建神学伦理学的最后一人,古斯塔夫森对21世纪伦理学的发展所产生的影响,为理解当下美国实践神学和应用伦理学强劲的发展势头提供一个注脚。本章尝试探讨古斯塔夫森的神学伦理思想与儒家传统中"天人合一"观的异同,探讨二者之间搭建沟通平台以促进中国道德建设的理论空间和现实可能性。

第一章 古斯塔夫森的学术生涯[①]

古斯塔夫森以其卓越的思想成就获得学术界的认可。他两次获得古根海姆研究基金（Guggenheim fellow），[②] 也被选入美国艺术与科学院（the American Academy of Arts and Sciences）作研究员。包括瑞典乌普萨拉大学的荣誉博士学位在内，他共被授予十多个荣誉学位。

第一节 古斯塔夫森其人[③]

1925年12月2日，詹姆斯·穆迪·古斯塔夫森出生于美国密执安州挪威城一个基督徒家庭。其父约翰·O.古斯塔夫森（John O. Gustafson）和母亲伊迪丝·M.古斯塔夫森（Edith Moody Gustafson）都是虔诚的新教徒。当时，约翰·O.古斯塔夫森在当地"瑞典使命之约教会"任牧师，[④] 他将这个瑞典移民聚集地称为"上帝之乡"（God's Country）。这里充满浓

[①] 生平简历由古斯塔夫森本人提供。"Contemporary Authors Online." The Gale Group, 2001. http://www.pitts.emory.edu/ARCHIVES/text/mss256.html. 2003—11—3.

[②] 美国自1925年以来通过捐赠设立的学者奖励基金。每年由古根海姆纪念基金会奖励"拥有特殊能力和艺术成果或特殊能力创造性"的学者。共设两个奖项：一项针对美国公民和永久加拿大居民，另一项为拉丁美洲或加勒比地区永久居民设立。2008年美国奖项金额高达约43200美元。http://en.wikipedia.org/wiki/Guggenheim_Fellowship. 2011—06—20.

[③] Pitts Theology Library Archives and Manuscripts Department. James M. Gustafson. Papers, 1951—2002. Manuscript Number 256.

[④] The Swedish Mission Covenant Church，即与政府没有关联的自由教会。

郁的基督教文化氛围，富有大自然的永恒与美丽，古斯塔夫森的童年在此度过。"上帝之乡"给古斯塔夫森留下的甜美回忆，也很深地影响了他以后的神学思考。在古斯塔夫森的神学伦理学著述中，他经常忆及童年时代与自然交融的美好生活。童年时代他对充满神性的自然有丰富的体验，他对自然的神圣性和神秘性经常充满惊疑，发出赞叹。可以说，古斯塔夫森的伦理学强烈批判人类中心主义，强调人对神秘世界和神奇自然的惊奇经验是人之宗教性生存的表现，这些都与他童年时代对自然之神圣性的丰富体验密切相关。

1939年，约翰·O. 古斯塔夫森与教会中的基要派（fundamentalists）发生神学观点上的分歧，并被教会解雇。因此当年举家搬迁到堪萨斯州的斯克兰顿镇（Scranton），一个深受大萧条的影响、极其贫苦、混乱的农耕和煤矿基地。古斯塔夫森一家立刻在这里开展教会服侍，詹姆斯·M. 古斯塔夫森就此结束了美好的童年生活，开始与下层贫民群体密切交往，关注和思考当地贫民严酷的生存现实。这段经历为他就人之生存意义和责任的神学思考提供了前期准备。

从1942年至1943年，古斯塔夫森就读于北园专科学校（North Park Junior College）。当时美国已经卷入第二次世界大战，古斯塔夫森应征入伍。从1944年到1946年，他奉命随工程师军团驻缅甸和印度，到战场去执行技术性援助任务。这次出于正义之名的战争，给古斯塔夫森留下终生难以磨灭的印象，促使年轻的古斯塔夫森从神学角度去认真严肃地思索人生的意义和生命的价值。在炮火硝烟之中，古斯塔夫森目睹血腥战争如何残酷地踩躏人文精神、如何摧毁生命的价值；炮火暂歇期间，古斯塔夫森则被约翰·贝利（John Baillie）的《朝圣之邀》（*Invitation to Pilgrimage*）深深吸引。约翰·贝利笔锋犀利，他在书中深刻地剖析人性，向所有同时代的读者发出邀请——从心灵思想深处开始朝圣之旅。约翰·贝利发出的朝圣之邀是对心灵革新的呼吁，这与战争炮火形成极大反差。"朝圣之邀"仿佛是穿透迷雾直射而来的一道闪电，洞入古斯塔夫森的内心，他的心灵被豁然点亮。尽管在炮火连天的战场终日目睹尸横遍野的悲惨场景,古斯塔夫森却踌躇满志,内心充满对人性、神性、人之生命意义的深切盼望。他随即应约翰·贝利之邀踏上了心灵思想的朝圣之旅,反思自启蒙时代以来人们高举理性对信仰所造成的冲击、对人之生命意义的摧残。古斯塔夫森沉静下来,反复咀嚼着约翰·贝利深入到信仰者与不信者思想之根基背后对当下神学和社会现实锋刀利剑般的剖析,认真思索信仰的本质、信仰的根基和信仰的意义。他认真地思索着不信者何以不信、信仰者为何要信。⑤ 古斯塔夫森诚实地拷问着自己的良心,决心要在残酷的现实和混乱喧嚣的世界观中努力听到自己良心的声音,清醒地走这一条朝圣之路。

古斯塔夫森的学术发展历程及其卓越的成就最终证明,他不仅仅成为这支朝圣队伍中的英勇攀登者,更是在历史发展到岔路口的关键时刻充当了开路先锋,带领着同道中人,一起思考人类悲剧与痛苦的根源,思考个体和社会群体所依赖的更强大的历史和社会力量的本质,一起探寻人为何必须认真思考人之为人的本质、如何道德地生存等根本性问题。这些思考,亦成为贯穿他研究著述的主题。

古斯塔夫森从战场返回之后,立刻进入美国西北大学开始教牧学的学习。在这里,他遇到意中人露易丝·路斯(Louise Roos),二人于1947年9月3日喜结连理,共养育四个子女。1948年,古斯塔夫森完成他在社会学专业以及社会科学方向的研究,获美国西北大学学士学位。通过该阶段的学习,古斯塔夫森对社会问题的反思和批判越来越敏锐,也更加深刻。如此收获,促使他以后的神学和伦理学问题思考常常表现出对人类自身和社会现实问题的敏感与洞见。之后,古斯塔夫森进入芝加哥神学院(Chicago Theological Seminary)和芝加哥大学联邦神学系(the Federated Theological Faculty of the University of Chicago)学习,1951年毕业获道学学士学位(Master of Divinity)。同时,他完成题为《马克斯·韦伯社会思想研究》的

---

⑤ John Baillie. *Invitation to Pilgrimage*. New York: Charles Scribner's Sons, 1942.

学士论文，被芝加哥联合神学院授予神学学士学位。

就读芝加哥大学期间，古斯塔夫森师从丹尼尔·D. 威廉姆斯（Daniel Day Williams）、威尔赫姆·帕克（Wilhelm Pauck）和詹姆斯·L. 亚当斯（James Luther Adams）。詹姆斯·L. 亚当斯向古斯塔夫森推荐研读恩斯特·特勒尔奇（Ernest Troeltsch）的著作，古斯塔夫森深受恩斯特从历史视角思考宗教哲学的影响，他开始探索历史性视角、宗教、社会相对性对神学和伦理学的意义。威尔赫姆·帕克曾师从恩斯特·特勒尔奇，他又继续向古斯塔夫森推荐阅读 H. 理查德·尼布尔的著作《启示的意义》（The Meaning of Revelation）。古斯塔夫森又被该著吸引，他在研究两人著作的基础上得出结论：历史宗教传统可以与历史和文化的相对性同时共在。有趣的是，古斯塔夫森当时已经完成了有关恩斯特·特勒尔奇的宗教哲学研究的博士论文，但他更被尼布尔的思想所吸引，于是申请推迟入学，最终就读于康狄涅格州纽黑文市的耶鲁大学，就此开始与导师理查德·尼布尔在学术、职业和个人生活方面的深入交往。当年，古斯塔夫森26岁，但他已经被美国基督联合教会（the United Church of Christ）正式按立为牧师。之后从1951年到1954年，古斯塔夫森在康狄涅格州的那兹福德市（Northford，Connecticut）任牧师，同时在耶鲁大学继续博士课题研究。从1954年至1955年，古斯塔夫森接受委任，在尼布尔领导的"卡内基基金会"（Carnegie Foundation）⑥担任主任助理，师生二人合作完成题为《神学教育的发展》的研究著作。⑦ 在此期间，古斯塔夫森受尼布尔的指导，应用社会学概念和社会学理论，研究教会中人的临时性与群体意识的关系，于1955年完成博士学位论文：《基督教会中的群体和时间：从社会学和哲学角度对教会的研究》，被耶鲁大学授予哲学博士学位。古斯塔夫森继续拓宽该研究课题，于1961年完成第一部著作《地上瓦器中的宝贝：

---

⑥ Carnegie Foundation，为美国新教神学教育提供资助的基金组织。

⑦ H. Richard Niebuhr & James M. Gustafson. *The Advancement of Theological Education*. New York：Harper and Brothers, 1957.

作为人类群体的教会》(*Treasure in Earthern Vessels: The Church as a Human Community.* 1961)。⑧

之后 17 年，古斯塔夫森从教于耶鲁大学神学院和哲学院。同时，作为最年轻的核心成员和负责人，参与了当时"新泽西州斯坦福石油公司受雇人员关系政策"的评估项目，讨论在内陆降低石油产品运输成本的建议是否有利于已确立的职工友好关系。

1972 年，古斯塔夫森应芝加哥大学邀请，赴任该校神学院伦理学教授，兼任"社会思想委员会"（the Committee on Social Thought）委员，并在芝加哥大学研究生院执教神学伦理学六年。70 年代期间，古斯塔夫森同时担任美国国家卫生部主任，兼任该机构顾问委员会委员。他经常应邀出席其老师兼朋友凯尼兹·安德伍德（Kenneth Underwood）在韦斯理安（Wesleyan）大学组织的伦理学和政治学研讨会，这些研讨会为他后来更深入"神学—伦理学"的思考和开设专题研究课程做了很好的准备。

在芝加哥大学哲学院和神学院任教的 17 年间，古斯塔夫森一方面深入神学伦理学的研究，一方面积极关注社会现实，针对社会发展和科技发展带来的现实问题不断发出批评的声音。他痛感以"人类中心主义"为价值导向的哲学思想、伦理思想及人类行为对世界道德秩序带来的破坏，通过参与社会讨论和出版学术著作，以抨击世界和谐统一秩序之失衡、人与自然关系被破坏、人类社会道德滑坡等流弊。古斯塔夫森的博学深思以及他积极的社会参与，使他越来越成为一位积极的社会活动家或者说一位实践型的思想家，他越来越受到学术界的关注。1987 年，古斯塔夫森被瑞典乌普萨拉大学（Uppsala）特聘为客座教授讲授基督教伦理学课程，并被授予该校荣誉博士学位。

1988 年，古斯塔夫森的学术生涯发生重大转折。他应聘为埃默里大学

---

⑧ Theo A. Boer & Paul E. Capetz. "Introduction," in James M. Gustafson. *Moral Discernment in the Christian Life: Essays in Theological Ethics.* Theo A. Boer and Paul E. Capetz(eds). Louisville: Westminster John Knox Press, 2007. xiii—xv.

（Emory University）比较研究和宗教学伍德鲁夫（Woodruff）⑨教授，同时，受他原在耶鲁大学专题讨论课程班学生、时任埃默利大学校长的詹姆斯·T. 拉内（James T. Laney）邀请，赴任埃默里大学人文学研究和比较学研究的亨利·R. 路斯（Henry R. Luce）⑩教授席位，以"描述、解释和评价"（"describing, explaining, and valuing"）为主旨，⑪分八个专题，为该校不同院系的90名教师开设系列研讨课程，一直到1996年。这些专题研讨涉及到经济学、环境科学、生物医学等学科领域，直接针对现实社会中的变化、人类实际重大伦理问题等，进行理论性分析和交互性讨论。

古斯塔夫森广泛阅读各类学科的最新资料，他跨越神学伦理和现实道德问题，深入到跨学科领域和应用领域进行神学伦理和社会伦理探索。⑫他努力使学术研究和社会实践紧密结合，不断地拓展并深入神学伦理学研究与社会现实问题的对话。特别是1988年，他从芝加哥大学应邀到埃默里大学，深入从神学伦理学理论、科学、经济等综合性角度来探讨现实问题，这一学术转变的影响非同寻常，其变化性大于连续性。在40多年的教学研究生涯中，他为博士生开设的神学伦理学课程以及退休前十年为大学教师开设的专题系列研讨课程，成为他教学中最重要的部分。

---

⑨ 威尔福德·伍德鲁夫(Wilford Woodruff,1807年3月1日—1898年9月2日),保守派宗教人士。

⑩ 亨利·罗宾逊·卢斯(Henry Robinson Luce,1898—1967),美国出版商和编辑,曾创立了美国多家杂志,后以其名字命名,设立了教育和出版基金。

⑪ James M. Gustafson. Intersections：Science，Theology and Ethics. Ohio：Pilgrim Press，1996. ix.

⑫ 古斯塔夫森讲到："从我学术生涯一开始,就一直从事'跨学科'的活动（'Cross-disciplinary' activity)道学学士学位论文研究马克斯·韦伯;博士论文是利用社会学概念和社会学理论来审查探索交会中人的临时性与群体的关系……"引自 James M. Gustafson. Intersections：Science，Theology and Ethics. Ohio：Pilgrim Press，1996. vii—viii.

第二节 学术研究及著述

古斯塔夫森始终密切关注社会问题,关注人类的现实生存困境,他的神学思考和学术研究,也在探讨人类生存问题的社会实践中发展成熟。参与"二战"以及青年时期的教牧经历,促使他对人类困境、社会文化差异的观察更加敏锐,思考更加深刻。约翰·贝利的"朝圣之邀",不仅激励他立志深入人类生存及其价值意义的神学伦理学探讨,而且其伦理学思考方法也深受约翰·贝利关于思想反思和自我批判主张的影响。在神学学习和研究过程中,古斯塔夫森不断反思自己的经历和思想,努力实践着他的神学伦理思想及研究宗旨,即:"发出邀请,让人们要参与到思考性地理解(我们在世界中的位置和我们的生活)过程之中。"[13] 他激励人们要置身于各自的社会、历史和文化处境中反思传统和现实,对思想进行内在的批判与反思。古斯塔夫森竭力"呼吁大家注意到'错置的辩论'(misplaced debates)",这始终是他学术使命的一个部分。[14]

古斯塔夫森反对单单从理论角度对伦理学进行逻辑求证和纯学术性探

---

[13] James M. Gustafson. "Afterword", in *James M. Gustafson's Theocentric Ethics: Interpretations and Assessments*. Harlan R. Beckley, Charles M. Swezey Macon. (eds). Georgia: Mercer University Press, 1988. p. 242.

[14] James M. Gustafson. "Preface to the Library of Theological Ethics Edition." In James M. Gustafson. *Christ and the Moral Life*. Louisville & Kentucky: Westminster John Knox Press. 2009 (reprint). xiii. 古斯塔夫森认为,基督教伦理学一直在讨论律法与恩典的对立关系,也就是说,将上帝的律法与实际处境对立起来,一方面是强调上帝颁布的律法作为道德生活原则,如保罗·拉姆塞强调描述伦理学;另一方面是强调在处境中对上帝律法做出处境中的回应,例如保罗·拉赫曼(Paul Lehmann)和约瑟夫·弗莱泽(Joseph Fletcher)强调处境伦理学。古斯塔夫森指出,这两个伦理立场的对立是一个错置的辩论。真正合乎《圣经》和基督教伦理学的方法是以上帝整体创造的终极目的为准则将二者合理平衡与合一。另见:James M. Gustafson. "Context versus Principles: A Misplaced Debate in Christian Ethics." *Harvard Theological Review*, 1965. 该文后被收入 James M. Gustafson. *Moral Discernment in the Christian Life: Essays in Christian Ethics*. edited and with an Introduction by Theo A. Boer and Paul E. Capetz. Louisville: Westminster John Knox Press, 2007. pp. 1—24.

讨，他将理论研究与其所关注的道德、公共选择与行为的其他具体领域学科结合起来。他的学术领域涉猎生活、思想、宗教、社会、道德等广泛的主题。古斯塔夫森不断推出新作，"并非是以新著作为以前的观点辩护，而是为了教学的目的、在当下讨论中澄清一些具有争议的话题，或者为进一步讨论提供思考框架。"⑮ 上世纪60年代开始在宗教界和科学界发生两项重大运动，它们恰好与古斯塔夫森伦理学研究的主导思想相契合：其一，梵蒂冈第二次大会及普世化运动（ecumenism），它与古斯塔夫森对天主教社会思想和道德神学的研究相契合；其二，生物伦理学的现代运动，它与古斯塔夫森关于人类基因、神经科学、护理医学方面如何启发神学和伦理学的思考研究相契合。⑯

古斯塔夫森参与有关社会政策、公共行为及应用伦理问题的讨论，他竭力鼓励青年学者走出自己学术理论的象牙塔，投入社会实践，以真正参与者的身份来建设学术理论，并丰富其理论的实践性。他与平民密切交往的教牧经历以及广泛的社会实践，使他从一开始就关注社会现实，注重将理论研究和参与社会实践问题的探索融汇于他的研究与教学之中。他因此更喜欢把自己看作是神学伦理学家而不是神学家。

古斯塔夫森的学术兴趣广泛。他既从神学和社会学的视角，拓宽并深入对社会伦理问题的分析与思考，又坚持阅读《科学》杂志，密切关注科学发展的最新动向，审视科学技术的发展对人类社会和人类生存带来的各方面冲击。古斯塔夫森对科学技术及其发展有相当的知识积累，他在社会学、文化人类学和地球史方面的学术造诣以及对科学技术伦理问题的讨论与批判，在理论和实践层面都为他深入应用伦理学的跨学科研究及社会批

---

⑮ Theo A. Boer & Paul E. Capetz. "Introduction" in James M. Gustafson. *Moral Discernment in the Christian Life : Essays in Christian Ethics.* edited and with an Introduction by Theo A. Boer and Paul E. Capetz. Louisville & London : Westminster John Knox Press, 2007. xii.

⑯ Theo A. Boer & Paul E. Capetz. "Introduction" in James M. Gustafson. *Moral Discernment in the Christian Life : Essays in Christian Ethics.* edited and with an Introduction by Theo A. Boer and Paul E. Capetz. Louisville & London : Westminster John Knox Press, 2007. xii.

判奠定了基础。

古斯塔夫森的著述颇丰。从 1961 年出版第一部著作直到 2004 年,他独立完成 13 本著作,合作并编辑多部著作,在世界多种期刊发表一百多篇学术论文。[17]

古斯塔夫森的著述表现了他学术研究的特点。他注重研究方法的论证,例如:《基督教伦理学中圣经的地位:一种方法论研究》(*Place of Scripture in Christian Ethics: A Methodological Study*. 1970);他也注重社会现实的发展对理论提出的新挑战,例如:《道德神学中的新方向》(*New Directions in Moral Theology*. 1968);他关注面对现实来审查理论的完备性和逻辑严密性,例如:《基督教中伦理学当今的问题何在?》(*What Is the Contemporary Problematic of Ethics in Christianity?* 1968)和《论负责:个人伦理学中的问题》(*On Being Responsible; Issues in Personal Ethics*. 1968);他也强调用《圣经》和基督教伦理学理论来分析、解决现实中的诸多道德难题,例如:《上帝的超越性和人之生命的价值》(*Transcendence of God and the Value of Human Life*. 1968)。

古斯塔夫森也非常注重探讨基督教内部不同信仰群体如何忠实于信仰根基而过道德的生活,例如:《神学和基督教伦理学》(*Theology and Christian Ethics*. 1974)、《伦理学能是基督教的吗?》(*Can Ethics Be Christian?* 1975)、《基督与道德生活》(*Christ and the Moral life*. 1976)及《新教与罗马天主教伦理:再贯通的展望》(*Protestant and Roman Catholic Ethics: Prospects for Rapprochement*. 1978)等。

1980 年,古斯塔夫森发表一篇相当于思想自传的短文:《以神为中心的生活解读》("A Theocentric Interpretation of Life",1980)。他第一次使用"以神为中心"(Theocentric)一词,这是他推出两卷代表作的一个主题性前奏,也标志着他的神学伦理学思考已经跃上新的高度。这篇短文精炼地

---

[17] 这里仅对其作品作学术简评。古斯塔夫森的所有著作和论文请参考书末"附录"和"参考文献"部分。

阐述了他代表作依据的神学伦理学方法和内容框架，即：四个基本参照点和四个源泉。下一章将对此作详细探讨。

1981年，古斯塔夫森发表一篇他认为最重要的演讲《说点神学的事》("Say Something Theological", Nora and Edward Ryreson Lecture at the University of Chicago. 1981)。古斯塔夫森在该演讲中表达了他的神学立场："说点神学的事"就是要讲事物在真实和终极意义上究竟如何；"说点神学的事"就是讲宗教的事，即关涉人之宗教情感的最深层意义和历史宗教传统的背景；"说点神学的事"就是谈谈伦理的事。所谓伦理，就是慎思明辨上帝正在赋予我们能力要求我们怎样为人、要求我们如何行动。对此问题的回答就是："我们应当以一切与上帝合理联系的方式，将我们自己置于与一切事物的普遍联系之中。"⑱

1981年和1984年，古斯塔夫森先后推出《以神为中心的伦理学》（上、下卷），⑲他将之视为代表作，⑳因为两卷著作综合了他本人对基督教伦理比较成熟的思考，是他至少三十年深刻思索和五十年生活的成果，是在参考了广泛的学术和教育方面感兴趣的问题……研究了有关基督教传统的主要论著、获得了西方道德哲学方面的充分知识等基础之上……对多种具体伦理问题的集中论述与综合分析。㉑

在这两卷著作中，古斯塔夫森将一切关乎人类生存的重大社会伦理问题，几乎都归咎于上个世纪60年代盛兴的"人类中心主义"

---

⑱ James M. Gustafson. *Theology and Ethics*: *Ethics from a Theocentric Perspective*. Chicago: University of Chicago Press, 1981. p. 137.

⑲ James M. Gustafson. *Theology and Ethics*, *Ethics from a Theocentric Perspective*. Chicago: University of Chicago Press, 1981; *Ethics and Theology*, *Ethics from a Theocentric Perspective*. Chicago: University of Chicago Press, 1984. 古斯塔夫森分别给同一主题的两卷书命名，将两个核心词"神学"和"伦理学"的位置交换，目的是在第一卷突出神学理论即神本主义的主张，第二卷突出以神学理论为基础的伦理学主张。

⑳ James M. Gustafson. *Intersections*: *Science, Theology and Ethics*. Ohio: Pilgrim Press, 1996. ix.

㉑ James M. Gustafson. *Theology and Ethics*, *Ethics from a Theocentric Perspective*. Chicago: University of Chicago Press, 1981. x.

（anthropocentricism）。他甚至斥责说：基督教思想的发展史就是一部支持人类中心主义并为其进行辩护的历史。㉒ 古斯塔夫森逆美国当时的社会思潮，强烈抗议个人主义和人类中心主义，主张人类的思考应当重新回到以上帝中心的思想方法，将宇宙作为一个整体，将宇宙整体的统一、和谐与平衡的秩序进程作为人类存在和行动的出发点与归宿。如同先知施洗约翰在旷野呼唤人类悔改，他的呼声给世俗化加剧和个人主义至上的美国社会及思想界带来不小的震荡，得到不少伦理学家欣喜的赞扬，也遭到一些神学家的激烈批评。

此后 20 年，古斯塔夫森一直是美国神学伦理学界最具影响也最具争议的思想家，其伦理学思想和方法也成为神学、伦理学争议的焦点。爱德华·法雷（Edward Farley）形象地描述说，人们以呐喊式的谴责迎接了《以神为中心的伦理学》的面世。㉓ 安德·古因登（Andre Guindon）赞扬说，古斯塔夫森具有布雷斯·帕斯卡尔（Blaise Pascal）盛赞的"将自己与其他伦理学家截然区别开来的杰出道德学家"的伦理智慧，㉔ 他称赞古斯塔夫森

> 不同于那些具有几何学思想的思想家，那些思想家认为人类复杂的问题是通过三段论的逻辑解决的……而古斯塔夫森则是踏着最伟大的道德神学家的足迹，因为他深深懂得，有关人的精神性和激情（passion）的讨论，都是属于基督教伦理学的核心问题。㉕

㉒ James M. Gustafson. *Theology and Ethics, Ethics from a Theocentric Perspective*. Chicago: University of Chicago Press, 1981. x. pp83—84.

㉓ Edward Farley. "Theocentric Ethics as a Genetic Argument," *James M. Gustafson's Theocentric Ethics: Interpretations and Assessments*. Harlan R. Beckley, Charles M. Swezey Macon. (eds). Georgia: Mercer University Press, 1988. pp. 39—40.

㉔ Andre Guindon. "Review of ETP I." *Egise et Theologie*. Vol. 13. 1982. pp. 253—255. p. 255.

㉕ Andre Guindon. "Review of ETP I." *Egise et Theologie*. Vol. 13. 1982. pp. 253—255. p. 255.

古斯塔夫森是紧随时代脉搏对当下现实问题进行神学和伦理学反思的思想家。在1988年组织各类专题的神学伦理学研讨课程之后，他开始应用他的神学伦理学理论来讨论各种应用伦理学问题，此后的著述基本上表达了这一倾向：用以神为中心的伦理学视角作为规范伦理学的理论，以此展开学科间开放的道德探讨和道德对话。例如：《神学伦理学与其他学科的关系》（*The Relations of Theological Ethics to Other Disciplines.* 1994），《神圣之意识：神本视角的自然环境》（*A Sense of the Divine：The Natural Environment From a Theocentric Perspective.* 1994）。在与其批评者和赞誉者持续的对话中，古斯塔夫森继续从以神为中心的立场参与伦理学术讨论和著述，发展、深入他的伦理学思考。1996年、2001年和2003年，他继续推出新作，针对新的社会问题和人类生存的重大伦理问题，对两卷代表作时代性的补充和诠释。[26] 这些著作或者是应邀就某一专题展开讨论，或者是针对前人某方面的讨论进行综合分析与批判。他旁征博引，发表新颖的神学见解，其伦理思想的睿智和深刻，越来越多博得学术界的赞扬。

古斯塔夫森共发表一百多篇重要的学术论文，与他人合作完成多部著作，编撰多部论文集，曾为几十部专著作序，先后指导一百多篇神学伦理学专业博士学位论文。如今在美国神学伦理学界最有影响的斯坦利·郝尔沃斯（Stanley Hauerwas）和玛丽·米德利（Mary Midley）、丽莎·S. 伽希尔（Lisa S. Cahill）等著名学者，都曾直接从师于古斯塔夫森而完成他们的博士课题研究。

如果说两卷代表作的出版标志古斯塔夫森从神学传统走向神学的边缘、敞开其神学伦理思想与其他学科沟通，那么，他退休前在埃默利大学主持的专题研讨以及后来的著作与论述，则又促使他从神学伦理学与其他学科沟通的努力，在寻求多学科、多领域之间的沟通与对话的基础上，继续深入到对神学、教会和教会管理组织的社会作用的伦理探讨之中。

---

[26] 1988年之后古斯塔夫森出版的著作，见"参考文献"部分。

古斯塔夫森的部分著述被视为是神学伦理学专业必读的"正典"("canonical")。例如：《基督与道德生活》、《伦理学可能是基督教的吗？》、《新教与罗马天主教伦理学：再贯通的前景》，学术界公认这些著作提供了系统神学伦理学的重要框架，很多大学宗教伦理学研究专业将它们作为必选教材。另外的部分著作主要关涉对具体道德问题和应用伦理学的反思。[27]

对于古斯塔夫森研究著述的评价，最具说服力的是他本人在年老回顾辛劳一生的成果时所做的总结。在为自己最具影响和代表性的短文集作序时，古斯塔夫森非常欣喜这部论文集收录了他认为最重要的一篇文章"Say Something Theological!"[28] 因为这篇文章、两卷本代表作和之后以神本主义视角深入讨论具体应用伦理学问题的著述，都最集中地体现他整体思想的核心：强调上帝整体创造的目的，强调人作为部分之存在应当尽可能全面获得上帝的知识，重新认识人与整体宇宙之关系，进而采取相应的负责任的道德行动。也就是说，古斯塔夫森伦理学非常强调伦理学思考的形上学根基，突出人之存在的本质和目的是伦理道德建构的形上学基础，强调一切伦理道德的思考都要与人之存在的根本和目的联系起来。这是古斯塔夫森长达60年之久的伦理学思考的点睛之笔。

第三节　思想的出发点

古斯塔夫森的教学、研究、广泛的社会活动和卓越的学术成就，为他在神学界和教育界赢得声望。当系统表述其神本主义伦理学的代表作面世之后，他随即成为美国乃至世界基督教神学界颇有争议的人物。

---

[27] Theo A. Boer & Paul E. Capetz. "Introduction" in James M. Gustafson. *Moral Discernment in the Christian Life: Essays in Theological Ethics*. Westminster: John Knox Press, 2007. xv.

[28] Theo A. Boer & Paul E. Capetz. "Introduction" in James M. Gustafson. *Moral Discernment in the Christian Life: Essays in Theological Ethics*. Westminster: John Knox Press, 2007. xv.

1982年,《宗教伦理学》杂志发起并组织召开"古斯塔夫森的神本主义伦理思想国际研讨会"。1985年秋季,该杂志再次发起专题性国际研讨会,之后编辑出版了相关文集。同年,在弗吉尼亚州的莱克辛顿市,华盛顿及李大学(Washing and Lee University)的宗教学系和芝加哥大学神学院宗教高等研究学院联合赞助,再次召开"古斯塔夫森《神本主义伦理学》"的专题研讨会。八位应邀来自美国和其他国家的神学家和哲学家,从不同角度,分析和评价古斯塔夫森的神学伦理主张和伦理学建构对神学伦理的意义。在此基础上,哈伦·伯克利(Harlen R. Beckley)和查尔斯·M. 斯威泽(Charles M. Swezey)于1988年编纂并出版专题论文集:《古斯塔夫森的"神本主义伦理学":诠释与评论》(James M. Gustafson's Theocentric Ethics: Interpretations and Assessments. 1988)。

1996年,为表达对导师在神学伦理学方面杰出贡献的敬意,曾直接从师于古斯塔夫森并由其指导完成神学伦理学博士课程学习和博士学位论文的百余名学生中,21位学者从"塑造神学伦理"(Shaping Theological Ethics)和"道德生活"(the Moral Life)两个方面,再次深入讨论古斯塔夫森神学伦理思想的意义及其对人们道德生活的重大影响。丽莎·S. 伽希尔和詹姆斯·F. 柴尔得莱斯作为执笔人,代表受古斯塔夫森指导完成博士学业的百余名学者,向导师曾给予他(她)们那父亲般的教导以及老师始终不渝的敬业精神表达崇高的敬意;他们一致称赞,导师那种专注于神学研究的坚韧精神和作为牧师兼有的谦卑品德,永远是他们竭力学习的榜样;导师的敬业与奉献精神,将永远是他们立志应当达到的目标。㉙

此外,有青年学者撰写博士论文,先后从不同侧面和角度研究古斯塔夫森的神学伦理思想。㉚ 他们讨论古斯塔夫森神学思想理论自身的完备性、

㉙ Lisa Sowle Cahill & James F. Childress. *Christian Ethics: Problems and Prospects*. Ohio: The Pilgrim Press,1996. 另见 James M. Gustafson. *Intersections: Science, Theology and Ethics*. Ohio: Pilgrim Press,1996. xi.

㉚ 详细书目和论文目录,见书末"参考文献"部分。

对传统教义的承继性及叛逆性,并就其伦理思想的哲学理论基础,与其他哲学家作一定程度的比较性研究。

在对古斯塔夫森思想做出的回应中,批评与称赞曾经同样强烈。批判的声音多出自神学界,而哲学界和世俗伦理学家却给予他更多的理解和赞誉。大卫·施恩克(David Schenck)客观地讲到:"与神学专家的反应形成对照,神学界之外的学者却以相当欢迎的态度接纳了古斯塔夫森的思想。"[31] 但是,就古斯塔夫森对基督教思想发展过程中的人类中心主义倾向及其导致的道德失范[32]所发出的声讨,以及对他与同时代主流声音和伦理传统中发出的不协调的强音,多数神学思想家、宗教伦理学者和哲学伦理学者都表示惊异与赞同。古斯塔夫森强调历史、动态和实证的方法,突出整体善的立场以及呼唤人类对自身之外世界的责任意识等,既向个人利益至上的美国文化发出尖锐的批判,表达了他作为神学伦理学家亟待要挽救美国社会和人类生存的心愿,也表达了他立志在多元化和世俗化的现代社会寻求普遍的伦理基础、寻求多元文化之间道德对话可能性的不懈努力。作为上世纪美国环境伦理学的先锋之一,[33] 古斯塔夫森呼唤人类的全球责任,大大激发了生态和环境伦理的研究热潮。[34]

学者们对古斯塔夫森的批评集中体现在两个方面:一方面是对他神学合法性与正统性的责难;另一方面是质疑他努力沟通其神学与伦理学的有

---

[31] David Schenck. "Prophecy, Polemic and Piety: Reflections on Responses to Gustafson's *Ethics from a Theocentric Perspective.*" *Journal of Religious Ethics*. Vol. 15, Spring 1, 1987. (pp. 72—85.) p. 73.

[32] 基督教伦理传统正统并非是人类中心主义占主流,但是一些主要思想家对人类至尊地位的推崇,具有人类中心论的倾向,尤其是近代启蒙运动,对人类理性和相对于自然之优越性的过分推崇,导致了人类中心主义的产生。

[33] 克里斯蒂纳(Christina L. H. Traina)将古斯塔夫森、卡利考特(J. Baird Callicott)和罗斯玛丽(Rosemary Radford Ruether)称为寻求全球道德商谈的环境伦理学的主要先驱。参见"Creating a Global Discourse in a Pluralist World: Strategies from Environmental Ethics", in Lisa Sowle Cahill and James F. Childress (eds.) *Christian Ethics: Problems and Prospects*. Ohio: The Pilgrim Press, 1996. 另见 James M. Gustafson. *Intersections: Science, Theology, and Ethics*. Ohio: Pilgrim Press, 1996. p. 251.

[34] Stephen Toulmin. "Nature and Nature's God." *The Journal of Religious Ethics*. Vol. 13, no. 1 Spring 1985, (pp. 37—52), p. 47.

效性和合法性，亦即他的神学是否为他的伦理学提供充分的理论基础；或者说，他从神学层面对世界、人之存在的诠释，能否为他伦理学的价值选择和判断提供有效基础，神学意义的事实解释与价值之间的沟通，二者间是否具备伦理学要求的逻辑自洽性。神学界对他的批评多指向他与世俗社会对话的努力，指向他对传统基督教伦理中神圣启示和《圣经》为根据的理论方法上的背叛。批评者指责他代之以宗教体验和人之存在的共同经验（common experience）为出发点；批评者们对古斯塔夫森"媚俗"的指责及对他将上帝符号化、象征化的愤怒，主要归向他对基督教伦理上帝观之正统性的叛逆。神学家最不能接受的就是他的上帝观，有人直接将问题抛在古斯塔夫森的面前，质问他"那是基督教的上帝吗？"[35]

有趣的是，神学界对古斯塔夫森提出的批评，正是伦理学界越来越认可、并视为古斯塔夫森对宗教伦理学的贡献所在。在批评声音强烈的时候，施恩克对古斯塔夫森的评价更加切实和中肯：

> 一个作家同时代的人对该作家作品的反应和对该作品相对于传统而言的价值进行评价，是极不可靠的尺度，这个尺度是从传统中培植起来的。因此，任何一个作者都没有理由对其作品得到的评价或批评感到失望。他别无选择，只有将其作品交给其后几代人作出客观、公正的评判。[36]

事实证明如此。在古斯塔夫森代表作面世之后二十多年，批评的声音渐弱，赞扬的声音却在持续。无论神学界对古斯塔夫森的神学理论如何质疑，古斯塔夫森的伦理学是有系统、有根基的，他的伦理学讨论是扎根于其诠释的神学形上学基础之上的。美国当代著名神学伦理学家杰欧夫雷·

---

[35] Richard A. McCormick, "Gustafson's God: Who? What? Where? (ETC.)". *The Journal of Religious Ethics*. Vol.13, no.1 Spring 1985. pp.53—70.

[36] David Schenck. "Prophecy, Polemic and Piety: Reflections on Responses to Gustafson's *Ethics from a Theocentric Perspective*." *The Journal of Religious Ethics*. Vol.13, no.1 Spring 1985. pp.72—85. p.75.

斯陶德（Jeoffrey Stout）对古斯塔夫森伦理学的这一特点极其认可。他因此批评后现代和多元文化中的实用主义伦理学是越来越没有形上学基础的脆弱的伦理学，几乎是没有根基的空中道德楼阁。㊲

本书是我国第一部对古斯塔夫森思想的研究之作，重点在于探讨古斯塔夫森关注的两个伦理焦点：从神本主义的视角探讨人在宇宙世界中的合理位置和人的道德责任。

本书秉承古斯塔夫森倡导的思想批判和对批判进行反批判的精神，再次深入思考其伦理学在二十年前和当下的神学意义、伦理学意义和社会性批判意义，力图呈现一代学术巨人的宝贵思想，期待通过探讨古斯塔夫森伦理思想在现实社会文化中的理论和实践意义，为基督教伦理和一般伦理在世俗化社会生活中的交流与对话，提供更广阔的视域和更丰富的思想和文化批判资源；也期待在理论性和实践性层面，能够有助于伦理学界深入思考科学与神学及其他学科之间的交叉、渗透与互动，有助于人们深入思考人际关系、人与自然关系动态地和谐、平衡与统一，有助于全球化背景下世俗领域和信仰领域彼此沟通的伦理学研究，发挥宗教信仰和神学伦理思想对建设伦理精神的积极作用、对科学冒险进行伦理学的批判、抵制后工业时代文化意识形态的偏差和人类破坏性实践，激励人们过完整的道德生活。

㊲ 这里借用的是杰欧夫雷·斯陶德对后现代伦理学和美国多元主义价值对道德冲击的评论。引自 Geoffrey Stout. *Democracy and Tradition*. New Jersey：Princeton University Press, 2004. p.246.

第二章　古斯塔夫森伦理思想溯源

在古斯塔夫森看来，决定神学伦理学之逻辑合理性的四个标准是："在限定意义上的神学基础，即上帝观和上帝与世界的关系；对意义或者人之经验的理解与解释，即关于世界和人在其中生活的意义和重要性的阐释；对人作为道德的行动者（moral agents）和人之道德行为的理解与解释；对人应当如何做出行为选择以及对行为进行价值判断的理解与解释。"㊳ 它们也是检验基督教神学伦理学之内容完备性的四个标准，直接构成了神学伦理思想的四个来源："《圣经》传统和基督教传统、哲学方法和原则、科学信息及关于世界知识的来源、广义上理解的人类经验。"㊴ 本章将沿着古斯塔夫森为其伦理学铺设的理论逻辑合理性与内容充分性的纵横标尺，检讨其以神为中心的视角对人类中心论的批判，讨论其伦理学方法对神学伦理思想传统和哲学传统的批判。

第一节　伦理学思想溯源

古斯塔夫森神本主义伦理学的初衷是批判当下神学伦理学的人类中心

㊳ James M. Gustafson. *Ethics and Theology：Ethics from a Theocentric Perspective*. p. 143.
㊴ James M. Gustafson. 1978. *Protestant and Roman Catholic Ethics：Prospects for Rapprochement*，Chicago：University of Chicago Press. P242. 另见 *Ethics and Theology：Ethics from a Theocentric Perspective*. Chicago：University of Chicago Press，1984. p. 143.

主义倾向,强调"上帝作为道德的根据源泉,一切的善都应当从上帝的角度来判断,善或者道德并非针对人类的利益而言是善或者道德的,而是针对上帝整体创造的目的而言是善的、是好的。"[40] 他同时立足社会现实和人的生存经历进行道德思想探讨,力图以"上帝中心"的伦理视角替代"人类中心论",为解决人类面临的重大伦理问题提供有意义的方法和行为指导。本节首先检讨他对"人类中心论"的批判,进而讨论"神本主义"伦理学对神学伦理思想和哲学思想的批判与继承。

一、对"人类中心主义"的检讨

布赖恩·G.·诺顿(Bryan G. Norton)从价值论层面,将"人类中心主义"定义为一种惟人类利益的主张,即非人类的物种和其他一切自然存在物只有满足人的价值需要时才具有价值。[41] 里查德·罗特利(Richard Routley)[42] 将之解释为类似于人类作为世界独一主宰的传统价值立场或者方法,即一切存在的价值都是为了人之利益、服务于人之利益,人是任意宰治一切存在物的主人。[43] 在此基础上,布赖恩又区分了"强人类中心主义"(strong anthropocentricism)和"弱人类中心主义"(weak anthropocentricism)。前者指人类的价值决定一切,后者指人类的价值在某种程度上受到非人类价值(non-human values)的影响而改变。[44] 古斯塔夫森所抨击的人类中心主义,既指一种方法和价值取向,又指这种方法所涉及的实质性内容,即人类自私自利的价值立场及其引发的人类一切现实的不道德行为。在这一点上,古斯塔夫森区别于同时代其他批判人类中心论的思想家,他的批判

---

[40] James M. Gustafson. "Theology and Ethics." in *Christian Ethics and the Community*. p.90.

[41] Bryan G. Norton, *Why Preserve Natural Variety*? Princeton, NJ: Princeton University Press. 1987. p.11.

[42] Richard Sylvan(原名为 Richard Routley),澳大利亚哲学家,社会科学研究院、哲学系研究员。

[43] Richard Routley and Val Routley. 1979. "Against the Inevitability of Human Chauvinism." in *Ethics and Problems in the 21st Century*. Kenneth Goodpaster and K. M. Sayre. (eds.) Notre Dame, Ind: University of Notre Dame Press, 1979. p.56.

[44] Bryan G. Norton, *Why Preserve Natural Variety*? Princeton, NJ: Princeton University Press. 1987. p. 11—15. 另见 Bryan. *Toward Unity Among Environmentalists*. 1991. Oxford: Oxford University Press.

更全面，也更彻底。

汉斯·忧纳斯曾指出，所有的传统伦理学都是人类中心主义的，至少传统的西方伦理学表达了强烈的人类中心论的倾向。[45] 不少思想家将人类中心论归罪于神学和基督教传统。例如，批评比较激烈的思想家以莱恩·怀特（Lynn White）为代表。他认为，基督教是人类中心主义的极端代表。他指出，基督教使得西方世界在意识形态层面，为人类盘剥自然和动物生命提供了合法化的辩护，也为科学技术畸形发展造成对自然世界不合理的操纵行为开辟了道路。[46] 有学者为了关注生态系统的完整统一性，强烈声讨后工业化社会过度推崇的工具理性或科学理性。例如，莫瑞·布可钦（Murray Bookchin）认为，当前生态危机的关键在于过度高扬工具理性，科学技术为了革新而革新，脱离了人之生存的意义和目的，不但没有启迪和解放人的头脑，反而威胁到了地球自身的生态整体性，人类的这种行为根本没有道德合理性。[47]

古斯塔夫森综合这些因素，指出人类中心论的根源是：人将自己代替上帝作为一切的尺度和标准，将人与非人世界截然分开并且使二者对立，将人之自我利益看作世界的唯一目的，从而将人之外的一切存在视为满足人类利益的工具和手段。在古斯塔夫森看来，人类中心论不但将人作为目的，而且作为唯一目的；不但将人置于世界中心，而且置于最高地位。[48] 他对人类中心主义的批判，综合指向强式和弱式人类中心主义，并且指向神学、哲学、科学和人类文化、社会现实活动等各个方面。

---

[45] 转自：James M. Gustafson. *Moral Discernment in the Christian Life*: *Essays in Theological Ethics*. Westminster：John Knox Press，2007. p. 77. "A Theocentric Interpretation of Life." *Christian Century*，1980，July.

[46] Lynn White, Jr. "The historical roots of our Ecological Crisis." *Science*, Vol. 155 (3767)：1203，1967.

[47] Murray Bookchin, *The Ecology of Freedom*: *the Emergence and Dissolution of Hierarchy*. CA：AK Press，1982. p. 363.

[48] James M. Gustafson. *Theology and Ethics*：*Ethics from a Theocentric Perspective*. Chicago：The University of Chicago Press，1981. pp. 82—85.

第二章　古斯塔夫森伦理思想溯源

古斯塔夫森从神学伦理学内部自我检讨，也从外部加以批判，还对现实社会生活和文化进行诊断，力图彻底清算人类中心论。他批判具有功利主义性质的宗教偶像化崇拜，批判近代以前以人为中心的宇宙论，挑战并改造基督教传统中的耶稣救世论，批评现代神学和伦理学因为将人之外的自然和世界排除在主体伦理关注之外的片面性和狭隘性。

在古斯塔夫森看来，尤其是启蒙运动以来的神学、哲学以及伦理学，几乎就是为人类中心主义的产生及发展辩护的历史传统。它们都从人的功利需求出发，将人与非人世界截然分为主客对立的二元世界，从而将人作为主体置于世界核心，使人的需求成为一切行为和价值的尺度；传统对生命意义和价值的诠释，也都被改造利用，沦为替人类中心主义思想和行为辩护的工具。[49]

古斯塔夫森首先展开神学与宗教的内在反思与批判。他认为，从《旧约》神学直到如今，神学的历史几乎都将上帝的目的诠释为旨在丰富和实现人类的生存，几乎成了为人类自我利益和自我中心辩护的宗教工具。神学伦理学传统已经大多转向以人类为中心，突出上帝之爱的一面，即仅仅为了人类或者最终指向人类，因而忽视了上帝的威严和愤怒，忽视了对人类的道德责任要求，人在上帝面前越来越骄傲，以至于将自己作为一切的主宰。[50]

古斯塔夫森非常警惕神学伦理学中人为自我利益辩护而削弱上帝绝对性原则权威的倾向。他早期关注神学对道德规范原则和不同处境之间的平衡所做出的道德思考，认为基本上从《圣经》记载的使徒保罗开始一直到如今，神学传统一贯的问题就是"爱"与"律法"之间的平衡和契合上的问题，神学传统倾向于强调神的爱而削弱了命令性原则的绝对性，这个问

---

[49] James M. Gustafson. *Theology and Ethics*: *Ethics from a Theocentric Perspective*. Chicago: The University of Chicago Press, 1981. pp. 82—85.

[50] James M. Gustafson. *Theology and Ethics*: *Ethics from a Theocentric Perspective*. Chicago: The University of Chicago Press, 1981. p. 16.

题在不同时代的表现不过是老问题换上了新包装，或者说是"新瓶装旧酒"。[51]这种问题被古斯塔夫森称为"立场、意愿、良心的伦理学"（"ethics of disposition, intention, conscience"）与"规则、准则伦理学"（"ethics of law, norms"）之间不平衡对立的问题。[52]在古斯塔夫森看来，基督教伦理传统中由来已久的"立场"（disposition）和"准则"（principle）的对立表现为：一方面是倾向、良知、态度、出自良心自由的爱，另一方面是律法、准则、典章。古斯塔夫森认为，问题的根基在于保罗对哥林多教会中关于祭拜过偶像的肉是否可吃的教导，[53]保罗明显地将道德行动的原则交给了每个人的良心，而不是直接来自《圣经》中上帝的命令。[54]

古斯塔夫森同时将批评指向托马斯·阿奎那。他指出，《神学大全》第二部分从第106个问题开始论述新法（New Law）与旧法（Old Law）之间的关系。其中，阿奎那引用奥古斯丁的观点，认为新命令启示旧命令的核心内容，虽然新命令和旧命令都有绝对禁止性和命令性的规范原则，但最终阿奎那沿着奥古斯丁的思路，将圣灵的恩典置于绝对性的规范原则之上。他们强调靠着圣灵恩典人可以确定自己的道德行为选择，因此将道德判断的自由过度地放在了有限的判断者手中。[55]

---

[51] James M. Gustafson. 1968. "What is the contemporary problematic of Ethics in Christianity?" *Central Conference American Rabbis Journal*(January). (pp. 14—26), p. 16.

[52] James M. Gustafson. 1968. "What is the contemporary problematic of Ethics in Christianity?" *Central Conference American Rabbis Journal*(January). pp. 14—26。这种区分最初是1902年厄尼斯特对威尔海姆（Wilhelm Herrmann）的《伦理学》进行评论时提出的，在其题为Grundprobleme der Ethic 的文章中提出。见Troeltsch. 1913. "Grundprobleme der Ethic," *Gesammelte Shiften*. Vol. II, Tubingen: J. C. B. Mohr(Paul Siebeck). pp. 552—672。

[53] 《哥林多前书》10:23—11:1。

[54] James M. Gustafson. "What is the contemporary problematic of Ethics in Christianity?" *Central Conference American Rabbis Journal*(January). p. 14—26.

[55] James M. Gustafson. "What is the contemporary problematic of Ethics in Christianity?" *Central Conference American Rabbis Journal*(January). p. 17.

古斯塔夫森呼吁大家警惕这种"错置的辩论"(misplaced debates)。㊱他认为,当代宗教和神学伦理学已经忘记以神为中心的立场,因此需要重新回到改革神学中,基于传统来批判传统,重新寻求以神为中心的核心主张。他本人循此思路,重新思考和组织那些改革神学传统中能够与其神学思考一致的思想。在古斯塔夫森看来,加尔文和拉纳强调在上帝面前沉默,巴特强调人对神圣主宰的依赖性,他们都站在了以神为中心的立场上。然而,在古斯塔夫森的眼中,奥古斯丁、托马斯·阿奎那、马丁·路德、加尔文、乔纳森·爱德沃兹、巴特㊲等神学家,都在不同程度上因为抬高人在世界中的地位和人在道德选择中的自由,而具有人类中心论的倾向或者表现。㊳例如,加尔文宣称,上帝创造的秩序是为人之利益,上帝自己通过创造的秩序,表明他为了人类的利益创造了一切。㊴奥古斯丁等则肯定存在物(生物)之间的等级秩序,突出人作为该秩序中的至高核心。古斯塔夫森因此批评指出,虽然生命等级的观念没有完全否定人之外一切受造物的价值,但却表达了人类利益至上的价值取向,忽视了生存作为价值存在的基础这一事实,忽视了人类生存与人之外世界的生存(动物界和自然界)共处于连续性系统的实质,因此忽略了人与外界的生存和延续互为条件、互为保证的事实。㊵再如,巴特在教会教义中对道德做出如下阐述:

㊱ James M. Gustafson. 2009. "Preface to the Library of Theological Ethics Edition", *Christ and the Moral Life*. 1968. Westminster John Knox Press. Lousville:Kentucky. xiii.

㊲ 巴特曾明确宣称"上帝是为人类利益的。"Karl Barth, *Church Dogmatics*, III/2, Edingurgh:T. and T. Clark,1957. p. 609.

㊳ James M. Gustafson. *Ethics and Theology:Ethics from a Theocentric Perspective*. Chicago:The University of Chicago Press,1984. p. 28.

㊴ John Calvin. *Commentary on Genesis*. vol. I. Baker Books, 2005; Calvin, *Institutes*, I. 14. 22, McNeill ed. ,1:181—182.

㊵ James M. Gustafson. "Nature:Its Status in Theological Ethics." Originally published in Logos 3 (1982):5—23. Reprinted in *Moral Discernment in the Christian Life:Essays in Theological Ethics*. Westminster:John Knox Press,2007. p. 123.

我们应当如何行为……在耶稣基督里回应已经完成的神圣拣选的善，这种善已经完成以至于从我们这一方来说不必再加添任何东西，我们仅仅需要以我们的行动来公开承认它。[61]

古斯塔夫森认为这种神学主张过于突出人类自身利益。他进一步指责当代神学宗教伦理学采取了人类自我满足导向的功利性、工具性立场，即人为了自我快乐、生活舒裕来操纵上帝，以至于使上帝服务于人。[62] 古斯塔夫森对人类中心论的强烈批判意识，使他对《圣经》神学传统肯定人高于万物的观点同样敏感，对这些神学家遵循《圣经》传统而尊人为万物之长的主张同样警惕。

从古斯塔夫森与人类中心论对抗的立场来看，他对神学传统中"人类中心论"的警惕不无道理，但他的批评却并不全面，也有失公正和客观。无论是《圣经》、还是加尔文、奥古斯丁等伟大思想家，强调人比万物更高而仅次于上帝的尊严和价值，同时也肯定人之尊严的根本在于听从上帝的吩咐并作上帝忠实的管家，其根本目的是将人置于上帝之下，承认上帝作为世界最高主宰的权威，因而更加强调人服从上帝命令来管理世界的义务。曾在早些时候，古斯塔夫森专门讲到如何处理上帝绝对主权与被置于境遇中的神学所表现的人类中心论立场。他指出，无论该问题如何表现，实质核心在于将境遇和原则对立起来，将爱与律法对立起来。因为境遇是可变的，爱是根据人的良心和境遇变化的，原则和律法却是不变的。[63] 若在不同境遇中对上帝的绝对原则作出个人化或者处境化的解释及其道德决定，则难以避开人类中心主义的陷阱。

---

[61] Karl Barth. *Church Dogmatics*, II/2, trans. G. W. Bromiley, J. C. Campbell, et al. Edinburgh: T&T Clark. 1957. p. 540.

[62] James M. Gustafson. *Theology and Ethics: Ethics from a Theocentric Perspective*. Chicago: The University of Chicago Press, 1981. pp. 188—190.

[63] James M. Gustafson. 1968. "What is the contemporary problematic of Ethics in Christianity?" *Central Conference American Rabbis Journal* (January). pp. 14—26.

第二章　古斯塔夫森伦理思想溯源

事实上，保罗强调"爱是最高的原则，"⑭ 这与耶稣的新命令没有冲突。⑮ 耶稣道德命令的核心是：最大的诫命就是爱，爱神爱人，爱神的也必然爱人。爱人就是站在对方的立场上来体贴对方的软弱，因为"神是爱"并充满怜悯。人若坚持爱的最高原则，就可以给对方更广阔自由的道德进步的空间。按照古斯塔夫森的理解，我们不应当将爱与律法对立，而是应当在"律法"之上再加上"爱"，或者坚持"律法优先，境遇辅之。"但是，律法优先的逻辑，与古斯塔夫森后来关于道德担保的论述又似乎相互矛盾。古斯塔夫森后来越来越强调，行为主体应当在不断变化的境遇中，根据上帝的目的，遵从上帝的教导，以此做出道德判断和道德行为选择。⑯ 这一点实质上与保罗的教导是一致的。

古斯塔夫森以神为中心来批判宗教和神学传统中的人类中心论倾向，在美国当时的文化处境中有相当的合理性。任何神学思想和宗教传统，如果不是以神为本，则无论如何也难为其正名。毋庸置疑，像古斯塔夫森这样具有强烈时代使命感和人类责任感的社会思想家，有时候为了批判一个问题反而会引发矫枉过正的可能性。或者在经过思想沉淀后的思想家看来，很可能批评者恰好会走向与他所批评的对象同一条路线上去。也就是说，古斯塔夫森强调行为主体有责任从上帝的视角思考人类的合理位置及相应的道德行为，这很可能走向另一种人类中心主义。但古斯塔夫森提醒人类要警惕以自身利益为唯一尺度的人类中心论，这一点仍然非常宝贵。

---

⑭ "我若能說万人的方言，并天使的话语，却没有爱，我就成了鸣的啰、响的钹一般！我若有先知讲道之能，也能明白各样的奥秘，各样的知识；而且有全备的信心，能够移山；却没有爱，我就算不得什么！我若将所有的周济穷人，又舍己身叫人焚烧；却没有爱，仍然与我无益！"(《哥林多前书》13:1—3）保罗在此连续三次强调爱的重要性胜过外表的恩赐，主要是针对哥林多教会当时人们注重自我的表现而忽视关心他人爱的道德缺失。

⑮ "我赐给你们一条新命令，乃是叫你们彼此相爱；……你们若有彼此相爱的心，众人因此就认出你们是我的门徒了。"(《约翰福音》13:34—35）在此，耶稣强调彼此相爱的新命令，乃是以他本人甘心以行动服侍他人需要作为道德行动的要求。

⑯ James M. Gustafson. 1965. "Context versus Principles: A Misplaced Debate in Christian Ethics". *Harvard Theological Review*. 58, no. 2（April 1965）:171—202. reprinted in M. E. Marty and D. Peerman, eds., *New Theology* No. 3, New York: Macmillan. 1966. pp. 69—102.

因为，人的有限性需要人们不断地反思，从而在反思的过程中获得进步合理的思想和更广阔的行为空间；而且，神学伦理学家必须充当先知的角色，时时吹响号角，不仅为了宣告过犯及惩罚的来临，更重要的是提醒人们：若不认真思考做人的本质和责任，极有可能在麻木和看不清道路的时候，带着良好的意愿错失了正路，走向自我毁灭。

古斯塔夫森对哲学领域中人类中心论的批判，首先指向笛卡尔强调的主客二分的二元对立世界观。笛卡尔将人作为行为主体和人之外的世界作为被认识的客体对立起来。这种将体（body）与心（mind）、人与自然、精神与物质、事实与价值以及科学与道德绝对对立的主张，一度大大激发了人的主体性和创造性的发挥，大大推动了科学的发展。但这种主客二分的世界观，也为过分高扬人之理性和推崇科学至上的人类中心主义提供了哲学辩护，致使人被推崇为价值判断的唯一标准或至高标准，因此过度高扬了科学理性即工具理性的绝对价值，淹没了价值理性的意义和重要性。

古斯塔夫森批评说，哲学史几乎就是一部人类中心主义的历史，因为主要的道德哲学思想以不同方式在为人类中心主义的立场、方法与行动辩护，甚至是在推崇人类中心主义的价值观。[67] 例如，托马斯主义认为，一个人的幸福（well-being）比整体宇宙中自然的善更有价值；传统功利主义认为，行为道德性的根据在于与其后果相关的人之"快乐—痛苦"的总量计算；古斯塔夫森认为，康德特别关注人的义务和道德完善，仅仅主张"人是目的"、人作为自然界的最高立法者为自然界立法。因此，康德从道德哲学的角度，将笛卡尔主客对立、人是自然界的主人和主宰的观点，发展为更加典型和完备的人类中心主义。[68]

我国也有学者表达了类似主张，批判西方哲学史就是一部人类中心主

---

[67] James M. Gustafson. *Theology and Ethics: Ethics from a Theocentric Perspective*. Chicago: The University of Chicago Press, 1981. p. 81.

[68] James M. Gustafson. *Ethics and Theology: Ethics from a Theocentric Perspective*. Chicago: The University of Chicago Press, 1984. pp. 121—122.

义的历史:

> 在整个西方哲学,自我很大程度上被宣布是哲学的根本主体,表现为一个基本信念:人无所不能。这一信念被理性所建立,并且随着科学的发展,这种信念越来越强大,越来越膨胀。近代哲学的创立者培根的'知识就是力量'和笛卡尔的'我思故我在',分别从经验和理性这两个维面反映出,人类希望从科学知识这个角度挺立自己的主体性。这种自我'主体主义'观念,实际上就是以人作为世界的主宰和仲裁者来规划世界的人类中心主义。[69]

笛卡尔开启的主客二分的哲学方法,确实在哲学史上为人类中心主义的价值判断和行为活动充当了主要辩护者。这种哲学方法忽视了主体和客体互为关系的一面,忽视了主客体在世界整体秩序中的相对连续性,这种哲学方法使得人与人之外的世界绝对对立,因此忽视了人作为世界中部分存在的本质。首先,在生存论层面,人是自然存在物而成为世界的一部分,人要依赖外界才能生存并得以延续。而人既是世界总体目的和秩序的一部分,同时人也是有意识的社会性存在,因此人有责任维护和促进世界一切部分之间的和谐共存。而作为思维主体,人也需要反思自身的行为,在认识和改造外部世界的同时,深化自我认识,拓展在世界中自我活动的空间和能力。为此,人是与外在世界互为主客体的存在,人类自我生存的目的应当服从于世界和谐秩序之目的,而绝非将人类利益视为唯一价值,为人故意牺牲人之外存在的价值及破坏世界整体秩序的霸道行为强行诡辩。

主客二分的世界观导致人类利益至上的价值判断和行为选择,最突出地表现在现代科学领域。在古斯塔夫森看来,科学技术对于人类发挥主观能动性并提高道德认识,不仅必要而且相当重要。但是,他对科学领域人

---

[69] 戴茂堂:《西方伦理学》,武汉:湖北人民出版社,2002年,第48页。

类中心主义的批判主要指向科学主义的倾向，即启蒙运动以来将科学技术仅仅用作获得人类生存利益之工具的工具价值论。[70] 这种批判在推崇科学主义的今天极为重要。

科学发展史不仅是人类为探求真理不断获得关于世界和自我的认识的历史，也是人类不断突破生存局限而越来越骄傲地试图去征服世界、驾驭自我命运的历史。尤其是现代人类以推崇科学征服自然所表现出的自豪与野心，确实是导致人类中心主义的根源之一。实证主义的代表孔德（Auguste Comte，1798—1857）曾自豪地赞叹人类从自然的束缚和奴役中解放出来，梅瑟尼更自豪地宣告：

> 由于人类的信心和力量得以恢复，自然越来越被置于人的控制之下。……人类出现以来，就受到物理自然之专制的困扰，而我们的时代首次有了摆脱这种专制的可能。[71]

当前，生态平衡越来越遭到深层破坏，生态系统自恢复能力越来越弱，人类中心的价值取向根本不具备合理性。在古斯塔夫森之后，著名生态整体主义伦理学家罗尔斯顿（Holmes Rolston Ⅲ，1933—），同样对以人类中心论为基本前提的伦理学提出批评：

> 与以往伦理学理论相联系的人类中心论本来是一种虚构，表现的是一个物种以自己为绝对而将对自己的功用作为评价其他一切事物的尺度。生活在这样一个参照系中，不单在道德上显得幼稚，而且颇有牛顿机械论的味道，而不符合爱因斯坦的相对论。[72]

---

[70] James M. Gustafson. *Ethics and Theology: Ethics from a Theocentric Perspective*. Chicago: The University of Chicago Press, 1984. p. 252.

[71] Emmanuel G. Mesthene. "Technology and Religion." *Theology Today* 23 (1967): 481—495. p. 482, p. 492. 转自：罗尔斯顿：《哲学走向荒野》，刘耳，叶平译。长春：吉林人民出版社，2000 年，第 90—91 页。

[72] 罗尔斯顿：《哲学走向荒野》，刘耳，叶平译。长春：吉林人民出版社，2000 年，第 397 页。

古斯塔夫森强调以宇宙整体利益即宇宙世界整体善作为最高的目标和价值，主张扩展伦理关系视野，将个人利益的追求扩展到人类整体利益的追求，进而扩展到与其他生命和存在物更广泛、连续的关系整体之中，以合乎上帝整体善的要求而道德地行为。所有这些主张，实质上就是从不同的角度表达了生态整体主义的立场，为整体主义的神学伦理学[73]或者说宇宙（生态）伦理学提供了理论支持。

二、神学伦理学传统的批判

古斯塔夫森首先将神学伦理学的批判指向《圣经》神学中的启示传统，他不赞同基督论（Christology）和"惟圣经"（"solely Scripture"）论。他将《圣经》看作人之特殊经历的记载，与神学传统和人的现实经历共同服务于人的道德认识。古斯塔夫森筛选性地引用《创世记》、《诗篇》和《智慧书》的一些章节，他也批判基督教传统中将耶稣仅作为人类灵魂得救盼望的宗教工具化倾向。[74]古斯塔夫森认为，《新约》中耶稣生平的记载是立足于上帝中心的视角，表达了人对世界主宰的敬虔与敬畏的特殊经验。他强调耶稣作为道德典范，以此有意弱化神学传统强调拯救人类灵魂的神学启示。

在关于《圣经》和神学伦理学之关系的理解上，古斯塔夫森与《圣经》神学传统主张《圣经》绝对权威性的观点有所不同。在古斯塔夫森看来，神学的重点在于，《圣经》中有关上帝的知识和上帝的目的是为生存世界提供意义符号与意义框架，这些意义的符号和框架，能够帮助我们对环境及人的目标做出合理的解释。[75] 1970年，在《圣经在基督教伦理学中的位置：一种方法研究》（"The Place of Scripture in Christian Ethics: A

---

[73] James M. Gustafson. *Moral Discernment in the Christian Life: Essays in Theological Ethics*. Westminster: John Knox Press, 2007. p. 96.

[74] James M. Gustafson. *Ethics and Theology: Ethics from a Theocentric Perspective*. Chicago: The University of Chicago Press, 1984. p. 86.

[75] James M. Gustafson. "The Use of Scripture in Christian Ethics." *Studia Theologica* 51, 1997: 15—29.

Methodological Study"）一文中，古斯塔夫森提出，神学伦理学的方法是从《圣经》经文出发来思考这些经文的道德和伦理学启示。⑯ 1997 年，再次思考《圣经》与基督教伦理学之关系时，他更关注从当前人类生存面临的各种道德和伦理问题来寻求解决方法，或者说，他更加关注伦理学首先要从人类生存的实际境况出发，来思考和回答施韦克（William Schweiker）、总结出的伦理学关涉的五个问题，⑰ 然后再回到《圣经》中探寻《圣经》对此如何作答。古斯塔夫森认为，《圣经》可为这些问题提供确证性的支持与教导，但《圣经》并非唯一绝对的认识论根据。

古斯塔夫森强调，人能够利用实践理性、根据自身经验和观察到的世界万物的自然秩序及其相互依赖性，获得有关上帝的意志以及赋予人类道德法则的知识。人在自然世界中产生一种敬畏的宗教体验，既能使人意识到对上帝的责任，又能意识到履行责任的机会和可能性。⑱ 因而，他将人之外的自然世界及其秩序和人在世界秩序中的经验，都纳入其神学伦理学，他也将宗教敬虔的经验、人的宗教信仰与现实生活中的道德要求联系起来，为其伦理学思想提供神学根据。

古斯塔夫森吸收托马斯·阿奎那的动态认识论，强调人是在持续的生存经历和活动中不断地运用理性，从自然启示中逐渐获得上帝的知识和赋予人类的道德法则。上帝的创造是一个进程，人类获得道德知识也是一个过程。他因此也吸纳了阿尔弗雷德·诺斯·怀特海（Alfred North Whitehead）的过程神学（process theology）的上帝观。怀特海主张，情感

---

⑯ James M. Gustafson. "The Place of Scripture in Christian Ethics: A Methodological Study." *Interpretation* 24, no. 4 October 1970: 430—455. reprinted in *Theology and Christian Ethics*. Chicago: University of Chicago Press, 1968. pp. 121—145.

⑰ 施韦克提出五个问题："正在发生着什么？如何生活的准则是什么？我们当是什么当如何行？作为行动者的意思是什么？我们如何确证道德宣称？"他将这五个问题称之为是解释性的、实践性的、元伦理的、根本性的和规定性方面的问题。William Schweiker. *Responsibility and Christian Ethics*. Cambridge University Press, 1995. pp. 34—40, pp. 230—23, n. 4.

⑱ James M. Gustafson. *Theology and Ethics: Ethics from a Theocentric Perspective*. Chicago: The University of Chicago Press, 1981. pp. 203—204.

与理性协调的宗教是对个人价值和意义的关切，理性的信仰即经过反思和经受检验的信仰，是连接自我个体利益和其他个体利益的途径，是实现自身价值和意义的通途，是一种孤独的理性宗教观。[79] 古斯塔夫森同样主张，人的经验过程对获得有关上帝和人自我的认识至关重要。而且，由于人类经验非常复杂，在历史过程不断获得并深入对上帝的认识和人自我的认识，就更加重要。[80]

古斯塔夫森借鉴卡尔·拉纳的自然法理论和动态的过程认识论，特别吸收其将科学纳入上帝观的思想，强调上帝赋予人在历史中的自由，使人类自身能够在不断的现实经历中既可获得关于上帝的知识，又可修正已经获得的认识。古斯塔夫森同样主张，神学伦理应当在新的科学知识的帮助下，在历史经验中赋予生命"超个人化"（supraindividual）[81] 的特点，着眼于人类的未来发展进行思考。[82] 古斯塔夫森也批判拉纳的人类中心主义倾向，他拓展了拉纳关于个人超越性的自由是道德活动准则的观点，将伦理思考延伸到社会和宇宙整体，主张人的"本质"就是在各种关系中与关系另一方的相互依赖性和协调一体性。[83]

古斯塔夫森也批判继承了宗教改革传统强调人无条件听从上帝召唤的天职观。16世纪的宗教改革强调"因信称义"，加强人与上帝直接关系的重要性，使人成为万物的首领和代言人，从而直接向上帝负责。但这种主张同时突出了人对自然的控制，忽视了人与自然之间的相互依赖性，一定程度上消解了人向自然万物负责的重要性。古斯塔夫森接受其人向上帝

---

[79] Alfred North Whitehead. 1933. *Adventures of Idea*. Macmillan Publishing Company.

[80] James M. Gustafson. *Theology and Ethics*: *Ethics from a Theocentric Perspective*. Chicago: The University of Chicago Press, 1981. p. 214.

[81] James M. Gustafson. *Ethics and Theology*: *Ethics from a Theocentric Perspective*. Chicago: The University of Chicago Press, 1984. p. 69.

[82] James M. Gustafson. *Ethics and Theology*: *Ethics from a Theocentric Perspective*. Chicago: The University of Chicago Press, 1984. p. 67—70.

[83] James M. Gustafson. *Ethics and Theology*: *Ethics from a Theocentric Perspective*. Chicago: The University of Chicago Press, 1984. p. 7.

负责的传统，但他更强调人之现实的物质生存与精神意义的连续性，突出人对包括人自身和自然万物在内的整体世界的历史性责任。他将科学与宗教、理性与宗教伦理、敬虔与道德哲学整合融入他的神学思想，拓展了新教改革的天职观传统。在古斯塔夫森看来，人向上帝负责，人的责任指向上帝，就意味着向上帝的整体创造负责，既对自己的生存及行为负责，也对周围的一切和世界整体的合理秩序负责。

> 人已经被赋予一种天职感（a sense of calling）；回应天职（接受呼召 to be called）就是接受我们的责任：我们应当维持和发展我们的能力，为了成为生命相互依赖秩序和过程中的参与者、有目的的行动者（purposive agents）。[84]

古斯塔夫森站在宇宙观的高度，不仅从信仰立场赋予自然一种不同的地位和尊严，而且从自然理性和经验的角度，强调人在自然秩序中的敬虔体验能令人产生对上帝呼召的意识，意识到上帝赋予人类管理世界的神圣使命，因而能够激发人按照上帝的目的和要求来参与整体世界秩序进程。根据这种动态观，神学伦理学的根本出发点和最终目的，就是客观、历史的上帝主权以及上帝与世界整体的联系。这种自然法和自然理性的神学基础，肯定了人能够利用上帝赋予的理性自由，在不断经历与自然相互依赖的关系中认识和理解上帝的意图与目的，也肯定人类有可能积极主动地承担起认识世界、改造世界的道德义务；同样，这种自然法和自然理性的主张，也为人类谨守并努力维持与万物和谐平衡的合理关系，提供了神学理论基础与伦理根据。

三、道德哲学资源的批判

在道德哲学方法上，古斯塔夫森从以神为中心的伦理学视角，借鉴并

---

[84] James M. Gustafson. *Ethics and Theology: Ethics from a Theocentric Perspective*. Chicago: The University of Chicago Press, 1984. p. 287.

改造了功利主义的后果论和康德的义务论，他同时继承了德性伦理传统，为其上帝观和神学伦理学提供方法论支持。古斯塔夫森将"以神为中心"的道德要求与行为的实际后果以及可能造成的后果相联系，讨论判断行为的合理性依据的问题；他也深入个人生活和社会现实，对人的现实生存问题展开深入的哲学与伦理学探讨。他借助实用主义和动态时空观，在整体主义的立场上批判并拓展功利主义的方法。古斯塔夫森强调，人作为道德行为者，应当无条件地服从上帝对世界整体利益的根本要求，培养敬虔顺命的美德，采取相应的行为，维护和促进世界整体的合理秩序进程。

  人区别于其他存在，是因为人的行为活动具有其目的性。通常情况下，人似乎总是自然地利用行为的后果来回答"我们应当如何行为"，并因此判断行为的正当与否。在后果论的价值判断中，功利主义主张以能够产生最佳效果的方式来行动。但是，究竟什么样的效果是好的，用什么标准来判断该效果的好与否，却是一个开放的问题。边沁、密尔是以幸福大于痛苦的总量计算为标准，而西季维克则追求普遍幸福（universal happiness）。他们都注意并重视人之存在的社会性对伦理的意义。密尔引用基督教传统"道德金律"中"爱邻人"和"爱人如己"的要求，表达"功利主义道德的完美理想"，强调个人快乐或者个人利益与整体利益的和谐。[85] 西季维克更强调个人利益对他人利益的依赖性，要想按照功利主义的道德原则实现个人利益，就必须考虑个体满足自己利益的行为对他人幸福造成的影响及其后果。[86]

  在古斯塔夫森看来，功利主义传统没有神学或者其他确定性的形上学基础，在形式上与自然法的伦理有某种程度的类似，[87] 其伦理关注的焦点是人自身以及人自身追求的目的，是通过综合这些目的而形成道德原则，

---

[85] John Stuart Mill. *Utilitarianism*. Longman, Green, Longman, Roberts, and Green, p. 24. Google eBook.

[86] 西季维克：《伦理学方法》，中国社会科学出版社，1993，第478页。

[87] James M. Gustafson. *Ethics and Theology: Ethics from a Theocentric Perspective*. Chicago: The University of Chicago Press, 1984. p. 102.

确立"是"与"应当"的联系，而该道德原则又反过来强化人在行为中对自身的目的追求。尽管功利主义以人之行为能否促进当代人和未来之人的幸福为尺度，因此能为限制使用自然资源的合理性进行论证，然而，功利主义关于"痛苦—快乐"或者幸福的标准，却是以低等感知动物要服务于高等动物为前提，是围绕从人到动物一切有感知的生物来论证人类行为的道德合理性，而且仅仅是在个人幸福或快乐的语境中讨论未来与整体的幸福。[88]

古斯塔夫森批判地继承了密尔和西季维克将功利计算从人扩展至有感知动物的后果论方法。他主张道德思考应当考虑每个个体的利益，但最终要将一切个体的善或利益综合指向宇宙论的整体善要求。个人快乐或幸福作为人类行为目的，其合理性在于，个体幸福必须与他人幸福或快乐置于同等的相互联系之中。古斯塔夫森进一步将行为后果的功利计算延伸至连续且相互依赖的整体世界秩序，其中包括一切生命和非生命的受造物。古斯塔夫森借鉴西季维克等功利"最大化"的思想方法，认为这种超越具体狭小利益限度的主张，正是去人类中心和反自我中心的伦理可以借鉴的方法，[89]也与追求对大多数人最大幸福的新教伦理思想有一定的一致性。古斯塔夫森维护他人和世界整体利益的超功利性主张，要求行为者超越自己利益，进而实现群体、人类整体、甚至宇宙整体秩序及一切之间协调、统一的整体功利，即共同善或整体善，在形式上更接近规则功利主义。古斯塔夫森并没有为解决一切道德冲突确定一个绝对唯一的行为规则，而是综合规则功利主义和后果功利主义，又从动机要求来强调人遵行上帝道德命令的义务，从宇宙整体论的高度，主张将功利计算应用于行为者依赖的各种具体关系，将功利主义对后果的思考扩大到行为者之外，乃至到整体宇

---

[88] James M. Gustafson. *Ethics and Theology: Ethics from a Theocentric Perspective*. Chicago: The University of Chicago Press, 1984. p. 103—104.

[89] James M. Gustafson. *Ethics and Theology: Ethics from a Theocentric Perspective*. Chicago: The University of Chicago Press, 1984. p. 106—107.

宙的和谐秩序，并从实际或可能的后果来判断行为的合目的性，最终做出综合性的道德选择和判断。⑨

古斯塔夫森拓展旨在保证和促进个人幸福的后果论以及扩展利益的功利主义传统，主张从关系的相互依赖性和整体利益的高度，规划、指导、约束并判断人类行为的道德合理性。他并不否认个人和部分的利益，进而反对为了他人和整体利益而强制性地破坏和剥夺合理的个人利益。在古斯塔夫森这里，整体利益不是仅停留在为其部分或成员的福利提供所需条件的数字层面，不是机械性的或组合性质的福利累加，而是突出大于部分利益之和的一体性和整体性（unity），亦是共同善或公共善（common good），亦即"公共善大于个体善之和。"⑪

为了修正功利主义对幸福或快乐（即利益）的判断标准因人而异的缺陷，古斯塔夫森又借鉴康德义务论的观点，主张人的一切行为选择与判断都应服从上帝创造并维持世界秩序进程的终极义务要求。在理论形式和哲学方法上，古斯塔夫森主要从三方面继承和扩展了康德的义务论，从神本主义的视角来阐发他的责任伦理主张。

首先，古斯塔夫森批评康德旨在使行为者成为完美道德主体的伦理学指向，批评其道义论中禁欲主义的倾向表现出个体性和主体中心的特点。⑫古斯塔夫森将整体利益作为自己责任伦理的旨归，强调以扩展行为主体所依赖的关系的方式来判断行为的合理性。人在特定情景下克制个人欲望，甚至牺牲自我利益的道德行动，目的在于满足整体利益之目的和要求，而不是成就完美的道德主体。

其次，古斯塔夫森拓展康德关于行为者所处关系的社会性和相互依赖

---

⑨ James M. Gustafson. *Theology and Ethics*: *Ethics from a Theocentric Perspective*. Chicago: The University of Chicago Press,1981. p. 108,p. 113.

⑪ James M. Gustafson. *Ethics and Theology*: *Ethics from a Theocentric Perspective*. Chicago: The University of Chicago Press,1984. pp. 18—19,pp. 70—71,p. 276,etc.

⑫ James M. Gustafson. *Ethics and Theology*: *Ethics from a Theocentric Perspective*. Chicago: The University of Chicago Press,1984. pp. 121—122,etc.

性的观点。康德主要集中于人的世界来讨论人的义务,主张人对外在世界仅有间接义务,并最终将此间接义务也归于服务人类的目的。古斯塔夫森认为,这种思想实际反映了"以人为中心"的狭隘伦理视阈。而从上帝中心出发的责任和义务伦理,强调人对世界整体秩序进程的责任,即:人应当以合理的方式,为人及其人之外的世界承担责任,将一切与世界整体的主宰(上帝)合理地联系。[93]

再次,古斯塔夫森扩展康德义务论中"目的王国"的主张,强调"永远不要将任何存在仅仅作为人之目的,即使是人类整体之目的。"[94] 即使是自我道德完善的义务,也仅是满足关系整体利益之目的的手段,人应当以上帝为中心来理解他人的幸福并服务于这样的幸福,服务于更广阔的受造世界的整体秩序进程。在康德那里,人同时是手段和目的;古斯塔夫森则进一步强调,人不是最终和唯一的目的,人的一切行为都是为了世界整体秩序的和谐与统一之目的。

康德的义务论突出了主体中心,从行为主体的动机和意图来判断行为的道德与否。然而,古斯塔夫森强调上帝才是中心,上帝的旨意才是行为判断的标准,人的动机和意图仅是判断其行为价值的一部分,因此应当与其目的同时被纳入到上帝目的之中。同时,人具有自然属性和社会属性,人既有可能、也有必要超越个体性,进而与自然和社会合理联系。不仅仅是行为主体,而且与行为主体构成相互依赖关系的群体、人类整体及人之外的世界,都具有伦理意义,都应当同时被置于伦理思考和行为判断之中。[95]

康德的道德理想是道德行为者个体即主体的道德完善,最终目标是在

---

[93] James M. Gustafson. *Ethics and Theology: Ethics from a Theocentric Perspective*. Chicago: The University of Chicago Press, 1984. pp. 6—8, pp. 301—302, etc.

[94] James M. Gustafson. *Ethics and Theology: Ethics from a Theocentric Perspective*. Chicago: The University of Chicago Press, 1984. p. 284, etc.

[95] James M. Gustafson. *Ethics and Theology: Ethics from a Theocentric Perspective*. Chicago: The University of Chicago Press, 1984. p. 283, etc.

第二章 古斯塔夫森伦理思想溯源

人的世界建立一个"道德完善者的王国",道德行为主要表现为行为者个体立足于自己的理性立法而履行义务,⑯因此缺失了古斯塔夫森所强调的人之道德与自然世界之间必然而合理的联系。古斯塔夫森批评康德的义务论是确立了人类中心主义和自我中心的道德生活观。⑰古斯塔夫森以神为中心的责任伦理观,更重视行为主体在所处关系中的相互依赖性。行为者义务和责任的基础是其所构成并依赖的各种关系及其相互依赖性,目标是包括自我利益在内的整体善。判断这一目标的标准,是行为者在相互依赖的关系和特定情景之中运用理性、通过情感体验和经历所获得的关于上帝目的和道德法则的知识。

康德的义务论以道德法则为基础,即行为者的理性自我立法,强调为义务而履行义务的绝对道德命令。这种道义论强调人通过实践绝对理性来执行道德命令和履行道德义务,因此没有充分重视情感对道德的作用,也没有充分关注现实经验作为道德之基础的意义及其重要性。这自然使康德强调纯粹理性限度的宗教容易受到挑战与质疑。古斯塔夫森从信仰的立场强调情感,也突出实际经验对宗教伦理的意义,弥补了道义论的这一缺陷。他否认康德关于"德福一致"的主张,认为世界苦难和人类痛苦是不可回避的事实,人类在极度痛苦和悲伤中的自杀行为也是事实。古斯塔夫森指出,从人的情感角度来说,自杀行为有时是合理的,是"对上帝仁慈和仁爱的严肃考验。"⑱

道德情感对个体的道德完善确实是至关重要。理性不是孤立地存在于道德世界,而是在情感促动下发展起来并形成理性自觉。同样,理性约束并引导行为者的情感经验使理性和情感共同作用,才能成为人履行道德义

---

⑯ Kant, *Critique of Judgment*, par.84, in Beck, Introductio to the Critique of Practical Reason, p39. *Critique of Judgment*, Par.87, Hafner ed, p.299.

⑰ Kant, *Critique of Judgment*, par.84, in Beck, Introductio to the Critique of Practical Reason, p39. *Critique of Judgment*, Par.87, Hafner ed, p.123, p140.

⑱ Kant, *Critique of Judgment*, par.84, in Beck, Introductio to the Critique of Practical Reason, p39. *Critique of Judgment*, Par.87, Hafner ed, p.216.

务并实现道德完善的必要条件。人之所以是道德行为者，根本原因在于人之行为的目的性，即对行为的自我意识以及情感与理性的反思。不仅道德的自觉和道德义务的履行需要情感的参与，而且，理性能力也必然使行为者能够从行为后果来思考和分析可能存在的道德冲突。因此，判断人之行为的合理性，并做出符合宇宙秩序进程之目的的行为选择，既应考虑人际间的相互义务，也应将义务即责任扩大到人之外的一切存在物。无论如何，独善其身的道德义务和脱离道德情感与现实经验的纯粹理性立法，只能是一种理论假设。

从伦理形式上看，古斯塔夫森建构的神本主义伦理学，既表现出明显的义务论即道义论的特点，也表现出功利主义的价值立场，因而兼具伦理原则的普遍性和道德责任的相对性。人之行为的目的在于维护和促进世界整体利益，人类行为的道德价值，在于符合上帝创造世界的整体秩序和谐之目的。因而行为者在遵循普遍的道德责任要求的前提下，又应根据不同的历史和现实的社会文化条件，具体地采取合乎道德要求的行动来承担责任。古斯塔夫森也因如此方法论的努力受到同行的批评。[99]

古斯塔夫森并不因为"将道义论和后果论整合在他的伦理思想中而感到羞愧。"[100] 他综合功利主义的后果论和康德的义务论，将这两种相去甚远的道德哲学方法进行改造并融入其上帝中心论，将道德的应当建立在肯定上帝创世之整体善的目的这一基础之上，并以人类正确理解世界整体善、维护世界整体利益的要求，为实现道德责任的可能性提供保证。这种伦理方法既强调行为者从上帝目的出发对自己所处各种关系整体的责任，又突出人之行为可能造成的后果和实际导致的后果，也重视现实经历中人之情感与理性共同作用的道德意义。古斯塔夫森试图在道德义务和功利之间架起一座桥梁，以强调人应当遵循以上帝为中心的道德命令而承担责任，很

---

[99] 对古斯塔夫森的批评将在第七章详细阐述。

[100] James M. Gustafson. "A Response to Critics," *The Journal of Religious Ethics*. Vol. 13, no. 1 (1985). (pp. 185—209). p. 190.

第二章　古斯塔夫森伦理思想溯源

大程度上弥补了道义论和后果论两种伦理方法的不足。这既出于他对现实伦理问题的关注，也归功于他寻求全球伦理对话的可能性和普遍伦理之基础的努力。

第二节　现实经验与道德认识

古斯塔夫森引用犹利安·N. 哈特（Julian N. Hartt）的定义，认为"神学是解释世界的一种方式。"[101] 古斯塔夫森将宗教看作是人类实际又特殊的生存方式，是人经验和解释世界的一种方式。古斯塔夫森强调经验相对于经验之反思的优先性，认为人能够通过现实经验及其反思而产生具有宗教意义的情感直觉与情感体验，继而激发人的道德认识和道德自觉，引导人的道德行为。在古斯塔夫森这里，现实经验及其反思在逻辑上沟通了道德认识与现实道德生活，接通了人之生存世界的"是"与"应当"。

一、一般经验的优先性

古斯塔夫森的伦理方法突出人的一般经验相对于人之经验反思活动的优先性，[102] 在这一点上，他区别于《圣经》和基督教伦理传统。在古斯塔夫森的道德认识论中，一般经验"并非来自于'启示'的道德经验，或者甚至不是来自神学作品的道德经验，"[103] 一般经验是其非常重要的神学伦理学思考要素。他将一般经验作为"神学—伦理学"反思的出发点，通过描述基督徒生活和道德行为，通过分析人之生存及其道德现象，使从宗教视

---

[101] Julian N. Hartt. 1977. *Theological Method and Imagination*. New York：The Seabury Press. p. 52.

[102] James M. Gustafson. *Ethics and Theology：Ethics from a Theocentric Perspective*. Chicago：The University of Chicago Press, 1984. p. 144；*Theology and Ethics：Ethics from a Theocentric Perspective*. Chicago：The University of Chicago Press, 1981. p. 251.

[103] James M. Gustafson. *Christ and the Moral Life*. Louisville & Kentucky：Westminster John Knox Press. 2009（reprint）. p. 9.

角理解的人之经验具有了独特的伦理意义;⑭ 古斯塔夫森又突出人之经验的合一性（unity of experience）即不可分割性对神学伦理的意义，坚持经验的整体合一及其相对于人之社会和历史反思的优先性，⑮ 论证人的现实经验是获得道德认识的根据，因而又是神学伦理学合理的逻辑基础。

就人的一般经验对于道德认识和伦理学的意义，古斯塔夫森与卡尔·巴特有相当的分歧。巴特强调，神学的人观和神学伦理学的任务都必须经由启示掌控，人获得对世界、自我和道德命令的认识，都是要听从神的启示，因此并非由独立的人观或者独立的伦理观自身所决定。⑯ 在古斯塔夫森看来，巴特的伦理学是"客观"伦理学（objective ethics）。⑰ 古斯塔夫森认为，无论是否是基督教伦理学，伦理学都可以建立在一般人类经验和对该领域相关著作的反思之上，因为"人除了可合理评估建立在启示之上和由启示确立的神学伦理学作品之外，同样可以合理评估建立在其他标准之上的神学伦理学作品。"⑱ 根本上讲，伦理学更应当对人的道德行为有普遍的指导意义。古斯塔夫森甚至提醒说，不存在一个独特的基督教道德。⑲

古斯塔夫森的主张有相当的合理性。人的现实经验总要包含反思的成份。事实上，反思本身就是一种思想经历，这种经历需要现实的实际经验作为基础。在伦理分析中，肯定现实经验相对于经验反思的优先性，不仅具有逻辑上的合理性，而且可以矫正忽视道德生活而满足于闭门思过式的

---

⑭ James M. Gustafson. *Theology and Ethics: Ethics from a Theocentric Perspective*. Chicago: The University of Chicago Press, 1981. pp. 115—129, pp. 265—266, p. 281.

⑮ James M. Gustafson. *Theology and Ethics: Ethics from a Theocentric Perspective*. Chicago: The University of Chicago Press, 1981. p. 120.

⑯ Karl Barth, Church Dogmatics, II/2, trans. G. W. Bromiley, J. C. Campbell, et al. Edinburgh: T&T Clark. 1957. pp. 663—64.

⑰ James M. Gustafson. *Ethics and Theology: Ethics from a Theocentric Perspective*. Chicago: The University of Chicago Press, 1984. p. 29.

⑱ James M. Gustafson. *Christ and the Moral Life*. Louisville & Kentucky: Westminster John Knox Press. 2009 (reprint). p. 9.

⑲ James M. Gustafson. "The Idea of Christian Ethics", in Peter Byrne and Leslie Houlden, eds., *Companion Encyclopedia of Theology*. London: Routledge, 1995. pp. 693—700.

"反思"之偏差。人的现实经历具有立体多维性,是具有宗教意义、审美意义和道德意义等多维性的生存经验,是作为一个统一体在影响人的道德认识和道德实践。因此,神学伦理学不能割裂人之经验的多元维度。要认识和理解人之经验,必须将其现实性、宗教性和道德性的意义综合于人的实际生活中。古斯塔夫森也同时强调,人的经历不仅产生于社会,而且也受制于各种社会因素。人在特定社会历史条件下开展各种活动,使社会和历史得以延续,而人的这些生存经历同时又受到历史和文化的束缚,因此,在道德意义上,人的各种活动要适应特定的文化和历史环境。[⑩]

宗教和道德都是人类生存的方式展现,分别代表人类经验的不同维度。神学和伦理学对宗教和道德进行的不断反思,本身都是对人之相关现实经验的反映与表达。人之经验及其反思总是辩证地结合在一起,人的宗教生活及其在道德意义上的社会性和历史性反思,总是辩证地统一于人的现实生活之中,宗教性经验和道德性经验必然具有社会性和历史性特征。因此,包括宗教和道德在内,人的一切经验就是个体和群体参与不同事件的过程;人际交往和人与自然交往的社会性和历史性,就形成宗教和伦理的共同特点。

古斯塔夫森强调,人之经验的实证性、宗教性、道德性和审美性是完整实体或者统一体(entity 或 unity),是获得道德认识的主要途径,他由此在理论和逻辑上为其经验优先的认识论主张提供了合理辩护。[⑪] 在古斯塔夫森看来,经验之所以可以被区分为是宗教的或道德的,仅仅是不同个体或特定群体出于不同角度的反思。个体内心反思或者体验仅是人的部分经历,但是道德知识和经验却不能仅仅来源于纯粹个体或群体的自我反思,而是需要在特定社会、文化、历史条件下,通过与他人和自然交往而不断

[⑩] James M. Gustafson. *Theology and Ethics*: *Ethics from a Theocentric Perspective*. Chicago: The University of Chicago Press,1981. p. 115.

[⑪] James M. Gustafson. *Theology and Ethics*: *Ethics from a Theocentric Perspective*. Chicago: The University of Chicago Press,1981. p. 118—119.

积累、反思与发展。个体仅从精神、宗教或审美的某一个角度来反思并解释自己的经验，既不能反映经验的一体性这一事实，因而不能通过如此反思获得全面的道德认识，也不能为人类共同交往的道德生活提供充分完备的根据。惟有为了理解与分析神学或者神学伦理学之目的，这种理论性和形式上的区分才有必要性，也才有可能。在现实的道德生活中，不可能将人的经验及其反思严格区分为纯实证性、宗教性的或情感意志的。古斯塔夫森认为，对于基督教伦理学而言，经验是道德思考开始和结束的重要源头，"启示和理性都是人类经验的反思。"[12] 经验来自于自然、历史、文化、社会、自我以及这些因素的综合。

古斯塔夫森为经验优先于反思和经验整体性的主张辩护，不仅是对宗教和神学人本主义和神秘主义的认识论传统的检讨，而且也批判了自我封闭的神秘主义神学传统，批判了以个人内心体验为中心的宗教经验的片面性。古斯塔夫森指出：

> 启示并不是获知关于实在的一种神秘方式；已经被宣称为有关实在的知识，一直是通过人的现实经历和事件被沟通、理解并被传达，并且同时反映该经历及事件的意义。[13]

因此道德认识是经验的而非先验的。古斯塔夫森的这种主张，更是旨在致力于神学、哲学和科学在人类现实生存活动层面的相互交流，为世俗化、个人主义至上的科学技术社会和多元文化寻求一种普遍的道德基础。

二、情感体验与道德认识

古斯塔夫森指出，在与自然交往的经历中，人能够体验并意识到：

---

[12] James M. Gustafson. *Theology and Ethics*: *Ethics from a Theocentric Perspective*. Chicago: The University of Chicago Press,1981. p. 148.

[13] James M. Gustafson. *Theology and Ethics*: *Ethics from a Theocentric Perspective*. Chicago: The University of Chicago Press,1981. p. 82.

人类生命的偶然性和自然世界的偶然性，都是世界所有宗教中存在的现象……即使在众多世俗者内心的自然敬畏体验中，也能够产生这些感觉。我们没有创造出生命诞生的基本条件，没有创造出动物和人类生命赖以延续的根本条件，也没有创造我们人类自己，我们没有选择决定便具有了人的基因条件。尽管医疗条件延长了人的寿命，但我们都终将必死，我们不能完全掌握自己的命运，而是要服从外在于我们的那些限制和可能性，所有这些感觉都激起深层的宗教情感和道德情感。[14]

人通过对自身与自然交往的生存活动中的经验及其反思，能够意识到自己对生存世界的依赖性，意识到维持自身生存及生命延续的力量既非人自身努力的结果，也非人之力量所完全掌控，由此促使人内心产生感激之情，即一种道德直觉和道德情感，这种感激与敬畏的情感反应可能超越道德直觉和道德情感，进而激发出相应的道德行动。古斯塔夫森强调，人的经验和感觉是指敬虔体验在不同方面表现，是综合在宗教情感之中的。[15]由此，与其说是上帝启示自己进入人的信仰和宗教情感，毋宁说人通过对超越现实经历之神圣主权的感激、敬畏等情感体验而获得道德认识。这种认识更接近于托马斯·阿奎那的自然启示、康德所谓的一般启示或自然启示，类似于人与自然交往以及人际交往中一般认知意义上的自然法及道德知识。古斯塔夫森认为：

我们可以通过自然的力量而在内心产生一种神圣敬畏感，这种神圣感同时具有理性和情感的意义，自然就是大能神圣者的力量和荣耀的舞

---

[14] James M. Gustafson. *A Sense of the Divine: the Natural Environment from a Theocentric Perspective*. Cleveland, Ohio: The Pilgrim Press, 1994. p. 101.

[15] James M. Gustafson. *Theology and Ethics: Ethics from a Theocentric Perspective*. Chicago: The University of Chicago Press, 1981. p. 190.

台,自然为人提供了一种道德平台。[116]

人对自身生存和环境控制能力有限性的意识与体验,无论是在直觉层面,还是能够用语言表达的意志、理性层面,这种情感反映都表现了人类经验的宗教性质,表现其作为道德认识的重要因素,也为人的道德生活提供根据。据此,人能够在经验及其反思的过程中产生宗教情感和敬畏,经验反思获得的情感体验具有道德直觉和道德情感的意义。因此,对客观实在的体验及关于上帝的知识,主要依靠现实经验中具有宗教意义的经验反思及情感体验,也有赖于通过科学对经验的解释和反思所提供的已被确证的信息。可见,无论是否情愿,当古斯塔夫森求助于现实经验为其认识论提供主要根据和前提时,他试图努力为现代世俗社会构建的神学伦理学,不可避免地在认识论上表现出经验主义的特点。

然而,古斯塔夫森具有经验主义特点的认识论,不同于其导师尼布尔关于人的社会性及社会批判的宗教伦理学主张。尼布尔认为,尽管关于责任的理解不是非常清楚明晰,但是道德责任的观念与人作为回应者的思想紧密相关,人可以参与到对话之中,理解或思考上帝在人身上的作为,并且以负责任的行动对此做出回应。[117] 古斯塔夫森则认为,人有限的经验不能理解或获知上帝在做什么,而是"应当努力去理解上帝赋予我们怎样的可能性、要求我们怎样为人、如何行为"。[118] 虽然古斯塔夫森将宗教情感体验置于人的经验之中,但这种经验却更加强调与人实际生存之多元维度的直接联系,并且反映人的实际生活。因此古斯塔夫森所强调的人之经验,主要指人类生存于其中的感知世界;其伦理关注的道德认识之根据,主要

---

[116] James M. Gustafson. *A Sense of the Divine: the Natural Environment from a Theocentric Perspective*. Cleveland, Ohio: The Pilgrim Press, 1994. p. 45.

[117] H. Richard Niebuhr, *The Responsible Self: An Essay in Christian Moral Philosophy*. New York: Harper and Row, 1963. p. 56.

[118] James M. Gustafson. 1988. "Panel Discussion," *James M. Gustafson's Theocentric Ethics: Interpretations and Assessments*. Harlan R. Beckley and Charles M. Swezey Macon (eds), Georgia: Mercer University Press, 1988. p. 226.

在于康德所谓的现象世界，而非人的理念和绝对精神世界。

古斯塔夫森强调观察经验的重要性，也强调理智的直观的意义，肯定理性对观察经验的反思即内省或情感体验的伦理意义，肯定经验及其理性与情感反思能为人类提供知识上的形上学基础。这种方法可以追溯到培根倡导通过"经验证实"来认识事物的实证主义和经验主义方法，一定程度上继承了科学哲学家怀特海的过程哲学观。怀特海主张，科学的起源与基督教"坚持上帝是理性的主张"[19]密切联系，人可以从上帝本身即特殊启示和上帝的创造（即世界或自然启示）两方面理解认识本体。因此，在肯定经验反思的认识论意义并赋之予宗教及伦理意义的过程中，古斯塔夫森折衷性地综合了实证主义的经验论和新托马斯主义的形而上学，整合了道德知识的形式命题和经验命题。

在理论方法上，古斯塔夫森部分地继承《圣经》传统，肯定上帝的创造和上帝目的的启示。与此同时，他又主张，关于神圣力量的"启示"即道德认识，需要人在自身的现实生存经历中不断获得敬畏的体验，而且对现实经历进行不断的道德反思，对于道德认识和道德行为而言，都极其重要。因此，他具有经验主义倾向的认识论，一方面在逻辑上接通了其神学伦理学中的事实与价值，另一方面，他将神学对道德的思考置于人在感觉世界中的现实经验，主张人在检验与反思自我以及人类整体信仰经验的基础上，不断接受情感与理性的检验和拷问，将自我生存及延续的要求与世界整体合理秩序进程的要求统一了起来。古斯塔夫森指出：

> 人具有情感，因此可以进行价值评估，这是将理性与愿望结合在一起的关键。宗教和道德都是具有情感性的价值评估性的活动，是人的具体的生活实践。[20]

---

[19] Alfred North Whitehead. *Science and Modern World*. New York: Free Press, 1925. p. 18.
[20] James M. Gustafson. *Theology and Ethics: Ethics from a Theocentric Perspective*. Chicago: The University of Chicago Press, 1981. p. 191.

古斯塔夫森作为神学伦理学家向世俗社会开放的这种积极态度，表达了他对现代神学家向世俗社会敞开的美好愿望。

玛格丽特 A. 法雷（Margaret A. Farley）为古斯塔夫森的主张辩护说：

首先，古斯塔夫森主张的经验，是针对向神学思考开放的人类对世界的真实经验。第二，他肯定人们经验的多元性，包括人们对于上帝经验的多元性。第三，他肯定圣经和基督教传统中概念和符号来解释当前经验。第四，他对上帝旨意采取的不可知立场，并没有否认上帝向人类作为其整体创造目的参与者的人类所具有的美好意图。[21]

查尔斯·斯威泽赞扬古斯塔夫森伦理思想中非常突出的一个特点："以人之生存为焦点，以此开始神学-伦理反思的倾向。"[22] 古斯塔夫森神学伦理方法的积极探索与努力，奏响了与同时代主流神学伦理思想极不协调的强音。在美国社会和文化越来越世俗化的时代背景中，社会科学和自然科学技术越来越专注于问题本身，试图不断通过技术的突破和制度的更新来解决人之生存所面临的越来越复杂的道德问题，将神学对意义追求和对现实生存经验的神学反思排挤在讨论之外。这种努力非但没有从本质上解决道德冲突，反而引发更多新的问题。为此，古斯塔夫森大声呼吁，神学伦理学不能继续蜷缩在神学领域内部自说自话，也不能被世俗化的生音所淹没，而是要重新回到人的生存现实当中，回到人之生存的源头，对人之为人的现实问题进行神学的反思。

---

[21] Margaret A. Farley. "The Role of Experience in Moral Discernment." in *Christian Ethics, Problems and Prospects*. Lisa Sowle Cahill and James F. Childress. (ed.) Ohio: The Pilgrim Press, 1996. p. 140.

[22] Charles M. Swezy. "Introduction" in James M. Gustafson, *Theology and Christian Ethics*. Philadelphia: United Church Press, A Pilgrim Press Book, 1974. p. 11.

第三节　哲学伦理与宗教伦理的互通

古斯塔夫森主张，神学（或宗教）伦理和（世俗）哲学伦理应当彼此沟通，共同为人之存在和道德生活提供引导。他关注神学与科学（包括自然科学和人文科学，尤其是自然科学）、哲学等与人类生存相关的多方面研究，深入探究这些研究能如何在人的现实经验中彼此交叉、相互渗透，以便更全面、合理地引导人以上帝的尺度进行道德思考，过道德的生活。

一、受限制的理性与被检验的信仰

在古斯塔夫森这里，理性既非启蒙运动以后推崇的工具理性或科学理性，也不是康德公设中克制情感的纯粹实践理性，而是指上帝赋予人类的有限的主体性和能动性。作为受造者，人参与自然以及整体声明秩序的能力是被赋予的，人作为受造物首先具备了这种能力，才有可能进入评估、选择和创造性的活动之中。这种被赋予的能力，就是对人合理使用这种能力的责任要求的前提。[23] 因此，理性即人有限的行动能力，是符合目的性的、一定程度的自我意识和反思能力，[24] 是沟通并促使工具价值和目的价值、事实探索与意义追求达到协调互动的契合点。在古斯塔夫森这里，理性即是人的主体性或者能动性，是人作为行动者在道德认知、道德选择和道德行动能力的理解。这种理性是有限的，[25] 经受检验和经过反思的信仰则是理性的。

古斯塔夫森认为，理性首先不应被理解为一定要被众人赞同的正面证据所支持。当众多正面的论据对一种解释、一个观点和一个事实提供支持

---

[23] James M. Gustafson. *Ethics and Theology: Ethics from a Theocentric Perspective.* Chicago: The University of Chicago Press, 1984. p. 1.

[24] James M. Gustafson. *Intersections: Science, Theology and Ethics.* Ohio: Pilgrim Press, 1996. p. 144.

[25] James M. Gustafson. *Intersections: Science, Theology and Ethics.* Ohio: Pilgrim Press, 1996. p. 115.

时，并不保证该解释、观点和事实的合理性。也就是说，理性可以是被反证的，理性需要通过对主流观点的批判性反思而得出。其次，理性的标准一定程度上由经验的对象所确定，而非主要由行为者来确定。[126] 也就是说，理性不一定是以社会公认的看法为尺度，理性并非是特定时期权威性的一致意见，而是需要反思并不断发展，与人的生活经验密切相关，与经验中的对象相关，是人通过反思自己的经验而形成对世界秩序和人类在其中当如何行为的认识和理解。理性能够对信仰和科学同时提出批判与反思，理性是能沟通科学与信仰、将主观与客观综合起来的人类反思性活动的过程及其批判精神。理性不仅是信仰能够与科学进行平等对话以达到相互理解的关键因素，也是科学能够发挥其作用而自身应当具有的本质，这种理性需要认知主体在生存活动过程中通过不断反思而达到发展。

古斯塔夫森指出：

> 价值判断与事实描述至少在一个方面是相关的：在事实描述中，被人们在道德意义上重视的因素，同时又是在事实描述上被重视的因素。[127]

科学与神学（或信仰）就是在事实描述和道德判断共同关注的焦点上相会，并由此产生互动。真正理性的基督教信仰并不排斥科学，反而更应当在不断反思并接受包括科学检验的过程中成为经受检验的信仰（the examined faith），[128] 成为以科学为其必要因素的理性信仰或科学性信仰；同样，科学在发挥其工具理性的同时，应当为意义的探索提供信息和方法上的补充与纠偏，并在接受神学批判的过程中不断地进行内在科学理性的反思与修正，为神学对意义的探求、科学对世界的理解与解释以及人的合理行为提

---

[126] James M. Gustafson. *Theology and Ethics: Ethics from a Theocentric Perspective*. Chicago: The University of Chicago Press, 1981. pp. 147—150.

[127] James M. Gustafson. *Intersections: Science, Theology and Ethics*. Ohio: Pilgrim Press, 1996. p. 28.

[128] James M. Gustafson. *Theology and Ethics: Ethics from a Theocentric Perspective*. Chicago: The University of Chicago Press, 1981. p. 151. 此外，古斯塔夫森在 *An Examined Faith: the Grace of Self-doubt*, (Minnesota: Fortress Press, 2004)中集中表达了这一思想。

供具体支持。

古斯塔夫森指出，在神学和科学领域中，将信仰与理性对立的二分法很大程度上是错误的，因为二者都与人自身对世界的实在性、或者说是对上帝的理解及经验密切相关。[29] 因此，神学和科学是在相互补充、渗透、批判的过程中不断引导人类认识世界、理解世界和人的生存活动，使得科学对信仰的怀疑、支持与批判来促进信仰更具理性，使受检验的信仰与受信仰约束与批判的科学，更具有科学的批判和修正精神，从而更能合理地引导伦理学研究和人们的道德实践。

二、宗教与科学的互通

西方文化传统关于宗教与科学之关系的讨论，一直极具争议而难以定论。比较一致的看法认为，自然科学兴起于中世纪，宗教改革之后得到极大发展，到现代后工业化时代，越来越成为主宰人类生活的强大力量。在不断冲突、斗争与互补复杂变化的关系中，宗教与科学都一直在不同程度作为非常重要的力量影响着人类的生存活动。

中世纪期间的西方社会，宗教信仰主宰着人们的生活，教会的极权制及其拥有解释《圣经》的唯一权威，几乎使人的思想和活动完全隶属于信仰生活，科学理性因此受到极大压制。但是，科学研究活动在服务于信仰并不同程度受到宗教权威压制的同时，也不同程度地依靠着信仰的力量来挑战教会权威。此外，由于印刷术在欧洲的应用推广和《圣经》多种语言译本的出现，加之马丁·路德、加尔文的宗教改教、新教的天职观，特别是清教徒此世的禁欲生活观和听从上帝召唤的内在使命感等影响，愈加激发了信徒对开发自我内在世界和外在生存世界的热情，也推动了相应能力的发展。尤其是启蒙运动以后，人不断的自我发现和主客对立世界观的兴起，极大促进了科学的探索与发现，大大推动了新技术的产生及其应用，

---

[29] James M. Gustafson. *Theology and Ethics: Ethics from a Theocentric Perspective*. Chicago: The University of Chicago Press, 1981. p. 202.

科学越来越被置于更高地位。然而，值得注意的是，近现代以来，当科学发展无视人之局限性不仅导致对自然秩序的破坏并威胁到人类生存时，当科学不受信仰束缚而肆无忌惮地践踏人之尊严、摧毁世界道德秩序时，西方世界声讨科学主义和人类中心主义的宗教复兴运动不断高涨，促使科学不断地进行内在修正和自我批判。特别是当代的克隆技术、代孕技术、干细胞研究等生物医学技术引发的复杂伦理问题，使得科学和信仰不得不注重彼此批判、借鉴、吸纳，以便更有效地发挥二者的积极合力。神学一方面反思传统，审视现实生活，发挥其对科学的批判和约束功能，同时神学也借着科学的发现和对世界的解释，促使自身更合理地进行意义的探索和解释，更精当地理解"人是什么"和"如何为人"的问题。

伯特兰·罗素（Bertrand Russell）从研究神学与科学关系之方法论的类型学角度指出：科学与神学（信仰）的关系极其复杂，简单地将二者看作对立、冲突、排斥等都不完全。他宁愿将之置于研究方法论中进行更理性的探讨。他应用物理学家伊恩·巴伯（Ian Barbour）为这一领域提供的应用最广泛的类型学方法，指出"冲突"（conflict）、"独立"（independence）、"对话"（dialogue）和"整合"（integration）四种主要类型，将之作为探讨二者关系的方法论。[130]这与众多学者所谓的互补说、冲突说和对话说等基本一致。[131]罗素教授的真正目的在于，他要提醒不同领域的研究者，一定要深入思考科学与神学是否能够、如何能够产生积极的互动，以便在理性价值上彼此促进。

科学和信仰（宗教）一直是推动人类历史发展的两个主要力量。某种意义上讲，科学既得益于宗教信仰的力量，而当今宗教活动的开展和信仰的传播，也极大得益于互联网、通讯卫星传输等现代技术手段的发展，以

---

[130] 江丕盛、彼得斯等编，《科学与宗教》中华书局（香港）有限公司，2003年。第25—45页。
[131] 关于科学与宗教之关系的论述，有"分离说、和谐说、冲突说、互补说"等不同的观点。江丕盛、彼得斯等编，《科学与宗教》中华书局（香港）有限公司，2003年；梅尔·斯图尔特、郝长墀编，《科学与宗教的对话》，北京大学出版社2007出版。

第二章 古斯塔夫森伦理思想溯源

及相应科技成果的推广。科学越来越昌明，并不必然带来信仰的萎缩；压制宗教信仰，也不必然激发科学的繁荣与昌盛。"科学无宗教则盲，宗教无科学则跛。"爱因斯坦的至理名言，应当成为引导科学与信仰各自谦逊、彼此开放而积极合作的行动准则。泰德·彼得斯（Ted Peters）呼吁，尤其当自然科学对文化产生影响时，科学家和神学家都要思考基督教信仰与自然科学的关系，思考自然科学如何对重释神学概念有所贡献，思考神学如何促进科学研究的进步。[132]

应当指出的是，绝大部分关于神学（或者说信仰）与科学之关系模式的讨论，都是将科学局限于自然科学领域，尤其是天文物理学和生物医学领域。古斯塔夫森的独特之处则在于，他扩展科学的外延，他使用"科学"一词的复数形式（sciences）对此加以强调，[133]将神学与科学互动关系的模式，扩展到神学（信仰）和神学伦理与包括社会科学在内一切科学之间的关系。[134]

针对神学与科学之间可能出现、甚至实际存在的各种关系形式，古斯塔夫森分别给予分析与批判。[135]在古斯塔夫森看来，科学与神学从不同视角、采用不同方法来理解和诠释人的生存世界及其现实经历，尤其在价值层面，"神学和人类科学之间的相互交流，不一定是两极性的冲突"。[136]神学和神学伦理学只有接纳其他科学的批判，才能实施对科学和其他学科的批判。反之亦然。人类文化和人类活动的合理开展以及对人类文化及其活

---

[132] 江丕盛、彼得斯等编，《科学与宗教》，"前言"，中华书局（香港）有限公司，2003 年。x。

[133] James M. Gustafson. *Theology and Ethics: Ethics from a Theocentric Perspective*. Chicago: The University of Chicago Press, 1981. p. 259.

[134] James M. Gustafson. *Theology and Ethics: Ethics from a Theocentric Perspective*. Chicago: The University of Chicago Press, 1981. p. 261.

[135] James M. Gustafson. *Intersections: Science, Theology and Ethics*. Ohio: Pilgrim Press, 1996. pp. 136—147.

[136] James M. Gustafson. 2001, "Explaining and Valuing: An Exchange between Theology and the Human Sciences". in *Zygon*. 30.02, 2001, ATLA Serials, 2001, (pp. 159—190), p. 159. 以及 *Theology and Ethics: Ethics from a Theocentric Perspective*. Chicago: The University of Chicago Press, 1981. p. 252.

动的合理干预，必须与上帝终极目的联系起来，即与整体创造的世界的统一性（totality）联系起来，一切事物存在的终极目的都要以荣耀上帝为旨归。[137] 如果不将科学发现的解释考虑在内，则难以对人类文化及其活动的价值意义作出合理判断。人类历史中不断重复的错误已经反复提醒人的局限，特别是因为忽视科学发现的证据导致宗教权威代替上帝的旨意，给科学发展、人类文化、文明的进步造成很大的拦阻。人类要避免这种错误，就应当促进科学与神学和神学伦理之间最大程度实现彼此交叉、互动渗透（intersection，interaction），古斯塔夫森形象地将这种双向交流关系称之为"交通"（traffic）。[138]

首先，科学和神学在内容上一致，它们都是对人的生存世界和人之行为的理解与解释，都包括人的"实践理性活动"；[139] 其次，"神学也已经在一定程度上以类似于科学思想发展的方式得到了发展。"[140] 再次，在本质内容和发展轨迹上，科学和神学之间横向和纵向的交通，在指导人类道德生活方面不存在根本性冲突。神学和科学各自从不同角度理解与解释发展着的世界及人类生存经验，在内容与作用上应当信息互补（informative）、互相支持（supportive）和互相纠偏（corrective）。科学与神学的发展，都应当采取历时（diachronically）和动态（dynamically）的开放性态度，更合理引导人在世界中的"所是"与"所为"。[141]

古斯塔夫森指出，真正的信仰绝非盲目地接受神学的权威，真正的信

---

[137] James M. Gustafson. *Moral Discernment in the Christian Life: Essays in Theological Ethics*. Westminster: John Knox Press, 2007. p. 117.

[138] James M. Gustafson. *An Examined Faith: the Grace of Self—doubt*. Minnesota: Fortress Press, 2004. p. 46. *Intersections: Science, Theology and Ethics*. Ohio: Pilgrim Press, 1996. xiii.

[139] James M. Gustafson. *Theology and Ethics: Ethics from a Theocentric Perspective*. Chicago: The University of Chicago Press, 1981. p. 58.

[140] James M. Gustafson. *Theology and Ethics: Ethics from a Theocentric Perspective*. Chicago: The University of Chicago Press, 1981. p. 139.

[141] James M. Gustafson. *Intersections: Science, Theology and Ethics*. Ohio: Pilgrim Press, 1996. pp. 4—7.

仰是对宗教信仰的理性反思。[142] 科学与信仰并非单纯地此消彼长或相互排斥，也决非简单地相互促进和互相补充。人对道德应当的认识不可能抛开科学的帮助，反而道德认识是在科学不断进步的过程中逐渐深入，道德认识的深入又继续促进科学的发展和应用尽可能为改善人类福祉服务。理性的反思就是不断发现、不断修正和不断接近真理的过程。在这一意义上，信仰与科学应当互相配合，以促进人类对世界和自身的认识、推动人类更完整美善的道德生活，而非绝对排斥或相互对立。理性的自由思考和信仰宇宙中的神圣主宰并不必然冲突。而科学与信仰在影响和改变人类行为的过程中，也不能简单地等同，更不能互相替代。[143]

古斯塔夫森从科学产生与发展的根源与人类宗教活动的关系、科学与信仰的共同作用、科学与神学互动的历史性与连续性，论证二者之间良性互动对人类道德生活的现实指导意义。

第一，宗教信仰和科学活动的产生及其发展，都是人类认识世界和自我认识的活动表现。从上帝为中心的视角来看，神学、科学都是人对世界的理解和人之生存活动的反映及反思性活动。人类生存、延续以及世界秩序的发展所依赖的各种可能性，在很大程度上是外在于人类的客观力量，为了生存需要和对意义的探索，人就产生要了解和把握这种主宰力量的欲望，因此激发了科学的产生；同时，人之能力的有限性使人对外在神圣力

---

[142] James M. Gustafson. *An Examined Faith: the Grace of Self-doubt*. Minnesota: Fortress Press, 2004. p.14.

[143] 不少人常引用哥白尼、伽利略、布鲁诺等遭到教会权威迫害的事例，支持信仰与科学对立与冲突的主张。然而，撇开这些事件的具体历史事实不说，这些事例恰恰反证了科学与信仰彼此借鉴、积极互补的重要性。很大程度上，这些科学家是不愿盲目地接受教会权威，而不是出于科学自身的目的来挑战上帝才促成了他们的科学发现。将伽利略与教廷的冲突看作是信仰与科学的冲突并不合理。事实上，双方冲突的焦点是如何解释圣经。同样，哥白尼受教庭迫害，与其说是科学与信仰的冲突，毋宁说是不同科学观点之间冲突的表现。确实对不少科学家而言，正是他们对神圣性的虔敬和积极回应上帝呼召的内在使命感，而非功利感和满足好奇心的欲望，才激发了他们探索真理和促成他们在科学领域的辉煌成就。方立天教授指出，尤其是在西方，不少科学成果就是宗教信仰的副产品，基督教更是近代自然科学的一个直接思想资源。参见江丕盛、彼得斯等编，《科学与宗教》中华书局(香港)有限公司，2003年。viii.

量产生敬畏,所以在某种意义上,科学的产生与发展实质上就是检验、支持与批判传统神学与伦理的过程。

从历史性发展轨迹来看,任何科学与神学都反映特定历史当中人类生存活动在认识和经验反思方面的定限,因而都不具有绝对权威和独立性。自然科学就像神学和伦理学一样,在人生存环境的不断变化、面对新的问题而不断地发生着变化,"科学的发现及其被公认的正确性、合理性也不是绝对的,神学和伦理学也同样如此。"[14] 神学和伦理学在影响对方的同时,总在尽量保持自己的内在发展规律而排斥对方的影响。不同领域对世界秩序的解释总是处于彼此对话的过程中,并伴随着一定程度、甚至激烈的冲突,因而科学与信仰及其他学科之间"没有愉快的互补",[15] 彼此之间是处于关系之中的相对的互动与交流。

第二,科学和宗教信仰共同作用,才能为人类道德生活提供有益的指导。在人类生存活动的事实层面或现象层面,科学能够对神学提供批判与支持。科学从不同于神学的角度来检验、纠偏并补充神学的核心教义,以不同于宗教情感的方式,解释神圣宇宙秩序及其主宰力量,"为人类活动的可能性提供条件,甚至为人类活动提供方向。"[16] 人在经历自我不能掌控的客观力量的过程中,会自然地对之产生一种具有宗教性质的敬畏或感激之情,而科学研究和科学发现则可能为这些情感的神学性解释提供事实性补充。科学提供的事实性或现象性解释,在某种程度上揭示了客观世界的发展规律与要求,既为神学教义及伦理要求提供支持与检验,也为人类活动的价值分析提供一定的基础与指导。

信仰则从神圣启示和人的自然理性出发,利用人的自然理性,即神学意义而言上帝赐给人的生存可能性和行为能力,不断开发人在世界中的认

---

[14] 同前。p3.
[15] 同前。p4.
[16] James M. Gustafson. *Theology and Ethics: Ethics from a Theocentric Perspective*. Chicago: The University of Chicago Press, 1981. pp. 264—265.

第二章 古斯塔夫森伦理思想溯源

识能力与实践能力；科学是在包括信仰在内的多种假设的前提下和实践活动的过程中，不断地发现、证实、推翻和修正自己的认识，并扩展和推动着人类认识世界和改造世界的活动。信仰产生于人的生活实践，是人类实际的生存经历以及生存活动的一种反映。在实际生存活动中，人经历世界秩序之主宰力量所产生的宗教情感以及科学对世界秩序所作的解释，都是人类认识世界和自我认识的必要条件。[147] 因此，我们注重科学对神学和宗教伦理在事实和现象层面的作用，也应当同时注重宗教信仰活动及其神学反思对科学活动的重要意义。

即使在宗教群体当中，神学伦理和神学都应当参与交流渗透，交流渗透的结果不是由交流的方向决定，而是由各种信息资源、概念和争论的方式综合决定。[148]

若要全面而合理地解释我们所经历的事件和现象，在道德选择或政策讨论中得出更合理全面的结果，就需要如同从科学领域中获取信息支持一样，去关注与神学和伦理学相关的众多维度，并且从各个方面综合获得信息，而非单单从神学和伦理学的角度来确定最终结果。

例如，关于神学与生物医学之间的互动交流，古斯塔夫森主要关注以下几个问题：神学家如何利用基因学研究提供的信息和其他科学提供的知识来解释上帝的创造，包括上帝创造的人的生命秩序；神学家如何对待基因科学和其他科学提供的事实性解释，怎样利用这些知识和信息做出神学伦理判断；生物学家和其他科学家如何跨越他们自身的科学研究领域来探索人之生命的目的和意义；在利用科学知识和信息而成为自然神学家的过程中，神学家应当利用怎样的宗教信仰为前提，以限定和选择他们对生物

---

[147] James M. Gustafson. *Ethics and Theology：Ethics from a Theocentric Perspective*. Chicago：The University of Chicago Press，1984. p. 8.

[148] James M. Gustafson. *Intersections：Science，Theology and Ethics*. Ohio：Pilgrim Press，1996. p. 4.

科学知识的态度，并利用生物科学提供的信息做出神学伦理的合理判断。[49]

第三，科学与宗教双向交通的历史性与连续性具有重要的伦理意义。信仰和科学都是从不同角度对同一"实在"的解释。[50] 在与自然交往的经历及其反思过程中，科学能够激发人产生敬虔的情感反应，这种具有宗教性质和伦理意义的情感，不是纯粹主观的个体内心体验，而是科学和信仰共同作用所激发的理性表现，是促使人们获得关于"实在"的知识的中介。神学和科学之间总是表现为连续性的关系。神学在人类历史中的发展总在借助不同领域的科学成果，这表明神学关注人之世界的多重维度的必然性和重要性。科学活动也始终是在反思神学教义和宗教活动过程中，在接受宗教信仰的批判与约束中不断地展开并向前推进。

具体而言，人作为一个类的整体，对世界的认识及其认识能力，总是一个不断深入和提高的过程。但作为个体的存在，人总是在有限时空内极其有限地参与人与世界共构的历史。人的认识发展首先表现为超越自我与自然局限的物质超越性；同时，伴随着科学的发展，物质性的超越就表现在精神上的超越，即人致力于认识外在于自身的客观世界的精神活动，人将这种外在客观力量神秘化而使自己屈从于神秘力量所表现出的有限性，同时体现了人在物质生存探索、对生命意义的探索和永恒性的理想追求方面的有限性。科学和宗教同时包含着人对不可知、不可驾驭力量的敬畏，又同时包含着人类在把握和了解世界及人类自我认识方面的局限，以及超越局限的冒险精神，因而科学和宗教（或者说神学）应当在互相批判和借鉴的过程中，不断发展、完善，共同引导人类负责任地生存。古斯塔夫森坚信：

> 如果道德不仅仅是被与自然相关的神学秩序所解释，而且在某些方面

---

[49] James M. Gustafson. *Intersections：Science，Theology and Ethics*. Ohio：Pilgrim Press，1996. p. 97.

[50] James M. Gustafson. *Theology and Ethics：Ethics from a Theocentric Perspective*. Chicago：The University of Chicago Press，1981. pp. 256—257.

第二章 古斯塔夫森伦理思想溯源

也得到与自然相关的神学秩序所确证，神学伦理就必然以自然法作为其伦理学基础。以自然法为基础的神学伦理，要求神学和有关自然的科学研究同时走出自己的领域，努力展开双向交流。即如果科学对自然的诠释能从神学角度得到解释，科学对事实世界或现象世界作出的解释就可以成为神学伦理的基础，既是伦理学理论的基础，又是应用伦理的基础。[151]

古斯塔夫森利用人类已经普遍接受的一个科学事实来支持自己的主张。人类通过科学拓展对地球和宇宙的了解，认为地球的历史和宇宙的历史远超过人们依据《圣经》所获得的了解。但科学发展给我们提高这种新的知识也只有五百年的历史。一方面，古斯塔夫森据此提醒，人应当关注科学发现如何拓展了以往在认识真理与实在上的局限；另一方面，他更强调，人不是终极价值的核心，人应当思考如何以超越地球的视角来重新定位人的位置。[152] 他更加突出人的道德认识可以借助于科学发现不断地被纠正的主张，更加肯定"人之所是"的双重性和矛盾性，即：可能性和局限性、主宰性和无助性、依赖性和独立性。

古斯塔夫森发出警告，要警惕神学、社会科学和自然科学都退回到各自领域的还原主义倾向，他倡议各种不同学科更应当相互开放、彼此宽容、参与对话。[153] 惟有如此，神学才更可能从以上帝为中心的伦理视角、或者至少能够更多地从去人类中心论的伦理视角，更全面理解和诠释与其他学科领域共同面临的人类生存的经历，为人类生存不断面临的伦理问题提供更合理的解释。

在试图将科学与神学、现实经历与宗教信仰沟通起来的同时，古斯塔

---

[151] James M. Gustafson. *Intersections*: *Science*, *Theology and Ethics*. Ohio: Pilgrim Press, 1996. p. 109.

[152] James M. Gustafson. *Ethics and Theology*: *Ethics from a Theocentric Perspective*. Chicago: The University of Chicago Press, 1984. p. 4.

[153] James M. Gustafson. *Intersections*: *Science*, *Theology and Ethics*. Ohio: Pilgrim Press, 1996. Pp. 8—9; p. 143.

夫森也在试图使科学神圣化，使神学和信仰科学化，以实现他主张的经过检验的或者反思的信仰，即理性的信仰或者科学化的信仰。尽管这种类似于话语翻译式的方法看似简单，甚至显得独断，却代表了同时代一些神学家关于科学与神学之关系的主张，尤其是代表了一些持进步立场的神学家向科学开放的态度。[154] 古斯塔夫森的这种主张，或许可以从他的职业需求和宗教立场以及他立志要使自己的伦理学也被世俗社会接受和理解的努力之中得到解释。他多次重申，宗教意义和含义在很多情况下"也可以用其他学科即科学解释清楚"，[155] 神本主义的伦理学就是要达到使世俗伦理和神学伦理相互交流的目的。不仅如此，古斯塔夫森提出"说点神学的事就是说点伦理的事"的时候，他特别强调，若把这种倡议反过来，其逻辑则不成立。也就是说，我们不能说"说点伦理的事就是说点神学的事。"因为，一个人要做到遵循伦理道德，并非必须具有宗教信仰。[156] 但是，古斯塔夫森身兼神学家和伦理学教授共有的职业兴趣和职业经历，尤其是他对科学、神学传统、哲学和伦理学传统中人类中心主义及各自片面性与局限性的不满，激发他探索神学、科学、伦理学等多视角交流渗透的方式，促使他寻求更合理而全面的伦理学方法。

---

[154] 例如，I. G. 巴伯：《科学与宗教》；约翰·希克：《理性与信仰》；R. 霍伊卡：《宗教与现代神学的兴起》等。

[155] James M. Gustafson. *Intersections: Science, Theology and Ethics*. Ohio: Pilgrim Press, 1996. p. 3.

[156] James M. Gustafson. *Moral Discernment in the Christian Life: Essays in Christian Ethics*. Westminster: John Knox Press, 2007. p. 95.

第三章　人的合理位置及其伦理意义

特定的世界观和人对自身在世界中的位置及道德责任的理解与反思，二者是相互制约的统一体。著名基督教伦理学家坎默（Charles L. Kammer III）曾指出："当把我们自己托付给某种世界观时，我们使自己和他人的生活承担了风险。我们所投身的世界观将帮助我们决定要成为什么样的人以及我们利用生命的方式。"[150] 古斯塔夫森的伦理学旨在从动态的普遍的联系观点、即从纵向的历史观和横向多重关系相结合的角度，提出他对人之存在的解释。他从宇宙整体观的角度反思"我是谁"和"我该如何行为"的伦理问题，强调"人之所是"在本质上就是作为相互依赖的不同关系整体之部分的存在。他将描述、解释人在宇宙中的位置与相关道德行为的价值分析结合起来，古斯塔夫森认为这样的结合既是诠释性的事实科学，又是引导行为的价值科学。

第一节　上帝观

神学的起点和核心是上帝观，以及与此紧密相关的上帝与世界之关系的理解。古斯塔夫森在阐释其代表作的立场时说："对上帝的理解应当在

---

[150] 查尔斯·L·坎默：《基督教伦理学》，王苏平译，北京：中国社会科学出版社，1994，第24页。

神学伦理学中充当至关重要的基本点。"⑱ 在人类经过两次世界大战进入科技发展和世俗化加速的时代，神学伦理学的活力，正是体现在坚持神学正统传统对其核心观点进行论证，并且结合人类当下生存面临的各种道德困境，对伦理学传统中的不同因素进行合理性的选择和综合，并且不断作出新的和创新性的解释。⑲ 古斯塔夫森正是在批判和应对当下社会现实的同时，一定程度上批判、继承并革新了传统的上帝观。

一、道德世界的根据与归宿

基督教传统的核心是三位一体上帝的超越性，这涉及到上帝与世界（尤其是与人类）的关系问题。正统教义的核心强调上帝的威严和慈爱；基督新教改革传统强调上帝的绝对权能和上帝对人类的慈爱。加尔文神学突出上帝的绝对主权、上帝的善、基督的救赎，强调《圣经》的认识论功能，强调人要过圣洁的生活，由此奠定了改革神学的主要观点；巴特和尼布尔同样强调上帝的绝对主权；巴特强调上帝作为"绝对他者"的属性，以此突出上帝对于世界和人的绝对超越性；尼布尔不仅强调上帝的绝对主权，同时强调人应当对这一神圣主权在人生命中的工作做出积极合理的回应。⑳

古斯塔夫森的上帝观，很大程度上沿承了改革神学的核心主张，其根基在于神学实在论立场（theological realism）。所谓神学实在论，其核心是强调上帝作为自有永有的客观实在，上帝是宇宙及其万物的源头，上帝作为一切价值的根据和归宿，上帝的意志和目的不受人的意识、观念、理解、愿望和语言等影响。古斯塔夫森以创世论为立足点，沿承、批判并综合改革神学的核心主张，突出了上帝的他者性，强调上帝作为终极实在的

---

⑱ James M. Gustafson. *Ethics and Theology: Ethics from a Theocentric Perspective*. Chicago: The University of Chicago Press, 1984. p. 144.

⑲ Jeffrey Stout. *Ethics after Babel: the Languages of Morals and Their Discontents*. Boston: Beacon Press, 1988. p. 169.

⑳ 尼布尔的神学和社会学思想是融在一起的。他非常强调人作为行动主体以积极的责任行动作为回应，尤其是在《回应即责任》一文中突出了这一观点。

第三章　人的合理位置及其伦理意义

主权。古斯塔夫森指出：

> 上帝是逼近我们生存并且是维持我们生存的力量（"the power that bears down upon and sustain all creatures"），是建立宇宙一切关系秩序的终极力量，是为人类提供行为可能性甚至方向感的最终力量。[161]

如同巴特宣称"神的启示先于命令，"[162] 古斯塔夫森宣称：

> 上帝是最终的主权和价值……上帝是原始的、至善的实在，是一切事物的最终统治者和决定者，道德要求我们要将一切与上帝合理恰当地联系。[163]

这种立场的核心旨在突出如下的基本主张：上帝作为宇宙的来源和根据，是一切道德思考的起点、道德行动的参照点和归宿，是人之行为能力和道德良知的源泉 X，是一切价值的源泉 X，是宇宙万物的至高主宰。古斯塔夫森的上帝观作为其神学伦理思想的前提，表达了其以神为中心的伦理思想的规范性伦理学特点，即：绝对超越的上帝是伦理学原则的出发点、标准及最终归宿。其核心要点包括：上帝是宇宙万物的创造者及终极主宰；上帝为维护受造物的生命和生命秩序提供条件，为受造物的变化和发展创造各种所需条件；同时，上帝对一切受造世界及其持续拥有绝对主权，所以上帝又是对生命及其秩序形成威胁的客观力量，也就是说，上帝决定和主宰一切生命及其秩序，上帝是一切事物终极命运的主宰；上帝始终在掌控受造世界的秩序，一切秩序和过程都是在上帝的主权之下透过具体时空中发生改变，自然本身在变化，同时，自然也由于人在其中的活动

---

[161] James M. Gustafson. *Theology and Ethics: Ethics from a Theocentric Perspective*. Chicago: The University of Chicago Press, 1981. p. 264.

[162] Karl Barth. *Church Dogmatics*, III/4, trans. G. W. Bromiley, J. C. Campbell, et al. Edinburgh: T&T Clark. 1957.

[163] James M. Gustafson. *Theology and Ethics: Ethics from a Theocentric Perspective*. Chicago: The University of Chicago Press, 1981. p. 137.

干预而发生变化，人也在随着自然和参与自然的过程改造自我。[164]

根据《圣经》传统和改革宗的传统，上帝是道德的源头、根据和归宿。上帝是全知、全能、全善、圣洁、公义的，人按照上帝的形象受造，但堕落之后的人全然败坏，无法靠自己的努力回到全善、圣洁、公义的上帝面前。因此，上帝以耶稣基督在十字架上的牺牲作为赎罪祭，赦免了人的罪恶，使人可以靠着十字架的救恩，重新回到与神和好的关系之中。上帝赐予人类的救恩全然是恩典，人的道德情感和道德行动是对上帝救恩的合理回应，是人在意识并经历到自我及一切生存的依赖性和相互依赖性的过程种应当而合理的回应。

在强调上帝绝对主权的同时，古斯塔夫森也强调了人对上帝绝对主权的实际经验，即人在经验世界中的宗教体验的意义，也就是关于人对上帝的经验的意义：人发挥人之为人的自由意志、发挥上帝赋予人的道德行动能力，通过认识自身的依赖性及其所在世界中一切之间相互依赖性来体悟和认识一切存在所依赖的绝对超越性的终极主宰，并在现实生活中将一切与掌控和维持一切受造世界生命的力量即终极的实在联系，进而做出合理的道德回应，以此回应上帝绝对神圣的主权。

> 上帝的存在不是为了给道德提供最终根据的必要假设，上帝是作为实在被人经历的，而这种经历则要求道德。[165]

上帝作为客观实在的存在，自身是一切价值的源头，是一切道德判断的客观标准，上帝作为客观实在及其绝对主权，与人对上帝的意识或者人是否顺服上帝的意志没有必然因果关系。相反，人必须追求善，才能够认识和经验这种客观实在，而人追求善、追求道德，归根到底取决于上帝赋予人的道德意识、道德意志和道德能力。这是古斯塔夫森以神为中心的责

---

[164] James M. Gustafson. *Ethics and Theology: Ethics from a Theocentric Perspective.* Chicago: The University of Chicago Press, 1984. p. 293.

[165] James M. Gustafson. *Can Ethics Be Christian?* Chicago: Chicago University Press, 1975. p. 173.

第三章 人的合理位置及其伦理意义

任伦理学得以建立的神学基础。

古斯塔夫森因此对康德提出批评。他指出，当康德申明"我们感兴趣的并不是知道上帝就其自身而言（就其本性而言）是什么、而是知道他对于作为道德存在物的我们而言是什么"[166]的时候，康德是将上帝作为实践理性的必要假设，为人之道德提供逻辑保证，因此将宗教限制在单纯理性的限度，同时在逻辑上将上帝和宗教简化为道德的工具。[167]古斯塔夫森则以神为中心，从逻辑上颠倒了康德及其后将上帝作为伦理后设的宗教工具化倾向。古斯塔夫森特别强调，人的灵魂获救不是人之为人的唯一的或最终的目的，上帝不应被看作是实现人的价值的工具，也不应当被当作人满足自我利益进行价值判断的工具，而是应当、并且必须从神学伦理后设的背景，进入人类道德生活的核心。[168]

为了突出这一点，古斯塔夫森有意识地弱化耶稣道成肉身来拯救人类灵魂、使人获得永生的神学启示，他甚至刻意回避使用"启示"一词，即便偶尔使用该词，他也仅仅是在较弱的意义上表明他的神学立场："拯救人不是上帝最主要的目的，当然不是唯一的目的。"[169]遵从上帝旨意不是为了获得永生的手段，而其本身就是对人的道德要求，是人与上帝建立合一关系的道德义务。

总体而言，古斯塔夫森的上帝观突出上帝的威严、全权和绝对超越的他者性，是对加尔文改革宗传统的批判性继承；他强调上帝创造整体目的的主张，类似于乔纳森·爱德沃兹（Jonathan Edwards，1703—1758）强调上帝的全权以及上帝之爱的延伸，类似于卡尔·拉纳主张上帝是不可言说

---

[166] 康德：《单纯理性限度内的宗教》，李秋零译。香港：汉语基督教文化研究所，1997 年，第 144 页。

[167] James M. Gustafson. *Ethics and Theology: Ethics from a Theocentric Perspective*. Chicago: The University of Chicago Press, 1984. p. 136.

[168] James M. Gustafson. *Ethics and Theology: Ethics from a Theocentric Perspective*. Chicago: The University of Chicago Press, 1984. p. 136.

[169] James M. Gustafson. *Theology and Ethics: Ethics from a Theocentric Perspective*. Chicago: The University of Chicago Press, 1981. p. 110.

的神秘。⑩ 巴特关于上帝是全权命令者的主张,⑪ 古斯塔夫森的上帝观强调人之经验中的终极主宰及其合理回应,这是对尼布尔关于上帝作为一切行动回应的源头与终极目标之主张的传承。⑫ 古斯塔夫森的上帝观强调人现实经验中的上帝绝对主权,很大程度上沿承了天主教关于自然启示和自然法的传统,⑬ 与奥古斯丁强调上帝是最高永恒的善,与托马斯·阿奎那强调自然的秩序进程有道德相关性的观点也一脉相承。⑭

波尔(Theodoor Adriaan Boer)从神学传统术语的角度,对古斯塔夫森的上帝观及人类学观点作了比较深入全面的解读。他认为,从神学传统而言,古斯塔夫森在强调上帝绝对主权的前提下,认为自然的人是有限和依赖的存在,并且具有自由意志和行动能力。古斯塔夫森神学观中所谓人的堕落,即人的过犯,就是自我中心(contraction),是人自己成为价值中心和道德命令的颁布者。"救赎"则是人采取与其他存在相互依赖的整体关系视角回归关系中存在的本位,在有限的时空当中关注整体创造的福祉,

---

⑩ [德]卡尔·拉纳:《圣言的倾听者》,朱雁冰译,北京:三联书店,1994年,第69—73页。

⑪ Karl Barth, *Church Dogmatics*, III /4. trans. G. W. Bromiley, J. C. Campbell, et al. Edinburgh: T&T Clark. 1957. p. 13.

⑫ 尼布尔强调负责任的自我是一个以实际行动回应上帝的行动者。"你的一切行动中上帝都在你身上做工。因此,应当像回应上帝的行动一样来回应上帝在你身上的工作。"引自:H. Richard Niebuhr, *The Responsible Self: An Essay in Christia Moral Philosophy*. New York: Harper and Row, 1963. p. 126. 古斯塔夫森在代表作第二卷也强调类似的观点。如:James M. Gustafson. *Ethics and Theology: Ethics from a Theocentric Perspective*. Chicago: The University of Chicago Press, 1984. p. 53; James M. Gustafson. "Remembering H. Richard Niebuhr", *The Christian Century*, 111. 5 October, 1994. p. 884—886。

⑬ 自然启示是与特殊启示相对应的观点。天主教传统主张,上帝通过自然万物和耶稣基督道成肉身的特殊启示向人类启示自己。前者是一般或者普遍启示,即人可以籍着眼见的自然受造之物来获知上帝。上帝的创造不仅包括人类在内的各种生命与非生命的存在,而且上帝创造了其中的规律,即自然的法则,因此,人可以通过认识自然规律来获得关于上帝的知识。

⑭ 托马斯·阿奎那主张信仰与理性二者间的和谐,强调基督教与哲学二者间的和谐,他认为上帝创造的永恒法则包括自然法则、道德法则和启示的宗教法则。在托马斯看来,"自然法"是上帝赋予的自然的倾向,"是形上本体的倾向,就在于人天生追求本体的成全。本体的成全是按照人本性的意义,而这种意义在托马斯看来正包含有上帝的神性。刘素民:"托马斯·阿奎那自然法的形上架构与神学意涵",《哲学研究》2005年第9期,54—59页,第54页。

而非人类自身的得救。[175] 易言之，上帝创造的整体世界而非人类的得救是神学伦理学的旨归，这才应当是人类思考生存本质和生命意义的前提及归宿。波尔因此指出，古斯塔夫森的出发点和归宿都是以神为核心，他强调上帝的绝对超越性和对人的道德责任的加强，使得其伦理学更具规范伦理学的特色。[176] 人必须将生命的意义追求置于上帝的整体创造，通过维护所在的不同关系之整体的价值，最终将生存的价值和目标指向宇宙整体关系秩序的和谐与合一。

古斯塔夫森的上帝观是人之道德责任的前提：人必须重新审视自己作为宇宙中部分之存在的事实，从上帝创造的整体目的来思考人之存在的价值。如果人仅仅专注与自身的得救，把自身得救作为生命价值的归宿，仍然是以人为中心的狭隘的伦理视阈。根据这种观点，即便从神学的角度人类得救是重要的，那么这也不是最终目的，更不是唯一目的，甚至为了以神为中心的整体责任之目的，永生的目的甚至不必作为神学伦理思想逻辑上的前提。如古斯塔夫森所言："就现在阐述构建的神学和伦理学，必须采取一个立场，即死后的生命不是必须的。"[177] 人类死亡不可逆转，身体死亡，人就解体，[178] 不同程度的衰亡终将导致人类消失，[179] "正如创造起初没有我们一样，终结时也将没有我们。"[180]

---

[175] Theodoor Adriaan Boer, *All Things in Relation to God: a Critical Analysis of James M. Gustafson's Theocentric Ethics*. (PhD. dissertation), Uppsala: Uppsala University, 1995. p. 186; 另见 Theodoor Adriaan Boer. *Theological Ethics after Gustafson: A Critical Analysis of the Normative Structure of Jame's Moody Gustafson's Theocentric Ethics*. Netherlands: Uitgeverij Kok-Kampen, 1997. p. 166.

[176] Theodoor Adriaan Boer. *All Things in Relation to God: a Critical Analysis of James M. Gustafson's Theocentric Ethics*. (PhD. dissertation), Uppsala: Uppsala University, 1995. p. 186.

[177] James M. Gustafson. *Theology and Ethics: Ethics from a Theocentric Perspective*. Chicago: The University of Chicago Press, 1981. p. 184.

[178] James M. Gustafson. *Theology and Ethics: Ethics from a Theocentric Perspective*. Chicago: The University of Chicago Press, 1981. p. 252.

[179] James M. Gustafson. "Say Something Theological." *Moral Discernment in the Christian Life: Essays in Theological Ethics*. Westminster: John Knox Press, 2007. p. 11.

[180] James M. Gustafson. *Theology and Ethics: Ethics from a Theocentric Perspective*. Chicago: The University of Chicago Press, 1981. p. 184.

根据基督教上帝观的正统传统，古斯塔夫森关于上帝救赎的神学观，令人深感震惊。他几乎推翻了基督教传统所指向的最终盼望——永生，也颠覆了新约中"身体复活"、"永远不朽坏的身体"的基本教义。古斯塔夫森为了突出上帝绝对超越性的主权而弱化上帝的仁慈和怜悯，为了强调人对受造世界整体负责的伦理目标而弱化人之得救的盼望，也正是其神学理论颇受挑战的重要原因。然而，若站在古斯塔夫森的角度，我们就可以体会他内心深处对人类中心主义和功利主义伦理学的深恶痛绝。事实上，古斯塔夫森在批判继承传统的基础上所表达的上帝观，目的不是论证或者颠覆神学教义，而是要在宗教被人类忠心论工具化的时代，突出神学伦理学的主旨，强调上帝主宰世界的绝对超越性，提醒人类要谦卑自己，重新思考并合理回应上帝的绝对主权，放下功利，将做道德人、过道德生活的目标从人类自身得救引向上帝整体创造的终极目标。

二、上帝与宇宙世界的关系

基督教传统中，上帝与世界的关系，即是创造主与受造世界（包括人和人之外的一切）之间的关系。这种关系在《圣经》中表达为：上帝的创造、护理、拣选、拯救和永不改变的应许，上帝与包括人在内整体世界的关系，体现为上帝不断的护理以及对将来新天新地的应许。上帝与人的关系是贯穿整本《圣经》的主线，上帝的创造、护理与拯救的工作，从《旧约》到《新约》一步步在历史中展现。《旧约》中，上帝通过拣选亚伯拉罕使他得福，并且应许万国万民都要因他得福，上帝又通过拣选以色列民族来启示神要拯救人类的应许。这种护佑和拯救的工作，最彻底地表现在《新约》中。上帝自己成为人的样式，来到人的世界启示他自己，即耶稣道成肉身担当全人类的过犯，救赎人类脱离罪的惩罚，并且应许他要与他的选民同在，"直到世界的末了。"[108]

---

[108] 《圣经》记载，耶稣复活升天前向他门徒显现，并且应许他们说："凡我所吩咐你们的，都教训他们遵守，我就常与你们同在，直到世界的末了。"（马太福音 28:30）

第三章 人的合理位置及其伦理意义

《圣经》传统强调上帝在人类历史中的工作。根据《圣经》记载，人对自己与上帝关系的回应，最集中体现在对上帝的位格性称谓：圣父、圣子、圣灵三位一体的神，创造者、护理者、救赎主、生命的主、宇宙的君王、复活永在的主、大祭司、医治者。基督教传统沿用这些称谓，表达上帝与人类永约的延续。对上帝的这些位格称谓，澄明了上帝创造、维持、宽恕、审判和拯救的工作以及上帝与包括人类在内整体世界的关系，蕴涵着人应当对上帝之"爱"（agape）与"公义"做出情感与行动回应的道德要求。

古斯塔夫森沿用《圣经》和基督教传统中对上帝位格性的称谓，宣称上帝是宇宙万物的"创造者"（Creator）、"主宰者"（Governor）、"维护者"（Sustainer）、"审判者"（Judge）和"救赎者"（Savior/Redeemer）。他同时指出，这些称谓仅是象征性、类比性的语言表达方式，是具有拟人化倾向的一种方式来表明上帝与人类的关系。[182] 他极少提及基督教神学传统中耶稣道成肉身的神学意义，甚至故意避之，以突出他对抗人类将自己作为价值尺度中心的倾向，最终突出上帝是宇宙的创造者、宇宙秩序的最高主宰和终极实在，是一切价值的根本尺度。

在《基督与道德生活》中，古斯塔夫森曾论述耶稣基督作为上帝对基督徒道德生活的启示和要求。他阐述耶稣基督作为创造主、救赎主、圣洁之主（the Sanctifier）、公义之主（the Justifier）和道德教师等主题。他同时强调指出：

> 每一个主题都表明在基督教传统中的神学与伦理学密不可分……这些不同的位格性称谓不是为了分类，而是为了表明：无论是神学和伦理学的内在内容，还是基督徒生活中实践性和道德性的维度上，这些都

---

[182] James M. Gustafson. *Theology and Ethics: Ethics from a Theocentric Perspective*. Chicago: The University of Chicago Press, 1981. pp. 236—251.

是互相联系的。[183]

总体而言，古斯塔夫森所揭示的上帝与人类的关系体现在三个方面：

首先，古斯塔夫森突出上帝的威严以及上帝对世界的主权，上帝的他者性和作为宇宙终极主宰的力量，是其上帝观的核心。

其次，他秉承《圣经》和基督教传统对上帝的位格性称谓，强调人对上帝的道德回应之十分重要的一个部分就是宗教情感，这种情感包括依赖感（dependence）、责任感（obligation）、内疚感（remorse）、悔恨感（repentance）、感激（gratitude）等内容。人产生的宗教敬虔及其对上帝的敬畏，是他使用这些位格性称谓的主要原因。对上帝的位格称谓，更容易激发人的道德回应，是神学可以作为伦理学的重要逻辑前提，也是神学伦理学可以作为规范伦理学的重要条件。[184]但古斯塔夫森对此位格性的称谓极其谨慎。他认为，基督教传统太过于强调上帝的位格性和上帝的慈爱，因而忽视了上帝的威严和上帝作为终极主宰力量的绝对超越性和他者性；基督教传统很大程度上将人作为终极价值尺度，上帝的主权和统治权几乎都被指向人类活动的自我目的，人之外的一切存在几乎都被置于为人之利益服务的地位，这是基督教传统走向人类中心主义的一个重要缘由，因此神学伦理学应当对之采取合理谨慎的态度。[185]

古斯塔夫森强调上帝与世界（包括人类在内）的创造与受造的关系，

> 故意避开用'启示'一词，以此标明，人在所谓启示的基础上得知关于上帝的知识，实际是对人类经验反思的基础上得知上帝的知识……

---

[183] James M. Gustafson. "Preface", Preface to the Library of Theological Ethics Edition. *Christ and Moral Life*. 2009(Reprint). xii.

[184] James M. Gustafson. *Theology and Ethics: Ethics from a Theocentric Perspective*. Chicago: The University of Chicago Press, 1981. p. 132.

[185] James M. Gustafson. *Ethics and Theology: Ethics from a Theocentric Perspective*. Chicago: The University of Chicago Press, 1984. p. 95.

第三章　人的合理位置及其伦理意义

《圣经》记载是特别重要的讲述，但不是我们获知上帝知识的唯一来源。[186]

古斯塔夫森谨慎地使用对上帝的位格性称谓，目的正是为了突出"上帝是在具体之中，是在具体的秩序进程之中。"[187] 上帝与世界（尤其是人类）的关系，既表现在赋予人类生存的可能性，又向人类的合理生存提出行为限制和道德要求。他强调人透过所依赖的具体自然秩序来认识并经历上帝主权，最终突出上帝旨在创造的宇宙整体（the created whole）的善的目的——"公义"而"威严"的上帝旨在整体世界的和谐与平衡。

第三，上帝与人的关系体现在认识论层面。古斯塔夫森主张，《圣经》不是获知上帝的唯一方式，人的经验对认识上帝至关重要，因此对于伦理学而言也至关重要。[188] 古斯塔夫森肯定《圣经》的权威性是基督教传统的根本，但他更突出人对上帝的经验是获得关于上帝以及上帝与人之关系的重要方式。人获知上帝，更重要的是通过个人在现实经验中的反思而获得关乎上帝的知识。从这一点上看，古斯塔夫森的上帝，与其说类似巴特强调的启示的上帝，不如说是经验中的上帝，是人通过理性反思、对既逼近又维持人之生存的绝对主权敬虔的情感体验而获得的认知，因而也是对神圣他者（holy Other）、权威的他者（a powerful Other[189]）的经验。

正如古斯塔夫森所言：

如果我们对上帝的知识来自人的经验和对自然的理解，就可以说上帝通过这些方式启示自己。但这是借助人的形象来使用比能持续的解释

---

[186] James M. Gustafson. *Ethics and Theology*: *Ethics from a Theocentric Perspective*. Chicago: The University of Chicago Press, 1984. p. 28.

[187] James M. Gustafson. 1994. *A Sense of the Divine*: *the Natural Environment from a Theocentric Perspective*. Cleveland, Ohio: The Pilgrim Press, 1994. p. 13.

[188] James M. Gustafson. *Ethics and Theology*: *Ethics from a Theocentric Perspective*. Chicago: The University of Chicago Press, 1984. p. 1.

[189] James M. Gustafson. *Ethics and Theology*: *Ethics from a Theocentric Perspective*. Chicago: The University of Chicago Press, 1984. p. 235, p. 237.

一种更有力的对上帝的解释。巴特使用人格性的和人际间的语言……是他的神学和我的神学之间最关键的区别。[⑩]

然而,古斯塔夫森并非凭空构造自己的学说。相反,他把其神学构思和伦理学建构置于基督教传统之中,将巴特、托马斯·阿奎那、卡尔拉纳和保罗·拉姆塞(Paul Ramsey)作为他神本主义伦理学的神学建构基础和伦理学参照标尺。[⑩] 不过,与他所参照的前人相比,古斯塔夫森更突出经验中的上帝,即经验反思中的上帝,这种经验反思就是上帝对人的一种启示。

启示是关于人与上帝之关系的经验反思,神本主义伦理学的认识论主要就是指这种与上帝相关经验的意义的反思,是一种过程性的、发展的和开放的。[⑩]

古斯塔夫森同时强调历史动态的神学观,强调传统在历史中不断发展、变化和更新。人的经验不断发展,人的认识不断发生变化,世界也不断以新的面貌和新的环境展现给人对上帝的新的认识,也给人类带来更多新的神学问题、道德问题和生存性的挑战。

按照古斯塔夫森的理解,与其说上帝在自然世界中启示或显明自己为创造者,毋宁说是人类在生存实践中经历上帝作为创造者的主权,并在深刻反思这种经历的过程中不断感受、体验到上帝创造世界的力量。就像《创世纪》所描述的那样,在参与进入自然秩序进程之前,人完全仰仗于上帝创造所赐的可能性。而在现实生存与发展的经历不断延展的

---

⑩ James M. Gustafson. *Ethics and Theology: Ethics from a Theocentric Perspective*. Chicago: The University of Chicago Press,1984. p. 28.

⑩ 古斯塔夫森在代表作的第二卷(Ethics and Theology,1984)中,专门用第二章的篇幅论述其神本主义伦理学所依据的神学标尺,阐述他重点依据的四位神学家的观点,分析自己的认同和某些观点的上的差异。

⑩ James M. Gustafson. *Theology and Ethics: Ethics from a Theocentric Perspective*. Chicago: The University of Chicago Press,1981. p. 149.

过程中，人在生物性、历史性、社会性和文化性等方面的表现，无不依赖于上帝创造所提供的各种可能性，这与《创世纪》中上帝创造人类的启示一致。也就是说，持续的人际交往和人与自然万物相互交往的一切可能性，统统都根源于上帝的创造。上帝的创造赋予人类在与自然、历史、文化、社会和人类自身交往等方面的能力与可能性，激发人在经历中对主宰力量的敬畏与尊重，使人对一切所依赖的创造力量产生感激之情。作为创造者的上帝，就是人们敬虔情感的明显的象征。[193] 上帝通过创造"走进"人的世界，同样为人向上帝做出回应、寻求与上帝建立关系的行动提出了道德要求。

上帝也是世界一切受造物之间合理秩序进程的维护者，即上帝为维护一切创造的整体目的而赋予人类道德能力、定限和要求。上帝维护世界秩序的主权表现为一个持续的进程（process），因此人回应这个过程而负责任地生存，也应当是一个持续的进程。上帝维护世界及其秩序的主权不仅是永恒和绝对的，而且是在历史之中，在具体的社会之中，在具体的文化时空之中。这种主张既表现出他受恩斯特·特勒尔奇从历史视角思考宗教哲学的影响，也反映出他深受导师尼布尔关于基督与文化之关系主张的影响。为了突出强调上帝的神圣主权始终持续地体现在人与万物交往并维持世界整体合理秩序的过程中，古斯塔夫森刻意使用进行式 ordering，代替神学家惯常使用的一般式 order 一词。[194]

上帝的主权表现在上帝赐给人类生存的可能性，而且表现在这种可能性的定限。人所依赖并生存于其中的自然、历史、社会和文化等，首先赋

---

[193] James M. Gustafson. *Theology and Ethics: Ethics from a Theocentric Perspective*. Chicago: The University of Chicago Press, 1981. p. 238. 宗教传统强调秩序，英文常用 order 一词表达。为了批判传统并突破传统为人留下的静态的宇宙秩序的印象，古斯塔夫森特别用 ordering，以突出世界秩序的动态性。他一方面是为了强调上帝主宰世界的动态过程，另一方面强调人在宇宙中的责任永远是一个历史过程。

[194] James M. Gustafson. *Theology and Ethics: Ethics from a Theocentric Perspective*. Chicago: The University of Chicago Press, 1981. p. 242.

予人在其中延续的可能性，人类利用这些可能性在参与世界整体秩序的生存活动中，与这些因素共同作用，使世界整体维持一种模式和秩序（a pattern and order）。人作为秩序进程中的一个部分，其参与秩序进程的可能性必然是有限的。无论人是否有意识地寻求世界主宰所赋予的可能性，是否将对这种神圣主权的依赖性或敬虔与宗教情感反应相联系，至高主宰都一直持续维护他创造的世界。

上帝的旨意是人类行为和一切价值的评判准则，上帝是终极审判者、赏罚者、拯救者。一方面，古斯塔夫森从上帝作为人类行为审判者的角度，突出人应当向上帝负责而合理行动的义务要求；另一方面，他又从上帝作为创造者和救赎者的角度，强调上帝赋予人类承担责任的主体性和能动性。上帝的慈爱和宽恕，使人能够意识到自己所依赖的各种关系，意识到人类对宇宙整体秩序的破坏性行为，进而能够为之忏悔并得到上帝的宽恕与拯救。上帝公义的审判和仁慈的拯救，使人越来越能够反省自我中心的行为及其破坏性，将利益的追求扩大到所依赖的各种关系和整体秩序，尽可能更好地与上帝创造的万物和谐共存。[99]

1971年，古斯塔夫森曾向匹兹堡神学院175周年"福音书的节日庆典"（Festivals of the Gospels）提交《福音书与道德生活之关系》一文。其中讲到，福音书中耶稣的故事对神学伦理学有三个方面的意义：一个是从耶稣基督的例子展示上帝对人类的爱，为人作道德的人提供强有力的理由；第二是耶稣的教导和原则可以为具体道德行动提供指导；第三是这些故事叙述影响群体成员成为何等样的人。古斯塔夫森更强调福音书中的耶稣基督作为社会群体中个人道德榜样的伦理学意义。上帝就是通过个人、群体、机构和人类整体作为部分之存在而参与其相互依赖的秩序和过程，来组织世界生命秩序的方式。这些秩序和进程为人类的价值判断和行动提

---

[99] James M. Gustafson. *Theology and Ethics: Ethics from a Theocentric Perspective*. Chicago: The University of Chicago Press, 1981. pp. 163—164.

供基本的根据和原则性参考，这些是满足其他价值和实现其他目的的根本性条件。[196]

为了谴责人类中心论将宗教工具化、操纵上帝为人类幸福服务的倾向，古斯塔夫森尤其突出上帝对人类不道德行为的公义与愤怒。他指出，一方面上帝是人类的拯救者，人通过忏悔而罪得宽恕；另一方面，上帝表达"爱"与"公义"就是其对人类罪恶施行审判和拯救的过程。"爱上帝"和"爱邻人"的现实道德生活要求，就是上帝对人之世界的公义审判而发出的道德命令。根据《圣经》神学传统，上帝通过耶稣基督在十字架上的牺牲和复活，完成了对人类的救恩。这是上帝"爱"与"公义"的最高体现。具体而言，上帝出于爱按照自己形象创造人类，出于爱他要对堕落的人施行拯救；而上帝的公义要求人类为自己的堕落、犯罪、与上帝隔绝付出代价，但堕落的人无法自救，上帝宁愿通过牺牲的爱来实现他公义的审判，即以自我牺牲来代替人类偿还罪债，呼唤人再次归回与神和好的关系之中。"爱上帝"和"爱邻人"作为现实道德生活要求，就是上帝对人之世界的公义审判而发出的道德命令。人违背上帝的命令，必然要招致上帝的愤怒和公义的审判；而人接受救恩，就因此要遵循上帝的道德命令。古斯塔夫森发出警告：

> 人类的行为必须以恰当、适宜的方式适应并满足神圣秩序的要求，如果有如此恰当适宜的思考和行为方式，一切生命将会面临毁灭的危险，这就是上帝的愤怒。[197]

人类应当对上帝的愤怒和人类的灾难时刻保持警醒，要从上帝中心而非人类自身获得拯救和追求现实利益的立场来理解自己生存经历中的事

---

[196] James M. Gustafson. *Ethics and Theology*: *Ethics from a Theocentric Perspective*. Chicago: The University of Chicago Press, 1984. p. 298, p. 319.

[197] James M. Gustafson. *Theology and Ethics*: *Ethics from a Theocentric Perspective*. Chicago: The University of Chicago Press, 1981. p. 247.

件，并根据上帝对世界整体善的目的调整自身行为。

　　古斯塔夫森的上帝观将上帝整体创造的目的及其赋予人的行动责任这二者结合在一起，肯定《圣经》在为神学伦理提供原则性指导方面的权威性，为伦理学提供道德根据。为了强调上帝作为绝对超越性的他者和终极主宰的力量，古斯塔夫森有意弱化上帝的位格性，以此加强人的责任——根据整体关系中相互依赖性来思考（discern）人当在的位置、相关道德责任以及实现道德责任的行动。[198] 他借用传统对上帝的位格性称谓，目的不是重复系统神学关于上帝的教义，而是如他所言，以象征性的人格称谓，强调人作为受造者，在生存实践中对终极主宰力量敬虔的宗教体验和宗教情感，要让非信仰者和基督教信仰群体之外的人群能够理解他的伦理学主张。[199] 一方面，自然（世界）秩序体现了神圣主权，为人类认识并回应神圣主权提供了可能性；与此同时，人在自然秩序中的各种经验与反应，又是人类一定程度上对神圣主权的体验、理解与回应。

　　道格拉斯（Douglas F. Ottati）[200] 对古斯塔夫森的这种上帝观提出批评。他认为，古斯塔夫森的上帝不是加尔文主张对人类完全仁慈的天父，不是巴特人性化的上帝，也不是尼布尔确认上帝重建并更新社会秩序的基督论主张。[201] 从古斯塔夫森对传统的批判性继承而言，他的上帝观是宗教传统中人类中心论倾向的对抗，他的上帝观综合了加尔文关于上帝绝对主权和绝对至善、巴特关于上帝是绝对超越性他者、尼布尔关于上帝的绝对主权要求人做出合理积极回应的主张。也就是说，古斯塔夫森的上帝观，主要

---

[198] James M. Gustafson. *Theology and Ethics: Ethics from a Theocentric Perspective.* Chicago: The University of Chicago Press, 1981. p. 193.

[199] James M. Gustafson. *Theology and Ethics: Ethics from a Theocentric Perspective.* Chicago: The University of Chicago Press, 1981. p. 158—159.

[200] 芝加哥大学哲学博士，神学教授，美国长老会主要领袖之一，《神学伦理学图书资料》(The Library of Theological Ethics) 的合作总编。

[201] Douglas F. Ottati. "The Reformed Tradition in Theological Ethics", in *Christain Ethics: Problems and Prospects*, edited by Lisa Sowle Cahill and James F. Childress. Ohio: The Pilgrim Press, 1996.；James M. Gustafson *Intersections: Science, Theology, and Ethics.* Ohio: The Pilgrim Press, 1996. p. 56.

是沿承宗教改革传统中上帝绝对主权的主张，因而加强人对主权的敬畏、遵从和负责任的回应。道格拉斯的分析，无疑是对古斯塔夫森神学伦理立场和上帝观一种比较恰当的解读。

第二节　人之"存在"的多维性

人的自我认识与世界观是相互制约的统一体。人之"所是"或者人之"存在"就是"人之为谁"的问题。"人所见与所未见都与其所处的位置相关。"[212] 人如何认识和把握自己在宇宙中的位置，体现了人以怎样的世界观来认识自己和认识世界。古斯塔夫森带着对现代社会中人与自然主客二分的忧虑与批判，强调人与自然万物相互依赖，都是作为关系整体之部分，共同构成动态的、彼此交织的关系网，构成普遍联系动态的宇宙关系整体。人在其中的合理位置，就是整体之部分的存在，人之"所是"表现为多重关系整体之部分存在的一个动态过程。

一、整体之部分的存在

古斯塔夫森的人类学的立足点是创世论。即人作为受造物，仅仅是动态多重关系的辩证统一体中的部分存在。[213] 人与人之外的其他一切相互依赖，都是这个动态宇宙整体的部分存在。也就是说，解释"人之为谁"，首先要依据《圣经·创世记》，明确人对其他受造世界的依赖性，并由此承认人的存在是有责任、有目标的存在，是受委托管理生存世界的行动者，因此是道德责任的承担者。这种主张是他对基督教传统的上帝观与基督教传统文化的批判性继承，也是他基于现实的经验观察对人类现实道德

---

[212] James M. Gustafson. *Theology and Ethics: Ethics from a Theocentric Perspective*. Chicago: Chicago University Press, 1981. p. 3.

[213] James M. Gustafson. *Ethics and Theology: Ethics from a Theocentric Perspective*. Chicago: The University of Chicago Press, 1984. p. 7.

生活的反思与批判。

　　古斯塔夫森首先从人作为各种关系整体之部分存在的本质，阐述人作为存在的多重依赖性。在他看来，人和人之外的一切存在都最终与上帝联系，一切的存在不仅根源在于上帝，而且各自以及彼此之间的关系最终以上帝的目的为旨归。也就是说，任何一个受造物都不能自己解释自己，而只能从其所在的关系中得到解释，解释的起点和归宿都要与上帝整体创造的完整目的相联系。无论是个体的人、群体乃至作为整体的人类，自我理解的重要方法是将人看作"相互依赖性的秩序和过程之中的参与者"。[204] 人的自我理解和认识既包括理智或者智力层面，也包含人的情感层面。人对自己之"所是"的理解，就是：我们隶属于不同的整体，是各个相对不同整体之部分的存在，与所在的关系整体相互依赖而存在。

　　这种关系整体的主张，不仅继承了保罗·拉姆塞（Paul Ramsey）等神学家的普遍联系受造整体的宇宙观，而且古斯塔夫森还特别突出了宇宙作为普遍联系、开放与发展的秩序进程。同时，古斯塔夫森同时立足于人的实际生存经验，利用当代宇宙太空的科学发现，强调我们生存的星球即我们的世界仅仅是宇宙中的部分存在。[205]他又通过批判人类中心论倾向的宗教和文化传统来支持其整体宇宙观。他指责以往的宗教传统将人置于世界万物之上，将人与人之外的世界割裂开来，因而违背了上帝原初完整创造的目的。[206] 因为上帝创造了完整的、相互依赖的、动态的生命秩序进程，也始终主宰和调节着普遍联系之中的一切存在，人仅仅是整体秩序联系中的部分存在。

　　古斯塔夫森的主张也继承了尼布尔的宇宙价值观。尼布尔的伦理学基

---

[204] James M. Gustafson. *Ethics and Theology*: *Ethics from a Theocentric Perspective*. Chicago: The University of Chicago Press,1984. p. 279.

[205] James M. Gustafson. *Ethics and Theology*: *Ethics from a Theocentric Perspective*. Chicago: The University of Chicago Press,1984. p. 291.

[206] James M. Gustafson. *Ethics and Theology*: *Ethics from a Theocentric Perspective*. Chicago: The University of Chicago Press,1984. p. 6.

第三章 人的合理位置及其伦理意义

于宇宙整体各部分之间普遍联系的客观事实关系,进而强调其价值的关系。[207] 认识世界就是理解世界中的各种关系,就是对各种关系进行事实性分析与价值的评估。古斯塔夫森也采用了尼布尔从人所处各种关系对文化和传统的批判方法,立足于美国社会文化和当今人类生存现实,以神学伦理学家对社会现实和文化的敏感与深切关注,谴责以人之利益为尺度的伦理传统和文化现实对社会秩序乃至对世界秩序的极大危害。

古斯塔夫森站在宇宙整体观的高度,阐释世界不同文化群体之间的相互依赖性及道德意义。在古斯塔夫森看来,宇宙是普遍联系的多样性的统一。宇宙中相互交织的动态关系秩序,体现了上帝与世界和人类联系的神圣秩序,人之生存所构成并相互制约的多重动态关系网,体现着宇宙间的神圣秩序。宇宙万物的主宰通过创造、维护、审判和拯救,成为既内在于人、又外在于人的客观力量,这种终极力量主宰、统管并协调包括人在内的宇宙万物间的关系秩序。在宇宙整体秩序进程中,宇宙运行规律及秩序的至高主宰,一直在参与宇宙的运行,主宰着宇宙中的一切。正如巴特所言,宇宙秩序的客观主宰"不是超历史的上帝,而是历史中的上帝。"[208]

根据这种动态的整体宇宙观,要认识和把握人类在宇宙中的合理位置,合理确认人之"存在"的本质,我们应当首先承认宇宙万物间普遍联系的客观事实,合理分析和把握我们依赖的各种关系,基于"关系的价值理论",承认一切存在"关涉价值的多维性,即诸存在物相互关系的多维性,而不是有关基本价值的抽象的多维性。"[209] 我们必须承认,一切存在的价值都是多重关系中多维价值的统一。

人之存在表现为相互依赖的动态的多重关系,这些相互依赖又普遍联

---

[207] H. Richard Niebuhr, *The Responsible Self: An Essay in Christia Moral Philosophy*. New York: Harper and Row, 1963. pp. 61—63.

[208] 卡尔·巴特:"信仰的宣告"。转自胡景钟,张庆熊主编:《西方宗教哲学文选》,上海:上海人民出版社,2002年,第404页。

[209] James M. Gustafson. *A Sense of the Divine: the Natural Environment from a Theocentric Perspective*. Cleveland, Ohio: The Pilgrim Press, 1994. pp. 63—64.

系的多重关系，形成普遍联系、相互依赖的纵横关系网，共同构成世界关系秩序。与其他一切存在一样，人仅仅是多重关系即普遍联系中不同整体之部分的存在，是纵横交织关系网中的联结点，与自然万物共同处于连续的宇宙整体系统之中。[210] 人之存在向每一个关系维度上的延伸，都关联着人在其他方面的生存和整体性生存，进而又关联着宇宙整体和谐、合理与统一的秩序进程。人之存在与其他存在物之间相互依赖和相互制约的关系，在为人的生存活动和参与宇宙秩序进程提供了条件和可能性的同时，逻辑上也向人类提出了道德责任与义务的要求：人应当归回仅作为各关系整体之部分（part of various wholes）的本位，以世界整体和谐合理的秩序为根本要求和最终目的，通过维护合理的关系、维护相互依赖的各部分与整体间的合理关系，达到维护宇宙整体秩序和谐统一发展的目的。[211]

古斯塔夫森从信仰出发，将宇宙万物和谐共生、平衡协调发展的秩序作为一切存在的本质和目的。他宣告：

> 人不是价值的中心，这个道德差别是重识人在宇宙中的地位和人与神圣力量及秩序进程关系而得出的结论。[212]

古斯塔夫森从上帝完整创造的《圣经》传统，得出关于人之"存在"本质上是多维关系辩证统一，这种主张批判地继承了《圣经》神学传统中的合理因素。他的宇宙观是对世界本质和人于其中之"存在"、即生存方式的合理性理解，有力地批判了人类中心主义的狭隘世界观。

人从来就不是孤立的存在，我们也从来不可能从人的利益角度，将宇宙世界分隔成纯属人的世界和与人对立的世界，一切存在都是相互联系的

---

[210] James M. Gustafson. *Theology and Ethics*: *Ethics from a Theocentric Perspective*. Chicago: The University of Chicago Press, 1981. p. 283.

[211] James M. Gustafson. *Theology and Ethics*: *Ethics from a Theocentric Perspective*. Chicago: The University of Chicago Press, 1981. p. 317.

[212] James M. Gustafson. *Ethics and Theology*: *Ethics from a Theocentric Perspective*. Chicago: The University of Chicago Press, 1984. p. 4.

第三章 人的合理位置及其伦理意义

关系中的存在；任何个体都不是单子式的存在，人之外的任何存在也不是人之利益的附属物。将世界视为永久不变的法则来理解人在其中的位置，或者将人独立于世界万物之上，都是对世界本质的歪曲，是过度高扬人在世界中的权威，是对人之地位的误置，是人丧失自我的异化表现。

古斯塔夫森同样注重对人之现实生存经验的观察，从人与自然、社会、历史、文化和人类自我交往的多元生存维度，分析人之生存所展现并依赖的立体交叉的多元关系，探讨其合理性及其相互制约性，对孤立片面的人类中心主义及自我利益中心做出批判，以突出人之存在的多维性及其辩证统一的伦理本质，并且探讨人之存在的伦理本质对人类道德行为的意义。但是，古斯塔夫森关注人在各种关系和现实生活之"存在"及其伦理意义，在伦理方法和实质上，都不同于克尔凯郭儿（Kierkegaard）、海德格尔（Heidegger）等存在主义的伦理学所关注的"存在"。

一般而言，存在主义强调人之"在"的过程，"在"或"存在"似乎是处于本体与现实之间。克尔凯郭儿关注人的生存境遇以及在其中的选择，主张人之生存经历的三个阶段，并将伦理道德阶段作为通往真正的人之存在的过渡阶段，其本质是主张以个人内心体验和上帝主权来达到对上帝存在的认识，从而实现信仰的跳跃，进而不断接近对人之存在本体的认识。[23]海德格尔从人之此在"本真状态"和"非本真状态"的双重特性，强调人之存在与他人"共在"于"此在"的世界中，实质上人是永远处于谋划和超越自我的过程中，人总是处于对自我的争战之中。人之存在是通过个体内心体验而表现为自我谋划与超越的无尽的"烦"、"畏"、"孤独"等状态，以实现目的性的"本真状态的存在"的过程。[24]

在古斯塔夫森这里，人之"存在"不是经历上帝的瞬间，而是通过符合上帝目的之行为和合理关系而实现上帝旨意的过程，人之"存在"就是以上帝为中心不断调整自己作为关系网之联结点的过程，是人遵循上帝旨

---

[23] http://en.wikipedia.org/wiki/Philosophy_of_S%C3%B8ren_Kierkegaard#Three_stages_of_life.
[24] 朱贻庭主编：《伦理学大辞典》，上海：上海辞书出版社，2002，第691—692页。

意而不断调整、平衡所在关系及其利益而积极又合理的情感与行动的回应过程，实质上就是"存在"与"行为"辩证统一的过程。宇宙秩序的主宰是人之"存在"的本体根源，是人之"存在"的根据和意义的归宿，人之"存在"或合理的位置，表现为现实生活中相互制约的多重关系秩序进程，与宇宙秩序同时处于动态过程之中。[213] 人之"存在"体现在根据上帝旨意来调整人在关系中的位置及其相应行为，将伦理关注的目光转向人之普遍一般的经验和现实的生存活动。一方面，人之存在与其他存在物都要依赖于关系中的他者并受制于关系整体的要求，最终依赖于整体世界秩序进程；另一方面，人与其他存在又都作为构成世界整体秩序之部分，成为维护和促进一切得以存在和延续的手段与条件。作为普遍联系链条中的一环，人应当以宇宙动态、普遍联系的整体秩序之目的，永远作为部分之存在，与其他一切存在物共处于合理关系秩序之中。这是人与上帝建立和保持合理关系的前提，是人能合理回应上帝旨意而道德地生活的伦理前提。

古斯塔夫森关于人作为世界整体动态关系网之部分存在的主张，既具有哲学和伦理的合理性，而且也几乎与同时代的罗尔斯顿，分别从生态整体（宇宙整体）和谐与统一，从人与生态系统中的部分与整体价值的关系角度，突出了人无论怎样利用科学和技术来选择生存方式，也无法摆脱处于生态系统链条之中部分的存在这一规定性本质，这种主张合理解释了人与自然彼此依赖共构的关系。

二、人与自然

宏观上讲，古斯塔夫森从两个维度探讨人作为普遍关系之部分的存在：一是人作为世界之部分与其他部分相互依赖的关系，二是人和世界中一切相互依赖的合理关系与宇宙整体合理秩序之间的关系。他将前者从属于后者，突出在与自然、社会、文化、历史和人类自我的各种关系整体

---

[213] James M. Gustafson. *Ethics and Theology: Ethics from a Theocentric Perspective*. Chicago: The University of Chicago Press, 1984. pp. 310—312.

中，人之合理位置的唯一尺度就是符合宇宙整体和谐、统一的秩序进程。一方面，人与自然万物是互为手段与目的的部分存在；另一方面，他从人之生存向不同维度的延伸，突出"人之存在"（the being of human）的多维性及其辩证统一。[216] 古斯塔夫森采用实证观察和逻辑推演的方法，从人之现实生存的生物性即物质性和社会性即精神性两大层面，分析个体的人、群体的人及整体人类与自然互为手段与目的的关系。他同时采用动态时空观，分析人在宇宙整体中作为部分之存在所展示的多重依赖关系，揭示人之存在的普遍联系、动态、立体多维的特性，阐明人之存在的完整本质就是人之生物性即自然属性、社会文化属性和历史性的辩证统一。

在古斯塔夫森这里，狭义的"自然"是人之外的一切自然存在，即相对于人之主体性的客观自然世界（the natural world 或者说 the world of nature），[217] 指相对于人类创造的社会文化之外的自然万物；广义的"自然"即上帝的整体创造，是包括人在内作为受造整体的宇宙世界，"自然"就是包括人与上帝合理关系在内的宇宙整体动态而和谐的秩序进程。从其思想宗旨来看，古斯塔夫森更多是在广义上理解并运用"自然"的概念，将自然与宇宙整体即自然秩序大致等同起来，将之作为他的伦理前设，突出宇宙整体秩序的客观主宰力量，强调人与自然万物间的相互依赖性，突出一切关系的合理性以宇宙整体和谐统一的秩序为旨归。

古斯塔夫森指出，根据《圣经》创世论的传统，一切受造之物都属自然，人是自然的一部分。上帝创造的目的不是将人之福利（well being）置于至高无上的地位，更不是仅仅为了人自身利益，而是世界整体善。自然具有特定的内在模式、秩序、规律及其进程，人于其中的生存应当符合世

---

[216] James M. Gustafson. *Ethics and Theology: Ethics from a Theocentric Perspective*. Chicago: The University of Chicago Press, 1984. pp. 279.

[217] James M. Gustafson. *Theology and Ethics: Ethics from a Theocentric Perspective*. Chicago: The University of Chicago Press, 1981. p. 209.

界整体秩序的完整与统一。⑱ 人无法摆脱其外在生存环境来建造文化，也无法脱离外在环境而求得自我发展；反过来，自然整体秩序的延续也依赖于人在其中的合理生存行为。自然与人始终表现为你中有我、我中有你的"你—我"辩证关系统一体。"自然"是人参与其中的自然，而人永远是依赖于"自然"并参与"自然"秩序的部分存在。人与人之外的那部分自然永远既是实现最高价值的手段，又是实现最高价值的部分目的，因而永远处于互为手段与目的的连续性的关系系统中。⑲

古斯塔夫森从人之生物性和精神性的双重特性，理解人与自然世界的辩证统一。⑳ 从其关系的视角来看，"自然"既代表客观宇宙世界整体秩序进程，也标志着人与世界交往应遵循的道德要求和行为尺度。㉑ 首先，在生物性即自然生存的意义上，作为类的物种，人与所有物种都同样是受造物，都有存在的根据，都是世界目的中相互联系的部分。在受造的宇宙整体中，人与自然生物具有相似性和连续性。作为自然的存在，人的生物性是其作为主体存在的基础，也是人与自然互为手段与目的之关系的一个纽带。因此，人非宇宙的核心，而是与人之外世界同质、同级、同在，共同构成完整的自然世界。自然永远是人参与其中的自然，其中包含着人的创造性，蕴涵着人与自然既连续又区别的行为能力。同时，我们"应当从适合于描述人之道德行为能力的角度来获得对人之生存的理解"，㉒ 在价值论层面理解人在世界中的合理位置及价值意义。

---

⑱ James M. Gustafson. *Ethics and Theology*: *Ethics from a Theocentric Perspective*. Chicago：The University of Chicago Press,1984. p. 282.

⑲ James M. Gustafson. *Theology and Ethics*: *Ethics from a Theocentric Perspective*. Chicago：The University of Chicago Press,1981. pp. 263—264.

⑳ James M. Gustafson. *Ethics and Theology*: *Ethics from a Theocentric Perspective*. Chicago：The University of Chicago Press,1984. pp. 281—287.

㉑ James M. Gustafson. *Theology and Ethics*: *Ethics from a Theocentric Perspective*. Chicago：The University of Chicago Press,1981. pp. 283—284.

㉒ James M. Gustafson. *Theology and Christian Ethics*. Philadelphia：United Church Press, A Pilgrim Press Book,1974. x.

第三章 人的合理位置及其伦理意义

古斯塔夫森从人的自然属性和能动性两个层次，从事实和价值层面分析人与自然的连续性和区别，其目的在于强调人之存在是生物性与精神性、自然性与社会性的辩证统一。无论是从物质意义上还是从精神意义上，我们都绝不能将人类自我利益作为价值追求的核心，将人之生存的需要凌驾于世界整体秩序之上，而是应当将人之外世界与人类自身利益互为手段与目的、共同置于世界秩序和谐发展的价值追求之中。古斯塔夫森关注科学对人类认识活动的重要性，赞扬拉姆塞关于基因学有助于理解人之自然性的主张。[23] 他对《创世纪》启示"上帝—人—自然（受造世界）"之关系给出了不同于宗教正统的诠释，[24] 因此给人留下印象，他似乎比其他神学家和伦理学家更注重人之物质存在的自我意识对实现精神性存在的前提重要性。罗伯特·奥迪（Robert Audi）就此提出批评：

> 古斯塔夫森理论中的'人'，是具有物理特性和生理机能的生物，他认为人的本质就是指人具有'物理性'或'生物性'的特点。[25]

奥迪的批评虽不无道理，却有欠公允。

即便古斯塔夫森有意突出人之生物性的生存维度，他也是为了宇宙伦理之目的才强调人之生物性，他的理解合理支持了人与自然互为目的与手段的主张，超越了巴特将物质的人仅仅当作"现象"的人观，而是将人看作有欲望、有动机、有需要和有心理倾向、与其他成员相互依赖的关系之部分。古斯塔夫森从生物性层面理解人作为与自然互为手段与目的之"存在"，目的在于强调人与自然、人与人之间的相互依赖性是世界整体神圣

---

[23] James M. Gustafson. *Ethics and Theology: Ethics from a Theocentric Perspective*. Chicago: The University of Chicago Press, 1984. p. 77.

[24] 这一点为古斯塔夫森引来了对他神学伦理学中不合宜的科学倾向的批评，最后一章将对此具体分析。

[25] Robert Audi. "Theology, Science, and Ethics in Gustafson's Theocentric Vision" in *James M. Gustafson's Theocentric Ethics: Interpretations and Assessments*. Harlan R. Beckley, Charles M. Swezey Macon. (eds). Georgia: Mercer University Press, 1988. p. 174.

秩序的部分体现。他肯定人在物质现象世界中的存在，并非要将人的生物意义看作人的生存本质，而是注重探求物质生存的精神意义和道德意义，即人之存在的完整伦理本质。人应当从宇宙的主宰和核心地位，退回到与其他部分的连续性关系系统之中，将人之福利与其他一切价值统统置于互为手段与目的的总体价值系统之中。这一主张的合理性，既可以从古斯塔夫森的宇宙整体观和人与自然之关系的主张得到解释，也可以从人之存在的多重特性得到论证，从我们现实生活的伦理要求中得到支持，还可以从与其同时代的自然主义生态伦理学家的论证中得到辩护。

人在自然中的活动既是维护其他生命形式存在及延续的过程，又是参与自我生存和延续的实践过程。一切生命首先取决于空气、水和阳光等基本自然要素，进而在各自生存活动中形成相互依赖的关系循环链。不同的生命从中获得各自生存的条件，同时也为其他生命提供存在及延续的根据，共同参与各种生命及非生命存在一道组成的生态循环系统进程。人的生存活动就是参与自然整体生态系统的过程，是参与其他生命的存在与延续的过程，因此，人的生存同时是自然整体秩序的目的和手段。自然是与人之活动相互交织、相互作用的人化了的自然，人是参与自然生存秩序的存在，因而人与自然互为手段与目的，共同服从宇宙整体合理秩序的最高目的和价值。

任何对待人和自然关系的科学态度都不能将人抽离自然，也不能将自然独立于人之生存之外。人与此连续系统中其他一切生命以及非生命的存在相互依存，这是人类应当承担责任的事实根据。人若忽视这种相互依赖性，越出生态系统的链条，或者试图凌驾于整体生命系统之上，则不仅仅体现人类在宇宙中自我误置的无知与狂妄，是自我取消人之为人的条件以及破坏世界整体秩序进程的不道德行为，而且更是人类彻底抽离生存根基的自我毁灭之举。这是自启蒙运动以来基督教传统、科学主义至上及人类中心主义的狂热追随者必须自我反思得出的结论，是人类面临现实的生存处境而必须勇于自我担当的伦理前提，是自然和人类历史共同影响、共同发展的客观事实要求,是当今人类学和伦理学研究必须冷静面对的合理性要求。

在忠实于世界多样性统一的《圣经》传统方面,古斯塔夫森的主张更具合理性,也得到生态伦理学的支持。罗尔斯顿立足于自然主义的生态伦理立场,依赖于生态学中生物链的层进理论,将人与其他生物置于不同生命等级的连续生态系统之中,主张人是生命进化的最高形式和最高的生命价值形式。他从自然的内在价值推导出人对自然的道德义务,强调人对荒野自然的责任。[26] 罗尔斯顿在后来的作品中,从自然主义的角度越来越接近古斯塔夫森的主张。[27] 他对自然价值及其多样性的讨论,强调人与自然环境共同构成自然整体,目的在于强调生态系统的整体统一,进而强调人应当为此统一的整体承担责任,其实质就是主张将人置于自然世界、与自然中其他存在互为手段与目的,共同作为自然整体之部分的存在。

与罗尔斯顿不同,古斯塔夫森在价值论的层面上突出了人的物质性和精神性辩证统一的存在本质,强调人与其他生命同属自然和生命平等的宗教仁爱情怀,蕴涵着人对世界整体合理秩序的道德义务要求。因此在逻辑上,古斯塔夫森为反人类中心论的主张,为论证人对世界整体责任提供了终极价值的理论基础。总之,从以神为中心的视角表述就是:人与自然中的其他部分共同成为上帝关注的善的对象,而作为上帝创造中唯一具有自我意识和道德意识的存在者,人类应当为上帝创造的整体世界承担责任——为人类自己和周围的一切负责。[28]

---

[26] 霍尔姆斯·罗尔斯顿,《哲学走向荒野》,刘耳,叶平译,2000年,吉林人民出版社。

[27] 如,1993年发表于 David D. Karnos and Robert G. Shoemaker, eds. *American Philosophers Talk About Their Calling*(Oxford University Press,1993)被引作《哲学走向荒野》的中译本序。其中讲到:"实际上,我们人类也是自然史的一部分。"转自:罗尔斯顿:《哲学走向荒野》,刘耳,叶平译。长春:吉林人民出版社,2000年,第10页。

[28] Charles M. Swezy. "Introduction", *Theology and Christian Ethics*. Philadelphia: United Church Press, A Pilgrim Press Book, 1974. xi.

三、人与社会

人之行为的自我意识和目的性是人之能动性、群体性和社会性的表现。群体性或社会性展示为，人之多维"存在"向人际交往、社会关系维度的延伸，体现了人作为动态交织的多重关系网之部分的存在特质。人（个体、群体、人类整体）在与自然、文化、社会、历史、以及"人—我"交往和群己交往中存在，人之"存在"集自然性、群体性、社会文化性和历史性于一身，它们都相互依赖、辩证统一于人的生存活动之中，构成人之存在的完整本质。

古斯塔夫森突出人之生存经历的整体性，强调人的自然性与社会性在认识活动和实践活动中的辩证统一，并将这种辩证统一的存在本质归结为上帝的要求。他引用韦斯特曼对《圣经·创世纪》教义的解释：

> 人不仅仅是被摆在上帝的面前，而是从一开始就是具有社会性的存在，人必须工作并且承担为之而来的后果。[29]

人在起初作为受造的生物同时就具有了社会意义，上帝吩咐"人必须工作"，首先要求人作为自然生物而与自然的其他部分交往，同时要求人合理发挥其与自然生存不同的社会性和群体性，通过与自然保持合理而和谐的关系来维护上帝的整体创造。"工作"不仅是人作为生物性生存的本能需要，也是其社会性和行为能力的要求。人既是生物性的存在，也是具有能动性的社会和群体的存在，其存在的本质不仅是听从上帝的命令、忠实地履行上帝所托要维护受造整体的责任，而且也是人满足自身精神需求和情感需求的重要表现，体现了人与自然、人际之间相互协作、关护的需要。这种主张突破了仅仅从人际关系或人之社会性交往强调人之天职或义务的伦理传统，将"爱上帝"和"爱邻人"的道德要求扩展到整体受造

---

[29] Westermann (creation 18). 引自 James M. Gustafson. *Theology and Ethics: Ethics from a Theocentric Perspective*. p. 243.

第三章 人的合理位置及其伦理意义

世界。

这一神学伦理学主张，同样可从自然主义的哲学立场加以理解。人类生存实践的历史是人的自然属性与社会性辩证统一的过程。人与自然交往和人际交往的实践活动都有一定的目的性。而且，人对这些实践活动具有自我意识，因此，在有目的的实践活动中，总表现出人类独有的经验反思。如同其他自然生命一样，人的最基本反应和需求就是保存生命和类的繁衍。然而，即便是获取生存所需和人种繁衍这样基本的生物性活动，也不单单是保存生命之本能的生物性反应，不是人类被动适应自然、或者将自己完全交托于自然力量和生物性因素的摆布之下，而是作为认识主体和实践主体，有意识、有目的改造人类自身和自然生存环境的创造性实践。尽管人类开始认识自然的活动很大程度上是保存生命的生物性本能反应，但随着认识活动的深入和实践领域的拓展，人越来越能够自觉、有意识地将自己与自然界合理地加以区分与联系。为了改善生存环境，克服人之生存与自然的冲突，人对自己与自然合理关系的认识和理解不断深入，更多地发现了自然发展的规律，也越来越认识到自然对人类生存的意义与限制，也就越来越能够克服其活动的盲目性从而具有目的性。在不断拓展的认识和实践活动过程中，人越来越以群体和组织的形式在拓展和深入生存实践。人之活动的目的性、自我意识、群体性以及在社会性活动中的经验反思，使人类实践活动同时蕴涵了人的自然性和社会性。人有目的地开展生物性的实践活动，同时就是实现其社会性的表现。人之存在向自然维度和社会性维度的延伸，总是相互依赖、相互作用，辩证统一于人类生存实践的历史之中。

人认识自然、改造自然和自我改造的历史不是单个人的活动，而是作为人类整体与自然环境整体持续互动的历史，因此人的自然性和社会性始终交织于人类生存的历史之中。按照古斯塔夫森的伦理学主张，从价值关系的角度而言，人与自然总是处于互为目的与手段的关系系统之中。然而，从认识活动和实践活动的角度而言，惟有具有自我行为目的及其意识的人,才成为认识和实践活动的主体。包括人类在内的自然整体,都是人类活动领域中的认识和实践对象,是人发挥能动性和创造性的活动体现其社会性的实践场所。人在自然中拓展并深入其认识活动和实践活动,都体现了集体的努力与能力。虽然行为者个体能在一定程度上开展认识自然和改造自然的活动,但其实践所依赖的间接经验,总是都代表着前人群体或整体智慧的结晶。个体性和社会性同时寓于人之存在的本质之中,人类在各个领域的认识活动和实践活动,必须依赖社会性的分工协作。认识活动和实践活动得以合理深入和拓展,关键就在于认识和实践主体的群体协作,使人的自然性、个体性和社会性协调统一于人的生存活动之中。

以人与自然环境交往的社会性为例。自然环境的诸多问题看似在于个体行为者,实质上却是群体、甚至是人类整体与自然交往的不合理行为所致。诸多自然灾害看似纯自然的活动表现,其实质却是人的生物性活动、自然活动和人之社会性活动共同作用的结果,是各种自然因素和人为因素(包括个体与群体)综合作用的结果。因此,我们没有理由将不同地区越来越严重的沙漠化现象仅仅归于自然的作用,也不能将之仅归咎于沙漠化地区居民不合理利用土地资源的行为,为逃避我们作为人类整体之成员的共同责任寻求托辞。温室效应导致全球气温上升及相应的诸多问题,则更清楚地说明,人的社会性、群体性与自然各个因素总是相互交织于人类的生存实践中。

古斯塔夫森从广义的人际关系角度探讨人之存在的社会性。任何一个个体都是作为群体成员而隶属于多重群体,并与其他成员或群体共处于相互依赖的关系之中。人的社会性表现为人际关系的群体或整体性、人参与文化而作为文化整体的部分,以及人参与世界秩序进程的历史而成为历史中的一个部分。[20] 每个个体绝非孤立的存在,而是作为成员与他人建立多重关系和通过维护关系的合理发展,从而参与到社会、文化与历史进程

---

[20] James M. Gustafson. *Theology and Ethics*: *Ethics from a Theocentric Perspective*. Chicago: The University of Chicago Press, 1981. p. 219.

第三章 人的合理位置及其伦理意义

之中。

每个个体都作为家庭成员直接隶属于家庭这一最基本的社会群体关系，个体又同时作为特定社会群体成员，与所属家庭或社会群体共同隶属于不同的社会机构、组织、乃至民族国家和人类整体。作为不同群体之部分的社会性存在，人既通过与所在群体中其他成员相互依赖而进入到所在群体或更大范围群体的关系之中，也通过有目的地参与所依赖的关系，达到维护自我生存的目的。任何群体都是个体组成的群体，而任何个体都是属于群体的个体；同样，任何群体都以一定目的隶属于更大群体，任何社会群体也都是不同群体作为部分有目的地相互依赖而构成的关系整体。相互依赖的多重人际关系群体，代表着追求共同利益并承担共同责任及共同义务的道德共同体。个体与关系群体都是多重共同体的成员最终隶属于宇宙整体秩序这一共同体。无论是个体还是不同层次的群体，都应当仅仅作为宇宙共同体中不同关系整体的部分，维护和促进宇宙共同善。

人之"存在"也体现在人之活动向文化维度上的延伸。古斯塔夫森从广义的角度诠释文化，将文化从属于自然，将之作为宇宙整体和谐秩序进程的一部分。在古斯塔夫森看来，相对于上帝的直接创造——自然，文化则是人为的自然，即上帝的间接创造，是人作为整体之部分的存在赖以生存的第二自然。[21]文化是人类生存活动的表现和结果，文化又直接影响、甚至很大程度上决定人的各种活动。这尤其表现在人类社会的技术、习俗（ethos）、各种科学与艺术之中。人类生存所展开的这些活动相互依赖、相互作用，共同构成人类的文化，而这些因素又综合影响着人类的生存，进一步影响着文化在各方面的发展。[22]

技术因素是人类物质生活进步的主要动力，是人类认识自然、改造自

---

[21] James M. Gustafson. *Theology and Ethics: Ethics from a Theocentric Perspective*. Chicago: The University of Chicago Press, 1981. p. 214.

[22] James M. Gustafson. *Theology and Ethics: Ethics from a Theocentric Perspective*. Chicago: The University of Chicago Press, 1981. p. 216—218.

然的创造性活动的结果,也是促进人类不断深入和扩展活动领域的重要条件。[23] 人的一切实践活动都离不开技术的支持,人类利用技术促使技术发挥着其工具性功能,同时也在创造和发展着新的技术。人类社会的历史本质上也是人类在认识自然、改造自然和自我能力开发过程中技术进步的历史。习俗指一般的信念、态度或指导惯例行为的标准,主要表现为人在一切关系中持守和追求的意义、价值、世界观,是人类精神生活或精神文化的主要标志,是形成特定文化和群体坚持的价值观和世界观的基础,也是该群体和文化的价值观和世界观的表现,并且在该文化群体有目的、有意识的行为选择中不断地被传递、延续,又通过该文化群体有目的、有意识的行为选择和实践被人不断地创造。人与其他存在物的根本区别,就在于人的行为选择都是在特定价值观支配下对生存意义的追求和探索。人在特定群体和环境中的生存必然受一定价值观的支配;同时,通过与其他不同价值观和生活方式的冲突与相互影响,人的生存必然有目的地传承和改变着自身的价值、意义和世界观。每个个体的存在总要反映所在群体精神生活的影响,每个个体在家庭、群体、社会组织及不同社会机构中的社会生活,都构成所在文化的一部分而参与到人类整体精神文化延续与发展的过程之中。科学与艺术最明显、最直接地体现了人类的创造力和能动性。与文化中的其他因素一样,科学与艺术也在与其他因素和人类自身的多种活动相互作用的过程中,构成人类生存的必要条件,并展示人类生活中极其重要的创造性。[24] 技术是科学和艺术中的内在因素,而技术、科学和艺术既受到特定价值、意义和世界观的影响与支配,同时它们也作为人的生活方式,一定程度影响和改变着特定文化群体所在的精神生活。同样,不断改变的伦理和习俗也反过来影响和改变着科学、技术与艺术,进而改变人

---

[23] James M. Gustafson. *Theology and Ethics*: *Ethics from a Theocentric Perspective*. Chicago: The University of Chicago Press, 1981. p. 217.

[24] James M. Gustafson. *Theology and Ethics*: *Ethics from a Theocentric Perspective*. Chicago: The University of Chicago Press, 1981. p. 217.

第三章 人的合理位置及其伦理意义

的物质生存、精神生存的状态及世界整体秩序。[25]

个体、群体、组织和社会所代表的文化仅是人类文化整体之部分的存在,不同文化之间的冲突大于彼此之间的和谐与平衡。[26] 任何一个文化群体及其成员,都不应将自己所代表的文化和价值作为人类文化和交往的中心与尺度,而是应将其所代表的文化置于人类文化整体之和谐发展的关系之中,将自己文化的利益和发展与其他文化群体的利益与发展和人类整体文化的进步要求合理联系,既立足于自身文化、又跨越自身文化的局限,在扩大的文化群体范围内,达到文化群体之间开放性的相互理解、相互沟通和相互引导,努力实现不同文化和文化群体之间的和谐与统一。

显然,古斯塔夫森更关注人应当在现实世界的文化活动中怎样合理行动,以促进人类社会文化的合理发展,实现"愿父的旨意行在地上,如同行在天上"[27]的伦理宿愿。他尤其强调人在此世的行为,以加强对人类自我中心不负责任的行为的批判,表达他对过分突出永生盼望使人类获拯救的宗教传统的谴责。一方面,他对人类文化之间的冲突保持着神学伦理学家应有的警惕性与批判性;另一方面,他又表达了神学家对人类文化和谐、统一而持有乐观的态度和宗教情怀,表现了他从人类文化整体[28]的立场改造人类文化的乐观盼望。任何个体和群体总是参与特定文化而表现为文化整体之部分的存在,成为特定文化群体中的成员。不同群体共同生活形成相对不同的文化群体,任何一种文化也总是表现为是某个特定群体的文化。不同群体的文化和代表不同文化的群体之间相互交往,就是参与、

---

[25] James M. Gustafson. *Theology and Ethics: Ethics from a Theocentric Perspective*. Chicago: The University of Chicago Press, 1981. pp. 214—218.

[26] James M. Gustafson. *Theology and Ethics: Ethics from a Theocentric Perspective*. Chicago: The University of Chicago Press, 1981. p. 251.

[27] 《圣经·马太福音 6:9—13》中耶稣教导门徒的一段祷告文,即教会普遍使用的"主祷文"。另一处出现在《路加福音 11:2—4》。

[28] 广义地讲,文化是人的一切生活观念和生活方式的总和,是人的一切物质生活和精神生活的总体表现,人的一切活动都是文化的一部分;狭义地讲,任何文化总是特定群体的文化,是影响、决定特定群体之生存的根本价值观及其影响下具体生活的外在表现的总和。

创造人类社会和文化的历史过程,同时也是维护自身文化存在与延续的方式和过程。

作为社会的存在,人隶属于不同社会利益组织。人总是作为不同政治和经济利益群体的成员,参与社会政治生活和经济生活。[239] 即使是家庭成员,也是以特定方式在直接参与家庭的经济生活。每个家庭与其他家庭的经济状况和经济活动,既受到所属更大经济群体的制约,也影响、制约着更大经济群体的活动和经济决策。人不仅是经济个体的存在,而且"人是社会政治动物",通常我们难以划定界线将伦理道德和国家政治严格区分开来。[240] 只要民族国家仍然是人类社会的主要组织形式,个体和群体就总是作为多重政治关系整体和经济关系整体之部分的存在。个体是民族国家的成员,每个民族国家都是一个政治组织和利益关系整体,不同的政治利益群体之间相互影响和相互作用,既维护自己成员的政治利益,也影响着其他利益群体的政治决策和实践。

古斯塔夫森分析人之存在的社会性,关注人之存在的群体性、文化性、政治性和经济性等不同维度。但他所做的分解式的探讨,仅是出于理论上的方便,其核心要旨是突出人作为社会整体之部分的存在,强调人的社会性在诸多维度的延伸及其相互作用,共同构成"人之存在"所依赖的各种关系,进而共同构成人之存在的整体性社会经历,据此为人的社会性责任提供理论根据。他尤其强调社会性是人之为人的根本属性,决定着人与他人、群体、组织、文化和自然环境的依赖及相互依赖性。[241] 同时,"人之存在"的历史性、文化性、社会性也辩证统一于人之生存所依赖的各种关系之中,它们相互交织,共同作为其中一部分构成"人之存在"不可分

---

[239] James M. Gustafson. *Theology and Ethics: Ethics from a Theocentric Perspective*. Chicago: The University of Chicago Press, 1981. pp. 220—221.

[240] James M. Gustafson. *Ethics and Theology: Ethics from a Theocentric Perspective*. Chicago: The University of Chicago Press, 1984. p. 3.

[241] James M. Gustafson. *Theology and Ethics: Ethics from a Theocentric Perspective*. Chicago: The University of Chicago Press, 1981. p. 14.

割的多维关系整体的动态秩序并参与其中。

四、人与历史

动态历史观是古斯塔夫森理解人之存在的重要视角。古斯塔夫森批评伦理学传统过分强调历史的具体性与普遍性之间的对立和张力。[212] 他认为，负责任的伦理学应当将人看作是不断发展的历史过程乃至自然发展过程中有创造性的、负责任的参与者，将人看作是与其他存在一起合作的宇宙中的责任承担者。人既要理解自己的角色，更要负责任并创造性地承担责任、扮演自己的角色，为我们所生存的时代中的事件提供方向和秩序。[213]

古斯塔夫森指出："人是历史中的人，伦理观点应当与具体的历史条件相联系。"[214] 因为人类整体和每个个体都在不断发展变化，人类获知自我的能力和智慧极其有限，"人观是一个持续发现的过程。"[215] 人类要重新认识自我存在于历史中的合理位置，必须从代际关系与人类历史整体关系的角度，从人类历史与世界历史整体之关系的角度，既坚持回到"特定情景"（particular context）、又要注重与人类及宇宙的整体历史相联系，从人类在历史中生存的纵横坐标相交点，理解人作为世界历史整体之部分的存在及伦理意义。

> 上帝始终在展示着绝对权威与主权，人类生存与神圣秩序的关系就像表现在人与自然的关系中那样，同样表现在人与历史、社会、文化和自我的相互关系之中。[216]

---

[212] James M. Gustafson. *Theology and Ethics: Ethics from a Theocentric Perspective*. Chicago: The University of Chicago Press, 1981. p. 150.

[213] James M. Gustafson. 1968. "What is the contemporary problematic of Ethics in Christianity?" *Central Conference American Rabbis Journal*(January). pp. 14—26. p. 25.

[214] James M. Gustafson. *Can Ethics Be Christian?* Chicago: Chicago University Press, 1975. p. 192.

[215] James M. Gustafson. *What is the Normatively Human?* Washington D. C.: Catholic University of America Press, 1971. p. 207.

[216] James M. Gustafson. *Theology and Ethics: Ethics from a Theocentric Perspective*. Chicago: The University of Chicago Press, 1981. p. 309.

这种动态历史观主张，人与历史是互相建构的动态关系统一体，人总是具体历史时空中的存在，伦理学不可能将人从历史、社会、文化的具体情境中抽象出来，而是应当注重从现实的历史时空与人类整体的生存境况相结合的角度，来理解人的存在及其伦理意义。

人的存在是变化、发展的过程，这是人类历史性的最主要表现。要确认人在世界中的合理位置，就必须与具体时空相联系。只有从行为者所处的特定历史时空，与整体世界合理的道德秩序及其历史进程的总体要求结合起来，我们才能做出更合理的行为判断和价值分析。个体在与他人和其他群体持续的交往中，不断发现和调整着对伦理原则和道德内涵的认识。任何个体或种族，总是在各种因素和条件的相互作用下不断地变化和发展；新的历史环境、有关人类自我和生存世界的新知识，对人类欲望和问题产生的新意识，都促使人类在不同环境中不断重新思考旧的准则和整合不同的准则。

人的历史性也表现为特定历史条件对人之生存必然的限制。作为认识主体，人类自身的知识、能力和经验也受制于特定的历史时空。要重新认识人在世界中的合理位置，应当尽可能综合理解特定历史条件下"人之存在"向不同维度的延伸，尽可能向更长远的历史时空开放，以减少因目光狭隘导致对人之位置的错误认识，避免有限的行为选择及其破坏性的后果。在特定历史阶段，人不可能有充分的智慧来完美地回答"人之所是"与"人之行为"的问题。经验有限的认识主体和实践主体，从不同角度总会给出不同的解释。而任何一个仅从单一角度做出的解释，不仅具有片面性，而且会在不断延伸的历史时空中，在诸多因素和人之多元性生存经验的共同作用下，继续发展和变化。无论多么具有想象力和洞察力的个体与群体，都无法摆脱历史所赋予的各种限制；再神通广大的个体、群体、乃至人类整体，其智慧和能力也不能穷尽来自人类自身和外在世界的各种生存性挑战。因此，不仅人的存在始终表现为历史过程，而且"发现人究竟何以为人（the being of human），也是一个永远持续的发现的过程"。[247]

古斯塔夫森强调，个体成员及其构成的不同群体和组织，应当将自己作为人类历史长河的部分，充分意识到人类与其他存在物是通过历史中相互依赖的关系而共同构成普遍联系的世界整体秩序。人应当排斥以暂时利益要求为核心的狭隘历史观，从人类整体历史发展的高度、将人类在历史中的发展要求延伸到更长远的历史之中，将人类生存的地球作为宇宙时空整体之部分的存在。[248] 人之存在的自然属性、社会属性、文化维度都是历史过程，人始终处于宇宙整体秩序这一动态的关系网之中，是宇宙整体历史的一个微小部分。尤其是涉及到资源分配正义的问题时，任何行为的选择，都必须思考历史发展与科学发展相互影响的具体时空背景，以及整体生命秩序和谐在长远历史中的要求。[249] 这一点是人类发展和科学技术开发等必须谨记的原则。在美国国家历史博物馆的展览中，科学家提供一张展示人类和宇宙历史的小卡片，其上写着："人类所有的历史与太空时间相比，相当于一个足球场角落一根发丝的直径大小。"[250] 古斯塔夫森的历史观，可谓是对美国历史学家和科学家这种思想的极好诠释。

宇宙历史是连续性的整体进程。古斯塔夫森指出，人类历史表现为过去、现在和将来相互依赖的持续关系模式。[251] 我们通常对时间进行过去、现在和将来的分割，它们仅是相对而言"不同"却绝对连续的历史阶段。严格地讲，历史只有过去和将来，现在总是永不停歇地汇入历史的过去，

---

[247] James M. Gustafson. *Theology and Ethics: Ethics from a Theocentric Perspective*. Chicago: The University of Chicago Press, 1981. pp. 243—244.

[248] James M. Gustafson. *Theology and Ethics: Ethics from a Theocentric Perspective*. Chicago: The University of Chicago Press, 1981. pp. 211—213.

[249] James M. Gustafson. *Ethics and Theology: Ethics from a Theocentric Perspective*. Chicago: The University of Chicago Press, 1984. p. 150.

[250] 引自：Larry L. Rasmussen, "Is Eco-Justice Central to Christian Faith?" in Patricia Beattie Jung and Shannon Jung, *Moral Issues and Christian Responses*. 7th edition. California: Thomson Wadsworth, 2003. p. 345.

[251] James M. Gustafson. *Theology and Ethics: Ethics from a Theocentric Perspective*. Chicago: The University of Chicago Press, 1981. p. 83.

同时影响着历史的未来。每一个现在阶段都无一例外地投射出过去的印迹，继而在很大程度上影响着未来的历史。历史阶段之间相互依赖和互动作用，逻辑上规定了人类永远作为特定历史部分的存在。由于人之生存的历史性，合理的人之存在要求人应当充分考虑代际间相互依赖的生存关系，关注人类发展与世界历史整体的关系。

人始终与其他因素相关联而处于不断调整的过程之中，当下之人总是从以往历史中走来，人类的行为选择和判断总在一定历史条件下反映着其历史局限性和可能性，而特定历史时期的行为选择和判断，无疑又很大程度影响着未来的行为和后果。个体、群体乃至人类整体都应当从人类历史整体发展的角度，将宇宙的历史、尤其是人类在宇宙历史中的有限性纳入到伦理思考之中，深思人类历史作为宇宙历史之部分的意义，审思特定的历史与人类历史整体的关系，以便更好地理解人类生存的不同历史阶段与历史整体的相互依赖性，更合理地把握人类各个历史阶段的相互影响，把握人类不同历史阶段对人类和宇宙历史整体过程的意义。因为，

> 认为有崭新历史阶段的历史割裂论，至少与历史循环论有同样致命的错误，与认为永恒不变的法则在统管历史发展的绝对论是同样严重的错误。[22]

古斯塔夫森指出，人类之所以出现种族中心和人类中心主义的文化及宗教活动，原因之一就是仅仅将目光焦点集中于非常有限的生命期限内，并由此来思考和行动，忽视了这种狭隘并割断历史的行为选择对未来之人和其他生命延续造成的严重影响。尤其在启蒙运动之后，人与自然越来越形成主客对立关系，同时将当代利益与未来利益需求割裂开来。人类过度开采自然资源，已导致当今和未来之人及其他生命生存所需资源的严重短缺，严重地破坏了自然生态循环系统，造成了世界整体生命系统和非生命

---

[22] James M. Gustafson. *Can Ethics Be Christian?* Chicago：Chicago University Press，1975. p. 190.

系统内在与彼此之间的严重失衡，破坏了当代及未来之间合理的历史连续性与平衡。

> 如果人成为一切事物的尺度（而不仅仅是测量者），就很难在事物长远的和暂时的计划中准确地确定合理的位置，很难在事物相互依赖的复杂的关系网中确立自己应当处的位置。[23]

人类对于历史整体观的无知，很大程度源于无视"人之存在"多维、动态、统一的本质。由于人类对于自身存在历史性的短视与狭隘，不但将自然与社会对立，而且将特定群体的短暂利益置于价值的核心，导致了人类以牺牲未来利益来满足眼前利益的破坏性活动，"导致了对我们在宇宙中位置的误置和扭曲"。[24] 这是古斯塔夫森对于人类中心主义的意识形态及其影响下的文化做出的深刻批判，也是他为了改变人类破坏环境、破坏宇宙及人之历史连续性的行为，在寻求道德出路方面的积极努力。

古斯塔夫森总体上勾画了宇宙动态秩序中"人之存在"的立体、动态图景：人是自然、社会、文化和历史中的存在。人不仅生活在特定文化、历史、社会之中，生活在自然环境和人文环境之中，也在不断地创造与改造着所在的文化、历史、社会、自然等环境。一方面，人受制于各种生存环境的历史条件，另一方面也在创造自身存在所依赖的世界及其历史过程。历史意义上完整的人是自我创造和被创造的统一，人在宇宙中的存在是先验与经验的动态辩证的统一，人是历史辩证地统一于发展着的自然和社会文化中的存在。人应当站在历史连续性的立场来为自己、人类历史和世界历史承担责任，维护生态秩序历史性的完整与统一。作为行动者的人，应当通过合理的代际关系使生命得到延续，将人类生存与延续的要求

---

[23] James M. Gustafson. *Theology and Ethics: Ethics from a Theocentric Perspective*. Chicago: The University of Chicago Press, 1981. p. 99.

[24] James M. Gustafson. *Theology and Ethics: Ethics from a Theocentric Perspective*. Chicago: The University of Chicago Press, 1981. p. 83.

置入与自然发展的连续性关系，将自然内在循环发展的要求与人类发展置入历史连续性中，将子孙后代的生存置于与当代人生存与发展要求的历史连续性之中，将当前行为选择置于与未来人类生存与发展共构的历史整体之中。

  历史性和社会性是人之存在的事实。人都以一定的方式生活在历史、文化和传统中，人的历史性和社会性总是以特定的时空，内嵌于人之存在的历史过程之中。人不可能消除其存在的时空性。离开其社会性、历史性和特定时空的文化，人就失去了伦理存在的意义。同样，人总是在其生存的特定历史和文化环境中，带着一定的价值观，来认识和思考自己生存所依赖的开放性世界，进而影响并改造着自己的生存和整个世界秩序的延续与发展。任何合理的行为选择和判断，都既应立足于现实的时空背景、又要联系历史整体的发展，尤其是考虑未来人类生存于其中的世界秩序要求。惟有从历史、动态的整体主义立场来理解人的自然性和社会性的辩证统一，才有可能克服人类中心主义和自我利益中心，尽可能避免行为主体因为在各种关系中位置的片面性理解而导致人际之间和代际之间责任分配的不平衡。

  如果失去了人与自然持续地和谐共存作为保障，就难以维持世界的合理秩序。尽管从意识形态来挽救人类道德危机的努力缺乏充分的现实可能性，但我们必须承认，古斯塔夫森批判、揭露人类中心主义和科学主义在历史观上的盲目与无知，为人重新审视自己在历史中的位置提供了广阔开放的视角。在关注人类现实生存而面临的重大伦理问题上，我们应当从批判的思想中发现其批判的睿智，从而切中人类在思想意识深处狭隘与自私的要害，从思想根源挖掘人类道德转变的可能性，为改进人类行为提供动力。

  只要将目光转向人类发展的历史和当今现实，我们就不得不承认，人类贪婪的私欲和无节制地冒险，已经以人类难以想象和遏制的破坏力，威胁、腐蚀着自然秩序的内在循环，威胁着人类的生存与安全。由于极端狭隘地割断历史，人类出于自私自利而愈加膨胀的欲望不断升级，已经为人类带来难以解决和克服的严重后果和灾难。根本上讲，人类面临的多重"自然"灾难，本质上是人类忽视与其他万物普遍的相互依赖性和自身的历史局限性所致。自我中心和忽视人作为历史整体之部分存在的短视行为，正在影响未来人类的生存，影响未来生态系统和未来世界秩序的合理发展。

美国神学伦理思想家拉斯穆森（Rasmussen）以"生态正义"（eco-justice）的主张，从生态系统平衡的自然主义角度，为古斯塔夫森的观点提供了极好的补充和支持。拉斯穆森倡导将"生态正义"作为基督教信仰的中心，提倡21世纪的教会应当将建立"生态正义"作为重大使命，在一切生命共享却被人类主宰的生物圈内的敌对结构关系中，建立一个伦理秩序共同体。[⑤] 拉斯穆森与古斯塔夫森都是从对宇宙整体秩序失衡的关注，呼吁人类将"生态危机"看作是自然和文化危机的一个综合问题。要解决这样的复杂问题，人类应当将目光从自我利益转向关注地球整体的利益，从目前利益转向历史延续的要求，无论是宗教传统还是世俗哲学传统，从单一方面的努力都难以实现这一目标。因此，作为世界之部分的人，必须从生态整体的角度思考宗教普世运动，同时从普世的意义上思考生态整体的利益。

事实上，生态正义不仅是空间概念，不仅仅指不同民族与文化间的生态利益平衡，更应当是历史概念，要求人们跨越历史时空，以调整人类历史和生态秩序整体历史进程的利益平衡。世界基督教委员会在最近关于正义（justice）、和平（peace）和创造（creation）的根本主张中，也表达了关于生态正义的观点，表达了相互蕴涵、互相作用的关涉宇宙伦理的四个标准。第一，与地球共同体中的其他人和生物合为整体（solidarity）；第

[⑤] Larry L. Rasmussen. "Is Eco-Justice Central to Christian Faith?" in Patricia Beattie Jung and Shannon Jung, *Moral Issues and Christian Responses*. 7th edition. California：Thomson Wadsworth, 2003. pp. 344—347.

二，生态持续性（ecological sustainability），也就是说，建立能够促使生命繁荣的环境适应性习惯；第三，以效能（sufficiency）作为有组织的共享（环境资源）之标准；第四，社会性的正义参与（socially just participation），以决定如何获得维持生命所需和如何对待共同利益。[29]

亚当·斯密曾言："正义犹如支撑大厦的主要支柱，如果这根柱子松动的话，人类社会这个雄伟而巨大的建筑必然会在顷刻之间土崩瓦解"。[30] 我们若将这一正义的视域从人类社会扩展到人之生存所依赖的生态整体，那么，拉斯穆森的生态正义观是古斯塔夫森主张非常好的注解。如果在人与自然、当前与未来之间的正义之柱被动摇的话，人类社会秩序和自然秩序都必然陷入混乱，"上帝的愤怒必毁灭这个世界。"[31] 我们应当积极吸取宗教伦理中合理的理论构架因素和方法，从而做出深入的理性反思和批判性的超越。

第三节 人之"存在"的伦理意义

古斯塔夫森从人之存在多维性辩证统一的完整本质，强调人应当进行道德自我的思考。[32] 人类生存活动的目的性及其经验反思的特性，是人能够而且应当承担责任的前提。也就是说，人作为普遍联系的关系整体之部分的存在特性，决定了人具有道德的行为者的可能性和要求，人能够而且

---

[29] Dieter Hessel. "The Church Ecologically Reformed," in *Habitat Earth: New Dimensions of Church and Community in Creation*. Minneapolis, MN: Fortress Press, 2001. pp185—187, pp.202—205.

[30] 亚当·斯密：《道德情操论》，蒋自强等译，北京：商务印书馆，1997，第106页。

[31] 《圣经》中讲，人的悖逆和不肯悔改是招致上帝愤怒的主要原因，而上帝愤怒的结果就是对之施行毁灭。例如，《圣经·申命记》记载：所多玛和蛾摩拉两座城里住着罪恶满盈的民，他们的淫行、狂傲、不敬虔、无同情心等罪恶达到上帝面前，最终两座城都因不肯悔改而招致上帝的愤怒，上帝降下天火将其毁灭。

[32] James M. Gustafson. *Christ and Moral Life*, Louisville: Westmister John Knox Press, 2009 (reprint). p.10.

第三章 人的合理位置及其伦理意义

应当作为合理的世界秩序的责任主体,实现人作为世界秩序管家、呵护者的行为要求。人作为道德的行为者这一伦理身份,首先是对人之"存在"(being)的伦理本质之诠释,而人之存在实质上又体现为人之"行为"(doing)的过程。人之"在"与"为"是作为人之生存的两种方式,历史而辩证地统一于人之为人的过程中。本节将讨论人之"存在"赋予人的伦理角色及其道德意义。

一、人的伦理角色

作人就是将自己置于自然、历史、文化和社会情景之中,有一个"具体特定的位置"。[259] 人的伦理角色,是基于人之生存的本质,即从人之所在相互依赖的多重关系统一体,来阐述人在关系中应如何做出合理的行为选择。关系视域的宽广与否,直接决定着人对合理行为以及行为后果的判断。[260] 例如,如果像人类中心主义那样,将人之外的一切存在都置于为人的利益服务的工具性地位,就必然简单地限制人的道德判断和相应的道德行动,难以考虑人在生态整体之中应当担负的责任。

古斯塔夫森采取相互依赖性的普遍联系视角进行道德思考,强调"人是实践上帝恩慈力量和意志(上帝创造世界的福利)的道德的行为者"。[261] 道德的行为者,指个体行为者,也指不同范围和层次的群体、组织、乃至人类整体。他们既有一定的行为能力,又具备行为目的性。

> 人作为道德的行为者的存在,具有能动性,而且应当合理发挥这种能动性……能动性及行为能力是一切道德理论的前设。[262]

---

[259] Jeffrey Stout. *Ethics after Babel: the Languages of Morals and Their Discontents.* Boston: Beacon Press, 1988. p. 169.

[260] James M. Gustafson. *Theology and Ethics: Ethics from a Theocentric Perspective.* Chicago: The University of Chicago Press, 1981. p. 336.

[261] James M. Gustafson. *Can Ethics Be Christian?* Chicago: Chicago University Press, 1975. p. 109.

[262] James M. Gustafson. *Theology and Ethics: Ethics from a Theocentric Perspective.* Chicago: The University of Chicago Press, 1981. p. 79.

由此可见，道德的行为者蕴涵双重意义，一方面肯定人之自主道德行为的可能性，同时又作为责任的根据，向人提出道德行为要求。下面对道德行为者的伦理内涵作简要分析。

首先，人的自由意志和能动性赋予人道德行为的可能性。根据《圣经》传统，当人受上帝委托承担维护世界秩序的责任时，就被上帝赋予一定程度的行为能力和意志自由，能有意识地根据目的做出行为选择和价值判断。

> 能动性似乎指一种能力，使人能够提供方向性、即自主性的能力……人本可以有其他行为选择的可能性，因而人的行为是人实践自我判断能力的表现。㉔

这种行为能动性，即是人作为伦理存在的本质和意义。尽管其他动物的活动也有一定意义的"评价性"或者目的性，但动物觅食和随着季节迁徙的活动，都是根据生理本能需要作出的自然行动反应。即使该反应具有自我保护和自我生存的活动目的性，也仅是由于外界条件刺激而产生的直接本能性的生理反应，而人类……却具有同时按照自己的目的和意图去改造事件发生的过程、进而选择行为和发挥创造性的能力。㉕ 道德的行为者，同时又蕴含着人之有限的能动性和合理承担责任的能力局限。这种局限性要求作为行动者的人要有意识、合乎目的性地预测、理性反思并纠正自己的能力及行为后果。人是宇宙整体动态、和谐、平衡秩序的道德的行为者，其实质上是强调

作为行动者的人要成为具有能力、态度和力量的行为者，要生存于特

㉔ James M. Gustafson. *Can Ethics Be Christian?* Chicago: Chicago University Press, 1975. p. 47.

㉕ James M. Gustafson. *Theology and Ethics: Ethics from a Theocentric Perspective.* Chicago: The University of Chicago Press, 1981. p. 288.

定的历史时期,受到所在文化中特定因素的影响。[259]

行为者的能动性能一定程度影响并改变事件或行为后果,但其控制行为后果的能力却是有限的,行为选择与实践的后果同时具有确定性和不确定性,人不可能完全把握和控制其行为实践所导致的后果。而且,事件和事态总有自己的发展规律。很多情况下,即使行为者尽力控制和把握行为发展的后果,但事件和事态的发展最终却可能偏离、甚至违背行为意图。人的自然理性使人能够从自身依赖的相互关系中,在一定程度上经验、推断和理解世界生命整体秩序的要求,意识到相互依赖的各种关系实质上同时为人设定难以逾越的定限。

> 关系的存在是人之存在和人之天职的根本。……上帝在自然中无所不在,或者至少在调整自然秩序的过程中无所不在……人作为自然及其中万物的统治者的身份应当转向作为参与者的存在。[260] 因此,行为者应当按照所能来实践其有限能力的可能性和责任,按照其群体和个体所理解的上帝之目的,实践其具备的有限能力和责任。[261]

作为关系整体中的参与者的存在,人既不是中心,也不同等于其外在世界。同样,人有限的创新、干预以及有意识地参与世界秩序过程的活动,都必然会影响事件的过程和状态。在此意义上,人既不是"创造者"(creator),也不是单纯意义"回应者"(responder),[262] 而是应当从相互依赖性的角度,置身于各种关系之部分,重新检验人在参与世界秩序中的行

---

[259] James M. Gustafson. "Introduction" in *Theology and Christian Ethics*. Philadelphia:United Church Press, A Pilgrim Press Book, 1974. pp. 26—27.

[260] James M. Gustafson. *A Sense of the Divine:the Natural Environment from a Theocentric Perspective*. Cleveland, Ohio:The Pilgrim Press, 1994. p. 95.

[261] James M. Gustafson. *Can Ethics Be Christian?* Chicago:Chicago University Press, 1975. p. 112.

[262] James M. Gustafson. *Ethics and Theology:Ethics from a Theocentric Perspective*. Chicago:The University of Chicago Press, 1984. p. 13.

为合理性。道德的行为者应当与其他部分互为手段与目的,共同参与到世界整体秩序进程之中,

> 将那些可能性的条件及其可能导致的后果,引入被决定的行为和"不确定的行为"、引入可以预测而又无法完全预知的行为之中。[20]

人应当由此承担起护理、看护和管理世界秩序的责任,并将这些责任限定于对世界及其万物的治理和管理权(stewardship),而非僭越上帝的主权或宰治权(governance)。作为道德的行为者,就是各种关系秩序进程的"参与者(participants)和管理者(stewards),而不仅仅是观察者(observers, spectators);是参与各关系整体秩序中临时的、负责任的护理者(custodians)、代理者(deputies)呵护者(care-takers),是各关系整体利益的促进者即贡献者(contributors)",而不仅仅是"消费者"(consumers)。[21]

人的伦理本质在于通过发挥能动性而合理参与世界秩序进程,人应当对一切存在给予尊重、呵护与管理,也应当意识到各方面能力的局限,在提高自己行为合理性的同时,尽可能减轻行为的破坏性后果,并充分合理地关爱、呵护和修复世界中的其他存在及其秩序。道德的行为者应当更加清醒地对科学所推崇的客观理性做出批判性反思,借助于经验,也借助于对传统和文化的批判等多种手段,更合理全面地认识自我、认识世界,积极参与到管理和呵护世界秩序进程的实践之中,履行受上帝委托的临时管理者和贡献者的责任,努力完成管理与呵护世界及其一切的神圣使命。

从观察者的视角理解个体行为和社会关系,与作为参与者从上帝为中

---

[20] James M. Gustafson. *Can Ethics Be Christian?* Chicago:Chicago University Press,1975. p. 47.

[21] James M. Gustafson. *Ethics and Theology: Ethics from a Theocentric Perspective*. Chicago: The University of Chicago Press,1984. p. 145.

心的视角得出的解释有着根本性的差异。[222]

古斯塔夫森谴责将人作为世界秩序局外旁观者的人类中心论。如果人立足于自身利益而充当世界的观察者，就会将世界完全置于服务于人类利益的工具地位和从属位置，最终造成人与自然之间的对立。人一旦越位，脱离其作为世界整体之部分的存在本质而跃为世界的主宰，就会最终将自己从连续性的世界整体秩序抽离出去，从而失去人之生存的根基。

人的生物性、历史性、社会性和文化性都为人设定了多方面的局限，要求人在参与相互依赖的各种关系过程中，永远将自己作为与其他部分彼此依赖的部分，承担起维护、管理和呵护动态秩序进程的责任。人对自然界的依赖性，要求人消除任意操纵自然生命和人之外一切存在物的自我优越感，对之产生敬畏的情感和态度，进而激发人对自然和生命的尊重与呵护，引导人将自己合理置入所依赖的关系，成为与自然万物共生、共构的伙伴，合理地管理和呵护生态整体。人之生存所依赖的历史、社会和自然因素等彼此影响，人的能动性和理性能力也随着历史时空和参与各种关系的实践发展而变化。人总是在特定社会、历史条件下发挥其有限能动性、实践其有限的理性能力，因而应当是自然和社会历史中的管理者、道德代理者和参与者，是世界整体秩序之善的开发者和培育者。

上帝不是为了服务于人类而存在，而是人要为了上帝的目的而存在。[223]

作为参与管理和呵护世界合理秩序进程的责任者，人既应关注自己的需要而获得生存所需，又应充分意识到关爱和呵护世界整体秩序的责任，使自己的生存活动促进生命规律及其进程，使人类自己成为促进整体善这一终极目的贡献者，而非单纯作享受者或消费者，更不是破坏者。

---

[222] James M. Gustafson. *Theology and Ethics: Ethics from a Theocentric Perspective*. Chicago: The University of Chicago Press, 1981. p. 282.

[223] James M. Gustafson. *Theology and Ethics: Ethics from a Theocentric Perspective*. Chicago: The University of Chicago Press, 1981. p. 342.

古斯塔夫森使用神学传统术语，将人从作为世界主宰者的至高位置，拉回到作为治理者和管理者的位置，一定程度上修正并补充了康德关于绝对理性和人为自己立法的主张。康德将人人都有理性为自己立法作为道德义务的基础，但他同时将人作为完美的理性立法者，将人与人之外的存在置入二元对立的世界，从而将人作为自然现象世界（甚至包括人的自我世界）的理性观察者、立法者和审判者。[24]事实上，人的理性无论如何发展，也永远不足以达到作为理想的观察者和分析者的地步，不可能发展成为完全正义的世界道德裁判者。何况人与人之外世界的对立，本来就是理性不足的客观表现，因而人类的理性不能够在道德思考中穷尽各种相关因素，也不能对各种关系和因素进行不偏不倚地普遍性的协调。人永远是作为世界秩序中参与者和其中的一部分，与之外的世界相互依赖、共同服务于和谐、平衡与统一的世界秩序进程。这才是对人在宇宙中的伦理角色的普遍性理解与诠释。

古斯塔夫森强调人作为宇宙管理者、呵护者和参与者的伦理角色，是他在多元化和世俗化社会为寻求普遍伦理基础和铺设道德对话积极的努力；同时，他对人之存在的伦理本质的解释，也拓展了康德关于人之道德义务的预设。

康德提出人的规定性包括生物性即动物性、理性即人性、能够负责任的人格性这三个要素，[25]并将理性作为人之道德义务的唯一根据。古斯塔夫森对人之存在本质的理解也包括这三个层面。但是，他将人的理性和能够负责任的人格性合为一体，突出强调人的道德能动性和道德义务之必须。古斯塔夫森对人之动物性即生物性的重视，既是为了突出人与其他生物之间的普遍性，也是为了突出人的双重规定性，从而愈加突出人在宇宙

---

[24] James M. Gustafson. *Ethics and Theology: Ethics from a Theocentric Perspective.* Chicago: The University of Chicago Press, 1984. p. 117.

[25] 康德：《单纯理性限度内的宗教》，李秋零译。香港：汉语基督教文化研究所，1997年，第22页。

中既普通而又特殊的地位，加强人对宇宙整体中一切存在物的道德义务，包括对于他人、群体、社会、人类整体乃至自然世界以及生态整体系统的道德义务。他强调人具有的局限性与干预世界秩序进程的能力同时作为人之存在的特征，人在相互依赖的各种关系整体中作为部分的存在，本身就规定了人应当承担多重责任。㉖

二、"存在"与"行为"的统一

从宇宙整体善的关系视角来认识、理解和回答"我是谁"的问题，实质就是思考人之生命的价值和意义的问题，是基于一定世界观而表达一种生活观，即回答"我当如何行为"（doing）的问题。人之"所是"与人之"行为"是人类生存的两种基本形式，它们互相蕴涵、相互依赖和辩证统一。

> 在生命秩序的过程中，人如何将自己与周围的世界联系，是人的伦理思想和道德行为的关键。㉗

而对人之"行为"实践过程的阐释，就是在一定价值观引导下反映人之"存在"的事实。

古斯塔夫森指出，将"人之所是"与"人之当为"分开来讨论，是为了伦理学理论分析目的而进行的实用性的区分。事实上，二者不可分割，总是互为条件和因果，辩证统一。㉘ 人作为多重关系中道德的行为者的存在特性，是对人之行为的伦理诠释与规定，既蕴涵着人之道德行为的可能性，也是对人之道德行为实践的规定和要求。人之"存在"就是人对生存在世界中的位置、生存的本质、意义和目的的一种自我理解，人之"存

㉖ James M. Gustafson. *Ethics and Theology: Ethics from a Theocentric Perspective*. Chicago: The University of Chicago Press,1984. p.282.

㉗ James M. Gustafson. *Ethics and Theology: Ethics from a Theocentric Perspective*. Chicago: The University of Chicago Press,1984. p.75.

㉘ James M. Gustafson. *Ethics and Theology: Ethics from a Theocentric Perspective*. Chicago: The University of Chicago Press,1984. p.279.

在"赋予人作为行为者的多重伦理角色，同时赋予其多重道德责任，逻辑地规定了人应当合理参与、呵护和管理世界整体秩序的"行为"要求。如果说人之为人的本质是人之多维存在的辩证统一，那么，实现人之为人的根本，就在于承担其伦理角色所负载的责任，即开发已有的道德实践能力，合理参与、维护、引导并促进世界的合理秩序，为有目的地参与促进世界整体善的一切行为及后果负责，承担问责（accountability）、向上帝交代。

作为世界中的部分，人之存在就具有一般性和特殊性双重特性。一般性是指与其他生命相似的生物共性，而特殊性则是指人区别于其他生物的能动性。人之多维性的"存在"本质，在自然世界和人类社会中表现出其相互依赖性，为人实践其行为能动性而获得多种善或多重价值提供了条件，也提出了相应的道德要求。首先，在一般的生物意义上，人与其他生命同样具有工具价值和目的价值，因而应当与其他生命共同承担维护生态系统平衡的责任。人要满足自我生存和延续之需，就应当同时将一切非人的存在作为其自身的目的，而不仅仅作为服务于人之生存与延续的手段。第二，行为能动性是人在宇宙世界中位置的独特性表现。人际之间相互满足的生存与发展的需要，要求行为者将他人同时看作目的而非仅仅是手段，应当肯定他人主体化和自我客体化的伦理要求，实现相互间主体性（intersubjectivity）。第三，"自然"人之间的相互依赖性即社会性、不同群体之间相互依赖共同生存的要求，也是构成人之道德行为的基础之一。人有意识、有目的的行为能力，令人能够并且应当在共同的人际交往中，作为行为主体和责任主体而"独立于"其他一切存在物之上，成为呵护宇宙整体秩序的道德行为者。因此，人之"存在"的自然性或一般生物性与社会性即能动性的辩证统一，既为人之行为提出道德的必须，也与人之行为共同成为人之生存的两种表现形式。

古斯塔夫森强调人作为相互依赖的关系秩序和进程中的参与者，这是对人之存在的概念性理解。这种自我认识不仅仅受到人之伦理立场的影

第三章 人的合理位置及其伦理意义

响，而且这种自我的道德思考所产生的行动后果，进一步影响着人的伦理思维，[29] 继续规定和影响着人的生存活动。

首先，人作为行为者的存在本质，意味着"行为者的存在"和"参与者"的行为互为前提。行为者应当通过参与的行为来实现对其能动性的要求，实现人之"存在"的本质与相应道德"行为"规定之间的互动。要实现其行为能力，行为者应根据世界整体善的要求，发挥其行为能力来参与自身所在的各种关系。行为者参与各种关系的行为，实质上就是在维护自我生存所依赖的关系整体，维护自我生存及延续的条件和关系中其他生存及延续的可能性。行为者发挥道德能动性和实践其道德能力的过程，就是在行使其伦理角色所负载的维护世界合理秩序的权利，也是行为者在履行其角色所承担的相应责任。在此意义上，行为者总是从其所在位置，通过发挥道德行为能力来参与维护世界秩序进程的各种关系；而行为者在关系中的角色、身份及其行为，总是作为人之生活的两种表现形式，相互交织、互相作用，持续地统一于人的生存过程之中。在二者持续互动的过程中，总会存在一种张力，展现人之"存在"与"行为"之间合理的、动态的辩证统一。

第二，道德的行为者的伦理角色，意味着人应当为人赖以生存的其他一切存在承担责任。人类自身利益的目的价值既非人类价值的全部，也非世界的全部价值。人自身生存和延续的目的价值追求，应同时作为维护其他万物和谐发展、世界整体和谐统一的秩序进程的工具性价值。人应当根据具体时空，运用能动性和理性反思能力，将自己真正置入所依赖的历史、文化、社会和自然等各种关系之中，对整个文化和社会价值系统进行伦理反思与哲学检讨，从关系的角度建立以整体善为旨归的根本价值取向，通过以合乎目的性的行为方式，参与各种相互关系，不断调整自己的合理位置，进而努力超越现有条件可能性。行为者越是能将自身利益追求

---

[29] James M. Gustafson. *Ethics and Theology: Ethics from a Theocentric Perspective*. Chicago: The University of Chicago Press, 1984. p. 146.

扩展到更广阔的关系范围及其目的价值追求,对关系的把握和自己在其中合理位置的确定,就越能有助于采取与所处位置要求的相应的合乎目的性的道德行为。

第三,道德的行为者的伦理角色,意味着人应当意识到自己的局限,成为呵护生态系统多样化统一和管理世界秩序的责任者。管理者或护理者承担两方面的责任:既应充分发挥护理与管理能力,又应当清醒地意识到自身对外界的依赖性及其固有的不可逾越的定限。人的自主行为选择与判断以及按照意图采取合乎目的性行动的能力总是有限的。此外,关于人的生理机能和相关潜力,生物学发展到今天也仍未能够对此提供充分和准确的解释;即便已经提供的有限的解释,也仍未得到充分的科学验证。人在社会意义上的存在,同样具有很大的定限。行为者在不同社会关系群体之中及其位置身份的差异,极大地制约着人的行为选择及其价值判断。作为一个家庭成员和一个社会机构的成员,其行为选择和价值判断必然受到家庭和社会机构关系的双重制约。例如,来自一个富有、和谐的家庭的成员和一个从未得到关爱的贫困孤儿,在面临同一处境时,他们必然会做出不同的价值判断和行为反应。

人如何认定自己在世界中的位置,决定着人以怎样的方式做出行为选择和判断。人如何选择行为并对行为的合理性做出判断,实质上反映的是人如何认定自己在世界中的位置。人作为道德行为者之"存在"与人之"行为",二者相互依赖、彼此制约。作为道德行为者的"存在"本质,不仅影响甚至决定着人能够道德行为的事实,内在地包含着其存在的目的和价值,包含着人应该如何存在和活动的内容及要求。人于多重关系中的"存在"本质,既赋予人之行为可能性,也要求人应当仅仅作为多重关系整体之部分,依照普遍联系的世界整体秩序要求,合理行使管理者与护理者的天职,将多元性和多重性的价值追求,和谐、平衡地统一于价值追求的道德行为之中,将人之"是"与"应当"有机内在地统一于人的实际生存活动之中。

古斯塔夫森强调人之存在的本质与道德行为（即人之"所是"与"行为"）相互制约，即人拥有道德、作道德人与承担道德责任是互为条件的。他试图复兴基督教德性伦理传统，以加强遵循神圣道德命令的权威性，"正像道德的行为出自道德人一样，不道德的行为出自不道德之人。"[20] 认同人作为道德行为者的本质，以及由此在各种关系中确立的合理位置，既反映出人的世界观和价值观，也影响和决定人在特定历史和社会环境中的具体行为，是人之道德行为在意图、目的、认知、信仰、情感等因素上的表现。而人的道德认同、道德情感和实践行为，则反映了人的道德立场和价值追求。这种主张，比较合理地反映了人作为行为主体的"存在"本质对人之道德"行为"的制约与导向作用，表达了人之"存在"与"行为"彼此制约和相互影响的合理性。

人之"存在"与人之"行为"的合理性，是在历史时空中的辩证统一。

> "行为"随"存在"（的本质认识）而至，个体生活和群体之中，事件表现的某些特征就展示了人之生活的合理性是一个秩序进程……这不仅包括人际之间的关系和活动，而且也包括人类活动与人类活动作为其一部分的更广大的自然领域。[21]

人总是从特定的生存背景出发，在已有经验的基础上作出行为选择和价值判断；而任何行为选择和价值判断，同时又是有目的地改造生存环境的实践；有目的的实践所产生的结果在改变着周围的环境的同时，也进一步影响和决定着人的后继行为。

人是一个整体的部分，是各种可以确立的整体的部分，是世界中生命

---

[20] James M. Gustafson. *Can Ethics be Christian?* Chicago: Chicago University Press, 1975. p. 79.
[21] James M. Gustafson. *Ethics and Theology: Ethics from a Theocentric Perspective.* Chicago: The University of Chicago Press, 1984. p. 2.

相互依赖的模式和过程中的参与者。从时空关系上讲，我们的今天是过去影响所决定的，我们的行为也同时受我们所在群体、文化和自然环境的影响。人有能力影响事件的后续过程和状态，但是人控制所参与各种关系整体的行动后果的能力非常有限；在与我们无法控制的世界相互影响过程之中，我们的参与和行为所产生的后果按照其轨迹和方向发展，超越我们的意愿和我们的控制能力。作为参与者，我们应当就是管家；我们是临时的负责任的受委托者和我们参与其中的范围的贡献者。㉒

无论人类活动的历史有多长，人类积累的经验有多么丰富，人之"存在"的时空局限与其他因素总是相互制约，限制着人之"行为"在广度和深度上的表现及其发展。人总是随着时空环境的改变不断调整着自己的合理位置；人对处于调整过程之中位置的认同，同时改变着人的行为。人调整自己在世界中的位置及其相应的行为选择，永远是一个交替循环的辩证统一过程。无论在任何一个历史环节，人都决不是孤立的存在，总是与一定的自然环境、社会文化和社会群体相联系、作为其中的成员在参与相互依赖的多重关系。

人作为伦理意义的存在，是其"所是"与"行为"历史性的辩证统一。具体从生态伦理学的意义上来理解，人作为生态系统之部分的存在，逻辑上规定着对人之行为的应然要求。尤其是在生物医学研究发展不断带来关于"人之为何"的伦理问题，实际上要回答的根本问题是：我们认为人生命的价值是什么？回答这个关键的问题在于如何定夺实证性和陈述性因素与道德规定性因素之间的关系。描述性和实证性的因素都是必要的，但是完全根据医学发现和实证性的事实，根本不可能合理充分地澄清这个伦理问题。同样，在伦理道德方面理解人如果完全不顾现实和描述性的事

㉒ James M. Gustafson. *Ethics and Theology: Ethics from a Theocentric Perspective*. Chicago: The University of Chicago Press, 1984. p. 145.

第三章 人的合理位置及其伦理意义

实,问题也根本不可能得到解决。[23]

与人之"存在"相关的人之"行为",即应然与实然,实质上同时作为人的生存方式表现出来,并在历史过程中不断地相互作用。

人要按照合理的目的去做人,不仅是名词的是或在,而且更应当被理解成"为人"的动词或过程;人并非是保持着"在"的静态,而是要从所在世界各种相互依赖关系中的位置出发,在力所能及的限度内履行道德行动者的责任。"存在"与"行为"之间的互动,并非始终发挥着理想的正向推动作用。由于人在认识和实践等各方面的局限性,人的道德认识和道德行为之间常常存在着张力,甚至有时存在着相互冲突的矛盾。当二者保持着合理的张力时,彼此就能相互促进。

为此,作为道德的行为者的人,应当

> 心存天职,服从上帝的召唤来改变我们今天的所是;服从上帝的召唤超越我们今天的生存状态;我们不仅仅要有一个目标,更需要有洞察力;意识到我们要犯错误、意识到我们终究要在世界上渐渐地衰亡。[24]

道德的行为者应当在持续反复的认识和实践中,审视、反思并调整自己的合理位置与相应的行为,尽可能合理、和谐地与世界中的一切保持协调与平衡的关系,过合理的道德生活,使人之"存在"影响下的"行为",与人之"行为"影响并改变着的人之"存在",始终呈现螺旋式交织循环的过程,辩证地统一于人类认识世界和改造世界的历史实践之中。

---

[23] James M. Gustafson. "What Is the Normative Human?" *The American Ecclesiastical Review*. Vol. CLXV, No. 3, November, 1971. pp. 190—207. 194—195.

[24] James M. Gustafson. *Ethics and Theology: Ethics from a Theocentric Perspective*. Chicago: The University of Chicago Press, 1984. p. 244. 另见 James M. Gustafson. "What Is the Normative Human?" *The American Ecclesiastical Review*. Vol. CLXV, No. 3, November, 1971. pp. 190—207, p. 207.

第四章 人对世界整体秩序的道德责任

　　根据"责任"在伦理学建构中的优先性，施韦克提出弱式责任伦理（weak ethical paradigm）和强式责任伦理学（strong ethical paradigm）两种范式。[28] 弱式责任伦理学范式，是指以责任之外的其他道德要求或范畴作为核心道德范畴和第一原则，如：快乐、功用、正直、善等，并以此为根据，论证责任是为这些道德范畴和道德原则提供担保的重要因素。在此，责任是居于第二位的道德要求。人之所以要负责任地行动，目的就是为了保障和促进居于优先地位的其他道德范畴。强式责任伦理学范式是将责任作为"最根本（fundamental）、不可减约的（irreducible）范畴，以此作为构建完整和逻辑性伦理原则的根本出发点。"[29] 古斯塔夫森强调人类责任的至上性，进而将责任归于世界完整、统一与和谐的根本性道德准则。根据施韦克的区分，古斯塔夫森的责任伦理学可被视为"弱强式"或者"强弱式"的责任伦理。他将人的责任的重要性和根据，建立在世界终极决定力量的道德命令这一逻辑前提之上，并将上帝的道德命令作为对人在世界中"存在"与"行为"之责任的最终归宿。本章将针对古斯塔夫森所提出的道德责任概念，分析其基本内涵、形式以及道德责任的根据与限制、行为者集体（或者说整体）责任与个体责任的辩证统一、道德责任的多维性辩证统一等相关内容，并阐述古斯塔

---

[28] William Schweiker, *Responsibility and Christian Ethics*. Cambridge: Cambridge University Press. 1995, pp. 42—43.

[29] William Schweiker, *Responsibility and Christian Ethics*. Cambridge: Cambridge University Press, 1995. p. 43; Albert R. Jonsen, *Responsibility in Modern Religious Ethics*. Washington: Corpus Book, 1968. p. 175.

第四章 人对世界整体秩序的道德责任

夫森相关主张的理论意义、学术价值和实践指导性。

第一节 道德责任的概念

古斯塔夫森极具神学伦理学家的时代敏感性，他以充满先知式的悲情，疾呼人类悔改，向上帝及向世界整体的合理秩序负责。他对"责任"概念的阐释，与现代责任伦理思想家和西方思想传统中的"责任"有诸多异同。本节首先简要厘定"责任"概念的基本含义，梳理古斯塔夫森从神本主义立场对人类责任的基本内涵、责任形式与限制的阐释，明确其主张与传统责任思想和当代责任伦理之异同，以挖掘其理论与现实意义。

一、"责任"[287] 的基本含义

罗曼·英伽登（Roman Ingarden）详细考察了"责任"概念在西方伦理学中不同层次的含义。他指出，"责任"在拉丁语中的表达是 Respondeo，在词源上有多种涵义，基本意思是"许诺或发誓给一物，作为对别物的回报或归还他物的替代品。"[288] 应用于法庭辩论中，该词主要指"发表意见、提供建议、决定，或当被传唤出庭时给以回应。"[289] 这一含义重点强调对某事做出回应，基本对应英文的 answer 或 response，该涵义强调一个负责任的行

---

[287] 古希腊语和拉丁语中都有对"责任"相关含义的表达。有学者考证，希腊文中"责任"（kathekon）一词的最早使用见于斯多葛学派的芝诺。苗力田，《古希腊哲学》，中国人民大学出版社，1989年，第617页。亚里士多德的伦理学虽没有明确使用"责任"这一概念，但他关于自由意志的阐述，很大程度上与人的责任承担和道德奖惩密切相关。"责任"在亚氏伦理学中可谓是一个非常重要的道德关注点。鉴于古斯塔夫森是用不同的英文词汇表达他从神本主义视角对"责任"概念的阐释，而英文中对责任概念的理解和使用主要与拉丁语中的词渊相关，故本著仅从拉丁文和英文的语义切入，梳理"责任"概念的不同词语表达形式及基本含义。下文比照性的论述中，将展开讨论古斯塔夫森的责任观与传统责任观的殊异。

[288] 转自：William Schweiker. *Responsibility and Christian Ethics*. Cambridge University Press, 1995. p.55.

[289] 转自：William Schweiker. *Responsibility and Christian Ethics*. Cambridge University Press, 1995. p.56.

为者是能够对自己的行为做出交代或回应的人。在此,"责任"一词明显蕴涵着行为者与其行为及行为后果之间的必然联系。Respondeo 用于与债务相关的语境中,意指"某人在经济或法律事物方面亏欠他人,因而是正义之债(debt of justice)"。[29] 这一涵义强调为一正义之事、或在允诺的语境中发生的职责或必须之行为,基本对应英文的 obligation;也强调当事人必须就其对他人或对自己许诺而亏欠的(即未能履行的承诺)做出交代或说明,与英文的 account 或 accountability 含义接近,具体指行为当事人对自己当(justly)给而缺失的某物、或者当做而缺失的行为、即"不为"做出解释或陈述、交代,或者采取进一步弥补性和挽救性的行动。同时,该涵义也强调对某一事物、尤其是对行为加以赞扬或责备的评价性陈述。这样,从拉丁语传统词渊的延伸应用来看,"责任"与行为者和行为(特别是行为的后果)相关,这直接引申出了相关行为及后果的道德评价问题。

  早期英文中,"责任"一词用于艺术领域,与英文中"性格"或"特点"(character)一词接近,指一个演员愿意而且也有能力扮演他(她)所在的艺术团要求其担任的角色。具有这种意愿及能力的演员,就是"一位好的全面责任人"(a good all-round responsible)。[30] 从伦理应用的现代意义上分析,"责任"的这一涵义侧重于行为者自身角色表现的社会性,即行为者代理一个社会角色是其实现自我的途径。行为代理者(representative)或者行为者(agent)在自愿并能够承担该角色的前提下,应当而且必须为所担任角色承担全部责任。作为一个社会组织或群体中的行为者或行为代理者,如同愿意而且也有能力扮演一个群体中的角色一样,应当而且必须参与所在群体或社会的活动,充分展示所担任角色的特

---

[29] 转自:William Schweiker. *Responsibility and Christian Ethics*. Cambridge University Press,1995. p.56.

[30] 转自:William Schweiker. *Responsibility and Christian Ethics*. Cambridge University Press,1995. p.57.

第四章 人对世界整体秩序的道德责任

点，担当相应（社会）角色所负载的责任。㉒

在此基础上，"责任"一词在早期英语世界中，逐渐涵盖了更多含义，并以几个不同词汇形式加以表达。例如，它可以表示一个行为者为自己或他人负责或承担责任（to assume responsibility），或将责任归于他人（to ascribe responsibility）；也可指一个人应当为某事负责或做出交代（to account for something），为自己对他人的行为或对自己的行为做出回应（answer for their actions）。因此，关于责任的表述可能出现如下情况：

> 一个人可能是负责任的（responsible），而他却不应当为此承担责任（account for），或不应自己去承担责任（assume responsibility）；……反过来说，一个人可能应当为某事做出负责的回应（to account for something），而事实上他却没有为此负责（without being in fact responsible for it）；一个人也可能应当为某事承担责任（to assume responsibility），而实际上他却没有真正为此负责（without being actually responsible for it）。如果说一个人是为某事负责的，他就应当既承担责任又应当为此做出回应（both assume responsibility and be called to account for it）。㉓

从以上对拉丁文和英文传统中"责任"多重涵义的概括性分析，可以看出，西方传统中的"责任"，多习惯指向对行为本身及行为后果的追溯性责任，侧重于以行为者能力为前提的要求。而且，"责任"概念已经表达了行为者作为社会性存在这一根本的伦理要点。其意义就在于，它已经基本表达了行为者作为社会中的存在，实质上是担任社会角色的道德的行为者的存在，因而隐含了对行为者在行为前合乎道德地规划行为，使行为

㉒ 转自：William Schweiker. *Responsibility and Christian Ethics*. Cambridge University Press, 1995. p. 56—57.

㉓ Roman Ingarden. *Man and Value*. translated by Arthur Szylewicz, Washington D. C.：The Catholic University of America Press, 1983. p. 54.

过程和行为后果尽量符合角色所承担责任的要求。此外，在西方语言，尤其是英文中，"责任"与"义务"总体上是可互换使用的同质概念，在内涵上二者相互包含。人之为人而履行道德责任是人的当然义务，而人承担义务实质上就是在履行为人的责任。例如，在《理想国》中，柏拉图认为，城邦成员应根据其不同的社会地位和角色而承担相应义务，表达了以身份和社会角色为基础的义务思想。[24]

然而，在西方伦理思想史中，将"责任"和"义务"作为伦理反思中的核心问题引入其中，则较晚才出现。根据阿尔伯特·乔森（Albert Jonsen）的考察，"责任"（obligation）一词在哲学中首次出现在大卫·休谟的《人性论》（1740），指某种行为可能应当受到责备，但是发出行为的行为者不一定要为此行为承担责任。"承诺并不必然产生义务，义务惟有通过约定（convention）确立才能够成立。"[25] 首次出现在政治学作品中是哈米尔顿（Hamilton）《联邦文献》（1787）一书，他曾提到："为了合情合理必须将责任限制在责任主体的能力范围之内。"[26] 这样，无论是在哲学意义上还是政治意义上，责任主要与行为者的能力（power）和意志自由相关。

责任必然与行为者的行为能力相关。这种观点是西方自然法实在论的神学传统的反映。该传统主张，人是受造的存在，人被上帝赋予意志自由和行为能力，因而这种能力规定了人应当负责的义务。此观点也接近于康德关于道德良知或理性立法的主张。康德的"绝对道德命令"突出"义务"在伦理学中的绝对性，因此强调出于纯粹善良意志的义务，"为了义

---

[24] Colin P. Marks, and Paul S. Miller. *Plato, The Prince, and Corporate Virtue: Philosophical Approaches to Corporate Social Responsibility* (May 27, 2010). University of San Francisco Law Review, Forthcoming. Available at SSRN: http://ssrn.com/abstract=1616903.

[25] David Hume, *A Treatise of Human Nature*. Section V: Of the Obligations of Promises. http://en.wikipedia.org/wiki/A_Treatise_of_Human_Nature#Of_Morals

[26] Albert R. Jonsen. 1968. *Responsibility in Modern Religious Ethics*. Washington: Corpus Books. p. 3; Richard McKeon. 1990. "The Development and Significance of the Concept of Responsibility", in his *Freedom and History and Other Essays*. The University of Chicago Press.

务而义务"的道德要求。㉗第一个将"责任"作为伦理反思中核心道德范畴的思想家是马克斯·韦伯。在《作为职业的政治》(1919)讲演中,他提出了"责任伦理"概念。之后,伦克又系统分析良知伦理与责任伦理,他在《应用伦理学导论—责任与良心》中区分了两种伦理,㉘真正开始了伦理思想史上关于责任的伦理学,对科技时代的价值冲突做出积极而现实的伦理回应。列维那斯、汉斯·忧那斯(Hans Jonas)、施韦克、古斯塔夫森、奥尔多·利奥波德(Aldo Leopold, 1887—1948)、罗尔斯顿等著名的道德思想家,从哲学、(应用)伦理学、神学伦理等不同角度,强调责任在新时代伦理学中的重要性。他们一致的主张是,在科学技术占据主导地位的全球化背景下,不同文化交往更加频繁,致使相互依赖性越来越强,而道德多元化和价值观冲突也愈加突显,科学技术的不合理应用,严重破坏了世界整体道德秩序,破坏了生态整体秩序的和谐与统一。为此,建立具有道德共识基础并具有权威的伦理学,就显得更加迫切。

为便于比较和理解古斯塔夫森的神本主义的责任观,在此首先对《圣经》和新教伦理传统中的责任观作一概览。

伦理学家惯常地将基督教伦理作为严格意义上的义务伦理和德性伦理。但是,"责任"或"义务"这一概念,或者说关于责任伦理的思想,在《圣经》经文的道德教导中却不占据根本性地位。基督教伦理教导的核心是"爱人如己"和"爱上帝"这两条诫命,归根到底就是全心、全意、全力、无条件地服从上帝的旨意,这在形式上类似于康德所表达的至上的、绝对的义务;同时,这个至上的道德命令又是契约式的,是上帝与人之间的神圣约定,因而又是人类(信徒)应当履行的契约性责任。㉙《圣经

㉗ Immanuel Kant,"Foundations of the Metaphysics of Morals," in Lewis White Beck, translated and ed. *Critique of Practical Reason and Other Writings in Moral Philosophy*. Chicago: Universit of Chicago Press, 1949. p. 74.

㉘ 转自甘绍平:《应用伦理学前言问题研究》,南昌:江西人民出版社,2002年,第102页。

㉙ 实际上是康德借用了耶稣基督给人类立新约的绝对命令形式,提出了无条件的、绝对的道德命令。

·新约》突出上帝给人颁布在人际关系中无条件的爱的诫命，最终是将这一道德义务归于"尽心、尽性、尽意、尽力爱上帝"的最高诫命之下。[30]《圣经》伦理思想的核心是人向上帝负责，至高无上的上帝代表着最高的善——爱和公义，因而是人类责任行为的最终裁判者。人类的责任、即对神的义务是绝对的，但又是刻在人心中的，因而关涉人的道德良知。因此，责任或义务的准则不可被简化为个人的选择、偏好，甚至不可以被简化为社会的集体行为或社会传统习俗。在此意义上，人的责任实际上又是人类整体的责任，是每一个个体应当履行的义务。人向上帝负责的行为准则，要求人不断地拷问自己的良心而发现上帝的旨意和要求，通过信仰和遵循上帝的意旨，与上帝建立合理的关系。

《圣经·旧约》中，上帝教导以色列民遵守与上帝的盟约，以此突出以色列作为一个民族整体的责任。对于以色列民族背离上帝教导，上帝以惩罚一家、一族的方式来表示集体遵行上帝教导的重要性。在《圣经·新约》中，耶稣在十字架上牺牲代替人类整体赎罪，象征着上帝对人类整体的拯救，因而启示人类整体都应归向上帝、听从上帝教导。人类应当遵行并宣扬上帝之道，既为自己得救，也为他人、敌人乃至全人类得救而履行与上帝之约。

改革后的新教注重个体与上帝和好，并且努力与上帝合一修复美好的关系。但目标仍然是通过用心灵和诚实敬拜上帝，最终使人类整体从魔鬼势力掌控的此生堕落世界中得以拯救。然而，在承担责任的行为主体方面，新教传统更强调行为者个体的努力，强调行为者个体由于蒙神之爱的恩典被拣选成为神的儿女，因此应当在内心情感、态度和行为上积极回应，努力做出效法基督、顺从神意的好行为。

《圣经》核心强调，人服从神的旨意是绝对义务。《圣经》和基督教传

---

[30] 这集中体现为耶稣对上帝最大诫命的总结："你要尽心、尽性、尽意爱主你的神。这是诫命中的第一，且是最大的。其次也相仿，就是要爱人如己。这两条诫命是律法和先知一切道理的总纲。"（《马太福音》22：37—38）。

统核心就是强调人对上帝和对人的义务,而不是强调相应的"权利"。[301] 只有服从神旨意的人,才是神真正的儿女。《旧约》和《新约》中,神都以"约"的形式赐给了神的选民向神祷告的权柄[302]、传福音的权柄,这同时也是信徒为自己作为信徒的身份而应尽的义务。[303]

新教伦理传统强调人的多重社会角色,由此主张人有多重使命或天职(calling),通过担当不同社会角色、履行相应义务、培养自身承担的角色应有的品格等,一个人才能成为真实的自己。人的本质与人本身担当的社会角色是内在统一的。一个人的责任,取决于其存在与其行为或者社会角色的统一性,或者取决于人之本质与其对自我行为及行为后果的反思的统一。马克斯·韦伯从人之社会角色所承载的责任,论证人在政治生活中的责任。二战时期,在纳粹投降前一个月因刺杀希特勒而被处死的神学家朋厄费尔(Dietrich Bonhoeffer,1906—1945),也从人作为道德义务和责任主体的角度,论述人符合上帝旨意的无条件义务与责任。他将耶稣作为替人类承担罪的道德主体,论证人应当仿效耶稣、为自己和自己担当社会或群体中的角色承担责任。犹太思想家马丁·布伯(Martin Bubber)和众多神学家都认为,责任就是自我如何回应交往中的"你",本质的关系就是"我—它"关系(I—It)和"我—你"关系(I—Thou)。[304] 基督教神学家

---

[301] 事实上,与义务和责任相对应的"权利"概念,是随着近代文艺复兴强调个体性和民主政治的出现才产生的。如果从权利的角度和世俗哲学的角度来表达圣经传统中人的责任与义务,则可以说,人类服从神的义务就是人的权利,因而《圣经》中关于人类的权利和义务是合一的。

[302] 在旧约是以色列民族,在新约时代就是一切信神的人都可以求神拯救,不至灭亡,反得永生。

[303] 神的应许就是神赐福给一切信徒的恩惠和权利。《圣经》中记载神给以色列民的应许就是永远与他们同在,拯救他们脱离罪恶和不义之人的手,进入永恒的生命和天国。从与亚伯拉罕、挪亚、摩西的立约,上帝一次又一次地要求以色列民坚定对神的信靠,神一再通过立约和拯救,显明他对以色列民的恩典和赐给他们蒙神恩的福份。《圣经·新约》中耶稣将上帝的爱显明出来,并且与信徒立新约,赐给他们蒙福的权柄:"你们祈求,就给你们;寻找,就寻见;叩门,就给你们开门。因为凡祈求的,就得着;寻找的,就寻见;叩门的,就给他开门。"(《马太福音》7:7—8)"你们奉我的名无论求什么,我必成就。"(《约翰福音》14:13;14)。

[304] Martin Buber,*I and Thou*,translated by Ronald Gregor Smith. New York:Charles Scribner's Sons,1958. p. 26.

伊米尔·布仁纳（Emil Brunner, 1889—1996）也提出责任的核心是相互交往性，人通过与他人、社会、自然交往而直接向创造者负责。[305]

尼布尔曾从神学角度，并着重从人类社会和文化层面，就"责任"的概念给出著名的定义：

> 责任乃是行为主体对自己已有行为做出进一步行为反应的一种观念，这种观念与他如何理解自己做出反应的行为一致，与其期待自己的行为反应引起怎样的反应一致，所有这一切［反应链——笔者注］都是在行为者身上不断持续的回应过程。[306]

人要成为一个道德行为者或负责任的行为主体，就应通过对他人的合理回应，通过作为他人的代表或替他人思考来行使能力，以促使某事或行为发生，以便做到对自己负责，也为他人负责。事实上，尼布尔定义的"责任"在内涵上包括：责任意识，与他人相联系、而且因关注他人的利益而做出的行为反应，对已经发生的事件或行为做出进一步的行为反应，对行为反应可能造成的后果进一步行动的回应。因此，"责任"包含在行为者在人际交往的整体行为过程中彼此依赖和影响之中，责任仅仅限于社会和文化中的人际关系，与非人世界没有必然联系。

古斯塔夫森既批判超越了基督教伦理思想传统的责任观念，强调人对上帝的义务是合理发挥行为能力、从行为动机和可能后果进行综合考察而合理地行动，也批判性地超越了尼布尔的社会和文化中的人的责任观念，将责任从人际关系的要求扩大到整体世界，试图建立一种整体性和综合性的责任伦理。

---

[305] Emil Brunner. "Man and Creation" in Millard Erickson, ed. *Readings in Christian Theology*, Volume 2: *Man's Need and God's Gift*, Grand Rapids: Baker, 1976. pp. 45—54.

[306] H. Richard Niebuhr. *The Responsible Self: An Essay in Christian Moral Philosophy*. New York: Harper and Row. 1963. p. 65.

二、整体性的责任观

在对"责任"即"义务"的论述中,古斯塔夫森运用 accountability、obligation、duty、responsibility 和 calling 五个不同词汇,表达他从上帝中心论视角全面综合理解人类应当承担的责任,强调一种宇宙整体责任观。

根据《新世纪经典美语大辞典》的解释,accountability 的基本含义是"应负责任的;有责任的。"[907] 该词侧重于强调给予解释、陈述理由。在强调人类通过对人类自己和人之外的一切承担责任并最终向上帝交代时,古斯塔夫森多用这个词,表达作为上帝委托的道德行为者,人应当对受委托来管理上帝所赐的世界,包括对人类自己的生存及延续的任务做出交代,这是人类责任的最终归宿,是人类对主体性行为而承担的"问责"。[908] obligation 的基本含义是"职责"或"义务",侧重于突出行为者的身份、职业、角色等承担的职责,有规定性的履行契约或任务性责任的含义,侧重于突出行为者在行为前承担责任的意识、根据客观要求而采取合理行为、监控并调整行为过程。因而在更多情况下,又可以表达为"义务"。[909] duty 的含义,即"责任,因地位、社会习惯、法律或宗教的需要而产生的行为或行为过程。"[910] 该词侧重于强调不必然与权利形成直接双向对应关系的道德义务(moral obligation)。responsibility 是运用最普遍的一词,也是英文表达"责任"或"义务"最常用的一词。[911] 古斯塔夫森利用该词表达他对"责任"概念全面而综合的理解,既包括对行为者在行为前作出的积极行为反应的要求,也包括对自身行为的监控与调整过程,还包括对行为过失及其后果承担弥补或纠正或受到惩罚的要求。calling 一词,则更多表达了无条件回应上帝的呼召,因此是向上帝负责的宗教意义上的行为要求。

---

[907] 《新世纪经典美语大辞典》*The American Heritage Dictionary*(AHD),电子词典。
[908] 《新世纪经典美语大辞典》*The American Heritage Dictionary*(AHD),电子词典。
[909] 《新世纪经典美语大辞典》*The American Heritage Dictionary*(AHD),电子词典。
[910] 《新世纪经典美语大辞典》*The American Heritage Dictionary*(AHD),电子词典。
[911] 《新世纪经典美语大辞典》*The American Heritage Dictionary*(AHD),电子词典。

古斯塔夫森继承路德和加尔文改革传统,认为人类应当对上帝与世界(包括人类在内)的关系做出符合上帝旨意的回应,这种回应是人类通过积极规划行为、调整行为和弥补纠正行为过失,直接向上帝的整体创造负责,是上帝对人类的"召唤",是受造之人理所当然的"天职"(vocation)。[312]

综合而言,古斯塔夫森所谈到的"责任"包含着多重涵义:(1)直接的问责或职责(accountability),即:应当的、正义的行为,对行为的后果负责,包括可预见的远期后果,这种责任不一定与责任主体的权利对应;(2)宗教意义上绝对服从上帝的义务意识及积极的行动回应(calling);(3)为达到或实现目的性行为所期望和值得期望的结果而负责(responsibility),包括对所依赖关系的整体利益思考,为维护关系整体之善而合理行为的自我意识和行为实践,是对行为主体谨慎计划、合理避开风险及破坏性后果而提出的行为要求,即为获得期望的价值而合理筹划未来的责任,这是行为主体的义务和职责(obligation 或 duty),也包括对行为可能导致的未来后果负责,也可以指与责任主体的权利(right)相对应的责任(responsibility)。

古斯塔夫森对责任的这种综合理解,其核心在于:责任是一个总的立体的关系概念,即关于人如何根据世界整体善—世界整体合理秩序的要求,来理解自己在所依赖的多种关系中的位置,并且如何相应地采取道德的行为。其中,人如何在关系中获得自我认识和调整自我位置,如何理解和接受自己担当的角色,都是达到对责任的认识和承担道德责任的关键前提。无论是哪一种意义上的责任,都是在对上帝赐予的行为能力、自由意志和承担责任的可能性做出回应,对上帝托付的道德责任或神圣使命或呼召做出合理回应,包括符合上帝目的性的情感、态度和行为的回应。总之,责任是关于人在宇宙中的存在及行为的神圣天职,人对世界整体多重而神圣的义务、职责、天职。

---

[312] 《新世纪经典美语大辞典》*The American Heritage Dictionary*(AHD),电子词典。

第四章　人对世界整体秩序的道德责任

古斯塔夫森实际上提出了类似于尼布尔的主张，建立了关于行为者关系的神圣责任说，强调"责任确定的是'上帝在你的一切行为中行为，所以应当对所有你的行为作出回应，就如同对上帝的行为作出回应。'"[313] 古斯塔夫森既注意到世界整体善对人之情感、意识、行为等方面的绝对道德要求，又强调人在世界中的位置，将人的责任从社会中关系引向宇宙世界整体的关系网，关注人在现实生存中的多元维度，关注人之多维性的生存事实对人类维持多重价值和善的道德行为的规定。他又将人类责任的关系超越人际关系，将人在自然、社会、文化、历史等维度存在的事实，与维持多重存在的完整性所赋予人类的道德义务和行为后果联系起来。为此，人应作为受上帝完全委托的世界秩序的管理者，在与社会、与自然和他人及群体的交往中，合理认定自己的位置，并将在各种关系中的位置所负载的责任，引向对整体宇宙秩序即世界整体善负责。

古斯塔夫森将上帝的创造和旨意作为道德命令的根据和尺度，提出人要向上帝负责的道德要求，只不过他将人格化的上帝作为一种象征，而代之以非人格化的神圣秩序的主权以及和谐、合理、平衡而统一的世界整体秩序。他将责任的控制交给调节和决定神圣秩序的上帝，即通过创造和维持世界中生命的道德空间，使人类具有能力承担责任的主权，因而道德命令的依据与归宿都不在人本身，而是应当且必须在于人从上帝中心立场所体悟和理解的宇宙整体秩序的合理性。在此过程中，人类既有一定的道德自由，也应当使主体能力和自由的发挥服从于上帝主宰。[314]

施韦克从道德责任的根据和关系的角度，将责任分成三种主要类型：行为能动性的（agential）责任、社会性的（social）责任和交互性的（dialogical）责任。第一种责任类型强调以行为者主体和其行为之间的关系

---

[313] Richard Niebuhr. *The Responsible Self: An Essay in Christian Moral Philosophy*. New York: Harper and Row, 1963. p. 129.

[314] James M. Gustafson. *Ethics and Theology: Ethics from a Theocentric Perspective*. Chicago: The University of Chicago Press, 1984. pp. 293—298.

为责任的根据；第二种责任类型强调社会舆论赞扬和谴责的实际评价，责任的根据不在于行为者和其行为之间的关系，而在于其社会角色所承载的社会责任和道德义务；第三种责任类型则强调人际关系，即自我和他人交往中具有对话性质的应当的行为和态度反应。[315]

但是，从人作为自然、社会、文化、历史等部分之存在的本质而言，单独强调哪一种类型的责任，都具有片面性。如果突出行为者及其行为之间的关系，则会忽视其社会角色所承载的社会责任，继而忽略人类应当具有的群体和集体责任意识；如果仅仅强调社会角色和关系之中的角色，以突出其社会和群体责任的重要性，则可能导致对个体利益的伤害，甚至可能为不道德的个体行为提供辩护；而过分强调交往之间的对话式的相互态度和行为约束，责任的问题就容易仅被理解为是个体行为者在具体事件和人际交往中的个人偏好和个体性的行为要求。古斯塔夫森既注重行为者和行为之间的联系，又关注行为者在社会关系中的责任要求，并且突出人类整体彼此承担责任以及为世界整体承担责任的要求，他整合了这三种各有侧重的责任主张，将之综合到人类责任之中，与伦克的全面责任说接近，也与施韦克所倡导的整体性责任说形成共鸣。

有趣的是，施韦克在提出三种责任形式的主张之后，又从上帝中心论的视角肯定了古斯塔夫森的责任思想，总结性地提出整合性的责任理论（integrated theory of responsibility）。[316] 施韦克同样主张，我们必须将道德生活理解为是在行为者自己和与他人交往之间经过社会角色和职责而调节的辩证关系。行为者要道德地行为，就应根据自己在社会中的角色及其相应的责任，真实地回应他人的生活行为。同时，也应当解释行为者尊重和推动的善与正确行为原则之间的关系，解释根据现实条件当如何合理协调根

---

[315] William Schweiker. *Responsibility and Christian Ethics*. Cambridge University Press, 1995. pp. 40—41.

[316] William Schweiker. *Responsibility and Christian Ethics*. Cambridge University Press, 1995. pp. 103—105.

本道德要求、道德责任命令与行为者在实际情景中出于善又旨在善的行为。行为者既要无条件地遵守道德命令，又要根据现实的各种关系，将行为效果扩大到合理化程度最高的关系范围。道德身份是根据对终极善的理解、在社会具体各种关系中的角色和职责要求而获得的，道德身份或道德角色的认定，或者说，行为者如何合理认定自己在世界中的位置，以便根据道德命令采取合乎道德目标的行动，这是不断通过发挥社会角色的作用和参与社会关系的过程而不断获得的。因此，我们应当在生活中深刻反思上帝对我们在实际多重关系中的责任的呼召，做出积极、合理的回应，从而获得关于自我的道德认识，促进道德的生活。

施韦克提议整合性的责任伦理，事实上又是从基督教伦理的角度，支持了古斯塔夫森关于人类多重责任及其辩证统一的主张。施韦克指出：当今世界倡导人类责任，实质就是要关注尊重、推进人际之间与社会和生命之间的整合性关系，这既不是单纯地强调行为者与行为之间的因果必然联系，也不能仅仅强调从社会角色和契约的角度论证和要求人类的责任，而是要求一种全球性的整合性的责任伦理。[317]

其重要性表现在三个方面：

第一，具体说明生命整体性是应当在一切行为和关系中得到尊重和推进的整体善；生命整体性包括个体的人、群体和生态系统整体在道德、社会和反思等不同层次上表现的善。这种责任命令是全面或普适性的，因为所有道德价值都可以具体到这些不同层次上。第二，这种道德责任的命令完整地阐述了道德关注的范围，不仅包括人、有感知动物，也包括一切在上帝创造之中的存在物。使人类能力或权力被约束作为善而服务于更高的目标：生命整体性或一切之间的和谐与统一。第三，个体或者群体作为行为者都是关系中的部分存在，行为者如果否认或拒绝执行道德命令，就等

---

[317] William Schweiker. *Responsibility and Christian Ethics*. Cambridge University Press, 1995. p. 209.

于同时否认了自身存在的可能性，也就失去了作为行为主体的意义。[318]

美国当代著名神学伦理学家斯坦利·郝阿沃斯，极其赞同古斯塔夫森强调关系中责任的主张。他进一步强调：人类的责任应当首先根据上帝的旨意即神本主义的视角，对"我们应当首先做什么样的人"作答。[319] 易言之，人的首要责任是将自己置于上帝创造世界和创造人的总体旨意之中，确定和认识我们作为道德的行为者的身份，进而根据上帝旨意和要求，采取合乎道德目标的行动。道德责任不仅仅是行为本身，不仅仅是社会舆论赞扬和谴责的问题，也不仅仅是道德德性的养成和意志自由的问题，而且也是我们应当在世界中成为什么人的问题。行为源自品格，而品格源自人对社会的认识以及人与社会交往中的相互影响。如何通过合理认识自己在社会和世界中的位置而建立与世界的合理关系，以合理的行为参与所在的各种关系、并且对社会做出合理的态度和行为反应，进而引导人与所属一切关系之间的和谐、平衡、统一，这些都是理解人之责任的关键。

三、责任的基本形式

西方文化传统中有关责任的主张，其核心是强调出自自愿的行为是行为者承担责任的前提，亚里士多德和托马斯·阿奎那有关责任的理解尤其如此。这种责任观认为，责任归属应对行为者提出前提要求，即行为者应具备特定的知识和行为能力，这是其是否能够自愿行为的条件。这种主张主要与过失性责任的认定和行为后果评价相关，因此，这种责任观同时蕴涵着可以不将责任归咎于行为者的各种可能性。从责任认定的程序上分析，传统中的责任往往指过失性责任，即行为者在事后对行为本身及其实

---

[318] William Schweiker. *Responsibility and Christian Ethics*. Cambridge University Press, 1995. pp. 209—210.

[319] Stanley Hauerwas, *A Community of Character: Toward a Constructive Christian Social Ethic*. University of Notre Dame Press. 1981. 贯穿该书主题的讨论，所依据的核心就是对"我们应当成为什么样的人？"做出回答。另外，参见 Stanley Hauerwas and John Swinton. *Critical Reflections on Stanley Hawerwas' Theology of Disability: disabling society, enabling theology*. New York: The Haworth Pastoral Press, 2004. p. 175.

际后果造成的过失承担责任,因而又是追溯性责任。责任的履行往往通过舆论、内在良心谴责以及采取弥补或纠正性行为来实现。

根据伦克开创的现代责任伦理,责任就是"某人/为了某事/在某一主管面前/根据某项标准/在某一行为范围内负责"。[20] 该定义包含了责任的五项要素:(1)责任主体即行为主体,具有自由意志和责任意识或责任能力的行动者;(2)责任对象(包括人或物或事件)及行为后果;(3)对责任履行进行监督使责任得以履行,或者对责任的履行作出评判的监督机制。主观上指人的道德良知,客观上是通过外在有形的体制、法律规定、权威代表或机构(包括上帝、法庭、媒体)等有利于道德良知发挥作用的客观约束力。(4)责任的标准和尺度:伦克认为在四种情况下,行为主体应当为行为后果承担责任:自己的行为直接引起的后果;后果与自己的行为有某种关联;行为后果是可预见的;该行为原本可以避免。(5)责任涉及的行为范围:行为与责任领域。[21]

若根据伦克对责任五个基本要素的分析,古斯塔夫森的责任主体是作为行为者的人:个体、群体和整体。责任对象是包括人即行为者自身在内的世界一切存在物、事件的过程及其后果。对终极主宰的敬虔因而绝对地履行上帝的道德要求,尽可能实现上帝旨在使世界整体秩序动态地和谐与平衡的目的,是对责任履行进行监督、使责任能够履行或对责任的履行做出评判的监督机制。古斯塔夫森坚持以上帝的旨意为根本要求,并从行为实际的后果来检验行为是否合乎目的性及其合乎目的性的程度。人的责任包括对行为直接造成的后果,也包括由于行为疏漏而导致的后果负责,即在行为主体有能力或者应当有可能预见行为后果的情况下却没有积极地避免行为的后果,或者没有积极地采取回避行动。根据世界整体秩序动态和

---

[20] 伦克:《在科学与伦理之间》。美因河畔法兰克福1992年版,pp.81—82。转自甘绍平:《应用伦理学前言问题研究》,南昌:江西人民出版社,2002年,第120页。

[21] 同前。转自甘绍平:《应用伦理学前言问题研究》,南昌:江西人民出版社,2002年,第120—123页。

谐与平衡的最高要求，规划并调整行为、为行为过失和不符合目的要求的行为后果采取弥补的行动，就是对人类责任的要求；人类责任涉及的行为范围是包括一切存在物在内的世界整体，是人类生存实践的所有领域及其协调统一。包括人际关系、人与自然、人与人类社会、历史和文化等关系的协调、平衡与统一。人类的责任是扩展性关系中的责任，从行为者自身所在的直接关系向更高、更广的关系延伸，超越家庭、利益群体、社会组织、民族国家向人类整体和宇宙整体秩序扩展的责任，亦即"纠正人类心灵和利益萎缩的错误"(the human fault of the contraction of soul and of interests)、根据与生命之合理秩序的终极力量和秩序主宰合理联系，"纠正人心"(correction of heart)，"拓展关系范围"(enlargement of relations)。[22]

古斯塔夫森的责任观强调人的独特之处在于人有目的地选择行为，因此有责任根据道德要求来合理筹划自己的行为，尽可能在纵横时空背景中把握以上帝为中心的道德要求，并据此随时随地根据行为可能出现的后果，合理把握和调整行为动机、过程、手段以及可能产生的后果，尽可能使它们综合服务于神本主义的道德原则和伦理目的。[23]可见，人类的责任同时是前瞻性责任和行为过程中不断反思的责任。古斯塔夫森对责任的理解，综合了目的论和义务论，本质上是综合了前瞻性责任和追溯性责任的道德命令。

根据责任主体与责任对象的关系，有学者将责任的形式分为"能力责任"(agency responsibility)和"角色—任务性责任"(role-task responsibility)。"能力责任"指对行为主体尽可能发挥自己行为能力的责任要求，"角色—任务性责任"指所承担的角色和任务负载的相应责任。[24]古斯塔夫森根据人在普遍联系的世界中作为整体之部分的存在本质，突出人在各种关系中承

---

[22] James M. Gustafson. *Theology and Ethics: Ethics from a Theocentric Perspective*. Chicago: The University of Chicago Press, 1981. p. 307.

[23] James M. Gustafson. *Theology and Ethics: Ethics from a Theocentric Perspective*. Chicago: The University of Chicago Press, 1981. p. 292.

[24] 甘绍平：《应用伦理学前沿问题研究》，南昌：江西人民出版社，2002年，第123—124页。

第四章 人对世界整体秩序的道德责任

担的角色性责任,也注重人类作为宇宙世界中唯一的道德行为主体,强调人应当发挥行为能力,在具体时空背景中根据道德目标的最终要求,做出符合上帝目的性要求的情感、态度及行为反应,维护世界整体和谐的存在与延续。[25]事实上,古斯塔夫森是将"能力责任"与"任务—角色责任"综合统一了起来,从而更全面系统地阐述了人类的责任。

古斯塔夫森还将责任与道德良知以及宗教伦理倡导的道德宽容结合起来,既主张履行道德责任的绝对要求,关注行为主体的实际能力在具体情景之中赋予人责任行为的实际可能性,同时关注人际之间相互宽容的宗教情怀。他主张"纠正人心的秩序"(correction of the order of the heart),即将重新调整"心灵"(heart)和"意志"(will)。以上帝为中心来重新调整引导人类行动的价值,就是必须将人对上帝的敬虔和对上帝的爱作为超越一切的价值,顺服上帝的教导,以此来引导人的行动。[26]例如,在论述家庭和婚姻伦理时,他首先强调,家庭成员应当担负自己在家庭生活中所承担不同角色的责任,父母亲和子女各有自身的责任。道德义务和善良意志是第一性的,但所有这些却要指向实现和促进以上帝为中心的目的。婚姻作为最典型、最基本的契约形式,首先规定着夫妻双方的责任和对家庭其他成员的责任,同时又规定了对彼此宽容的道德要求。例如,当家庭的某个成员因为身体健康原因或其他社会因素造成责任能力不足时,其角色赋予的责任就不能成为第一位的行为要求,而是应当得到宽容和理解,由此豁免该角色所承载的责任。同样,父母和子女也应当超越严格的代际关系,更多强调相互之间的理解、支持与宽容。[27]各自在家庭和婚姻中角色所赋予的责任,又必须与相应的责任能力、道德良知和爱与宽容的宗教德

---

[25] James M. Gustafson. *Theology and Ethics*: *Ethics from a Theocentric Perspective*. Chicago: The University of Chicago Press, 1981. p. 291.

[26] James M. Gustafson. *Theology and Ethics*: *Ethics from a Theocentric Perspective*. Chicago: The University of Chicago Press, 1981. p. 311.

[27] James M. Gustafson. *Ethics and Theology*: *Ethics from a Theocentric Perspective*. Chicago: The University of Chicago Press, 1984. pp. 170—171.

性联系起来。

古斯塔夫森的责任理念类似于忧纳斯和雷德的主张，因而区别于仅仅注重追究过失责任和追溯性责任的责任伦理传统。他们都是在肯定过失责任和追溯性责任的基础上，更加侧重强调前瞻性、关护性的责任模式。我国学者甘绍平教授提出：

> 严格意义上讲，责任伦理是一种前瞻性的、预防性的、以人类整体性行为为对象的伦理"。[328]

古斯塔夫森对责任形式的概括，既包含传统对行为过失承担过错责任的强调，也指对未来可能后果的预防性责任或前瞻性责任或关护性责任；既指个体行为的责任，又强调群体责任。[329] 古斯塔夫森还在宗教视域，明确提出了责任伦理的主张，并将其应用于对人类生活重大伦理问题的讨论，为公共行为选择、个人行为选择提供伦理决策与行为实践的方向性引导。

古斯塔夫森主张，行为主体应当根据自己对世界整体善的理解采取相应的合理行动。行为者对道德要求的认识、信念和对自我行为的内在约束，是道德责任得以履行和实现的关键因素。他主张道德责任既要以合乎目的性要求即上帝创造世界和管理世界的目的要求为导向，又应当始终关注行为后果和目的性。在此意义上，这种综合责任伦理又是信念伦理与责任伦理的整合。

客观公正地讲，古斯塔夫森对责任内涵和责任形式的分析更有概括性。行为者应当承担的各种责任，既包括约翰·马丁·费舍（John Martin Fishcher）和马克·拉维扎（Mark Ravizza, S. J.）强调的行动、后果和疏漏的责任，也包括情感、态度的责任。我们必须意识到，人类获得关于上

---

[328] 甘绍平：《应用伦理学前沿问题研究》，南昌：江西人民出版社，2002年，第129页。

[329] James M. Gustafson. *Ethics and Theology: Ethics from a Theocentric Perspective*. Chicago: The University of Chicago Press, 1984. p. 19.

第四章 人对世界整体秩序的道德责任

帝道德命令的知识、相应的行为能力、对行为后果的认识及控制能力都是有限的。因而,人应当充分发挥道德行为的能力,预见行为可能的后果,合理规划行为,使行为尽可能符合目的性要求,从动机、手段、事件发生的过程及行为最终后果进行综合控制。正是因为人类预测未来的能力、预见和把握行为后果的能力有限,因为行为及其后果的不可逆转性,以及人类整体性行为对世界秩序产生影响的严重性,人类因此合理规划未来和合理筹划行为的责任就更为重大。

古斯塔夫森始终扎根于人作为行动主体的前提,即自由意志的互动性,突出人自由意志之行动性回应的本质。[30] 如古斯塔夫森的理解,责任是一个多重关系的结构性概念,是多重复合关系范畴,因此需要根据人所在的关系和生命秩序的整体合一要求,来区分个体或者群体所当承担责任的程度,区分不同的责任形式。[31] 责任的承担首先应出于主体对自己在关系中位置和角色的认定,以对整体利益或共同善的知识为前提,在内心责任信念的引导下自觉按照共同善的要求和通过合乎目的性的行为,参与到各种关系和世界秩序进程的实践当中。也就是说,人作为辩证统一的多维关系中的存在以及作为行为主体的本质规定性,意味着人必须参与并维护各种关系。因此,参与家庭生活、参与社会公共生活、参与人类和自然的历史,参与维护生态系统平衡与和谐的活动,都是人的当然之责。这其中包括行为前责任,即在行为之前,行为者应当以上帝的目的为中心来指导并规划行为,推断行为可能导致的违背上帝目的的后果而合理地约束行为;也包括行为过程中的责任,即在行为过程中,以合乎上帝创造世界的目的为依据来不断地检讨行为并调整行为;同样包括归咎即追溯性责任,即在行为后检讨行为的过程和后果是否合乎上帝创造宇宙的目的性、弥补

---

[30] James M. Gustafson. *Theology and Ethics*: *Ethics from a Theocentric Perspective*. Chicago: The University of Chicago Press, 1981. p. 187, p. 272, p. 293.

[31] James M. Gustafson. *Ethics and Theology*: *Ethics from a Theocentric Perspective*. Chicago: The University of Chicago Press, 1984. p. 115.

行为的缺失和纠正行为之错误。古斯塔夫森的伦理学强调人的世界与人之外世界间的连续性，因此，人有责任始终从自己与世界的合理关系中应当的位置，为维护关系双方和整体利益之目的，不断地规划行为、预知后果、持续地检讨问责和反复修正行为后果的持续过程。

应用伦理学的发展和兴起，也从一个独特的角度，支持了古斯塔夫森强调行为前责任、行为过程中和追溯性责任相结合的合理主张。科学技术的发展、社会文化的多元化与全球化趋势，往往给人类带来新的伦理问题。要合理有效地解决这些新问题，就应当加强人类整体相互道德对话和沟通的责任，并支持相关的理论与实践。其核心在于强调不同文化、社会、个体、群体和人类整体的责任。科学技术往往带来人类难以预料的既违背科学宗旨又违背伦理精神的副产品。即使其后果出乎人之能力的预测和控制，科技的开发者、应用者和推广者也应当为有意识、有目的的行为选择及其后果承担责任。

事实上，面对科学技术的发展和人类个体、集体或整体行为可能带来的整体性、综合性、连锁性的不可预测的后果，人更有责任在行为前尽可能合理地拓展行为选择和价值平衡的道德思考，利用各种可能的信息和方法，全面评估和预测行为选择的合理性，尽量减少行为可能导致的破坏性后果。恰恰因为人预测和控制行为后果的能力有限，人就更有责任预防和控制行为的破坏性后果。反思人类利用和开发自然的历史对自然环境的摧残，反思科学技术的开发同时为人类和自然环境带来的前所未有的灾难，我们必须从中吸取深刻而惨痛的教训。与其在造成严重后果之后再追究责任、乃至花费更惨痛的代价弥补行为过失，倒不如在行动前和在采取新技术前充分履行我们的责任，尽可能做出全面充分的论证。这意味着我们更有责任在行为前和行为过程中，将活动及可能的负面效应限制在尽可能合理的限度内。

第二节 责任的限制

古斯塔夫森立足整体善，强调道德责任的根据在于上帝完整创造的目的性要求与命令。具体表现在：首先，人是道德的行为者，人是自由和理性的存在；其次，人的自由和理性赋予人类行为目的性，人的目的意识及有目的选择和决定行为的能力又赋予人不可逃避的行为责任；再次，在各种关系之中，人都与关系中的其他部分相互依赖而共同构成关系整体。人的行为能力及在各种关系中所承担的角色，理所当然赋予人类呵护、维护和促进关系整体利益或共同善的责任。然而，构成人之责任根据的这些主要因素，人之理性、自由、经验和情感体验等的有限性，又为道德责任的承担提出合理性限制的要求。此外，可替代的其他行为选择可能性[②]和行为者本可以避免行为及行为后果发生的能力，既非道德责任的充分根据，也非其必要条件。某种意义上讲，正是因为行为者能力的局限，才更要求行为者有责任对自己的行为和行为能力保持清醒的意识，在预见行为可能的后果、或者在预见到自己能力不足的情况下，克制自己的欲望，以避免引起无法控制或弥补的后果。然而，即使是在不具备能力或者无意识的情况下，行为者也应当合理地为无知、无能和无意识的行为及其后果承担责任。

一、有限的理性

伦理学传统将人的自由意志、可替代的其他行为选择可能性和道德行为的能力作为道德责任的充要条件。道德责任的根据主要用于追溯性责任的认定。行为者为行为承担责任，其根据在于行为出于自觉自愿、具备多

[②] 英文PAP，即possible alternative performance。是指原本可以有可以做出其他不同行为选择的实际可能性。

种选择可能性以及具有可以回避该行为之可能性和能力。如果翻译成否定语句,即是:如果行为者当初只有一种选择、或者是在外在约束或无意识情况下的选择、或者本不具备能力避开该行为,那么,就不必为行为及后果承担责任。

责任必然是与行为主体和道德主体相联系的一个伦理范畴,而意志自由[33]是行为主体性和道德能力的体现,是与责任相联系的一个前提性范畴。亚里士多德从选择自由的角度,主张行为者有自由意志而选择行为,因此应当为此负有道德责任。早期教父奥古斯丁尤其强调人的自由意志,强调人应当为自己的恶而负责,为人世间的苦难负责。文艺复兴和新教改革倡导个人主义,也肯定了自由意志。卢梭认为意志自由是人之道德性的本质,因为"取消了自己意志的一切自由,也就是取消了自己行为的一切道德性。"[34]但这些思想家将自由主要理解为是选择的自由,是行为主体自主选择和决定行为的可能性和实际能力,即行为者具有可能性和能力做出可替代的其他行为选择。近代功利主义者密尔所谓的责任就是惩罚的主张,同样将道德惩罚与选择自由相联系。[35]

根据古斯塔夫森的整体道德要求,责任不仅涉及到行为者根据对道德善的理解而控制和引导自己的行为,而且应当与对行为选择和行为后果的

---

[33] 埃塞亚·伯林(Isaiah Berlin)将自由区分为积极(肯定)自由和消极(否定性)自由。"'积极'意义的'自由',是从个体希望成为自己主人的含义发展而来……我希望成为某个人,而不是什么都不是;我希望成为一个行动者——决定而不是被决定,自我引导行为,而不是被外在的自然或他人的力量所驱使,好像我是一件物品、一个动物或无法发挥为人的作用一样的奴隶,即不具备能力为自己确定目标、为自己确定政策并实现这些目标和政策"。(参见:Isaiah Berlin,1958,"Two Concepts of Liberty."In Isaiah Berlin. *Four Essays on Liberty*. Oxford:Oxford University Press,1969. p. 16.)西方传统伦理学中的自由,是从积极自由的角度而主张人的选择自由,即人的行为自主性。现代自由主义的政治伦理学主张,主要强调消极自由,或不干涉的自由,如霍布斯、罗尔斯等。将自由作为选择自由或者可选择其他行为的可能性,由此可能引发的问题是,如果没有被普遍确认的共同善作为前提,自由则会被理解为是个人的偏好,逻辑上会与整体主义主张的共同善或整体善的目标相背离。而如果仅强调不受干涉的个体自由,以此为基础负责任的行为就与道德评价的奖赏失去联系,仅仅与行为者不受惩罚或逃避道德惩罚相关。

[34] 卢梭:《社会契约论》,何兆武译,北京:商务印书馆,1980,第25页。

[35] 密尔:《论自由》,顾肃译,译林出版社,2010年,译者序。

评价相关。否则，责任就成为被动履行契约的纯粹外在约束，或者被简化成为一种法律强制，最终失去了道德意义。他注重行为主体一定的控制和自我行为约束能力对于过符合道德善的生活的重要性，而不是单纯强调行为者在实际情景中具有供其做出行为选择的实际可能性。作为有限的理性存在者，人能够根据自己的理性自由，即现实经历中的理性或良知的提醒引导，一定程度上获得对终极性、神圣性道德要求的认识，能够超越自身利益的需求而做出道德行为的选择。在古斯塔夫森看来，自由即上帝赋予人有目的、有意识地行动的能力，是行为者从整体善的视角来理解和认定人的道德行为能力。自由就是在实际生活中，行为者能够按照一定道德善的义务和目标要求，采取正当方式做出符合目的性要求的选择，因而是人之行为责任的根据和道德责任的必要条件。"自由不仅是人之存在的本质，"[39]"也是为人之根本。"[40]责任与人的意志自由相联系，既为人之存在和行为提供外在约束力，又为人在世界中的生存提供目的性与意义。

古斯塔夫森承继改革神学关于神圣启示即超自然启示和自然启示的传统，肯定启示是获得道德认识和道德知识的途径之一。但是，他更强调神的启示体现在人的生活经验之中，突出人在物质世界中通过自然启示（即运用理性）而获得关于神圣道德和有关神的知识，行为者又利用这些知识（即运用理性）来引导行为，使道德意识上升到责任意识，为行为提供引导与约束，使得认知主体和行为主体的生活经验具备履行责任的可能性。责任与人能够按照自己所确定的道德善的行为相联系，并且与获得善的途径紧密联系，而不仅仅是指不受他人干涉自己行为和利益的要求。

根据古斯塔夫森的主张，人在现实的经验中反思自身所在的各种关系，即可获知：人与自然世界之间的相互依赖性、个体、群体和人类整体

---

[39] James M. Gustason, *Intersections: Science, Theology and Ethics*. Ohio: Pilgrim Press, 1996. pp. 107—108.

[40] James M. Gustason, *Intersections: Science, Theology and Ethics*. Ohio: Pilgrim Press, 1996. pp. 2—22.

之间相互依赖性，是人之生存的本质特征，这种相互依赖性为世界一切生命及非生命秩序中的一切存在提供根据。同时，也是人作为各种相互依赖的关系中的客体兼行动主体，应当为自然负责和人在各种人类关系中彼此负责的根据和要求。[38]

在行为能力为道德行为和道德责任提供可能性根据这一点上，古斯塔夫森既承认理性的重要性，也强调经验的实在性，将内在道德精神的追求与外在生活经验结合，并将它们统一于促进和实现世界动态和谐、平衡与统一的秩序过程。古斯塔夫森推崇乔纳森·爱德沃兹的观点，强调人的理性和自由

> 使得人类有争取幸福和福利的现实可能性，但是必须考虑其同时具有的局限性。一切都是实现神圣性秩序的工具，而不是人类幸福的工具，神圣性的秩序最终目的不是人类自身的幸福。[39]

人仅仅是世界秩序的一部分，人无法摆脱知性、理性能力的不完善，因而是有限的理性和自由的存在。人既有一定能力和可能性根据道德要求而行为，能够提前筹划行为尽量避开破坏性后果，但有限的理性又不能保证行为者完全把握自己的行为，因而有限的理性存在者必然受到一定的限制，无法完全合乎目的地行动，也无法完全控制违背道德要求与目的的后果。

深入分析古斯塔夫森的主张，可以发现，他站在行为主体的自由与神学终极决定论彼此相容的立场，表达了一个三段论式的逻辑：人有一定的责任能力即行为选择的自由，而在最终意义上能力是被赋予、被决定的，因而人的能力和局限性，必然最终共同构成人类责任的限制。

---

[38] James M. Gustafson. *Ethics and Theology: Ethics from a Theocentric Perspective*. Chicago: The University of Chicago Press, 1984. p. 133.

[39] James M. Gustafson. *Ethics and Theology: Ethics from a Theocentric Perspective*. Chicago: The University of Chicago Press, 1984. p. 108—109.

第四章 人对世界整体秩序的道德责任

古斯塔夫森以为,人的生物性局限造成人在知识和能力上不可克服的定限,因此人控制和干预世界的活动并与之相互作用的活动过程和效果是有限的。人的生存能力和幸福,首先受到自然法则和社会运行内在规则的约束,同时受到人为活动的影响,尤其受到人类生存活动中主要的人为选择力量的影响,如来自政治和经济机构等权威的影响。人类无视自己知识与能力的局限性,已经为人类带来了深刻的教训。因此,

> 人应当减少教条主义的规则,存有谦卑和容忍来延缓人类狭隘的自私自利,克制在知识与道德判断方面表现出绝对把握性的傲慢。[540]

此外,物质生存局限制约人的理性和自由,为人类承担道德责任的可能性设置了定限,为限制和控诉那些破坏并且危害世界伦理秩序的人类中心主义意识和实际行动、限制和控制人类狂妄而不负责任的行动,提供了合理的理论性与现实性的支持。古斯塔夫森关于人之有限的理性和自由的主张,是对康德绝对理性公设而提出的批评和超越,是对人之存在的本质更合理、更全面的理解。

在康德那里,自由意志是衡量一切道德、义务和善的内在而绝对的根据和标准。理性作为人之自由的唯一根据,与人的自然属性对立,建立在纯粹理性上的自由是道德的唯一根据。在古斯塔夫森这里,理性赋予人的自由是人的内在特质和人之存在的要素,但理性只是形成道德的因素之一;而且,理性是主体在现实经历中,通过信仰、敬虔和对经验的反思等获得的对神圣性要求的认识,并且是在这种认识指导下合目的性的行为能力及其过程。经验的有限性制约着理性的限度,有限的理性赋予人的意志自由同样是有限的。理性并非与人之情感的自然性完全对立,而是与自然情感和道德情感相互联系,共同为道德要求提供根据,为道德责任的履行提供可能性。康德假定作为自由之根据的普遍而纯粹的理性,是一种理想

---

[540] James M. Gustafson. *Intersections: Science, Theology and Ethics*. Ohio: Pilgrim Press, 1996. p.122.

性的理论前提。即使说这种纯粹、绝对的理性能够在行为主体的头脑中存在，也不足以构成道德的充分依据。

从人的现实生活经验来看，情感与理性既互相斗争，又互相促进，二者辩证统一于人的行为过程，为道德行为提供动力与根据。完全脱离情感的理性，如同完全停留在情感层次的道德臆想一样，在道德理论和实践中都不可能。古斯塔夫森也强调，自由赋予人行为选择的能力，为人承担道德责任提供可能的前提条件，也要求人为自己行为及其后果承担责任；人的意志自由即行为能力使行为具有自我意识和目的性，因而行为目的性是道德责任的根据。在古斯塔夫森这里，责任的根据是综合目的与义务、理性与情感、动机、意志和经验的辩证统一。

二、道德情感

在为道德责任寻求根据时，古斯塔夫森主要借鉴康德从人对所在关系的依赖性和关系内在的相互依赖性推导出绝对义务的方法。康德关于道德义务的论证，一方面依据对个体与其生存世界之关系的理解，另一方面依据对自我的现象世界和理念世界的明确区分。[541] 康德强调超越性的理性，即人之理性自由的存在是道德的前提，惟有个体的自主意志才能构成履行道德义务的条件。人尊重道德的自我立法和道德法则，实践自主的理性能力来控制和决定自我，控制和决定自然界即现象中的世界，而人在群体中相互依赖的关系和自然秩序中的相互依赖性产生的自然欲望和倾向，不能构成道德准则的根据。[542] 古斯塔夫森从上帝赋予人之生存的可能性及其所依赖的普遍联系，从人在多重关系中的现实生活经验，为人的责任提供根据，这是造成他与康德关系中的义务论方法不同的主要原因。

古斯塔夫森认为，人处于相互依赖的普遍关系中，对自身与一切存在

---

[541] James M. Gustafson. *Ethics and Theology: Ethics from a Theocentric Perspective*. Chicago: The University of Chicago Press, 1984. pp. 130—131.

[542] 赵明:"康德论'自然权利'"（下）.《法意》2006 年第 2 辑. 网上转帖:http://www.txwtxw.cn/Article_Print.asp? ArticleID=435.

第四章 人对世界整体秩序的道德责任

之间相互依赖性的感知和认识，能够激发感激、敬畏等自然的情感，并且能够发展为道德情感，它与人的理性共同作用，共同成为获得道德认识的方式。

> 我们是自己行为的责任主体……以神为中心的伦理视角，不仅为我们有目的和有意识的道德选择提供了模型，而且也提供了态度、倾向、情感的立场。一种依赖感、感激之情、经常激起悔恨、甚至罪责感的责任意识，激发我们意识到为正当合理的目的而参与世界秩序的可能性。[943]

情感和自然心理倾向是人之存在的一种表现，自然情感需要经过理性引导。

> 道德的责任出自相互满足彼此需要的能力和需求……但在相互依赖的基础上所产生的对彼此的责任，也有'自然的'基础。[944]

我们应当肯定，在这一点上，古斯塔夫森比康德更合理。反思生活中的实际经验常常证明，情感和感觉倾向作为道德理性必要的"自然"基础，有时确实能有意或"无意"地导向一定的道德活动和目的。即便情感和心理倾向不是道德活动的充分条件，那也必然是道德活动和实现道德目的的必要条件，是履行道德责任的可能性前提。

古斯塔夫森将人在世界立体关系中的位置作为道德义务的根据，扩展了康德的义务论基础。康德的道德义务依赖于对个体与其生存世界之关系的认识，也依赖于对自我现象世界和理念世界的明确区分。尽管康德明确

---

[943] James M. Gustafson. *A Sense of the Divine: the Natural Environment from a Theocentric Perspective*. Cleveland, Ohio: The Pilgrim Press, 1994. p. 73.

[944] James M. Gustafson. *Ethics and Theology: Ethics from a Theocentric Perspective*. Chicago: The University of Chicago Press, 1984. p. 133.

人依赖于自然界的立场，承认人类"总是处于自然目的之链条中的一个环节"，㊺ 但关于人际间的依赖性、人与自然的连续性及相互依赖性，在其道德相关性上，却与古斯塔夫森的主张不同。康德强调超越性的理性、即人之理性自由的存在是道德的前提，惟有个体的自主意志才能构成履行道德义务的条件，人须尊重道德的自我立法和道德法则、通过实践理性的能力，来控制和决定自我在自然界即现象世界的道德行为。由于人的自然欲望和倾向以及自然秩序中的相互依赖性并不具备理性的自由意志，因而不能构成道德准则的渊源。

不同于康德所谓的纯粹理性，古斯塔夫森既强调人的社会性，又注重人对人之外的世界产生道德情感的伦理意义，强调自然界即康德所谓的现象世界中人际相互依赖及人在其中作为部分的地位，即同样构成了道德准则的一个基础。他对行为能力的理解与诠释，是将人置于被康德称为自我感知世界和理智世界之间相互连续、相互促进、相互依赖的关系背景中。康德认为，自然界如同人的自我感知层面一样，本性是"粗野未开化的，是机械的、没有道德意义的，因而是需要克服的。"㊻ 古斯塔夫森这里，自然是与人的行为能力相互依赖的必要条件，人在感知层面的存在为人的伦理意义提供可能性，是从道德认识到道德判断的必要中介。实际经验及其理性反思是彼此既相联系又相对独立的人之存在的事实表现，都能为道德意识和道德义务提供根据和条件。正如古斯塔夫森的立场所表明："他建构的以上帝为中心的伦理学，其中一个特点就是将敬虔的情感与理性的道德思考总是结合在一起"，㊼ 因为"道德思考引发理性的活动，这是人自然

㊺ Immanuel Kant. *Critique of Judgment.* Transated and introduction by J. H. Bernard. New York：Hfner Publishing Co. ,1951. Par. 82, p. 280.

㊻ Immanuel Kant. *Lectures on Ethics*, trans. Louis Infield, New York：Harper Torchbooks, 1963. p. 249.

㊼ James M. Gustafson. *Ethics and Theology：Ethics from a Theocentric Perspective.* Chicago：The University of Chicago Press,1984. p. 11.

第四章　人对世界整体秩序的道德责任

的欲望反应，"⁽³⁴⁸⁾而且本来"道德是同时关乎头脑和心灵的活动"。⁽³⁴⁹⁾

在道德意义上，人的自然欲望和情感直觉确实需要理性引导，并且通过理性自决而符合道德，但自然情感有时能够导致道德上值得称赞的行为。至少当我们在关注伦理问题时，人类参与世界秩序的活动，总是有意识和有目的的关系中的行为选择。情感及其倾向是人之存在的必然表现，是导向一定的道德目的和道德活动的必要条件，因此绝非如康德断言的是被克服的对象。⁽³⁵⁰⁾

古斯塔夫森的义务论比康德的道德绝对命令更有说服力。他将情感、意志与理性自由的连续性和辩证统一作为道德义务的根据，理论上扩展并补充了义务论，因此超越被康德推至极端的自亚里士多德以来现象世界与理念世界明确界分的西方伦理传统，为道德责任的根据提供了更全面合理的论证与辩护，更具有现实的道德指导意义。

古斯塔夫森从关系的角度为道德责任寻求根据，也批判地继承了20世纪伟大神学家和伦理学家巴特的思想。巴特突出人与上帝的关系是一切人之行为的道德判准，强调人回应上帝与世界的关系就是信仰上帝的负责任的行为，主张将对上帝的信仰实践在世俗社会当中，通过行为者在公共生活领域、公共交往关系中履行道德责任来履行对上帝负责的义务。巴特的信仰告白，为人的责任和义务提供根据。巴特宣称：

> 信仰是人与上帝建立联系的活动……因为这项工作使人们不再与上帝不相关，不在我们的生存和态度上回避对上帝的责任，让我们离开私人的小圈子，坚定地开始有责任心的公共生活……信仰需要在我们的

⁽³⁴⁸⁾ James M. Gustafson. *Ethics and Theology: Ethics from a Theocentric Perspective*. Chicago: The University of Chicago Press, 1984. p. 9.

⁽³⁴⁹⁾ James M. Gustafson. *Ethics and Theology: Ethics from a Theocentric Perspective*. Chicago: The University of Chicago Press, 1984. p. 10.

⁽³⁵⁰⁾ 康德：《康德著作全集》第6卷《道德形而上学》，李秋零译，中国人民大学出版社，2010年。第387页。

生活过程的运用中实现。如果我们的信仰是真实的，它必然会影响我们的生活。[51]

巴特将责任的重要性完全建立在信仰的基础之上，与尼布尔强调惟信仰才能保证道德生活可能的主张接近。古斯塔夫森同样强调，依据信仰而在与上帝建立的关系中履行道德责任。他同时注重实际生活中的责任要求，为信仰者和非信仰者的道德责任提供共同根据。若像巴特所言，信仰的宣告即是道德生活的宣告、拥有信仰就是通过道德生活履行道德责任和实践信仰，那么，在古斯塔夫森这里，则可以说，人之生存的事实就蕴涵着对责任的规定。人类要生存，就应当过道德的生活来履行对上帝的义务，即让天父的旨意透过信徒的实际生活行在地上。[52]

在与古斯塔夫森对话中，威廉·C. 普雷彻（William C. Placher）肯定说，古斯塔夫森的责任观正是从上帝对人之"所是"及"所为"的绝对主权为根基，阐述人对这种主权的回应即人的道德责任。在这一点上，古斯塔夫森是对巴特新正统神学的继承，因此将其归为一个后自由时代的神学伦理学家。[53]

在强调人对关系的依赖性以及宗教道德情感为道德责任提供根据这一点上，古斯塔夫森更接近于尼布尔。他们都主张，为了在合理限度内尽可能发挥理性的作用，并且能够采取符合道德善的行动，提高为行为及后果负责的能力，行为主体应当将理性与道德情感统一于行为选择和参与关系的过程中，尽可能将理性的运用放置于更广的联系之中，发挥理性与情感的互动作用。正如古斯塔夫森所言："我们的行为通常是受理性与情感共

---

[51] 卡尔·巴特："信仰的宣告"。转自胡景钟，张庆熊主编：《西方宗教哲学文选》，上海人民出版社，2002年，第405页，第408页。

[52] 主祷文中的第二句话："愿天父的旨意行在地上，如同行在天上。"第一句话是"愿人都尊天父的名为圣"。《圣经·马太福音》(6:9—10)。可见，归为上帝的子民，就等同于在此世遵行天父的旨意，服从天父绝对的道德命令。

[53] William C. Placher. "Being postliberal: A response to James Gustafson". *Christian Century*. April 7,1999.116(11):390—392. p.391.

同作用的主导"，⑭ 有限的理性、经验和道德情感或宗教情感，共同担负起为道德责任提供可能性的前提与条件的功能。

三、责任的限制

在论述责任的根据和前提时，古斯塔夫森强调了人的理性自由及其能力的有限性，将之归结为道德责任的可能性和局限性双重特性。⑮ 一方面，他坚持人作为唯一道德行为者和道德责任主体，基于多重关系中与关系中的其他部分及关系整体的相互依赖性、实际生活经验及其反思而产生的宗教情感，都是行为能力的表现，为道德责任提供了根据和条件；与此同时，他又从神本主义视角突出人的局限，提醒人类在道德情感、关系中的行为及其后果上的不确定性，在逻辑和理论上，为限制人的行为和道德责任提供了合理根据，体现出他在限制行为责任上的信仰主义终极决定论倾向。

古斯塔夫森将责任的可能性从属于上帝的根本宗旨（即神的道德命令），并将责任的有限性从属于上帝的无限性，从而使有限的理性自由和道德情感都最终从属于上帝的主权。他也从自然启示的角度，肯定人作为道德的行为者具有行为主体性、创造性和能动性，并最终将这一切能力及其定限都限定于宇宙秩序的终极主宰，表现出人类在道德责任根据与限制上的命定论倾向。古斯塔夫森提醒说，人作为宇宙整体秩序的参与者，既揭示出人的有限性，又肯定了人具有根据意图和目的合理干预宇宙秩序的能力。因此，人应当承认，理性自由的限度既体现在人的理性能力是被赋予的，又体现在人的自由是以与外界建立并维持合理关系为前提的。⑯

古斯塔夫森肯定，人之为人就不能逃避责任，而责任能力却是有限

---

⑭ James M. Gustafson. *Ethics and Theology*: *Ethics from a Theocentric Perspective*. Chicago: The University of Chicago Press, 1984. p. 210.

⑮ James M. Gustafson. *Ethics and Theology*: *Ethics from a Theocentric Perspective*. Chicago: The University of Chicago Press, 1984. p. 279—282.

⑯ James M. Gustafson. *Ethics and Theology*: *Ethics from a Theocentric Perspective*. Chicago: The University of Chicago Press, 1984. p. 280.

的。因为"做人就是有限的"。[57] 人在局限性中仍有改造世界、控制责任行为的可能性。然而，这种经验论的方法和实用主义的乐观态度，也非常明确表达了终极决定论的主张。

> 上帝就是上帝，作为有意图的行为参与者，我们有责任来按照上帝目的将一切置于合理的相互依赖性的关系之中，而且自然环境和我们人类在其中的命运，很大程度上掌握在我们手中，但一切存在者的最终命运并非人所能控制。[58]

古斯塔夫森关于道德责任的限制主张，实质上是强调人的一切行为都归结为向上帝交代这一根本的神圣使命：人既应当无条件服从上帝的命令，接受神圣主宰的约束，又要加强内在责任意识，即出于服从命令而道德行为的自觉与能力。然而，古斯塔夫森关于"天职"的论证，却与康德差异甚大。康德关于至上的道德命令即"天职"的概念，解释了人如何将自由与绝对服从上帝的意旨统一于自身的道德行为。在康德看来，人的自由以及应当普遍、无条件地服从上帝立法的义务，都不能从因果律的角度得到解释。因为因果律将事物的唯一根据归结为事物自在的原因，而人却必须被看作是实存的自由存在物，

> 人并不是因为被创造而由其自然依赖性所决定，而是由一种纯粹道德的、按照自由律可能的强制，即一种成为上帝之国的公民的天职所决定的。[59]

在康德看来，天职的意识，即人们心中的道德良知，亦即绝对理性或人的善良意志作为道德的第一前设，无需再有什么前提假设为之提供论证

---

[57] James M. Gustafson. *Intersections: Science, Theology and Ethics*. Ohio: Pilgrim Press, 1996. p. 121.

[58] James M. Gustafson. *A Sense of the Divine: the Natural Environment from a Theocentric Perspective*. Cleveland, Ohio: The Pilgrim Press, 1994. pp. 148—149.

[59] 康德：《单纯理性限度内的宗教》，李秋零译。香港：汉语基督教文化研究所，1997年，第148页。

第四章　人对世界整体秩序的道德责任

的根据。理性是立法者即道德的根据，上帝（后设或假设的）是道德在逻辑上必须"候补性"的保证。然而，在古斯塔夫森的终极决定论中，上帝是宇宙的最高立法者、宇宙秩序的创造者和治理者，上帝是道德义务在逻辑上的起点，因而是道德的根据、道德的归宿和伦理的目的。服从理性即发挥人的自由意志而道德地行为，就是服从上帝创造的意旨。如果说在康德那里表达了"为义务而义务"的绝对义务论，古斯塔夫森则表达了这一主张：为了上帝的目的，从上帝的要求而达到上帝之目的。[59] 作为上帝委托的世界管理者，人的一切都要受上帝目的和要求的限制，而不是受绝对理性的限制。在康德那里，人只需按照自己的道德良知，在特定和具体情景中向他人履行希望他人为自己履行的义务；古斯塔夫森这里，人不能完全知道上帝在做什么，[60] 但是为了在这个秩序中做适宜的成员，人类必须抛弃自我中心，将伦理思考扩大到尽可能广阔的关系之中，从在关系中依赖于其他部分的事实来重新认识自己的位置，采取与本位相适宜的行动。无论是重估本位，还是由此确定适宜的行为，都要依据从上帝那里获得的标准。为了向上帝负责，无论在任何时候，我们都应当从上帝的旨意出发，在具体的历史和社会文化背景中，通过从合宜的身份出发做适宜的事，实现人之为人和人之行为的目的价值。这是人在受造世界中应当履行的天职。

从伦理论证的方法上看，古斯塔夫森从神学伦理学创世论的信仰立场，肯定人受到外在客观力量的限制。他又采取历史动态的发展观，将人类有限的创造性置于历史和社会的条件下加以分析，将责任目标最终指向整体宇宙的动态的和谐与统一，最终将责任根据与限制归于人向上帝负责

---

[59]　古斯塔夫森主张的上帝中心论，不仅作为一种伦理方法和价值立场，也是伦理学的实质性内容及归宿。其中表现的循环论证是其方法必然的逻辑结果，使其遭到与人类中心论殊途同归的批评。最后一章将对此展开评论。

[60]　为了特别强调人的自主性、能动性、理性的有限性，古斯塔夫森多次引用弥尔顿《失落园》中的诗句："So little knows/ Any, but God alone, to value right /The good before him……"（Miltion, *Paradise Lost*, Book 4）. James M. Gustafson. 1984, p.279, p.280, p.282 等。

的要求。事实上，无论是从信仰立场、还是在世俗的现实当中，我们都必须承认人在知识和能力方面的局限。因此，古斯塔夫森关于行为和责任限制的主张在现实中有很大的合理性。

物质生存对自然界的依赖限制着人的生存活动范围，不同个体的身体状况、智力水平、寿命等因素，都直接限制着人的行为能力，也限制了道德责任的能力和范围。物质生存的局限性，同样为人的社会活动范围及在其中能动性的发挥设定了诸多限制。人在道德认识和实践过程中产生的各种"自然情感"，首先需要得到理性的引导，才能上升为稳定的道德意志和道德倾向，为道德实践提供可能性支持。但在有限的活动范围中，情感的自发性、不确定性和理性自身的局限性，都制约着人履行道德责任的行为实践，制约着人的道德行为能力的发挥。社会、文化、历史处境等多方面因素，进一步制约着人在这些活动领域的范围，制约着人在其中行为能力的发挥。个体或群体对自我负责的能力是有限的，对关系整体、人类整体利益和世界整体利益的责任能力也同样有限。因此，强调责任的重要性，同时应当注重责任约束的有效性，本着有利于促进更大范围整体善的立场和目的，在现实时空背景和合理范围内考察并形成道德共同体，尽可能将责任主体和责任的对象扩展到更大、更合理的范围，将责任的约束力和有效履行责任的现实可能性有机地统一起来，将个体、群体、人类整体的多重责任有机地统一于纵横交织的时空坐标之中。

第三节　个体责任与群体责任

关于群体作为主体承担责任的合理性与现实性，其争论焦点主要在于：群体责任或集体责任是否能够而且必须还原到其中的个体成员；群体、组织或整体中成员的任意性和变动性，能否仍然充分支持将责任归于集体行为主体的主张；在不具备能力阻止或避免群体不道德行为的情况下，群体中的成员是否仍然应当为所在群体或组织的不道德行为承担责任；群体或组织范围的扩展与利益群体范围的扩展，是否能够实现与现实中集体责任之间的协调。古斯塔夫森认为，道德的个体和道德的社会共同作用，才是促使道德目标得以实现的充分而必要的条件。道德要求的实现和道德责任的履行，归根到底要依赖于群体或整体中成员的道德实践，但行为者总是以一定的即多重关系中的存在为其行为能力的发挥提供条件，为其个体行为或所在群体的行为提供伦理解释。本节从关于群体责任的争辩、个体责任与群体（整体）责任的辩证统一，对此做出分析。

一、群体责任的争辩

古斯塔夫森对责任的考察和论述，既关注个体行为者承担道德责任的重要性，也强调群体主体和人类整体承担道德责任。每个个体都应在自己所处的位置力所能及发挥行为能力而承担自我的道德责任，并将履行自我责任的要求统一于作为群体、组织、人类整体成员的集体责任之中，将对个体主体的责任要求与对群体和整体的责任要求辩证地统一，为人类整体能够在当今全球化和技术化的时代应对全球性的伦理问题，提供合理化程度最高的可能性选择。

西方文化传统中，关乎责任及责任主体相关的讨论，重点强调行为者个体责任与自我责任，这与近代以来个人主义及自由主义的兴起一脉相承。近代以来，西方理性主义、经验主义或情感主义的思想传统，都注重从个人理性、经验或情感体验为伦理要求寻找根据和提供保证，肯定并强调行为主体个体在实现道德要求和道德目标中的关键作用。即使这些主流思想对集体或整体利益表示认同，但也是在强调个体自我责任和个体利益优先的前提下，一定程度地协调个体责任和群体责任、个体利益和群体利益。

例如，功利主义强调整体福祉，却又主张追求个人利益是合理的、在道德上是善的，个体利益的实现是促进社会整体利益的条件，主张追求个体利益以不损害他人和社会利益为条件，而追求长远利益和整体利益终究是为了保证个体利益的实现,因而终究是一种个人主义和利己主义的温和表达。[62] 又如,培根的"全体福利说"坚持全体大于、高于部分的原则,主张个人道德完善和幸福要在社会生活中实现并达到完善,因而人的道德完善就在于促进人类整体幸福的道德理想。洛克、卢梭、爱尔维修,一直到费尔巴哈、亚当·斯密,甚至罗尔斯主张的公平的正义,都是在致力于探讨如何使个人利益的追求与他人利益和社会利益结合起来。他们基本一致的主张,就是个人利益和社会或整体利益的一致性。但他们协调个体利益和社会利益或公共利益的努力,是在强调个体追求自我利益优先的前提下肯定社会利益和公共幸福,因此仍然是在利己(我)的前提下有限地兼顾群体和集体的利益要求。

基督教伦理传统强调,每个个体要从个人信仰的角度,绝对服从"爱上帝"和"爱人如己"的神圣命令。如此为他人和社会而舍己的道德行动,其目的是为了遵行绝对的神圣道德命令,使得个体的存在与存在的意义源头即上帝合一,即个体灵魂得到救赎而得以进入天国。基督教传统并不否认社会利益或整体利益。但是,在实现道德目标和履行道德责任的观点上,核心因素仍是强调通过从个体出发的信仰,与上帝建立直接的关系。新教改革传统更强调个体信仰者"因信称义",即出于信仰的行为者与上帝建立直接而和好的关系。上帝对于一切信徒来说都是可与之直接交往的天父,一切信徒都是上帝的子女(children)而非孙子女(grandchildren)。莱茵霍尔德·尼布尔(Reinhold Niebuhr)在《道德的人与不道德的社会》中,从历史和文化批判的角度,强烈质疑群体或社会以及人类整体作为行为主体和责任主体的现实性,质疑群体责任和社会责任的可能性与现实性。他主张,行为者个体是道德责任得以履行的关键,行为者个体是可以道德的,而社会则不可能成为道德的主体,社会或群体则

---

[62] James M. Gustafson. *Ethics and Theology: Ethics from a Theocentric Perspective*. Chicago: The University of Chicago Press,1984. pp. 107—109.

第四章 人对世界整体秩序的道德责任

不可能承担集体责任。将责任归于群体或社会,甚至是对责任的消解。[63]

路易斯(H. D. Lewis)不否认群体(集体或社会)责任在理论上的可能性和学术上的合理性。但与尼布尔类似,他也强调集体责任的现实性在于将责任具体分配或还原到其中具体的个体成员。路易斯指出:

> 我们对他人负责并非指为他人的行为及其后果承担责任,而是我们在广义上拥有对我们同类的义务……但这种群体或整体责任仍是在不影响个体自主的前提下才具有可能性和意义,归根到底个人是道德责任的承担者。[64]

大卫·库珀(David Cooper)则认为,集体责任不是指外在的、具有物质形式的因果行为,而是指与谴责、赞扬、愤怒、责备、奖励和惩罚等情感态度相关的道德责任或社会责任。他将群体或社会集体责任与道德评价联系起来,突出群体责任的不可简化性或不可还原性。就好像我们说一盆炖好的烩菜美味可口,实质性的意义在于烩菜整体美味的特质,这并不必然意味着其中每一种成份都美味可口。所以,

> 在不考虑该群体中的每一个成员要具体承担责任的情况下,仍然可能认为该群体应该对某事负责。[65]

费恩伯格(Feinberg)则采取了中间立场,强调群体或组织成员的成员资格对承担责任或分担群体责任的重要性。他为群体责任辩护,同时将

---

[63] 莱茵霍尔德·尼布尔:《道德的人与不道德的社会》,(1932)蒋庆、王守昌等译,贵州人民出版社,1998年。中译本序,1960年,第6页,第76页等。

[64] Hywel David Lewis. 1948. "Collective Responsibilities" in Larry May and Stacey Hoffman(eds.) *Collective Responsibility: Five Decades of Debate in Theoretical and Applied Ethics*. Rowman & Littlefield Publishers, Inc., 1991. p. 32.

[65] David Cooper. 1968. "Collective Responsibility" in *Collective Responsibility: Five Decades of Debate in Theoretical and Applied Ethics*. Larry May and Stacey Hoffman(eds.) Rowman & Littlefield Publishers, Inc., 1991. p. 41.

之限制在具有高度利益一致性的成员之间以及能够维护共同利益的群体之中。在费恩伯格看来，责任的一个重要涵义，就是指群体和个体都应当为其所有的特性承担责任。无论是善的还是恶的特性，都无法从历史和群体组织中具体追溯到特定的行为者个体身上，具有这种特性的群体和个体都是促成该特性或特征的原因，因此都应当为其负有责任。[⑤⑨] 利益的共同性，或者说严格意义上的利益群体，才是集体责任合理性和现实性的根据。

霍华德·麦克格利（Howard McGary）和弗吉尼亚·海尔德（Virginia Held）扩展了费恩伯格的观点。他们认为，即使在成员之间组织关系非常松散的情况下，只要其中成员能够认同所处群体的利益，该群体也应当成为责任主体，其成员就有责任来阻止群体中其他成员的伤害性行为。社会作为主体来承担道德责任尤其重要，这是形成一个道德的社会的必要条件。即使集体或群体成员并没有因个人原因直接或间接参与群体或集体的不道德或错误行为，该成员个体也应为此群体或集体行为承担责任。[⑥⓪] 因此，群体或组织成员的变动性或组合的随意性，都不能影响其中成员承担集体责任的可能性，也不能影响如此成员组成的群体或组织承担集体责任的要求。

古斯塔夫森总体上突出集体责任的重要性，强调群体、组织及其成员的集体责任意识。行为者主体包括个体、群体（包括组织和机构）甚至人类整体。[⑥①] 强调道德责任的重要性，就意味着作为个体、不同群体或组织的成员乃至人类整体，都具有道德行动的能力，都是应当承担责任的行动

[⑤⑨] Feinberg. "Collective Responsibility, A Defense", in *Collective Responsibility: Five Decades of Debate in Theoretical and Applied Ethics*. Larry May and Stacey Hoffman (eds.) Rowman & Littlefield Publishers, Inc., 1991. p. 74.

[⑥⓪] Howard McGary. 1986. "Morality and Collective Liability" in *Collective Responsibility: Five Decades of Debate in Theoretical and Applied Ethics*. in Larry May and Stacey Hoffman (eds.) Rowman & Littlefield Publishers, Inc., 1991. pp. 77—87, p. 86.

[⑥①] James M. Gustafson. *Moral Discernment in the Christian Life: Essays in Theological Ethics*. Westminster: John Knox Press, 2007. p. 208; *Ethics and Theology, Ethics from a Theocentric Perspective*. 1984. p. 145.

者。因此，人的能动性不仅仅指个体，而且也指人类群体。个体和群体都应当作为负责的行动者，发挥行为能力，为自我、所属群体或组织、人类整体及世界整体承担道德责任，这是实现神本主义的伦理目标及要求必要且重要的条件。⑲ 这种观点，接近于费恩伯格的中间立场。然而，在群体或组织成员之间利益一致性的问题上，古斯塔夫森明显突出其宗教的博爱情怀。在古斯塔夫森这里，个体在宇宙世界中所处关系中的相互依赖性，是将个体责任和集体责任有机辩证地统一起来的根据。任何个体及其所属群体都在相互影响中共生共在，群体总是个体参与其中的群体，而个体总是隶属于一定群体的个体。任何一个成员及其组织或群体所拥有的特定秉性或固定特质，都是彼此之间相互作用的结果，是个体在特定时空背景中参与群体或组织、群体或组织在个体参与其中的过程中不断发展变化的必然结果。个体和群体都应当为固有的特质或秉性所导致的行为及其后果承担责任。⑳ 即使是作为行为主体的个体或群体在看似无意识或潜意识之中的行为，也应当为行为及其后果承担责任，个体行为者和群体行为主体都不能因历史、文化、性格等外在因素而逃避其集体责任。

　　个体、群体和人类整体的责任，都应当统一于为维护和促进世界秩序和谐与平衡的责任目标。即使作为观察者，个体和群体也应当将自己作为成员纳入更大关系整体，为没有采取积极行为阻止我们所观察到的不道德行为的发生来承担责任。即便不从信仰的角度向人类整体付出绝对平等的爱，即使我们认为基督教对信徒们"爱仇敌"如同爱自己的伦理教导在现实的社会中太具理想性，但如果着眼于从生存现实中获得的普遍常识，我们就能理解这样的伦理主张对人类美好的道德生活是何其重要。如果扩大关系范围，我们都是某个或多个群体或集体中的成员，我们都应当在道义

---

⑲ James M. Gustafson. *Moral Discernment in the Christian Life*: *Essays in Theological Ethics*. Westminster：John Knox Press，2007. p. 209.

⑳ James M. Gustafson. *Ethics and Theology*: *Ethics from a Theocentric Perspective*. Chicago：The University of Chicago Press，1984. p. 19.

上对其他成员的不道德行为负责，对其他成员或群体利益负有道义上不可推卸的责任。从空间地理意义上讲，可以从家庭范围延伸到所在的邻里、群体、组织、民族国家、人类整体，以及与自然世界之间的关系整体；从时间维度上看，可以将我们的关系扩展到前几代和我们的后代，甚至到人类历史和世界历史整体之中，并且更应关注为我们后代的利益而承担扩展性的整体责任。

不可否认，个体或群体作为关系整体之部分的存在，总是从最亲密的关系向范围更广以及组织关系意义松散的方向扩展。然而，这并不意味着我们应当无限延伸与扩展集体的道德责任或无限扩展作为群体中的成员应当承担的集体责任，个体或群体承担的集体责任总是有限的。从古斯塔夫森的伦理目标来看，理想中的集体责任是人类整体为世界整体而负责。但古斯塔夫森并没有局限于信仰伦理的理想，而是从现实的可能性出发，主张任何个体或群体、组织，都应当在力所能及的关系范围内，扩展责任范围和目标，不仅仅从历史时间的关系中，而且也与更广阔的自然世界联系起来，从时空交叉的动态关系角度，将个体责任统一于更大范围的集体责任。[①] 集体责任既具开放性又有限制性，个体或群体都应当力所能及，将对自我或群体的责任与更大范围的集体责任结合起来，自我责任和集体责任才能既有现实性又具合理性。

无论是从宇宙合理秩序将人类整体作为责任主体来强调对世界整体的责任，还是从现实关系对人之行为提出责任要求，都应当注重个体责任（或者为自我利益之目的的责任）与群体或集体责任协调一致的重要性。首先，个体总是在一定规则和原则共识的基础上构成特定群体，个体的自我责任应当同时与所在的群体责任相联系。其次，多数情况下，每个成员都是出于自愿而与其他成员结成特定的组织和群体。作为其成员或承担的角色，必然要求其为其他成员或集体行为承担责任。此外，任何个体都是

[①] James M. Gustafson. *Moral Discernment in the Christian Life: Essays in Theological Ethics*. Westminster: John Knox Press, 2007. p. 77.

第四章 人对世界整体秩序的道德责任

一定关系或多重关系中的成员而隶属于不同群体,每个个体行为及其后果都同时影响着所在群体的行为及过程;进而群体行为及其后果又同时影响着每个成员的行为选择和过程,因而群体责任和个体责任总是辩证地统一在一起;对自我的责任与对群体、社会甚至宇宙世界整体的责任,总是辩证地统一于行为者所处的各种关系之中。每个行为主体在所在群体之中的角色、对角色的认同和从所担任角色出发即参考所在关系中位置的行为选择,都与行为主体应承担的责任有决定性关系。因此,关系整体与其中个体之间相互依赖性的特征对相互性责任的规定,要求关系中的个体与作为行为主体的群体共同为了促进整体善而承担责任。[572] 惟有道德的个体和道德的社会共同作用,才是促使道德目标得以实现充分而必要的条件。

理论上,每个个体都可能成为各种不同类型的任意群体或组织的成员,因而逻辑上对所属群体或组织都负有道义上的责任。但实际情况中,群体或集体责任有一定限度而不能无限延伸。如果群体成员有能力却没有采取积极的道德行为,或者没有去阻止自己或所在群体其他成员的不道德行为,当然要为此行为疏漏(不为,non-action 或者 omission)承担责任。[573] 而且承担责任并不一定总是与能力有必然的联系。从对群体责任的认定来说,肯定群体中某人对某件事应承担责任,不一定必然蕴涵着该责任承担者原本具有避免做某事或阻止某事发生的可能性。一个行为者不具备能力来促成道德行为的发生,或阻止不道德行为的发生,并不能充分确证他免除责任的合理性。在某些情况下,行为者反而应当为自己缺乏能力承担直接责任,并为实际行为的发生承担间接责任。可以说,群体中的具体成员是否具备能力、或是否具有阻止事件发生的充分可能性,这与群体责任的认定没有必然联系。群体或组织中成员是经常变换的,即使理论上可能将

---

[572] James M. Gustafson. *Moral Discernment in the Christian Life: Essays in Theological Ethics*. Westminster:John Knox Press,2007. p. 235.

[573] James M. Gustafson. *Moral Discernment in the Christian Life: Essays in Theological Ethics*. Westminster:John Knox Press,2007. p. 199.

群体对某件事情的责任归到某些具体成员身上，而在多数实际情况中，则不可能将群体责任具体地分配到确定的成员身上。

我们可从理论和现实层面支持古斯塔夫森强调人类群体责任的主张。例如，我们认为，日本国家对二战期间给东南亚国家造成的伤害负有不可推卸的责任，在一定程度上，当然可以将责任具体到某些有影响力和起决定作用的高级领导和战犯身上。但这种集体责任的认定，更重要的是指日本民族整体应当在道义上为此承担责任，而并不必然地一定要确定每一个日本国民都应分担怎样具体而确切的责任。同样，也并不因为当前日本个体公民根本不存在能力或可能性去阻止当时二战的发生以及日本侵略行为的后果，也不因为当前日本公民个体没有充分的能力和可能性阻止日本政府篡改历史，就否认日本公民个体是集体责任的承担者。

在全球化趋势和技术主导的当今世界，任何一个群体或组织都不可能有严格意义上的固定成员，也不能保证具有严格意义上的永恒的利益群体。但群体或集体组织成员的任意性或变动性，不能构成其中成员逃避群体责任的充分理由。同样，松散的群体或组织中的成员是否具有充分的能力来阻止群体行为的发生或严重后果的产生，也不能构成他们逃避为群体或集体承担责任的充分条件。这种情况，最直接地表现在组织中成员对自己能力匮乏的无意识，或者在明确自己能力达不到的情况下，仍然做出了冒险性的行为并造成严重的后果，最终导致行为者可能要承担道德和法律双重责任。

例如，一位驾驶技术拙劣的司机在行驶途中造成交通事故，这位司机不仅要视后果的严重性承担相应的法律责任，而且，应当对自己在不具备能力的情况下仍然做出驾车行为的选择负有道德责任。其家庭成员和亲近的朋友、同事也应不同程度为其行为及后果承担责任。即使由于他本人及家人、朋友等对驾车者的技术和能力估计不足、或者对道路上可能出现的意外全然无知，他们也同样应为无知的行为及其后果承担责任。如果人本来无知而又不自知、自知能力匮乏却又否认自己的无知，无知和无自知之

第四章 人对世界整体秩序的道德责任

明就阻碍道德责任能力的发展，也极易导致人采取盲目的、自我为中心的不道德行为。如果不承认局限或无视局限而盲目冒险，就理所当然应当对此无知和不明智的行为承担（分担）责任。行为者绝不可能将自己独立于群体或集体之外，而是应当为所在群体行为承担责任。群体成员有责任为促成道德的社会付出积极努力。即使因为群体或组织成员的不确定性和任意性，使得群体或其中成员缺乏共同的积极意识来阻止伤害性行为的发生，而作为人类整体之成员的个体和群体，我们都应当为没有促成本来可能阻止伤害性行为发生的群体分担责任。

在价值多元化的时代，具体的行为者个体或某个群体与其直接或间接行为之间的联系，虽然不能被视为必要条件，但却足以构成该个体或群体承担责任的充分条件。在今天科技飞跃的时代，具有讽刺意味的是，科学技术大大开发了人的能力，但大部分人都不是科学技术积极主动和直接的开发者，而是被动接受者和使用者，即便接受和使用科学技术看似被动或无意识的行为，却并不能使被动的接受者和使用者逃脱因应用科学技术所造成的各种破坏后果承担责任。特别是科学技术的应用对环境造成的破坏，越来越成为人类和一切生命所面临的严峻问题，即使是没有直接破坏环境的人，甚至是根本没有破坏性地利用科学技术的人，也难以摆脱环境破坏对人类和各种生物生存造成的危害。严肃地说，世界上只要科学技术的文明足迹所致之地，必然不同程度地遭到人为的破坏。在此意义上，每个个体都应当为人类整体环境遭受的破坏而承担责任。一些日本公民自发到中国西北沙漠义务植树的举动，也反证了每个人都应保护环境资源，为已经遭破坏的环境资源承担积极的责任。

环境是人类共同的资源，是世界一切存在者之间和谐共构生成的公共资源。人类不仅应当加强群体、组织之间协作的整体责任意识，更应当加强为群体、组织、人类甚至世界整体和谐共存而承担责任的集体责任意识。个体或群体都应当在参与整体利益的道德实践中获得其存在的伦理意义，我们不能对离我们看似遥远的他人和群体的痛苦或不道德行为视而不见,也不能以各种借口固执地维护一己利益,或利用自己的标准强制干涉他人的利益,而是应当将个体利益和群体利益的维护指向范围更加广大的群体整体。个体主义或集团主义,甚至民族主义和人类中心主义,都是相对于世界整体利益才具有相对独立的合理性。人人对集体利益的无意识必然造成集体无意识,个体对他人和社会利益的责任意识淡漠,必然造成人类整体自私自利,最终导致人类整体缺乏责任意识,以往悲惨的人类战争史足以值得全人类从中汲取教训。

就目前全人类共同面临的控制人口出生率这一紧迫问题而言,人类整体的责任意识和责任行为尤为重要。中国积极采取控制人口的有效措施,不仅仅是为了缓解自己一国资源短缺的窘境,以及提高自己一国国民的整体生活水平,而且也是在参与世界人口与营养需求之间的平衡秩序而积极采取的道德行动。如果没有我国在这方面的努力,没有我国国民整体在参与世界人口合理化秩序的集体意识,明天的世界将无法想象。任何个体、群体和民族国家,都应当在历史和文化时空背景的实际要求下,积极合理地参与到群体生活、人际关系以及与自然世界的整体关系之中。一味地从某一民族利益的角度、或者为单纯地达到一国的政治意图而利用人权攻击一国为人类长远利益考虑所制定的人口政策,都是狭隘自私的民族主义的表现。

二、个体责任与群体责任的统一

关于自我(个体)责任和集体责任重要性之关系,伦理学家之间存在着分歧。魏舍德尔(Wihelm Weischedel)强调自我责任,法国哲学家列维那斯倡导一种极端的以他人为导向的责任意识。伦克则采取中间和综合的立场,倡导对己、对人和对社会负责的综合责任。[④] 古斯塔夫森总体上突出宇宙整体主义,强调"神圣的他者"是主宰世界整体福利的客观力量,

---

[④] 伦克:《应用伦理学导论——责任与良心》。转自:甘绍平《伦理学前沿问题研究》,南昌:江西人民出版社,2002年,第64页。

第四章 人对世界整体秩序的道德责任

"我们能够理解上帝的目的,为人之目的的价值必须让位于上帝的目的。"[575] 作为世界的一部分,即使我们有责任维护人类群体或整体的利益,也应当首先将福利或善的目标指向整体世界,指向各部分福利之动态的和谐与统一。上帝呼召人类的目的是要求维护世界整体秩序及各种关系的合理性,为此,人类应当将自我责任与为他人的责任和个体责任与集体责任乃至人类整体责任进行有机的整合,将之统一于人类旨在实现上帝目的的生存行为之中。

人作为行为者对自我的责任包括自我责任意识、责任信念和对自己利益负责的积极行为。为突出人类作为与其他存在物在宇宙整体即共同体中的共在,古斯塔夫森强调从整体视角解释人与世界的关系,将人和人之外的世界放在更广、动态的整体中进行关系性分析,重新认识人的合理位置及相应责任。古斯塔夫森反对盛行于生态伦理中有机体理论的类比。他认为,有机体理论采取的整体观念强调了整体责任和行为者的集体责任,却相对忽视了个体的自主性。他也排斥契约论的价值立场,因为契约论仅仅强调个体间利益的相互依赖性。[576] 在古斯塔夫森看来,这两种理论对人之经历和本质的理解都有偏误。整体不是单个或独立部分组合而成的、数学集合意义上的存在或有机体,而是可简化为具有相对独立性的可分离之部分的整体,是由相互依赖、相互作用的各组成部分以一定的方式组合起来的综合整体,因此不是简单复合性整体。[577]

古斯塔夫森主张个体与社会互动的社会理论模式,强调人际之间和人与非人世界共同构成利益或价值共同体,个体责任与社会责任、人类自我

---

[575] James M. Gustafson. *Theology and Ethics: Ethics from a Theocentric Perspective*. Chicago: The University of Chicago Press, 1981. p. 278.

[576] James M. Gustafson. *Theology and Ethics: Ethics from a Theocentric Perspective*. Chicago: The University of Chicago Press, 1981. pp. 291—292.

[577] James M. Gustafson. *Ethics and Theology: Ethics from a Theocentric Perspective*. Chicago: The University of Chicago Press, 1984. p. 18.

责任与对世界整体的责任是有机辩证统一体。[978] 人所在关系的多维性及其辩证统一性，规定着责任的多维性及其内在的辩证统一。具有多维特性的个体责任和群体责任，不仅具有内在的协调、平衡的可能性，而且彼此之间也应达到协调、平衡。我们要全面认识与理解个体和群体责任的内涵、实质和辩证统一的关系，就应当立足于个体和群体作为行为主体所在的多维关系，将特定的历史时空与世界整体和谐、平衡的秩序动态地联系起来。这种整体主义的责任观，没有否定自我利益和部分善的合理性，但更强调个体应当忠实于整体利益和整体责任。

关于个体、部分与整体责任的关系，罗尔斯顿也做出过类似阐述。他主张实现小我与大我统一，最终将忠实的义务指向绝对的至高者"上帝"。他和古斯塔夫森都主张将个体利益和部分善置于合理的位置，在个体利益与整体利益和共同善发生不可调和的冲突时，后者具有优先性。不同的是，罗尔斯顿认为小我与大我互相包含，深层生态伦理学中的责任伦理也将人类自己放射在生态系统整体之中，维护生态的责任就是在维护人类自我的生存，"如果我们亵渎了自然，也就亵渎了我们自己。"[979] 因此，罗尔斯顿用明智的人本主义批判人类中心主义，要求人带着同情心和对自己所在整体中存在的认识，达到克制自我利益的道德自觉。古斯塔夫森则将一切置于相互依赖的关系系统中，将维护自我生存的责任指向维护关系中他方和整体利益。他强调说，以上帝为中心的伦理学，其特征就是责任的他人和整体导向，即利益目标是指向群体和更广大的整体的。[980] 耶稣基督启示的十字架道路的榜样，将荣耀上帝作为最终极的行为导向，就是基督教

---

[978] James M. Gustafson. *Theology and Ethics: Ethics from a Theocentric Perspective*. Chicago: The University of Chicago Press, 1981. p. 292.

[979] 罗尔斯顿：《哲学走向荒野》，刘耳，叶平译。长春：吉林人民出版社，2000年，第93页。

[980] James M. Gustafson. *Ethics and Theology: Ethics from a Theocentric Perspective*. Chicago: The University of Chicago Press, 1984. p. 21.

伦理学的价值导向。⑧ 古斯塔夫森对自杀问题的讨论，就很好地表达了这一主张。

人对自我的责任与对他人和所在关系整体的责任相联系，维护自我生存的目的是维护生命相互依赖的连续性秩序。古斯塔夫森并不绝对反对自杀。即便他在一定程度上对自杀行为表达的否定态度，也不是从基督信仰传统来论证人无权自杀，或者人没有权利以自我毁灭生命的方式取代上帝处置生命的主权。他是从个体服从整体生命秩序连续性的责任角度进行论证。人有责任维护上帝的创造、维护上帝委托给人呵护的生命秩序。"生存不仅仅是一个任务和要求，也是一个需要以感恩来领受的恩典。"⑧ 但当行为者因为无法履行如此义务，如在能力极其有限、无法忍受身体极端痛苦的情况下、为维护更多人的生命而选择自杀放弃生命，固然是极端悲剧性的行为，从其实际后果判断，却可能是维护生命秩序的行为，这种悲剧性选择和行动应当得到理解。⑧ 当然，人的首要责任是维护生命，阻止自杀和伤害生命。但是，在无法摆脱绝望、极端痛苦无法继续承受下去时，"人有理由与上帝对抗"（enmity toward God），⑧ 在极端孤独、失去价值感、失去自尊、罪疚感等的情况下，人可以采取自杀行为来"与上帝争辩"，这种自杀行为是对上帝恩慈的检验，是极具悲剧色彩的选择，应当得到理解和宽容。⑧ 在这一点上，古斯塔夫森批评康德仅从道德命令要求人绝对履行道德义务，既没有考虑到当事人的情感，也忽视了行为可能导致的实

---

⑧ James M. Gustafson. *Ethics and Theology: Ethics from a Theocentric Perspective*. Chicago: The University of Chicago Press, 1984. p. 22.

⑧ James M. Gustafson. *Ethics and Theology: Ethics from a Theocentric Perspective*. Chicago: The University of Chicago Press, 1984. p. 216.

⑧ James M. Gustafson. *Ethics and Theology: Ethics from a Theocentric Perspective*. Chicago: The University of Chicago Press, 1984. p. 148.

⑧ James M. Gustafson. *Ethics and Theology: Ethics from a Theocentric Perspective*. Chicago: The University of Chicago Press, 1984. p. 216.

⑧ James M. Gustafson. *Ethics and Theology: Ethics from a Theocentric Perspective*. Chicago: The University of Chicago Press, 1984. p. 215.

际后果。而且,最重要的是,履行义务不是为了义务而义务的行为,而是应当为了更高的价值或更大利益而履行道德义务。若是为了保护更多生命或维护整体生命秩序的义务而放弃维护自我生命的义务,自杀行为就应当得到道德理解和宽容。⑱

作为整体之部分的行为者个体和群体,同样都是作为主体,承担着为世界和谐平衡发展的目的而行动的责任。人类有义务时刻遵循上帝的旨意,成就整体的存在和延续,这是上帝赋予人道德行为能力的同时赋予人的道德要求。遵循这种要求采取行动、实践自己的行为能力而参与上帝旨意在地上的实现,就是人类的责任。古斯塔夫森将人类责任归于为自己、他人、社会和宇宙世界的责任,但他更强调人之伦理本质的实现在于责任的他人指向,这与基督教中"爱上帝"和"爱邻人"的道德训诫是一致的,与舍己而跟从上帝和"爱—喜乐—生命"合而一的主张一致,因为人在

> 履行对他人和整体、人之外的世界和世界整体的义务时可能享受到无穷的喜乐,但却不能保证一定得到喜乐……个体和群体的人,首要且终极的使命(vocation)就是应当按照自己对上帝目的和要求的理解,来服务于上帝的目的和要求……或许人类的繁荣是上帝的目的之一,就像符合世界生命秩序过程的某种东西一样,而且也许符合上帝目的而参与生活能够带来最完满的喜乐。⑰

为清算宗教伦理学中的人类中心论,古斯塔夫森尤其突出人类对世界整体利益的责任,这似乎淡化了人类对自己以及个体或群体的自我责任。里德(Reeder)对此提出批评,他认为古斯塔夫森关于责任的他者指向和

---

⑱ James M. Gustafson. *Ethics and Theology*: *Ethics from a Theocentric Perspective*. Chicago: The University of Chicago Press, 1984. pp. 207—216.

⑰ James M. Gustafson. "Afterword", *James M. Gustafson's Theocentric Ethics*: *Interpretations and Assessments*. Harlan R. Beckley, Charles M. Swezey Macon. (eds). Georgia: Mercer University Press, 1988. p. 252.

第四章 人对世界整体秩序的道德责任

整体指向是人类繁荣的伦理学,却疏于关注个体。⑱ 波尔也批评说,这可能导致剥夺个人权利和自我责任的集体专制主义,或者导致社会整体霸权主义。⑲ 然而,站在人类整体文明与世界秩序和谐合理发展的高度,我们则应赞叹古斯塔夫森的敏感与睿智。他如此主张,目的是要唤醒人类似乎淡忘的社会性和集体性责任意识,扭转当今社会盛行的太过强调自我利益的思维惯性。人类中心论将人的利益要求置于一切价值之上,使其他一切存在都服从于人类自我利益追求,实际上就是非常不现实地、狭隘地将人类独立于所赖以生存和促成的共同体之外,这不仅危害到其他生命和非生命的存在,而且对整体宇宙秩序也造成极大的破坏。仅仅将人类利益作为价值的归宿,或者完全将人类价值与人类责任割裂,都不能解决理论和现实中的伦理问题。脱离共同体的生活,无论是行为者个体还是相对整体的人类群体,抑或是人类整体,本质上将如同霍布斯所言是"孤独、贫穷、龌龊、粗暴又短命的。"⑳

社会秩序及其进程,主要是通过不同的社会机构和组织发挥作用来调控社会成员和群体活动的过程。群体或组织是一种利益共同体,即是利益目标一致的行为主体的联合。社会成员要在特定社会环境中生存,就应当遵循所属组织和群体的道德准则,参与到社会生活之中。与此同时,个体在群体准则要求指导下的参与行为,也同样在影响并改变维护群体的客观社会权威及相关责任。一个整体的不同组成部分之间经常存在着一定程度的不和谐,成员利益之间存在着一定的冲突。当利益冲突影响到关系内在和外在的和谐时,为保护个体和群体的利益,成员往往要转向群体代表的

---

⑱ John P. Reeder, Jr. "The Dependence of Ethics," *James M. Gustafson's Theocentric Ethics: Interpretations and Assessments.* Harlan R. Beckley, Charles M. Swezey Macon. (eds). Georgia: Mercer University Press, 1988. pp. 133—134.

⑲ Theodoor Adriaan Boer. *Theological Ethics after Gustafson: A Critical Analysis of the Normative Structure of Jame's Moody Gustafson's Theocentric Ethics.* Netherlands: Uitgeverij Kok-Kampen, 1997. p. 232.

⑳ Thomas Hobbes, *Leviathan or The Matter, Forme and Power of a Common Wealth Ecclesiasticall and Civil.* xiii. http://en.wikipedia.org/wiki/Leviathan_(book). 2011—05—10.

集体权威来寻求保障，因为只有依赖这些组织和机构的集体权威，才能保障作为个体的生存活动朝向社会性的延伸。反之，成员的实际行为是促成该集体或组织权威的因素之一，个体既要为参与组织和社会关系的行为及后果负责，也应当为维护个体所依赖的集体和组织的调控权威与社会整体利益和成员利益之间的协调与平衡，而积极参与社会群体的生活交往。这既是不同机构和组织之成员应当享有的权利，又是应当承担的责任。

只有参与共同体的生活即社会生活，个体才能获得并实践自我生存的意义。自我生存的伦理价值和意义，必然是作为特定或多个共同体的成员，也就是在我们所处的多维、多重关系之中，通过参与共同生活才有可能实现。行为者个体不能脱离群体而存在，每个行为者个体都不能推脱对自己、对群体以及对社会、文化、历史和自然的责任。每个行为者个体都是家庭中的成员，是参与社会生活的不同组织和群体中的成员。个体生活在社会和群体中顺利开展，其前提条件就是要维护所属群体和整体之合理秩序。

从神学伦理学立场分析，从整体主义视角建构的责任伦理强调，道德善的实现既在理想世界，又必须通过现实中的道德行为实践。人类责任是人对上帝的无条件义务，是行为者个体、群体和人类整体的天职；既是人类对自己的责任，又是人类对人之外一切存在的责任；既是对当前世界整体的责任，又是对世界历史和人类历史的整体责任；是对人类根据上帝要求合理规划行为的绝对义务要求，又是对人类从上帝旨意出发、根据行为的可能后果随时调整行为及过程的要求，以及对人类行为过失及其不良后果在道义上进行弥补的要求。因而，责任实质是融个体责任于其中的整体性、历史性和超人类性的前瞻性责任，又是反思性和追溯性的责任。行为者个体、群体和人类整体履行义务促进和实现整体善是保证个体和部分善的途径，并且通过个人利益与整体利益的统一，使自我责任和整体责任达到统一。

这种整体主义和他人指向的动态责任观，包括加强人之道德完整性，

第四章　人对世界整体秩序的道德责任

主张人类对自己的责任、过道德生活和成为道德行为者的目标，这些都必须与人在其他生存维度的责任相互交织、有机统一于人的生存实践之中。责任的内涵，是行为者在各个生存领域合理积极参与关系秩序的行为；责任的目标，是维护人类与世界中相互依赖的部分与整体的合理关系，以便保持人在世界中作为部分利益之目的性生存，与作为维护世界秩序整体之利益的工具性生存协调与平衡，使人作为宇宙部分之存在的权利与为之应当履行的责任相互协调，有机统一于持续参与世界秩序进程的活动中。自我存在的价值与意义，与自我对他人和社会及宇宙整体的责任，二者辩证统一。个体成员和群体都有责任为促进人类整体道德生活的发展而积极参与各种关系秩序，有责任对之进行合理的协调与平衡。只有将个体责任指向群体责任，将群体责任落实在行为者的具体道德实践，道德责任的履行才能保证，个体和社会才能达到互动共生的和谐关系，从和谐的人际关系达到与自然的和谐共生。

三、集体利益优先的合理性

整体利益高于个体利益，或者自我个体责任从属于整体责任的思想，最早体现在柏拉图的《理想国》之中。中世纪托马斯·阿奎那强调个人利益是实现社会利益的手段，"社会的利益大于个人利益，并且更为神圣。"[①] 古斯塔夫森的神本主义整体责任观，既强调个体责任和整体责任的有机统一，又突出世界整体利益的责任归宿因而注重整体利益的优先性。古斯塔夫森没有从社会学的角度、政治意义和具体时空范围来强调群体和关系整体，而是以宇宙整体和谐作为最高道德要求和道德目标，将个体利益和个体价值的实现归属于整体价值目标的实现，因而他对整体利益和整体责任的强调，仍不可避免地保留了宗教意义的抽象性和普世性。

古斯塔夫森没有明确界定现实共同体和理想共同体，他从宇宙整体论的角度，在理论层面，将人之生存所依赖的相对关系整体作为道德或利益

[①] 托马斯·阿奎那：《阿奎那政治著作选》，马清槐译，北京：商务印书馆，1997，第70页。

共同体，将由此构成的宇宙整体作为最高共同体，将人及之外的一切置于宇宙整体和谐的利益或目的之中，进而在现实层面对个体、群体和人类整体的行为进行道德约束，使个体、群体和整体认识到自己所在关系中的责任，能够有意识地互相合作，服从宇宙整体即最高共同体对人类行为的要求，使理想共同体的要求为现实中人类共同体的行为提供要求和指导，从而指导人类将共同利益目标作为对不同关系整体成员的行为要求。简单地说，在古斯塔夫森这里，群体或者共同体也就是受造整体，即普遍联系的动态发展的宇宙关系整体，具有自我利益的个体是处于相互依赖性关系中的参与者。[92]

古斯塔夫森认为，个人的道德完善固然重要，但个体对人类道德生活发展的意义却在于群体利益的目标，个体道德完善的目标在于群体生活和社会秩序的和谐与统一，个体道德完善同时向所在群体和集体提出责任要求。对促进和培养道德的行为者来说，教会、机构、政治组织等集体责任尤其重要。

> 这些群体或组织（在为道德生活提供影响和保障方面）的重要性，怎么强调都不过分。[93]

其原因有四。

首先，道德群体对其中个体成员的道德教育和德性及道德倾向的培养至关重要。[94]例如，宗教群体的作用就是为培养其信仰者的责任意识和自我牺牲德性提供基础。其次，个体行为者的行为与其他个体利益相关，可能会促进或威胁到群体利益，群体利益应当大于个体利益之和。再次，人

---

[92] James M. Gustafson. *Ethics and Theology: Ethics from a Theocentric Perspective*. Chicago: The University of Chicago Press, 1984. p. 230.

[93] James M. Gustafson. *Ethics and Theology: Ethics from a Theocentric Perspective*. Chicago: The University of Chicago Press, 1984. p. 316.

[94] James M. Gustafson. *Ethics and Theology: Ethics from a Theocentric Perspective*. Chicago: The University of Chicago Press, 1984. p. 315.

第四章 人对世界整体秩序的道德责任

的生存本质上作为相互依赖的社会性存在,任何个体都没有足够的智力和能力在世界中自足地生存。复次,群体责任主体具有可能性。古斯塔夫森肯定集体责任一定的独立意义,因而集体责任不一定要具体还原到个体成员;同样,整体利益或共同善也绝非个体利益之总和。因此,群体或整体作为责任主体具有伦理的合理性和现实的可能性。为促进个体道德完善,家庭、社会组织、宗教团体、大众媒体、公共教育机构和众多的志愿协会等,应承担更大责任;社会经济和政治代表的集体权威也应当提供机会,培养其成员成为道德的行为者,促进人的道德生活持续发展。[98]

与当代众多责任伦理思想家一样,古斯塔夫森主张个体和整体即共同体利益的一致性,进而突出个体责任和群体责任对实现道德目标都具有重要意义。而与众多思想家不同,古斯塔夫森更注重责任的他人与整体性指向,将对自己的责任扩展到对他人、社会和世界整体和谐秩序的责任,将个体的自我责任扩展到对个体所在关系整体的责任,他更注重群体和整体作为行为主体的责任,强调宇宙整体秩序和谐与平衡的终极指归。他将共同体的存在与其中成员义务的履行互为条件地联系在一起,共同体与个体之间相互包含和依赖的关系,为个体与群体共同的责任承担提供根据。

整体在古斯塔夫森这里既不是政治概念,也不是纯粹的历史或地理概念,而是一个融时间与空间为一体的纵横交织的关系范畴。个人和整体同时作为行为主体,互为条件服从于合理的宇宙整体秩序之要求,更好地支持人作为完整的道德存在对人类道德责任的要求。

事实上,在人类开发自我和开发自然的能力愈来愈强而价值观愈来愈多元化的时代,道德责任的重要性愈加突出。一个道德的个体,其道德性的完整性不仅仅是其道德德性的实现,也不仅仅是行为主体个体真实性的充分发挥,而是应当从道德完整性的角度来进行价值判断,将行为者个体价值的实现和对所在群体、整体的责任有机地统一起来。帕特里克·威尔

---

[98] James M. Gustafson. *Theology and Ethics: Ethics from a Theocentric Perspective*. Chicago: The University of Chicago Press,1981. p. 69.

逊—卡斯特恩（Patrica Wilson-Kastner）也指出：

> 一个完全的人，是不能完全排除自我去关心他人和利用他人，一个完全的人是不能受为自己目的服务的观点所迷惑。同时，他（或她）同样也不能完全致力于关心给予他人、为他人服务，不能通过充分满足他人的需要而得到自身的满足。他（或她）不可能成为非自我为中心、缺乏'我'的意识而完全奉献于他人的人。而是应当在彼此之间积极地相互作用，这种相互作用，是使人成为真正的人的基本倾向。[396]

惟有具有自我意识的行为主体，才能为所构成并依赖的关系中其他成员和关系整体承担责任，惟有将对他人和群体及整体的责任与自我发展的要求与责任统一起来，才能真正实现人际之间和人与自然、社会、历史之间的和谐秩序。这种道德责任和义务的命令性要求，实质上完全是一种道德的世界观。这种世界观要求，人类发挥其行为能力和人类保护自己在其他一切存在物之前的尊严，都应当以尊重和促进世界整体中生命的完整性为前提要求。而且，一旦将一切都置于上帝存在的信仰前提下来理解和评价，这种世界观则完全能够被肯定而且合情合理。[397]

沿着整体利益与个体利益辩证统一、整体利益作为最终目标的逻辑，可以进一步得出结论：为整体利益负责，就意味着为促进和保障利益的正义分配而承担责任，促进整体利益的最终归宿又在于个体与部分之间利益与责任的平衡。整体利益实质上不是一个实体，不是部分与成员之间利益与责任协调的平均主义。"共同善是一个关系性质的、分配性质的概念，"[398]是在一切利益与责任关系之间的平衡与协调，是一个复杂的、时空性的立

---

[396] Patrica Wilson-Kastner. *Faith, Feminism and the Christ*. Philadelphia: Fortress Press, 1983. pp. 61—62.

[397] William Schweiker. *Responsibility and Christian Ethics*. Cambridge University Press,1995. pp. 29—31.

[398] James M. Gustafson. "The Contribution of Theology to Medical Ethics."*Perspectives in Biology and Medicine* 19 , no. 2(Winter 1976) , pp. 247—270. p. 32.

体概念。首先，任何意义上的整体利益都具有时空延展性而不是绝对封闭的，因而所谓整体利益的思考与平衡，意味着将当代人和未来子孙后代、当前及未来一切存在的利益与责任，统统纳入伦理思考。其次，当现有资源或当前利益不能满足一切成员所需所求，维护整体利益就是在所有成员之间合理公平地分配，而绝非以剥夺部分成员享有的权利为手段。反过来说，在资源和整体利益不足以满足成员的合理需求时，个体和部分有责任、有义务为维护整体利益而让出自我利益，这就是整体善高于或大于个体和部分善之和的伦理要求。第三，维护和促进整体利益是协调与平衡世界整体关系网之必须。

古斯塔夫森不否认个体或部分善的伦理根据，但他却在某种意义上认为部分之间的冲突是彼此间相互协调的必要形式。部分之间的冲突和部分与整体之间的冲突既是事实，一定程度上又是为促进共同善而必要的斗争与平衡的过程。正如罗尔斯顿所言，在自然生态中，生物之间的冲突是保证生态系统平衡的一种方式，而在人类社会中，"冲突也并不总被视为恶"。[39] 在处理冲突时，行为者应当以促进共同善为目的来合理引导冲突双方的关系。当整体利益受到严重威胁时，个体或部分应做出一定的利益牺牲，甚至在特定情况下，正当合理的伦理关系会以命令的形式要求个人让步，包括舍弃部分合理的个人利益，这是作为其成员应当履行的舍己责任。可以说，所谓的"超义务道德思想"（moral ideas beyond duty），[40] 在这里比在功利主义那里显得更加重要。

例如，在家庭整体幸福遭受威胁时，家庭成员不应将个体幸福凌驾于家庭整体幸福之上，而是应当为了家庭整体幸福克制欲望甚至牺牲个人利益。又如，当某地居民的生存方式威胁到生态系统的平衡时，他们应当改

---

[39] 罗尔斯顿：《环境伦理学：自然的价值以及人对自然的义务》，杨通进译，中国社会科学出版社，2000年，第223页。

[40] James M. Gustafson. *Ethics and Theology: Ethics from a Theocentric Perspective*. Chicago: The University of Chicago Press, 1984. p. 115.

变生活方式，将自己的利益需求从属于当地生态环境保护的更高利益要求。古斯塔夫森反复提醒，正是由于人的狭隘利益观，以一己民族或国家利益为中心，或者以集团利益为中心，使世界秩序遭到破坏而处于严重的失衡状态。尤其是人类为了个体和部分之利益而不惜牺牲生态整体之和谐，已经使生态伦理问题和人口与营养问题更加复杂严重，导致不同地区和种族间差距加大、冲突加剧。为此，他呼唤人类的整体利益和整体责任意识，提倡作为不同整体之部分的行为者个体和群体，在必要时应当牺牲自我利益，实现神本主义对人类责任行为的要求。[401]

在这一点上，古斯塔夫森与他同时代复兴德性伦理学的主张形成合流，与麦金太尔"回到德性中去"的主张，[402]合奏出声讨美国社会中人类中心论和自我利益中心的批判强音。当古斯塔夫森将上帝整体创造作为整体善而强调其大于各个部分善之和的时候，实际上也表达了麦金太尔关于道德善并非是私人意义上你之善或我之善的主张：

> 德性教育教给我，作为人，我的善与我同在的人类群体中其他人的善是同一而一致的。因为善并非是私人财产，所有我追求我的善决不妨碍你追求你的善。[403]

他们都将善定位在共同群体，古斯塔夫森将之扩大到整体宇宙，而麦金太尔集中于人际关系群体或整体。他们也同时意识到，群体或整体善的追求与分配中涉及到正义与公平的必要性。麦金太尔诉诸人之德性的培养和对群体和社会共同善的一致理解。古斯塔夫森求助于人对服从上帝之目的和伦理要求的可能性，但由于他将共同善或整体善的范围在时空的纵横

---

[401] James M. Gustafson. *Ethics and Theology：Ethics from a Theocentric Perspective*. Chicago：The University of Chicago Press，1984. p. 290.

[402] Alasdair MacIntyre. *After Virtue：A Study in Moral Theory*. 2nd edition. Indiana：University of Notre Dame Press，1984. p. 158.

[403] Alasdair MacIntyre. *After Virtue：A Study in Moral Theory*. 2nd edition. Indiana：University of Notre Dame Press，1984. p. 229；p. 158.

第四章 人对世界整体秩序的道德责任

维度扩展开来,扩展到包括未来后代在内的全人类,包括人之外的一切存在,即扩展到对人类忠实于宇宙整体善的德性和伦理要求。[404] 虽然二者存在着内在的逻辑矛盾,但他却从理论上大大消解了麦金太尔面临的不同群体在认同共同善上相互冲突的可能性。

哈贝马斯主张共同生活中交互主体性所要求的正义与一致的原则,强调

> 道德不能保护一个而放弃另一个。它不能保护个人权利而不保护个人所属的共同体的权利。[405]

古斯塔夫森也同样认为,个体的自我责任是在维护和促进群体和整体善的前提下维护自我利益的道德行为,保护个体、部分及他们所属共同体的权利,不仅仅是保护人类整体的利益,而且是人之外的存在物的利益,更重要的是所有权利、利益之间的协调与平衡。为此,他呼唤人类要清醒地意识到现代面临的意义缺失及其导致的价值危机,为世界整体利益承担道德责任,为自己的行为及其后果负责,通过人际交往和与自然交往而过一种全面、整体的道德生活,以克服价值危机,并确保人作为道德主体的尊严和人格。[406]

这种整体主义的责任伦理,继承并发扬了亚里士多德和托马斯·阿奎那的整体主义和德性论。一方面,整体大于部分,部分的存在与延续依赖于整体利益,个体利益与整体利益是辩证统一于相互冲突与平衡的关系之中;另一方面,必要时个体和部分有责任为了整体利益而牺牲自我的利益,将个体与部分的责任隶属于对整体的责任,这是对现代以个体为中心的人类提出的道德人格的要求。当然,对人类整体的责任意识的强调,并

---

[404] James M. Gustafson. *Ethics and Theology: Ethics from a Theocentric Perspective*. Chicago: The University of Chicago Press, 1984. p. 313.

[405] Jurgen Habermas, *Moral Consciousness and Communicative Action*. MIT Press, 1990. p. 200.

[406] James M. Gustafson. *Ethics and Theology: Ethics from a Theocentric Perspective*. Chicago: The University of Chicago Press, 1984. pp. 317—319.

不必然淡化或削弱个体的责任意识，而是将人置于连续性的存在系统中，要求个体为所在的群体负责，群体又为更大的群体和人类整体负责，人类整体共同为与人类共在的自然界和整体世界负责。这种整体责任意识和行动导向，是人类整体解决人类中心论和科学主义给世界带来破坏性后果以及解决人类面临的生存问题的重要条件。

超越民族国家的利益为全人类福祉承担责任，超越人类利益为宇宙的和谐统一承担责任，这应当是人类的崇高道德理想。但是，我们也应当意识到，只要世界的格局是以民族国家为主要组织形式，主权国家就可能是人们最容易想象和操作的理想责任对象，不同民族和主权国家间的利益冲突就必然是事实，对共同善的理解就会被不同利益群体的自我中心倾向所取代。但是，古斯塔夫森所憧憬的美好伦理秩序，不能被简单视为是伦理乌托邦。因为他的方法论和宽广的伦理情怀，表现了一个伦理学家极强的责任感，这种精神有力地批判了个人主义、集团主义、民族国家中心主义和人类中心主义的狭隘与短视。

古斯塔夫森对共同善的理解具有宗教伦理自身的抽象性特点，从理论上回答了如何协调部分之间的利益冲突来实现和促进共同善。但是，这种主张仍然是对失衡的世界和社会秩序、人类严重的生存危机等的积极而合理的回应，也是对宗教普世运动和世界和平理想的现实回应。古斯塔夫森将人类集体作为责任主体，呼唤人类共同的责任意识，不仅激发基督教伦理领域深刻的内在反思，而且也在社会应用的世俗领域，积极推动了应用伦理学的发展。里德为此提供的辩护赞扬了古斯塔夫森宽广的伦理情怀：

> 或许会出现某种理论，这种理论将……更丰富的有关人类幸福的理论与有关一切存在之间的利益分配的理论结合起来，即与有感知生物之间的利益分配及其共同善和非感知存在物之间利益的分配理论结合起来。即便这或许是空想，但古斯塔夫森的这种思想却完全正确：我们必须应对并接受可能冲突的利益的思考，以便我们必须在没有任何形而上原则的情况下，能够根据具体不同的情况进行共同善的思考，并

第四章 人对世界整体秩序的道德责任

且对各种不同方面的利益和善的思考进行综合平衡。如果古斯塔夫森表达的这个思想宗旨是正确的，那么，我们的任务就是集中于具体事物上并扩大我们的道德义务感，竭尽全力实现我们能够推进的善。[407]

古斯塔夫森指出一个努力方向，而且是人类许久以来一直向往的理想，尤其是宗教的博爱思想。在人类中心主义、自私自利且价值多元化的现实中，他向清除人类自我膨胀的心灵昏昧和唤醒被物欲蒙蔽而沉睡的道德良知重新吹响号角，他睿智的思考，也为人类拓展伦理胸怀和扩展利益的目光竖立了正确的路标。支持古斯塔夫森的观点而突出群体和整体责任的重要性，可谓是向当今个人主义至上和个人利益中心的美国社会文化、甚至是对人类整体文化的宣战，是在全球化的科技时代中对人类中心主义过分强调自我实现的自私自利发出的激烈声讨。这种思想，也可以为我国构建和谐社会、对人际关系和人与自然关系整体协调的要求，提供有力的理论支持。

只有实现群体责任和集体责任与维护个人利益和自我责任的有机统一，才能为个体、部分和群体的利益与责任提供合理性。古斯塔夫森的这种主张与群体不道德或社会不道德的专制文化和霸权文化完全不相容，因而他既不是反对或剥夺个人利益，也不是为疏忽个体责任辩护，而是为人们能够合理地实现自我价值、理性地发挥个体真实性提供方向引导。我们支持古斯塔夫森的责任观，并非是要回到 L. T. 霍伯郝斯（L. T. Hobhourse）和彼得·A 福伦契（Peter A. French）等批评的部落主义的集体无意识状态之中，[408] 不是要将道德责任毫无来由地消解融化于朦胧的、没有自我意识的数学意义的集

---

[407] Reeder, John P. Jr. "The Dependence of Ethics", *James M. Gustafson's Theocentric Ethics: Interpretations and Assessments*. Harlan R. Beckley, Charles M. Swezey Macon. (eds). Georgia: Mercer University Press, 1988. p. 137.

[408] Leonard Trelawny Hobhouse. 1951. *Morals in Evolution*. London: Chapman and Hill; Peter A. French. *Individual and Collective Responsibility: The Massacre at My Lai*. Cambridge: Schenkman, 1972. pp. 103—108; pp. 147—165.

合之中，不是对集体或群体中无辜成员进行道德谴责，更不是为重新退回到种族歧视和民族歧视，而是为呼唤每个行为者自觉地从整体利益的角度、立足于多重关系中的存在，重新认识自己的身份和位置，为整体秩序的和谐统一负责地行动。

从宗教道德和道德理想的要求而言，个人有义务舍己，以维护他人和整体利益，就像耶稣为拯救人类而情愿顺服上帝的旨意被钉于十字架上一样。但舍己的牺牲仅仅指为了道德而道德地行动，因而决不是指牺牲个人正当的政治自由和基本人权来维护群体和集体不合理的利益。否则，出于道德的愚钝无知的"舍己"行为不仅自身就构成了不道德行为，而且还会因牺牲道德而滋生更多不道德的行为。我们也反对以保护民族国家利益的狭隘意识支撑、为其所掩盖的一切破坏人类社会和世界整体秩序的行为。也就是说，当且仅当牺牲个人利益是为促进道德而道德的行动，这种行为才是舍己德性的真正含义。否则，无知、愚昧、卤莽者的舍己牺牲，总是会沦为暴力和独裁者的工具。

四、多维性的道德责任

在道德责任的内容上，古斯塔夫森探讨"行为者应当成为什么样的人"和"应当如何行动"；从责任的对象方面，他力图探讨"向谁（to whom）负责及因何（for what）而负责"的问题。根据基督教伦理传统，上帝向人类颁布"爱上帝"和"爱人如己"两条诫命，是人类道德责任的根据和总纲。古斯塔夫森强调人类对宇宙世界及其整体历史的义务，将这种爱拓展到人之外的一切存在。道德责任的核心是：我们应当在生活的各个维度，与自然、文化、社会、历史建立符合上帝目的性的合理关系，以便能够做出正当的行为选择，将生存的多维责任历史性地统一于世界整体合理秩序的最终要求。[409]

---

[409] James M. Gustafson. *Theology and Ethics*: *Ethics from a Theocentric Perspective*. Chicago: The University of Chicago Press, 1981. pp. 209—224; *Ethics and Theology*: *Ethics from a Theocentric Perspective*. 1984, pp. 293—298.

第四章 人对世界整体秩序的道德责任

古斯塔夫森尤其突出对人类整体和未来世界的义务。⑩他采用整体性思维与结构式分析相结合的方法，将责任对象的两个因素统一于动态、和谐而统一的宇宙秩序，讨论人为各种关系中的他方和关系整体之利益而承担责任。只有将自然整体的价值思考在内并向自然承担责任，人类为维护自身生存而向自然索取的行为才有合理性；只有将群体、社会和人类整体的利益思考在内，只有当行为者的选择出于维护和促进人类合理的文化秩序、社会秩序进程、历史秩序进程，并能够有利于如此目标的实现，才能最终有利于实现行为者完整的道德本质，自我利益的保护和追求才具有道德合理性。

在此首先讨论人对自然世界的责任。

有关人与自然的关系问题，西方传统主导思想是以人为中心，将自然置于人的主宰和控制之下。亚里士多德指出：

> 若我们相信世界不会没有任何目的地造物，那么自然就是为了人而造的万物。⑪

托马斯·阿奎那的表达更为鲜明：

> 动物天生要被人所用，这是个自然过程。根据神的旨意，人类可以随心所欲驾驭自然万物，可以杀死也可以利用其他方式使自然服从人的需要。⑫

---

⑩ James M. Gustafson. *Theology and Ethics*: *Ethics from a Theocentric Perspective*. Chicago: The University of Chicago Press, 1981. p. 84.

⑪ Aristotle. *The Politics*, book 1, chapter 8, p. 1256b, in *Basic Works of Aristotle*. ed. Richard McKeon. 1941. New York: Random House. 转自：戴斯·查丁斯，《环境伦理学——环境哲学导论》，林官民，杨爱民译，北京大学出版社，2004年，第106页。

⑫ Thomas Aquinas. *Summa Contra Gentiles*. ed. English Dominion Friars. London: Burns and Oates, 1924. , book 3, pt. 3. John Passmore, *Man's Responsibilities for Nature*. New York: Scribner's 1974. P6. 转自：戴斯·查丁斯：《环境伦理学——环境哲学导论》，林官民，杨爱民译，北京大学出版社，2004年，第106页。

类似的主张以及启蒙以后人类中心论主导的行动，突出表现在人类为满足自我贪欲而过度地开发自然资源，对自然的破坏程度甚至到了危及人类自身生存的地步。当代生态伦理学和神学开始对之反思并发出猛烈攻击。环境伦理学的开创者罗尔斯顿主张，人应当与自然合作、向自然负责。他认为，人在自然中的生存是控制自然与服从自然相互渗透结合的创造性的斗争过程，人有可能且有责任节制和管理生存于其中的世界，但是

> 人应将自己统治的世界视为一个共和国，为促成其所有成员的完整性，应当以爱来管理这个共和国。[413]

古斯塔夫森批判、审视人类历史上与自然交往形成的不同关系模式以及人在其中的不同位置，并且将人与自然的关系总结为：人是自然的主宰（dominion）、人既依赖自然同时又主宰自然（dependence and dominion）、人与自然合作成为神圣秩序的管理者（steward）、人服从于上帝创立的自然秩序（servitude）。[414] 古斯塔夫森强调，包括人在内的一切动植物，其生存、延续、衰残和死亡都相互依赖，人既应区别于其他自然存在物作为类的存在，更应高于自然本能的生存实现人类道德性的存在。人类向（to）自然负责并为（for）自然负责，就是将自己作为部分置于与自然整体和谐、统一的关系之中而合理地行动。责任的根据不是人类自身生存与延续的需要，而是一切存在都来自上帝的创造并共同构成世界秩序，体现着上帝神圣性的力量。人与自然之间宗教性质的关系是世界完整统一与和谐的要求，人应当与自然建立合作者的关系，为自然世界和宇宙整体负责。[415]

---

[413] 罗尔斯顿：《环境伦理学：自然的价值以及人对自然的义务》，杨通进译，中国社会科学出版社，2000年，第93页。

[414] James M. Gustafson. *A Sense of the Divine：the Natural Environment from a Theocentric Perspective*. Cleveland，Ohio：The Pilgrim Press，1994. p. 78.

[415] James M. Gustafson. *Ethics and Theology：Ethics from a Theocentric Perspective*. Chicago：The University of Chicago Press，1984. pp. 211—212；p. 285.

第四章 人对世界整体秩序的道德责任

根据《圣经》传统,"神看着(所创造的)一切是好的",⑯ 这一切乃是指包括光、天、地、河流、日月星辰、各类动植物和人类一切受造的宇宙整体。上帝的创造是一切存在物和谐、平衡、统一的秩序。一切受造物都是上帝完整目的的一部分;而且,上帝在完成了人的创造之后,才"歇了一切的工"。⑰ 人与其他一切被创造之物的完整性、和谐平衡性,才是上帝的目的。人类的责任在于保护价值,⑱ 承认神本主义的价值立场,就必须承认自然整体的价值,维护自然整体价值的延续,既为自然负责、又向合理的自然秩序交代。人之外的存在物能够作为维持人类生存和发挥能动性的条件,并不说明人类呵护自然而付出努力是出于实用主义的目的和纯粹功利性的动因。价值的根基不在于是否符合人类的目的和利益,人应当承担维护世界一切价值的责任,其终极理由惟在于上帝创造、维护和修复宇宙整体秩序的整全性。

例如,自然的美丽既是内在价值的体现,也体现着悦人眼目、被人欣赏的工具性价值。当这种美与人的审美情趣和愿望契合一致,人因为欣赏自然中的美而保护自然,自然就被利用成为满足人的审美目的之工具价值。但自然中的美是客观存在,它是不依赖于人的审美评价而"自然"的存在,其本身就是存在的根据,因而同时具有内在价值。无论人们是否意识到或者是否承认自然美的价值,其内在的价值都应当得到人的维护。如果仅仅从工具价值来向人类提出道德约束,同样也可以因为否认其工具价值而为人类摧残自然寻求合理辩护。例如,如果愚昧无知者或色盲认识不到自然绚丽多彩的美丽价值,就可能因此为自己盘剥自然的不道德行为提供辩护;如果自私自利者将自然的名贵物种据为己有,或者为了一己私欲而破坏性地开发自然,同样可以出于工具价值的原因,为自己杀鸡取卵式

---

⑯ 《圣经·创世记》1:31(上)。
⑰ 《圣经·创世记》2:2。
⑱ 因为上帝看着他所创造的一切是好的,这就意味着当上帝托付人看管园中的一切时,就同时将看护、保护一切价值的责任与义务交给了人类。

摧残自然资源的不道德行为开脱罪责。即使人类保护自然的工具价值的要求能够为欣赏自然美的道德主体提供责任约束,但仅仅从工具价值论证人对自然的责任,根本不可能对人类群体、尤其不可能对人类整体具有任何道德约束。人类历史上,一切破坏自然价值甚至践踏人类价值的活动,主要根源于人类从工具价值和惟人类利益甚至惟我之目的出发的行为。我们不得不同感于古斯塔夫森的主张:作为有情感、有自主意识而又被上帝恩宠的一类,我们在面对自然界之美时,不仅"产生惊疑、赞叹或者感到自然中的神圣性",[19] 更应当是我们对自然内在价值的肯定。

我们应当对自然产生时空上的依赖情感,而不是主宰自然和操纵自然的欲望。[20]

人类生存对自然的依赖,经常会促使人对自然生发一种敬畏的情感,甚至产生对自然神圣性的惊异和赞叹。这些情感足以使人类意识到,为了自己和自然的利益,人类应当与自然保持和谐合理的关系。

这种道德责任要求我们与自然合作,而不是与之对抗。[21]

人在自然的美丽与深邃面前保持惊疑、惊叹甚至遐想,因此对自然发出由衷赞叹,而与此同时又能够感到人类的渺小以及对自然的依赖,这不仅促使人类生发对自然负责的道德情感,也激发人在自然中生存并且思考与自然和谐相处、与自然合为一体的生存价值和意义。人类应当为保留和维护自然的美丽而保护自然环境,而非仅仅将其作为审美目的之手段。人类应从自然生态整体的意义上,尊重和维护自然和谐之美的内在价值,合

---

[19] James M. Gustafson. *A Sense of the Divine: the Natural Environment from a Theocentric Perspective*. Cleveland, Ohio: The Pilgrim Press, 1994. pp. 30—31.

[20] James M. Gustafson. *Theology and Ethics: Ethics from a Theocentric Perspective*. Chicago: The University of Chicago Press, 1981. p. 282.

[21] James M. Gustafson. *Theology and Ethics: Ethics from a Theocentric Perspective*. Chicago: The University of Chicago Press, 1981. p. 209.

理利用、合理开发、科学修复和积极地参与到生态循环良性互动之中。

古斯塔夫森采用了与罗尔斯顿不同的方法，来强调人与自然合作的道德要求。罗尔斯顿从生态系统的完整性突出强调自然具有内在价值，古斯塔夫森却在肯定其对人类福利之目的的工具价值的基础上，从创世论的角度突出一切之间相互依存的根据和目的在于指向宇宙整体善，将自然的内在价值归于上帝完整创造的最高价值。古斯塔夫森并没有像自然主义生态伦理学家那样，采用二分法将自然的目的价值与其工具价值予以对立，而是更突出它们作为相对关系的概念，强调一切存在物之工具价值与目的价值的统一体及其价值整体性。

古斯塔夫森突出自然的价值，为人类道德责任的价值秩序和行为原则提供了基础，由此突出了人尊重和保护自然的价值、与自然和谐相处、共生合作的责任。

即使离开创世论信仰立场，从理性和人类生活经历中的情感角度，我们都应当肯定呵护和精心管理自然的责任，肯定我们应当积极合理参与维护并促进自然系统循环发展秩序的责任。在生命相互依赖的关系模式中，一切存在物都在自然界中互相作用。自然的价值不仅因为与人的需要直接相关而表现出其工具与手段的价值，对于相互依赖共同构成普遍联系整体的一切存在物来说，其价值本身就体现为对其他存在物而言的工具价值和自身的内在价值。自然的内在价值独立于人的价值评估、需要和目的而独立存在。自然存在就是其存在的价值所在，自然的目的价值独立于人的意识而存在。无论我们是否意识到自然的价值，或者是否我们愿意赋予自然存在的价值，自然都有其不受人的意识和意志限制的客观价值。即使说动植物是服务于人生存目的的手段，也不意味着一切情况下，动植物的生存都应当仅仅被利用来服务于人类的直接利益。即使它们是相对于人类福祉的手段，但其价值也不仅仅局限于此。当我们将自然中其他生命和非生命的资源作为实现我们生存目的之手段时，也应当意识到，它们对于自然整体秩序同时具有工具价值和内在价值。我们不仅应当精心呵护和管理好与我们生存直接相关的其他生命和非生命的自然存在，而且绝不应当推卸维护合理和谐的自然秩序整体的责任。

比较而言，康德关于人对自然世界的义务主张，属于一种古斯塔夫森批评的人类中心主义。[22] 康德认为：

> 对动物而言，我们没有直接的义务，动物没有自我意识，因而仅仅是达到目的的手段，这个目的是人……我们对动物的义务仅仅是为了人类之目的的间接义务。[23]

康德主张，人对自然中的植物和非生命物体有间接义务，人不应当破坏自然的美，"因为对某人没有用的也许对别人有用。"[24] 康德是在指向对人的有用性目的而强调人对自然的间接义务。康德在《纯粹理性批判》中说："尊敬总是仅仅适用于人，绝对不对于事物。"[25]

古斯塔夫森突出人类呵护和管理宇宙世界的责任，在责任的对象上，对康德的义务论作了重要扩展。康德仅仅在描述、陈述的事实层面，承认人与自然界其他部分之间的相互依赖性，而古斯塔夫森将人作为自然界的一部分，强调人与自然之间连续性的事实是人向自然负责的道德基础，因而将人与之外一切的相互依赖性关系作为价值论的一个基础，将其纳入伦理学。即使如康德所言，人之外的东西不会引起人的尊敬，因而对它们仅仅是出于满足人的目的的间接义务，那也决不排除自然生命和非生命的存在物应当拥有合理的存在权利，它们都应当得到人的合理保护。无论是从科学理性的角度，还是从宗教信仰的立场，我们都应当承认，人类的生存与延续都依赖于周围的自然环境，人从自然环境中获取生存及延续所需要

---

[22] James M. Gustafson. *Ethics and Theology: Ethics from a Theocentric Perspective*. Chicago: The University of Chicago Press, 1984. p. 121.

[23] Kant, *Lectures on Ethics*. Trans. Louis Infield. New York: Harper Torchbooks, 1963. p. 239.

[24] Kant, *Lectures on Ethics*. Trans. Louis Infield. New York: Harper Torchbooks, 1963. p. 241.

[25] Kant, *Critique of Practical Reason*. In Lewis White Beck Beck, ed., *Critique of Practical Reason*. Indianapolis: Bobbs-Merrill, 1956. p. 105.

的物质和生活资料，同时也通过生存实践影响着自然环境的改变和发展。人在自然循环秩序中的"干预行为既是'自然'的又是人为的结果。"㉖我们与自然交往而人为地干预自然，既出自我们作为类的存在的自然本能，其实质就是一种行为目的性，又是我们有目的和有意识的行为选择。正如马克思用"人化的自然"㉗表达了在有目的地参与自然过程的实践中人认识自然和有目的地利用自然的潜能和可能性，并且是不断地变化和发展的。人类参与自然秩序过程的能力，总是与自然形成的过程相互作用，人总是自然中的人，自然是人生活于其中的自然，也就是"人化了"的自然。

人类生存依赖着自然。同时，人的一切生存活动也影响和改变着自然环境，这是人类有目的地介入自然的结果，人因此必须为此有目的之行为及其可能的后果负责。人向自然索取生活所需的权利，同时赋予人类必须呵护和关爱自然的责任。即使说人类呵护自然和其他存在物（包括无生命的岩石、河流等）是为了长远意义的人类生存，那也必须承认自然万物互为手段和目的的关系的存在特性。保护矿产资源、山川、河床的责任，不仅仅是为了满足人自身生存的目的。我们主张自然拥有被人类呵护与关爱的"权利"，并非强调自然如同行为主体一样，有权利向人类提出履行义务的要求，而是突出从人的行为能力角度和自然作为价值主体的角度，论证人类履行道德行为能力的责任。自然的权利得以维护和实现，前提在于人类履行对自然的责任，使自然的价值得到合理维持与发展。

从神学和信仰角度而言，一切存在的根据在于创造宇宙的主宰，人呵护和管理自然万物的能力和目的性的行为意识及能力，都来自上帝的恩

㉖ James M. Gustafson. *A Sense of the Divine: the Natural Environment from a Theocentric Perspective*. Cleveland, Ohio: The Pilgrim Press, 1994. pp. 12—13.

㉗《1844年经济学哲学手稿》中，马克思提出了人化的自然概念。马克思指出，人的感觉和感觉的人性都只是由于其对象的存在，由于人化的自然界而产生出来。在《德意志意识形态》中，马克思区分了"人化的自然"与"原始的自然"，表明"人化的自然"是被人的实践活动改造过并打上人的目的和意志烙印的自然，重要特征是实践性，人化的自然的出现是人的实践活动的结果。

赐，因而作为上帝委托的道德责任者，人应当承担责任，呵护和管理宇宙整体即自然，使其按照上帝要求的目的而发展。为此，人应当将满足自我物质需求和科学探索对自然的索取，限制在自然生态系统能够承受的限度内，将开发利用自然的欲望与自然整体平衡和谐的要求结合起来，将认识自然和改造自然的活动与自我认识和开发自我能力的活动最大限度地平衡结合起来，使人类认识自然和开发自然的活动与宇宙整体和谐发展的要求协调起来，在合理参与自然发展和变化的过程中，不断开发与拓展自身的道德能力，更好地为参与自然过程中的行为选择及后果负责。

自然在一定程度上具有修复生态系统使其恢复平衡的自生成和自组织能力，但这并不意味着自然应当为此承担责任，更不能说明，人类可以无限度地向自然索取，从而将一切责任推诿于自然本身的修复能力。[①]

从维护世界整体秩序动态和谐的能力或可能性而言，人和自然都极其有限。古斯塔夫森提出人与自然合作、共同维护世界秩序的主张，同时突出自然应当得到呵护与管理的权利，其实质是强调人为自然承担责任。

我们应当倾听古斯塔夫森的警告：

> 将权利的要求扩展到各个关系之中，回答"谁的权利？"和"做什么的权利"的问题，将人类活动和社会活动中自我权利的要求扩展到自然中非人类的各个方面。[②]

自然的"权利"，意味着自然有权"要求"得到人类的呵护。而这一责任的履行，本身就是人享受对自然要求之权利的前提条件，是

[①] 主体和主体性是不完全相互包含的两个不同概念。主体是将某一价值、责任等诉诸于一归宿性的载体，是与客体或对象相对而言的一面；而主体性则是指有目的和自我意识的行为能力，即理性的自由。在内涵上，"主体性"大于"主体"的概念，而在外延上，主体则更具有广延性。因此，我们可以说行为主体、道德主体、价值主体等。

[②] James M. Gustafson. *A Sense of the Divine: the Natural Environment from a Theocentric Perspective*. Cleveland, Ohio: The Pilgrim Press, 1994. p. 32.

第四章 人对世界整体秩序的道德责任

使自然价值得到维护和保护的根本要求。人类对自然的责任,不能以要求自然满足人类生存所需作为前提。人类履行呵护自然和保护自然生态合理、平衡循环的责任,与人类要求自然、甚至通过掠夺自然资源来满足人类不合理的欲望和权利的要求,二者之间没有必然联系。即使自然不能完全满足人类的物质需求和精神需求,人类依然有责任呵护自然。因为我们保护和维持自然价值的责任是生态整体性指向的责任,而不能仅仅建立在为人利益需求的工具目的之上。人类一旦独立于生态系统的链条,就失去了生存的根基,就连人类暂时的生存也将失去意义。

我们引用罗尔斯顿关于对待自然、为自然承担责任的劝诫,作为对古斯塔夫森主张的极好辩护:

> 生命是我们这个星球上最伟大的秘密,大地正是这秘密的居所,因为有这个居所,生命才有安全;因为这个秘密,世界才充满意义……所以,在父母与神的面前,人们想到的是自己的生命之源,而不是资源;人们寻求的关系,是与超越自身的存在一起,处于根的生命之流中的体验。我们在自然中的地位,使得我们有必要建立一些资源的关系,但在某些时候,我们是想了解我们如何属于这个世界,而非这个世界如何属于我们;我们是想根据自然来确定自己是什么,而不是仅根据自己来确定自然是什么。[㉚]

人类的创造活动,从一开始,就在与自然交往的过程中开展和持续,并在一定程度上,引导和改变着自然发展的方向与进程,引导和改变着人际之间的交往。在此有目的地参与世界秩序的过程中,人同时创造了赖以

[㉚] 罗尔斯顿:《哲学走向荒野》,刘耳,叶平,译.长春:吉林人民出版社,2000年,第207页。

生存的"第二自然"即文化。㊿ 因此，人类对自己有目的的活动创造的文化负有不可推卸的责任。

接下来讨论人类在参与文化方面的责任以及对促进文化和谐发展的责任。

文化是人类有目的参与世界秩序的创造性活动的结果。然而，"文化自身奇妙的特性又使得人对文化的责任更加复杂，"㊾ 有限的人没有足够的能力来控制参与文化过程的行为及其后果。人类要实现维护世界整体秩序进程的道德要求，就必须承担责任来维护和促进与所在社会文化及不同文化之间的和谐，合理地展开文化创造与延续的活动，维护不同群体文化之间和不同历史阶段文化之间的和谐与统一，引导文化与文化的参与者和不同文化之间的关系有利于世界统一和谐的秩序。社会文化中的人，应当持续参与创造和传递文化的活动，合理地综合平衡历史整体性与特定时空的要求，创造性地接受、传递各种文化价值，综合经济、政治、科学、自然发展等多方面因素，平衡各种文化价值。无论传递、延续和创造文化的责任多么复杂，人类都必须为自己价值观的选择及其实践后果负责。㊿

科学技术作为一支客观性的文化力量，很大程度上影响着人类的生活。人类有目的和有意识的生存活动，也在不断影响和改变着科学技术的更新与发展，继续影响着人的物质生活和精神生活，持续改变人类生活的整体文化环境。作为特殊而强大的文化力量，科学技术给人类生存和世界

㊿ 文化是人类持续地参与客观自然和人为自然的创造性活动及其历史过程。尽管代表着伦理精神的价值观和世界观多数是在人类有目的、有意识的行为选择中间接地得到改变和再创造，但人类行为的目的性和意识性，要求不同群体、甚至人类整体应当根据所在的各种关系综合平衡，引导、传承、发展和创造所在的特定文化群体和人类整体的伦理价值观。作为文化的参与者和创造者，任何个体和群体都不能摆脱文化而生存，人也绝非生存于静态的文化之中，而总是通过不同的生存活动，有意无意地传递和传承着所在的文化。人类的繁衍不仅是生殖性的物种繁衍，更重要的是文化意义上的延续和发展。古斯塔夫森将技术、习俗(ethos)和科学与艺术作为文化的主要因素。

㊾ James M. Gustafson. *Theology and Ethics*: *Ethics from a Theocentric Perspective*. Chicago: The University of Chicago Press, 1981. pp. 216—219.

㊿ James M. Gustafson. *Theology and Ethics*: *Ethics from a Theocentric Perspective*. Chicago: The University of Chicago Press, 1981. p. 219.

秩序带来双重效应。人类生存状况的改善，很大程度归功于科学技术的进步，而自然生态状况的恶化、战争技术升级对人类尊严的践踏，也与科学技术的开发与应用有直接和间接的因果关系。

科学技术的发展从一开始、而且归根到底都是人类有意识、有目的的行为参与，根本不可能完全排斥价值选择的因素。科学技术的开发与应用，无论对人类生存活动和世界秩序起了积极的促进作用，还是消极的破坏作用，都是人类有目的和自由意志参与的行为和活动的结果，绝非完全客观的、价值中立的活动。例如，确定开发的具体项目，总是根据人的价值分析而做出选择。即使对科学与技术发现的事实性解释，也不能完全排除我们的价值立场。科学与技术所带来的影响是人之目的性行为的结果，无论它在人之行为影响下产生值得称赞的积极的文化力量，抑或令人谴责的破坏性力量，人都应当为参与其中的活动及其后果负责。例如，生物医学技术已经被大量用于器官移植等医疗实践，这种技术的应用延长了人的寿命，同时却带来更复杂的棘手问题。如有限的医疗资源如何合理分配的问题，人口老龄化带来了公共福利资源不足的问题，以及与此相关的更多社会伦理问题等。人有能力开发科技，因而有责任实践这种理性能力；但人理性能力的定限，同时要求行为者在开发利用医疗技术的同时，必须将可能造成的负面效应减小到最低限度，为可能出现和实际出现的后果负责。即使是人无法预测和无法控制的后果，也应当为选择所导致的必然后果负责。

在科学技术的开发和应用活动中，不应当将科学技术的发展与人类对价值的追求、对科技和价值的批判以及对批判的批判割裂开来，人有责任不断引导和调整科学技术发挥积极的文化力量，尽可能控制、减少科技活动的消极影响。科学技术的直接开发者有责任努力获得多方面专业知识，尽可能充分了解开发和应用每一项技术可能引发的副作用，通过更新技术来削弱可能造成的负面作用。直接参与科学技术开发、应用和推广的专业人员，有责任利用专业知识和相关领域的技术进行彼此沟通，扩展并深入学科内在的批判精神和反思意识,也应当利用行政监督机制、社会舆论导向的约束与引导作用,揭露科学技术不当使用的行为,还应当充分发挥宗教和伦理的批判作用,清醒地把握科学技术对世界秩序和人类生存秩序的双重影响,限制其破坏性力量,合理利用科学技术并引导其发展的方向符合世界整体善的要求。

尤其重要的是,当人类将开发科学技术作为实践行为者技术能力的手段时,出发点和最终归宿都应当瞄准人际关系间的和谐和人与自然关系的和谐。任何科学技术的创新与开发,都绝对不能为科学而科学、为技术而技术,不能将其工具价值替代目的价值。科学理性无论多么重要,都应当服务于人类生存的意义追求。单纯地满足减轻肉体痛苦或者某些人群延长寿命的需要,不仅带来分配社会医疗资源的诸多道德和利益的冲突,更会在对此冲突的争论中偏离人生存的目的,引发人生尊严、意义的价值迷失。[434]

人类对生存世界和自我世界的探索与认知,归根到底是为了在意义世界中有意义地生存,并使一切存在和谐共生。人类参与科学技术的开发及应用,应尽最大努力预见各种可能出现的不利后果,又要将行动的动机与目的有机地结合起来。在无法预测和把握可能破坏性结果的情况下,仅仅为满足人类好奇心进行科学技术的开发,更大程度上是科学技术的盲目冒险,若不加遏制,则会演变成人类自我毁灭和毁灭世界的后果。

当今世界,价值越来越呈现多元化,科学技术却越来越明显地影响我们的生活,甚至成为主宰我们生活的最重要力量。在这样一个悖论式的时代,人类更应当提高警惕,为开发和应用科学、技术的行为承担责任。责任的重要性不仅可从《圣经》教导中得到支持,即使从一般常识加以判断,也足以为人类遏制科学技术对世界秩序破坏作用的责任提供充分论证。例如,在任何情况下,无论是任何科学的理由,或是政治的理由、抑

---

[434] James M. Gustafson. *Theology and Ethics: Ethics from a Theocentric Perspective*. Chicago: The University of Chicago Press, 1981. p. 216.

或是经济、正义的理由，都不能支持使用核武器或威胁使用核武器。同样，在人类理性与技术能力不足以把握克隆人和使用名人基因进行人类无性繁殖可能带来的后果之前，在人类还没有理性地思考清楚人兽交配的科学研究可能导致的后果（哪怕是利和弊双重效果）之前，人类有责任克制类似技术的开发欲望，更不允许应用和推广相关未成熟的技术。如果仅仅为了满足人类的好奇或者求知的野心而进行技术冒险，非但不能获得人类期望的知识与造福人类生存的结果，反而会同时失掉做人的智慧和本性。任何诸如此类为科学而科学、为技术而技术的冒险，都是极其不道德、极具破坏性的文化力量。即使是为了医疗目的而开展的技术性研发，直接的参与者也必须为可能和实际造成的后果承担责任。尤其是器官移植的医疗技术往往造成不可逆的后果，因此行为前的预防以及过程中对并发症乃至伤及生命后果的控制责任尤为重要。无论是科学家还是普通公众，无论是直接参与者、还是"旁观者"自居的个体、群体、政治和科学技术的权威组织机构，都应对此高度警惕。

习俗与人类行为选择直接相关，是影响甚至决定行为者个体之间与个体与群体间相互交往的重要文化力量，是人类组织、调节共同的社会生活和社会文明延续所依赖的重要力量。任何社会都有确定的习俗和典型的信念、态度和社会标准，文化的这些主要外在和内在形式，渗透在人的意识和行为之中，指导人们在私人领域和公共领域的活动，也以人的意识形式、价值观念和行为活动表现出来。在人际交往和社会生活的发展过程中，习俗和道德观念一方面引导行为者个体和群体的公共生活和私人生活，行为者会有意识地沿用一些习俗，传递一些文化传统和道德观念，同时，行为者在活动中也会有意无意地借助其他文化力量，改变一些习俗和观点，进一步引导和调节社会交往。[35]

伦理学的一个主要任务是不断拓展人们思维的局限，使人类不断深入

---

[35] James M. Gustafson. Theology and Ethics: Ethics from a Theocentric Perspective. Chicago: The University of Chicago Press, 1981. p. 217.

对自我世界和外在世界的思考，根据具体历史、社会和文化环境，引导人们转变对价值思考的态度、意识，从而做出更合理的行为选择。某种意义上讲，世界多元文化间的争议和冲突，都是停留在不同的价值观上。由于价值观在文化背景方面的不同，以及不同价值观之间的冲突，要求任何一个文化群体都必须考虑自己所在文化之外的其他文化价值，同时将一切不同的文化放在世界文化和人类文化的范围之内，思考自身作为一个文化群体的成员，应当怎样合理地生活，来促进不同文化彼此和谐地共存。

人应当对文化进行批判性考察，深入反思自身生存于其中的文化意识和传统惯例，并且批判反思其中所包含的直接的经验和先验的价值观，立足于人类整体和人与自然和谐的目标要求，反思我们执守的惯例是否具有道德合理性。我们不仅仅信其所信和行其所是，更应当在动机和后果上思考：我们持守的信念、惯例和行为，是否有利于实现人际关系的和谐，是否有利于促进宇宙整体动态的平衡秩序。我们不仅应当对科学技术进行伦理批判和神学批判，也应对价值观和集中体现价值观和习俗惯例的艺术、文学等进行批判性思考，实现对文化行为的内部反思，将文化的创造与文化的批判融入人类的文化生存维度，努力促进多元文化间的和谐，不断改造、继承和传递科学技术、文化技术和价值观，促进多元文化在不断发展和相互宽容中更加和谐共存。

人际关系是人之社会性和群体性的表现和要求，是行为者在社会性活动和交往中形成的社会力量。尽管像父母与子女这种血亲关系的存在并非完全出于行为者的自由选择，但是，任何个体一旦生存就必然进入各种关系，因此有责任参与和构建与他人和其他群体的合理交往关系。惟有负责任地参与构建并维护所在家庭中成员之间合理的交往关系，行为者才有可能获得生存与发展以及为履行维护和促进家庭整体善的责任创造条件。接下来讨论人作为行动者和参与者在维护和促进合理人际关系方面的责任。

和谐的人际关系，其实质是人我关系和群己关系在纵向即历时性和横向即共时性维度上的平衡与协调，是人类实现维护并促进整体世界和谐与

第四章 人对世界整体秩序的道德责任

平衡之责任的途径和手段。古斯塔夫森将人际交往置入相对更大的社会关系整体，将自我同时作为道德认识和实践的对象（客体）和主体，重点探究与世界整体道德秩序相一致的合理的人际关系秩序。前文已讨论行为者将个体责任与群体责任辩证统一的问题，在此重点探讨行为者"自我"的内在关系，即成就完整道德存在者的责任问题。

古斯塔夫森将行为者自我（The Self）定义为行为者自身有限经历的"他者"（"Other"），即行为者道德认识和道德实践的客体。[36] 作为人类活动的领域和实践的客体，"自我"永远是与他人关系之中的具有伦理意义的存在，又是维护人际交往合理秩序的行为主体。"自我"即指"道德的自我"（the moral self），[37]是主体和客体的统一，是具有物质意义的生存之层面与精神性生存层面共在的统一体。物质生存是精神活动的基础和内涵，同时约束着人的精神活动。人的自我反思不仅是人之物质生存本质的反映，而且也在改变着行为者自我物质意义上的生存；自我反思包含着对物质自我和精神自我的反思，这个反思的过程也始终在调整和改变着自我的物质生存和精神生活。自我是在"体"（body）与"心"（mind）兼备的前提下进行自我反思，当下的反思经历依赖于以往经验，并且大大影响未来的实际生存及其表现。

作为责任主体和行为客体的"自我"，既指个体，又指群体和人类整体。古斯塔夫森对兼作主、客体的"自我"进行伦理分析，旨在突出人的精神活动既依赖于人的物质生存活动，也是对物质生活和精神生活的间接创造。个体、群体、人类整体都有责任积极反思自我的物质活动和精神活动，调整自我的思维和行为，并为这样的反思活动及其后果承担责任。反思是对"自我"所处多重关系及相关多维性价值不断进行协调与平衡的活

---

[36] James M. Gustafson. *Theology and Ethics: Ethics from a Theocentric Perspective*. Chicago: The University of Chicago Press, 1981. p. 222.

[37] James M. Gustafson. *Theology and Ethics: Ethics from a Theocentric Perspective*. Chicago: The University of Chicago Press, 1981. p. 222.

动。"自我"不再是独立的思维个体,而是作为多种关系整体中的成员,是对所属群体和关系整体及关系中他方负责的责任主体。自我责任的目标在于人类生存的伦理意义,即为人类整体道德生活的发展承担责任。古斯塔夫森始终突出人类整体道德生活的发展相对于实现个体道德完善或个体道德德性的重要性,这正是他的伦理主张与人本主义主张的一个根本性区别。[43]

根据古斯塔夫森的整体主义伦理主张,人类整体应当作为世界整体关系秩序进程中的责任主体和成员,为自我、所在关系中的一切和关系整体承担责任。人必须首先是自我责任的承担者。人为自己负责,就应当向着"道德的自我"的目标,不断调整自己在各种维度和领域中的"存在"(being)、"价值评估"(valuing)与"行为"(doing)。[43]古斯塔夫森提醒说,人对自己负责、培养"道德自我",其出发点和核心是要与"自我"在其他维度的责任相联系,将对"自我"的责任纳入到多维性的责任统一体之中。价值的多维性及其相互制约的关系,始终是人类判断一切责任与行为的尺度。[44]即使是人类自我维护的责任,其合理性也在于服从维护人类生存所依赖的世界整体秩序和谐与平衡的要求。只有相互协调并平衡维护其他存在物和对社会整体的合理秩序进程的责任,维护自我生存的责任才具有合理性和实质性意义,才能避免发展成为人类利益至上和惟人类利益的狂妄自大。

人的自我责任包括作为行为主体对所属社会机构、组织和社会发展过

---

[43] 虽然人本主义强调人的尊严、权利与责任,人本主义的内部也有很多不同的分歧,但总体上都是将人的利益作为根本的核心和目标。而古斯塔夫森则将伦理目标的思考置于世界整体普遍联系的秩序之中,不仅注重个体、部分和整体的人之利益,而且也将人的利益作为伦理目标的一部分,强调人类利益与其他方面利益的辩证统一。这种整体主义和综合性的伦理方法,既是对人类中心主义的反抗,也是对人本主义的补充与纠偏。

[43] James M. Gustafson. *Theology and Ethics: Ethics from a Theocentric Perspective.* Chicago: The University of Chicago Press, 1981. pp. 286—289.

[44] James M. Gustafson. *Theology and Ethics: Ethics from a Theocentric Perspective.* Chicago: The University of Chicago Press, 1981. p. 317.

程的责任。任何一个行为者作为社会成员,其成员身份的确定及其归属,本身就是对行为主体所属组织和机构的责任规定。只有统一协调所属组织和群体对自身利益的追求与维护所属组织和机构的整体利益,行为者作为成员的身份才具有伦理意义,其作为成员的权利才有可能得到保障。自我实现的意义在于履行对群体和社会的责任,只有当自我价值的追求与群体和社会利益的要求达到一致时,个体价值的追求与实现才具有伦理合理性。行为者应当在共时和历时的双向维度,努力建设代内关系和代际关系之间的和谐。从空间维度上讲,人应当注重在社会和人际关系交往中扩展责任关注的对象,关注他人和超越民族国家界限的人类利益。从时间延展的维度上讲,应将人类整体和世界整体的历史发展,置入人际关系和谐和人与自然和谐的范围,尤其应当更加关注未来直接后代的利益。[41]

个体和群体的存在依赖于其所处各种合理的社会关系及其秩序。合理的社会制度为社会秩序提供最大程度的合理保障与约束,为保证和延续人之社会生存提供了必要条件。在社会生活中有效实施权威性的政策和法令,需要一定的经济群体和政治群体对政策和法令的价值认同,而政策和法令的有效性,又体现在它能够维护群体必要而合理的社会生存活动,为人参与社会生活、发挥主观能动性和创造性提供社会制度方面的必要保护;政策和法令要真正具有社会权威、保证人参与社会经济活动和政治活动权利、并对群体成员的行为进行道德约束,就要求群体成员为保障自己参与社会生活的合理权利而遵守政策和法令,在社会制度的约束下参与社会经济活动和政治活动。只有参与社会生活,个体生存活动的社会性才能被体现出来,个体生活与社会生活才能辩证地统一于人之多维生存的本质,并在其中实现完整的道德人格。

个体和群体的合理存在与延续,也在于参与和维护所在的社会关系。人不应仅仅是社会生活的观察者,更应是其中的参与者,维护社会经济秩

---

[41] James M. Gustafson. *Ethics and Theology*: *Ethics from a Theocentric Perspective*. Chicago: The University of Chicago Press, 1984. p. 148.

序和政治秩序，并促进合理的经济秩序和政治秩序的健康延续，也维护社会经济秩序、政治秩序之间动态的协调与平衡，维护它们与其他社会因素之间动态的协调与平衡；同时，作为社会经济群体和政治群体中的成员，行为者通过自己参与群体的经济生活和社会生活的目的性行为，在与其所属社会机构和组织的其他成员相互交往中，影响和改变着特定群体的经济和政治秩序，影响和制约着社会政治和经济政策法令的制定与执行；不同群体之间相互作用，也不同程度地影响和改变社会的经济秩序、政治秩序及其关系，影响改变社会经济秩序与政治秩序与其他社会因素的关系。[442]在此过程中，群体和个体行为者作为责任主体，应当根据维护社会经济和政治秩序和谐与平衡的要求，合理参与社会生活并为其参与行为及其后果负责。在社会经济和政治生活中，与群体和整体的力量相比，个体行为者的力量是间接的，但行为者个体、尤其是代表利益群体和组织成员共同利益的（具有权威的）个体，在自己亲自参与社会生活、并且在引导所代表的群体参与社会生活的过程中，其行为是有目的、有意识的选择。作为代表性和权威性的力量，个体行为后果往往产生更大的社会影响，因此具有广泛社会影响的行为者个体和代表群体的个体，更应当为自己亲自参与的行为及其后果承担责任，更应当谨慎合理地引导群体行为及其后果。

人的生存活动向自然、社会、文化等各个维度的延伸，是人类生存活动的历史事实。历史是人类通过有意识、有目的的行为选择，包括采取行动或者克制行为而导致一系列事件发生的过程。人在多重关系中应当承担的责任并非抽象孤立，行为者持续而合理地参与自己生存活动中的各种关系，向自然、文化、历史、社会、人类自我的负责的行为过程，以及为自然、文化、历史、社会、人类自我的负责的行为过程，都是指向维护整体世界历史动态的秩序协调发展的总体责任。人的一切责任，归根结底统一于维护与促进动态的世界关系网之和谐、统一的最高责任。为维护多重关

---

[442] James M. Gustafson. *Ethics and Theology: Ethics from a Theocentric Perspective*. Chicago: The University of Chicago Press, 1984. p. 176.

系的合理秩序，行为者应当将自己的权利要求与履行责任的要求，历史性地统一于人所在各种关系中的多重责任。行为者应当将历史时空的纵横坐标置于行为选择的思考框架之中，立足于"此在"（the present being）特定、有限的历史时空所提供的可能性和现实局限性，尽可能将目光延伸到可操作、可控制的未来遥远的历史时空，去思考上帝赋予我们的行为能力及相应道德实践的要求，思考行为选择可能造成的后果。[43]

一个人如何理解和确认'此在'的历史条件，决定着他将以怎样的态度和倾向来对待未来。[44]

严格地说，最佳的可能性行为选择，关键在于确定历史时空中纵横坐标的交叉点。任何历史事件及后果的发生，都不是某一孤立历史阶段自身因果关系的表现，而是在人类有目的、有意识活动参与的过程中，"理由"与"原因"共同作用的结果。[45] 人是历史的"创造者"，人"创造"了历史，历史也造就了人。在有意"无意"的行为过程中，我们总是无法完全准确地预测参与历史的行为过程及其后果。即使我们能够预见在一定历史时空内可能的行为后果，但是由于我们知识和经历的有限，我们总是没有把握去预见和把握长远历史意义上的后果。一切存在都是不断延伸的历史时空中的存在，人参与行为在特定时空中的合理性，总是与行为选择动态地相关。也就是说，我们参与历史过程中的行为在长远意义的普遍性要求和特定情景的具体要求之间，总是存在着一定的张力。在现实活动中，行为者经常难以完全控制其参与的历史事件及其后果，更无法摆脱对历史事

---

[43] James M. Gustafson. *Theology and Ethics: Ethics from a Theocentric Perspective.* Chicago: The University of Chicago Press, 1981. pp. 335—336.

[44] James M. Gustafson. *Theology and Ethics: Ethics from a Theocentric Perspective.* Chicago: The University of Chicago Press, 1981. p. 249.

[45] "理由"与"原因"的根本区别，在于前者是人之活动的目的和意识的表现，人有理由做某事，就是有一定的目的为根据和指归；后者是不以人的意志为转移即外在于人主观意志的因果关系的客观性表现。

件及其后果的依赖,因而经常感到焦虑、恐惧、悲观。有时候,行为者会按照自己的意图与目的采取冒险行动,试图影响和改变历史。鉴于历史发展的不可逆性,行为者在各方面的定限,以及相对于不同历史时空范围的行为选择所造成的后果差异,行为者就更有责任为历史进程中出现的不合理结构承担责任,尽可能促进历史朝着合理的方向发展。

任何存在都被特定的历史所限制。这种时空的限制性,要求行为者必须清醒地意识到,在当前有限的历史条件下的行为,会直接影响到行为者未来乃至后代的生存活动,因此行为者更应当有长远的历史眼光来规划当下的行为。

> 对当代人来说,更具体、更重要的责任是对未来的责任,最具体、直接地表现为对我们之后几代人要直接生存于其中的历史条件负责。[446]

对未来的责任最直接地体现为我们应当为后代的生存利益负责。我们应当着眼于现实和历史发展的逻辑要求,在多重关系中,尽可能全面、准确地理解特定的历史时空赋予我们在其中的可能性和局限性,合理把握自身在向未来历史时空延伸的可能性和局限性。为了最大程度维护历史合理地连续,我们应当尽可能预见行为各种可能引发的后果,预见可控性后果并使其符合伦理目的的可能性,在面临多种可能性时进行综合平衡,进而做出合理性程度最高的行为选择。

古斯塔夫森赞赏拉纳的历史伦理观和希望神学中的历史动态观,他强调建构伦理学必须考虑道德选择所依托的历史变化和历史发展过程。因为

> 伦理学是根据新的科学知识、历史性的经历、生命的'超个人化'和对未来人类的思考而不断地发展变化的。[447]

---

[446] James M. Gustafson. *Theology and Ethics*: *Ethics from a Theocentric Perspective*. Chicago: The University of Chicago Press, 1981. p. 254.

[447] James M. Gustafson. *Ethics and Theology*: *Ethics from a Theocentric Perspective*. Chicago: The University of Chicago Press, 1984. p. 69.

古斯塔夫森强调，任何伦理学必须具有历史的连续性和承继性。人类对历史负责并非局限于自身短暂的生命期限，而是指整体历史过程，即：过去、现在和未来。道德选择和道德评价的历史背景，必须是具体历史时空与长远历史背景相交的契合点。这个既连续又相对稳定的历史时空交汇点，就是道德选择的最佳标准尺度，是历史过程性和阶段性的有机辩证统一。[648] 我们若想建立有关道德责任的好的伦理学，就必须将历史相对性作为关系思考的一个重要因素，这是历史与逻辑辩证统一的要求。

古斯塔夫森突出行为者多维道德责任及其在历史中的有机统一，实质上就是约翰·马丁·费舍和马克·拉维扎强调的"道德责任是一个真正的历史现象"。[649] 古斯塔夫森提倡的历史背景时空观不是道德虚无主义，他出于对历史纵横时空之协调的敏感与道德要求，即使在描述意义上具有相对主义的特点，其伦理实质却不是道德相对主义，而是将现实伦理精神寓于普适性责任要求的合理主张。[650]

第四节　规范、德性、责任的整合

古斯塔夫森没有将传统作为不证自明的前提来构建伦理学，而是如同挥动了"奥康姆剃刀"，从对传统和文化的批判开始，把终极实在或绝对道德命令、道德目的传统的强调置于现实生存的各种关系之中，在人的生存经验层面建构神学伦理。古斯塔夫森把"人应当是什么样的人"和"人应当如何行为"的道德探讨结合在一起，整合规范、德性和责任伦理，使

---

[648] James M. Gustafson. *Theology and Ethics: Ethics from a Theocentric Perspective*. Chicago: The University of Chicago Press, 1981. pp. 46—47.

[649] 约翰·马丁·费舍,马克·拉维扎:《责任与控制：一种道德责任理论》,林绍刚译,华夏出版社,2002,第232页。

[650] James M. Gustafson. *Theology and Ethics: Ethics from a Theocentric Perspective*. Chicago: The University of Chicago Press, 1981. p. 342.

这种宗教伦理更具有实用性和开放性,有利于在理论和实践层面引导人作出更加完备的道德思考,有助于现实问题尽可能得到合理的解决。古斯塔夫森注重价值合理性,也强调目的合理性,他将宗教传统中的德性伦理和义务伦理进行融合,拓展和改造目的论和传统道义论,也综合了韦伯提出的信念伦理和责任伦理,并将它们融进他对行为者实际履行神圣责任、培养道德人格和实现整体善的道德目标的综合强调,实用性地将道德义务、目的和德性整合进入他神本主义的责任论。

神学伦理学作为规范伦理学,根本上是强调人无条件服从上帝,突出人在信仰生活中全心全意顺服上帝旨意的德性。在古斯塔夫森看来,上帝的旨意即道德目标,是世界整体秩序的和谐与统一。行为的价值最终取决于是否符合这一终极道德目标,只有出于道德义务的动机并为了道德目的的行为才合理,并且具有价值。与此同时,我们是什么样的人很大程度决定了我们如何行为,道德品格或德性是履行道德义务、实现道德目的之要求的工具和前提,而道德目的的实现又促进道德人格的成就。出于服从神圣命令而甘愿顺从道德目标之要求来最大程度履行使命的德性,尽管不是行为的最终目的,却从属于道德目标。因此,服从道德命令的行为动机和德性,就被融进符合道德目标的行为要求。在此,古斯塔夫森注重行为的义务动机,也注重出于道德动机的行为者的内在道德意愿,惟有出于服从世界整体善的要求才是合理的这一观点;为了促进道德目的的实现,他又注重行为者德性的培养,将德性和动机最终归于世界秩序整体善终这一极道德目标。

古斯塔夫森拓展了基督教舍己的德性传统。舍己德性的指向是对世界整体利益和未来利益的深切关注,因而超越了"爱人如己"的要求,成为"为世界整体善而舍己"、"爱人而舍己"的义务。这一点回应了当代共同体主义复兴德性伦理的呼声。共同体主义价值观的基础是人们对文化和传统的认同。古斯塔夫森从整体主义的神学视角对伦理传统和社会文化现实做了大盘点,同时代的麦金太尔是从复兴德性伦理和共同体主义伦理的角

第四章 人对世界整体秩序的道德责任

度,对美国自由主义的民主社会文化和现实做出伦理批判和回应。他们各自从不同切入点深入伦理剖析,共同呼唤公共德性。然而,共同体自身所具有的明显的历史性、社会性和文化性,都会导致对德性的不同理解而陷入道德相对主义的困境。古斯塔夫森则将价值尺度诉诸绝对至高无上的超验力量、世界整体和谐平衡的道德秩序,又将对这种力量的把握交到人类在实际生活经历中的宗教情感和理性的合力,接通了世俗和信仰领域对道德的欲求,为道德责任的履行提供终极价值的支持与保证。

　　古斯塔夫森也扩展了康德个体主体中心的道义论。他从关系整体和关系中他者的立场出发,继而过渡到群体主体(理想的行为共同体)及交互群体主体,利用宗教德性发出整体主义的道德命令。他主张以他人和整体的利益思考为导向来取代行为主体个体利益的中心,将责任扩展到人之外的世界,并且将构成相对不同关系整体的人与人之间的关系、人与人之外的存在物之间利益的和谐与平衡,作为判断人之行为合理性的根据,从而超越了交互主体性的伦理要求而归向整体主义。此外,康德将伦理认知与实践理性区分开来,古斯塔夫森则将伦理认知即理论理性与情感相结合,主张情感体验可能具有伦理意义,同时又反对直接将之作为道德必然根据的情感直觉主义,反对道德相对主义。古斯塔夫森也强调最高价值即道德要求的有效性,但他将履行道德义务的有效性与具体情景和后果结合起来,主张根据行为和事件的具体背景、可能导致的行为后果和可操作、控制的延伸扩展的关系范围,来决定绝对道德命令对具体行为的要求。例如,严禁使用核武器是任何个人和群体都必须遵循的道德命令。[61] 从动机或义务的角度来说,严禁使用核武器或者严禁威胁使用核武器,是出于保护包括人类在内的世界生命秩序而发出的道德命令;从目的和后果考虑,一旦使用核武器,造成的最终后果则是彻底摧毁世界整体秩序而不单是人类。因此,目的和后果的综合思考加强了不使用核武器这一道德命令(义

---

[61] James M. Gustafson. *Intersections: Science, Theology and Ethics*. Ohio: Pilgrim Press, 1996. p. 129.

务）的合理性。

　　古斯塔夫森还综合责任伦理与信念伦理，重新诠释了基督教传统的天职观。韦伯提出，信念伦理和责任伦理之间的互补和协调作用，关键在于责任主体审时度势，从对行为后果负责的态度来做出行为选择，并依据对责任的信念来履行责任，注重实际行为后果以补偿或抵消手段可能造成的不符合目的之后果，进一步采取合目的行为弥补以前行为的后果、或者减少不利后果的产生。[62] 古斯塔夫森将二者整合进入其上帝中心论的责任伦理学中。其中，责任与信念的结合就是要从上帝要求出发，为了符合上帝要求的目的而行为，履行维护宇宙整体和谐与平衡的责任。既要保证责任的履行，还要在加强责任信念的基础上培养德性，促成履行受上帝之托付来参与管理和呵护世界的道德代理者的责任承担。

　　古斯塔夫森将人在处理各种不同关系和实际应用问题中的行为选择，最终归于对宇宙整体善的责任，强调每个个体、群体和人类整体在控制人口、保护生态环境、解决世界饥饿、合理配置生物医学研究基金、应对自杀问题和家庭与婚姻中的责任，突出责任、美德要统一于宇宙整体秩序和谐统一的要求，因而他将人归入宇宙连续性、纵横交织的关系网，使幸福和利益的追求，融于参与宇宙整体秩序的要求和维护并促进终极目的的天职。

　　古斯塔夫森又利用功利主义对后果的思考以及特定时空情景的动态时空观，将道德命令和整体善的目的结合起来，使价值与义务互相约束和互为条件的关系更具逻辑合理性。他利用道义论加强道德命令的普遍性，利用道德目的和后果加强道德义务的有效性。而且，为了使出于道德义务、又尽可能符合道德目的的行为在特定情景中具有最大程度的合理性，行为者又必须遵循道德命令、为了道德目的而培养自觉履行责任的德性与能力。在他看来，德性或义务或遵循理性的行为规范，都是行为合理性的根

---

[62]　6.3 "The Ethics of Conviction and Responsibility", Max Weber. http://plato.stanford.edu/entries/weber/#EthConRes, 2011—07—11.

据，但不是唯一根据。行为的合理根据在于道德品格与服从道德命令、行为后果和行为的目的性的共同作用。

最终，古斯塔夫森站在对抗人类中心论的上帝中心论立场，通过强调人的道德责任、美德、行为目的，将义务动机、行为规范和行为目的三者贯通，有机整合了德性伦理、道义论、后果论和责任伦理。根据这一神本主义的综合责任观，行为者应当甘心情愿地作上帝忠实的管家、实践信仰的生活，从内心到行动完全顺从上帝的命令，"尽心、尽意、尽性、尽力"服务于世界整体和谐、完整、统一的目的，努力培养道德自觉、自律与美德，加强积极的道德努力、德性培养、道德自觉与合理的外在强制共同作用，最大限度地促使履行道德责任的行为符合道德目标要求。这种综合性的责任伦理观，既强调整体、又注重个体和部分的正当利益，既注重目的要求和后果，又注重行为规范和道德动机的要求。

古斯塔夫森因强调人类对宇宙整体的责任而克服了当代道义论对个人权利的加强，因突出个体、部分对整体善的协调一致性而弥补了功利主义后果论对个体和公正的忽视，因肯定合理的道德模糊和具体时空的动态观，克服了共同体主义因对德性的强调而不可避免的相对性，因为加强对责任和信念的综合而克服了单纯强调德性可能导致的道德理想主义。这一将规范、德性、伦理整合于神本主义的责任伦理学，调和了各自在理论自洽和行为约束上的不足，合理地补充西方伦理传统，为人类旨在整体善的责任行为提供终极根据，为调节人的道德思考和行为实践提供更全面、完备的、开放性的引导。

根据这个综合责任观的要求，行为的合理性在于它遵守道德命令、遵循理性法则、调节道德情感、服从更高善即共同善的目标。其中，行为者的德性既是内在前提要求，又是实现道德目标的必要途径，还是道德行为的必然目的。要使道德在社会生活中发挥调节器的作用，首先依赖于每个行为者和群体的德性。因此，行为者的德性培养是实现道德目标的重要条件。但是，由于社会生活条件千差万别，人之经历和实践范围的多维局限,不同的行为者在德性培养方面会存在很多局限。此外,一个社会中公民整体道德素质的提高是长远的历史目标,仅仅依赖公民和社会德性的培养,仅仅依赖德性和人格的作用,难以维系社会正常的道德秩序,很难实现真正意义上的社会公正,更可能会导致社会性道德投机,使不道德者逃避惩罚,根本上破坏社会道德秩序。

因此,仅靠德性不能保证行为的合理性,我们必须同时加强对行为后果的预测、控制和把握,将义务、责任、后果、德性综合在行为选择和道德判断之中。在加强行为者德性培养的同时,更应当加强对其道德责任的要求。而且,行为者德性的培养,更重要的还在于加强其内在责任意识、提高其积极的道德实践及相关责任能力。道德责任的加强根本在于加强行为者的责任认同,在于加强行为者内在道德责任意识,强化其责任信念,即树立坚定、正确的善恶观。如果失去了行为者对德性和责任的认同,如果行为者没有正确和自觉的善恶观,任何道德责任和法律义务都难以在社会生活中得到执行,社会秩序必然陷入混乱。

这种全面综合的神本主义责任观,涵盖并强调了行为合理性之价值判断所关涉的互为牵制的关键要素:行为者的义务动机、符合规范要求的行为、实现道德目标的实际后果。而这些因素的根本核心在于行为者责任意识的加强和责任能力的提高,在于对责任、义务、行为规范和目标的自觉认同。一个行为有价值,不仅因为行为者出于义务动机,而且也因为该行为者遵循道德理性的引导,使行为符合规范并最终促进道德目标的实现。行为的合理性既依赖于行为者的道德动机,又依赖于行为者的道德秉性,还依赖于如此行为是否促进道德目的的实际效果。

这是一种人生伦理,即要求行为者(信仰者和非信仰者)为了道德目标而忠实地履行责任、争取做道德人。这种综合的责任观又是人际伦理,它突出人际伦理秩序,注重人类行为在维护和促进合理社会秩序的道德合理性,因而最终又是将"人之存在"即"人应当是谁"的伦理和"人之行为"的要求(即人应当如何行为的要求)进行整合扩展的、更宽广的宇宙目的伦理。这种伦理观将义务动机、行为规范和行为目的三者贯通。人之为人的目的在于合理和谐统一的世界秩序，要服从这一目标，人生就应当是道德的、美善的；而人要过道德的美善的生活，就要努力出于履行责任的动机并凭借美德的培养促进行为实际后果有利于道德目标的实现。这是全面的、立体的、开放的和活泼的伦理学体系，这样的人生是宽广的伦理人生，是至善的道德人生，是开放的目标人生。

在此值得一提的是，古斯塔夫森并没有从根本上创造一种新的伦理方法，在形式上他仍然倾向于传统的规范伦理，关注对行为合理与否和对行为后果的善恶评价。他通过批判改造传统规范伦理来支持神本主义的伦理学，因此他的伦理学

> 既不能算作是集中关注个人或者关注社会的伦理学，既不能纯粹被归到解放伦理学（liberation ethics）而非传统伦理学，或者是诠释学的而不是形而上学的伦理学。或者可以说，他的伦理学是综合所有这些对立而居中的实用性整合伦理学。[63]

由于古斯塔夫森接纳道德模糊和时空相对性的合理性，这可能令人感到他具有道德相对性和个体性的倾向。事实上，正是由于他肯定道德模糊的必然性和合理性，因而更加关注不同道德主体和不同立场观点之间的开放对取得伦理共识的意义。道德命令、行为后果和德性对行为的约束不可能完全消除道德模糊，因此加强行为者的道德责任，强调个体责任和群体责任的共同作用，将之作为通过道德协商产生道德共识的条件，才能够加强对行为控制的道德效果。

批评者不满于他挥舞"特洛尔奇的斧子"，[64]将一切伦理原则最终简化

---

[63] Farley Edward. "Theocentric Ethics as a Genetic Argument", *James M. Gustafson's Theocentric Ethics: Interpretations and Assessments*. Harlan R. Beckley, Charles M. Swezey Macon. (eds). Georgia: Mercer University Press, 1988. p. 40.

[64] Ernst Troeltsch（1865—1923），德国基督教新教神学家、哲学家。主张历史不是纯客观的，而是与人的理解相关的人之经验的一部分。因此，分析历史与基督教信仰之间的关系，就应当以历史的动态观点，来考察与评价宗教的信仰，既避免纯粹的历史主义来评价宗教信仰，也拒斥完全的神正论来解释历史。

为以人之经历为主要根据的根本的历史动态观。爱德华·法雷则赞扬这是一种"原发性的论证"（as a genetic argument），是"全面综合的、神学创新的道德生活观，而且这种全面的观点既是一种纠正又是一种探索。"[68] 他将古斯塔夫森对传统的纠正和创新归结为两方面：第一，古斯塔夫森纠正了以往不加分析和批评就将指导性信仰和方法用于思想中的神学伦理学；第二，他批判了迎合启示和经文那种简单而无批判性的伦理学，批判了将基督教教义传统直接作为给定的而不加评判的权威伦理学方法。

爱德华的这一积极评价更有道理。

在宗教信仰根基越来越不牢固的世俗社会文化当中，宗教道德的信仰会越来越缺乏有力的内在支持。仅仅利用宗教道德命令加强人的道德义务和舍己的德性，却忽视政治经济制度、国家制度合法化和社会变革对加强道德责任的力量，道德命令就只能加强信仰者的道德义务，而对非信仰者则难以有效。然而，古斯塔夫森从德性、义务、规范和信念的综合层面，整合性地拓展伦理思维和加强道德责任，对规范伦理学的批判性整合和伦理方法上的开放性与包容性，无疑是富有时代责任的神学家对道德相对主义、非理性主义的合理批判，是神学家积极参与社会伦理对话与实践而拯救和重建规范伦理、普遍主义和整体主义伦理的积极努力。在后现代无中心和道德相对主义的思潮中，古斯塔夫森再次强调人于世界中的合理位置和相应的道德责任，应对科技时代的挑战来探索各种应用伦理问题，这是神学家出于对人类社会现实和生存现状的关注，重申"人之为人"的本质和"人之行为"的应然要求，这是当代神学伦理对传统天职观的积极拓展与回应，表达了他对人类责任承担和道德生活的美好憧憬。[69]

---

[68] Farley Edward. "Theocentric Ethics as a Genetic Argument", *James M. Gustafson's Theocentric Ethics: Interpretations and Assessments*. Harlan R. Beckley, Charles M. Swezey Macon. (eds). Georgia: Mercer University Press, 1988. p. 39.

[69] James M. Gustafson. *Theology and Ethics: Ethics from a Theocentric Perspective*. Chicago: The University of Chicago Press, 1981. pp. 68—69.

第五章　道德责任的承担

古斯塔夫森继承马丁·路德、加尔文和现代新教思想家马克斯·韦伯等的天职观，主张行为者既要积极实践各种能力而有所为，又要将之控制在最大合理限度而有所不为，最大程度履行受上帝之托来治理全地和其中万物的神圣使命。履行道德责任的根本出发点和目的，在于促进人类完整的道德生活，而非追求人类自己的永生幸福。他同时继承基督教德性论强调"爱"的德性传统，主张行为者应当培养舍己美德，努力使物质需求和精神追求、自我需求和世界万物的发展要求之间的协调与统一。本章将从责任承担的原则、途径与方法、如何对待道德模糊（moral ambiguity）等几个方面，探讨古斯塔夫森关于道德责任承担的相关主张。

第一节　责任承担的原则

古斯塔夫森论述人的道德责任所设定的基本逻辑前提是：道德的应当（ought）和能够（able）很大程度上相互蕴涵。一方面，应当的责任是出自上帝的要求。上帝委托给人类管理和呵护世界的责任，逻辑上蕴涵了上帝赋予人类行动的能力，使人能够听从上帝的命令而道德地生活。另一方面，人类受之于上帝而区别于其他万物的理性、情感、道德生活经验等，反过来又赋予人类应当、而且必须将之付诸道德实践的责任要求，作为行为者的人，应当"为改变事件进程或事物的状态而根据目的、原则、规则、愿望、目标和价值，来发挥能力或者有意地克制行为而道德地行动”。(457) 人应当合理发挥有限的能动性，参与和管理世界秩序，合理平衡与协调各种关系及其多维价值，坚持道德正义，实践伦理智慧，既有所“为”，也有所“不为”。

一、注重多维关系及其价值平衡的原则

在古斯塔夫森看来，人类履行责任所坚持的行为原则，应当是关系中的、动态的、方向性的指导，决不存在任何情况下都能够解决价值冲突的单一、独立的第一伦理原则。(458) 行动者在相互交织的关系世界中履行责任，关键是要维护并平衡一切关系中的价值，以符合终极伦理目的为尺度，代替人类自我的利益作为行为选择和道德评价的根据。这是人之生存的本质向人类整体作为行为主体所提出的道德行为原则，其目的不仅仅是要防止人类的共同灾难，而且旨在维护和促进世界整体的福祉。人类若要承担起挽救已经失衡的世界秩序的责任，并且避免世界更大的灾难，就应立足于所依托的各种关系，通过扩展关系进行道德思考，更全面、客观、准确地关注和理解“共同善”和“基于需要的分配正义”，(459) 通过推己及人，将责任延伸到范围更广大的关系之中，以符合目的性的要求合理平衡一切价值关系，适时、适地调整自己在价值关系中的位置和行动。

忧那斯也提出了类似主张，来抵制人类中心论。忧那斯强调，作为道德人，行为者应当从时间与空间意义上，以前所未有的规模将其所负担的责任向外延伸出去。(460) 相比之下，古斯塔夫森坚持关系的价值观，强调多重关系的协调与辩证统一以及合理平衡与协调的多维价值，最终都应统一

---

(457) James M. Gustafson. *Ethics and Theology*: *Ethics from a Theocentric Perspective*. Chicago: The University of Chicago Press, 1984. p. 2.

(458) James M. Gustafson. *Ethics and Theology*: *Ethics from a Theocentric Perspective*. Chicago: The University of Chicago Press, 1984. p. 108.

(459) James M. Gustafson. *Theology and Ethics*: *Ethics from a Theocentric Perspective*. Chicago: The University of Chicago Press, 1981. p. 276.

(460) 转自甘绍平:《应用伦理学前沿问题研究》,南昌:江西人民出版社,2002 年,第 127 页。

于世界整体福利的最高善,这种主张更强烈地突出超越个体私利和人类整体利益,并指向宇宙整体利益。古斯塔夫森从关系价值的角度,向人类发出道德命令:

> 人要采取行动,永远不要将自己之外的一切仅仅作为实现自我目的之手段,即使是人类集体(整体)目的之手段。[61]

这一道德命令,要求人类将一切存在历史性地辩证统一于互为手段与目的的关系之中,统一于世界整体完善这一终极、至高的目的价值。这一原则囊括了对一切人和一切行为的要求;同时,古斯塔夫森也将原则的具体应用交于现实道德处境及其中的行为者,以加强行为者将一切关系及其和谐秩序的要求融于现实、历史情景之中的责任要求。

任何个体、群体甚至人类整体,在纷繁复杂而变化的多元生活世界中履行道德责任、过符合道德的生活,其实质就是在关系中合理评估价值和平衡价值的过程。[62] 要在各种情景中最大程度合理地履行其责任与义务,行为者应当将普遍性道德原则与具体情景相结合,根据自身的认识能力、实践能力和知识等,不断协调、平衡与周围世界之间的立体、动态、相互依赖的关系网,以整体善为尺度来权衡与协调多维价值,在总体和具体时空纵横交织的关系中,做出不一定是最完善、但却是具体情景中合理化程度最高的判断。

古斯塔夫森强调注重多维关系及其价值平衡的原则,实质上是将目的与手段、动机与效果有机统一,这具有理论与逻辑的合理性,也是对文化多元化的社会和复杂情景中道德思考和行动的要求。因为,无论是个体中心,还是人类整体中心,其错误归根结底就是将个体或人类的价值和利益

---

[61] James M. Gustafson. *A Sense of the Divine: the Natural Environment from a Theocentric Perspective*. Cleveland, Ohio: The Pilgrim Press, 1994. p. 106. *Ethics and Theology: Ethics from a Theocentric Perspective*. Chicago: Chicago University Press, 1984, p. 135.

[62] James M. Gustafson. *Ethics and Theology: Ethics from a Theocentric Perspective*. Chicago: The University of Chicago Press, 1984. p. 296.

作为最高甚至唯一目的，而将一切置于服从和工具性价值的地位，歪曲、甚至割裂了人与周围世界互为手段与目的的伦理关系及其历史延续性。在现实的具体情景中，行为者仅从自身利益和需要出发的行为是片面的，仅从当前利益和要求出发的行为也是不合理的。只有立足于人类发展和世界整体秩序的历史性要求，作为促进整体和最高价值的部分价值或工具价值，与其他存在自身的目的价值和工具价值协调统一，人类实现自身目的价值的行为才可能是道德的。一个行为是否是负责任的行为，关键要在长远和特定的历史时空内，检验其是否出于整体善并且促进整体善，而非看其是否成为满足某一个体、群体、组织和人类整体的当前与局部利益的工具与手段。

二、合理地"行为"与"不为"

在古斯塔夫森这里，人是能力与局限的共在。人应不断反思如何根据整体善的目的和要求，既最大程度发挥行为能力，又尽可能合理地引导和实践道德能力。[63] 从积极的意义上讲，这一原则要求，行为者要充分意识到各种关系赋予其道德行动的可能性，并对之进行综合分析与平衡，进而采取积极行动；从消极的意义上讲，这一原则要求行为者在复杂多变的关系网中，全面合理地分析和把握各种关系的限制与要求，由此将能动性的发挥控制在最佳合理限度之内而有所不为。人是有限的行为者，应当始终思考并把握积极"行为"与必要"不为"（non-action）之间合理的张力，使有意识、有目的的行为有利于抑制和减少对社会秩序和自然生态秩序破坏性的干预行为。[64]

古斯塔夫森这一辩证的责任承担原则，继承了《圣经》教导，也批判发展了压制主体性的禁欲主义以及近代以来过分高扬人之主体性的宗教工

---

[63] James M. Gustafson. *Ethics and Theology: Ethics from a Theocentric Perspective*. Chicago: The University of Chicago Press, 1984. p. 147.

[64] James M. Gustafson. *Ethics and Theology: Ethics from a Theocentric Perspective*. Chicago: The University of Chicago Press, 1984. pp. 239—250.

具化倾向。古斯塔夫森指出，西方文化具有明显的人类中心倾向，人是作为一切价值评估的尺度，同时又是唯一评估者。美国社会中的反共产主义和民族主义，就是宗教工具化的极好例证。[65]《圣经》严肃又清楚地表明，人应当通过积极行为和合理不为来遵行上帝旨意。这一义务原则，最集中表达在上帝关于人必须如何行为和严禁如何行为的训诫中。人回应上帝的道德命令而向上帝负责，就应当将上帝所托管理和呵护世界万物的积极行为责任与克制破坏世界万物之间和谐统一的消极不为的责任，统一于世俗和信仰敬拜的生活实践之中。

这一主张符合圣经传统。例如，《圣经》的智慧书中讲到，人履行治理和管理世界万物的神圣使命，应利用智慧去管理和治理上帝创造的美好、完整的世界："以圣德和正义管理世界，以正直的心，实行权力。"[66]"管理"就包括合理利用和合理护理，向下是指对包括人在内的整体世界即广义的自然负责，向上对上帝颁发给人类的道德命令负责，以正确合理的自我位置意识和相应的道德行为，通过在现实生活中的道德行动回应来向上帝交代。

古斯塔夫森的责任原则特别提醒，人永远无法摆脱在各种关系中的局限，人的"存在"就是处于"吊诡"的状态（paradox）。[67]也就是说，人的存在永远处于能力与局限相互作用、可能性与有限性相互制约的过程之中，人的实际生活就表现为积极行为和克制不合理欲望的消极行为或合理地不为的过程。行为者要最大程度地发挥行为能力，尽可能使行为动机符合道德目标，就应当首先从所在关系出发，以现有的认识能力和实践水平深入具体实践，持续提高道德认识技巧和实践能力。行为者还应当努力从扩展关系和服从整体利益之需求的角度，在认识与实践活动相互促进的过

---

[65] James M. Gustafson. *Moral Discernment in the Christian Life: Essays in Theological Ethics*. Westminster: John Knox Press, 2007. pp. 77—78.

[66]《圣经·箴言》9:3。

[67] James M. Gustafson. *Intersections: Science, Theology and Ethics*. Ohio: Pilgrim Press, 1996. p. 22, p. 26.

程中，积极发挥道德认识和道德能力，以促进德性的完善。行为者不断努力，促使道德认识、实践和德性之间形成良性互动的循环，实质上就是其履行道德义务和完善道德生活的积极行为反应。与此同时，为避免行为可能造成的无法把握和控制的破坏性后果，行为者有责任理智地反思自己对宇宙整体利益的认识，反思自己行为可能带来的后果，自觉意识到能力的定限而合理克制欲望，尽量在减少破坏世界整体秩序的限度内发挥主观能动性和创造性，使人类的生存与宇宙秩序保持动态的和谐与统一。

古斯塔夫森对人类积极行为的道德可能性保持乐观。他提倡合理的社会性冒险，以促进整体人类和世界幸福之目标。同时，他又对人类骄傲自大的社会文化现实表达强烈不满，他尤其激烈地批判近代以来导致人类破坏世界秩序的自利主义。古斯塔夫森突出人之有限的理性自由，突出道德认识、道德实践和德性的完善在各种关系中的局限性，因而强调行为主体履行道德责任应遵循合理"不为"的原则性要求。他多次提醒，在没有任何把握、在预见到可能严重的社会性后果时，人所应当采取的负责任的行为是：

最合理的反应是忍耐节制（forbearance）而不是干预（intervention）。[68]

这种"不为"或"无为"的责任担当原则，是以尊重一切存在之目的和价值为前提，为抵制人类破坏自然秩序和人类生命秩序的冒险行为而提出的责任行为要求。这种"不为"的主张，不同于斯多葛学派绝对服从自然秩序的禁欲主张，也合理地克制了近代以来新教主流高喊要征服自然的冒险性冲动。

古斯塔夫森的主张在进行社会变革方面，更具有其现实合理性。行为者在做出社会变革的行动选择时，更应当谨慎合理地"行为"与"不为"、

---

[68] James M. Gustafson. "Afterword", *James M. Gustafson's Theocentric Ethics: Interpretations and Assessments*. Harlan R. Beckley, Charles M. Swezey Macon. (eds). Georgia: Mercer University Press, 1988. p. 252.

保持之间合理张力，维持社会稳定合理地渐进演变或者保守进化，而不能推崇激进的社会革命。假如行动者在能力还不足以达到、或者根本没有合理把握社会秩序的情况下便冒然采取激进行为来干预甚至介入既有的社会秩序，那么，这种冒险更有可能引起像希特勒那样令人无法接受的专制与暴政。

在社会制度变革方面，古斯塔夫森坚持"无为"的主张，这似乎更接近保守主义的立场，因而是保守的社会变革者或温和的社会进化论者，而不是激进的社会革命者。古斯塔夫森一再提醒，我们作为能动性与有限性共在的行动者，即便我们带着良好的意图来干预社会、文化、自然秩序及进程，我们仍然必须明白，我们的知识有限，能力有限，尤其是逆转干预行为可能出现后果的能力更为有限。[69] 如果在社会秩序混乱和价值多元化无法取得社会道德认同的前提下，仍然一味地提倡社会秩序的改革，更可能导致以不同利益集团之目的为出发点的破坏性行为。多年来中东地区某些国家激进的社会改革，其至包括美国等西方发达的自由主义国家经常出现的社会暴乱，就是极具说服力的例证。

历史已经反复证明，打碎、推翻一个不尽合理的社会和组织制度，并不意味着这种"革命"必然带来更完善合理的社会制度和社会秩序。或者说，当人们无法控制和合理把握建立更合理、更正义的社会秩序所要求的诸多力量与因素时，即使摧毁一个不尽合理的社会秩序，也不一定就能真正建立起更加合理的社会新秩序。即便人类抱定美好的社会理想，也必须在具备了各种社会因素、条件与人为能力之间的有机协调，通过负责任的行动者个体和整体共同努力，才能促使美好的社会理想逐成为社会现实。我们无法忘记，在法国大革命短暂胜利的背后，无数无辜者血流成河。我国"文革"十年浩劫对社会政治秩序、经济秩序、道德秩序的空前摧毁，造成几代人心灵深处的伤痛，也是值得永远铭记的惨痛教训。

---

[69] James M. Gustafson. *Moral Discernment in the Christian Life: Essays in Theological Ethics*. Westminster: John Knox Press, 2007. pp. 96—97, pp. 124—125.

古斯塔夫森出于伦理学家高瞻远瞩的伦理关怀，对人类能力局限、对即使出于善良意志行为可能的破坏性后果保持高度警惕，他强调行为者应当合理地"无为"或"不为"的行为原则，旨在呼吁人类必须承担做人的责任，必须高度警惕进行社会制度变革的冒险性和破坏性，使积极的行动更具合理性。他是从整体主义的立场，更加注重人类行为在更广泛社会意义上的合理性。他对当前人类各种社会性和政治性冒险的警惕，表现出更高甚至是超越历史的伦理智慧。

我们应当理解并肯定这种不变之中有变、无为之中而有为的责任行动原则的合理性。传统中的疏漏行为或过失性行为，与追溯性的责任归属有着更加密切的联系。在古斯塔夫森这里，保持"行为"与"不为"之间合理张力的责任行为原则，提醒人类既应在实践活动领域积极冒险，又应当诚实面对可能导致的破坏性和悲剧性的后果，预先采取预防措施和事后采取弥补行为，而不是视而不见或者逃避责任。[⑳] 因此，对非正义和不合理社会制度的忍耐以及对之合理的、有条件的改进，无论如何不是消极地被动无为，而是主动意义上的行为选择。选择性地"不为"，实质上是有意识地行为。相反，那种由于行为者无意识而事实上致使行为没有发生，进而产生合乎目的性的后果或者导致违背道德要求的后果，行为者也不能因其无意识的不为而受到道德奖赏或道德惩罚。同样，由于客观或主观条件不允许或不存在，或者由于客观条件所迫，或由于行为者能力不足以阻止实际不利后果的发生，行为者也不能完全逃避自己的无能为力而导致的后果。在长远意义上，行为者都不应当因自己的无能为力而逃避责任。

其实，正是因为人的实际道德认识和道德能力与道德要求之间的差距，才更加体现出道德应然的重要性。行为者的能力不足，并不能成为降低其道德责任的充分根据。无知或无能，也绝不能成为人类盲目行动或采取破坏性行为的辩护辞，更不能为人类消极而被动的无为或随心所欲地妄

[⑳] James M. Gustafson. *Theology and Ethics*: *Ethics from a Theocentric Perspective*. Chicago: The University of Chicago Press, 1981. p. 285.

为开脱罪责。不可否认，人的自利倾向限制着人的利益思考范围，但恰恰因此，人就更有责任克制自我利益欲望，以积极维护和促进更广泛的整体利益。否则，我们若仅仅依据人类的生存现实和生物性特征来判断行为的合理性，就不仅仅是犯了自然主义谬误，而根本上是降低为人的资格，甚至取消了为人之本，为人逃避责任打开了缺口。更严重的是，为了满足自己的能力需要，或者提高人类能力以满足道德要求的需要，人类往往会无视自己的局限，过高估计自己的道德能力而采取强制性行为，或者拔苗助长，以亵渎道德的方式来"满足"道德的要求。例如，一些极端科学主义的鼓吹者，以改善人类幸福之目的而采取极端的科学冒险，极有可能带来从未预见到的不可逆的后果；惟物质主义和消费主义的狂热追随者，主张利用经济作为一切行为选择的基础和尺度，从而摧毁了道德生活和人类精神生存的实质意义。诸如此类破坏性的"积极行为"，实质都是不负责任、甚至是极端狭隘自私之举。人应当积极而合理地思维，积极而合理地采取行动来参与世界秩序的进程。如果绝对地"顺其自然"而始终消极无为，是对人之主体性的抹杀，更是对道德责任的推诿；同样，如果不顾后果或仅仅着眼于自身利益而不能合理地克制欲望而"无为"，就如同幻想着要绝对地主宰世界一样，根本上都是人类的悲哀，是对人之本质和道德责任的亵渎。

第二节 落实责任的途径

道德责任的落实既指个人性的、自主性的责任承担，也包括外部的或社会性的行动和制度性保障。行为者应当将完整全面的生活维度考虑在内，动态而综合地平衡人之"存在"与"行为"所涉及到的一切关系，加强责任信念和符合目的性的责任自觉，培养道德情感，坚定道德意志，努力提高道德认识以促进道德实践，在此循环融入的过程中不断提高责任行动能力。当各种关系和价值的冲突引发道德模糊而破坏整体价值时，行动者应发挥多因素积极互动而形成的合力，力求通过不同利益群体间平等的道德商谈，以取得最大程度的道德共识，尽可能消解道德模糊及其破坏性后果。当整体善受到严重威胁时，为了尽可能实践其道德完整性，行为者应像耶稣那样做出舍己的行为选择，使作为道德的行为者的存在与行为过程指向终极道德目标。本节从基督教伦理学的理论层面和人类道德生活的现实层面，讨论古斯塔夫森的伦理学有关行为者责任承担的具体途径和方法。

一、提高道德认识

理性的道德认识与理性的道德行动同等重要。古斯塔夫森对科技时代人们在道德认识上的混乱极其敏感。在他看来，实践人之为人的道德本质，重要而必要的前提是尽可能获得合理、全面、正确的道德认识，并在超越物质生存的更高精神意义上，全面合理把握人作为伦理存在而应当遵循的道德要求。

> 道德责任出自相互满足彼此需要的能力和需求……我们对双方利益和群体共同利益要求的理解，就是制定道德原则和规则的基础，也是决定道德的目的的基础。[47]

行为者应当在实际生存经历的关系中，尽可能超越自己利益需求而理解他人和群体及整体的利益要求，在扩展的关系中对情感、价值、行为进行自我批判与反思，最大程度提高道德认识。古斯塔夫森就此提出三点主张：

首先，在评价一般、抽象的价值系统的过程中，依据对最普遍的自然秩序和日常生活进行观察与思考的经验，人的理性能力就能够部分获知上帝创造世界根本意图和最终目的。生命连续系统中一切存在间的相互依赖性，是道德认识的重要依据。行为者能够据此获知，保存生命是对人类服从道德命令进行价值取舍的不证自明的最根本要求。以此为前提，行为者

---

[47] James M. Gustafson. *Ethics and Theology: Ethics from a Theocentric Perspective*. Chicago: The University of Chicago Press, 1984. p.133.

第五章 道德责任的承担

可以深入具体现实生活中相互依赖的各种关系，延伸和拓展道德认识和生存活动的范围，扩展并深入理解其他相应的具体责任。为更合理地提高和发展价值评估的技巧和道德选择能力，行为者应当全面理解和把握自己在关系中的伦理角色，在多种价值评估之中进行价值和目的选择。[472]

古斯塔夫森极为赞赏斯蒂芬·图尔闵（Stephen Toulmin）的主张：

> 我们不应当从局外者和旁观者的视角来看待自然（即世界）。相反，我们现在必须将人类参与自然的要求作为自然世界中的必要因素，以达到对人类生活和一切活动的理解和认识。因此，我们必须培养更协调的态度来看待世界，将自然和人类都包括在我们对世界的理解和认识活动之中。[473]

在这对师生看来，上帝赋予人自然理性，使人能在一定程度上以合理的情感和行为回应已获得的道德认知。合理的情感回应就是感激和敬畏，它们与理性共同作用，能够引导人深入认识世界总体的价值和自我责任，在实际生存的各个维度，进一步拓展理性的生存活动，提高对自然整体秩序合理发展要求的认识，并加强自我责任的认识。将理性和反思综合应用于这种循环互动的认识和生活实践过程，就是行为者应当提高道德认识促进道德责任得以履行的必然途径。

第二，在认识世界和获得自我认识及道德认识的过程中，还应当利用哲学、伦理、宗教、科学等多领域、多学科相互渗透、相互补充、相互纠偏的作用，更合理、全面地认识和理解神圣秩序及其要求，进一步促进道德认识和实践。古斯塔夫森认为，宗教是人类生存的一个现实维度，是认识世界、认识自我和认识道德责任的重要方式及其表现。具有宗教意义的

---

[472] James M. Gustafson. *Ethics and Theology: Ethics from a Theocentric Perspective.* Chicago: The University of Chicago Press, 1984. p. 26.

[473] Stephen Toulmin. *The Return to Cosmology: Postmodern Science and the Theology of Nature.* Berkeley: University of California Press, 1982. p. 255.

敬畏和敬虔的情感体验，不仅是人的自然情感反应，而且体现了人类独有的理性能力。他同样重视现实生活经验及一般意义上敬虔情感经历的道德重要性。⁶⁷⁴ 行为者要获得并促进合理全面的道德认识，不仅应当借助于科学和不同学科对自然规律的解释，而且也应当利用哲学、宗教和伦理学等对人的情感和行为倾向所做出的解释与引导。任何学科或领域都不可能穷尽对所研究领域的认识，只有综合各种认识渠道和可能的方式，综合利用多角度考察得出的各种解释及其互补与相互渗透的作用，行为者才能获得比较全面、深入和合理的道德认识。⁶⁷⁵

第三，行为者通过信仰的生活实践以及对信仰生活的反思，能够不断深入和提高自己的道德认识。⁶⁷⁶ 古斯塔夫森肯定，《圣经》中耶稣基督就是以信仰、话语和行为来启示上帝对人行为的道德要求，耶稣以自身的行为直接启示上帝创造世界的目的和对人之道德行为要求。基督徒应当在信仰的实践生活中，将基督的言行作为履行责任的最重要榜样与准则。⁶⁷⁷ 不仅行为意图、目的和目标是道德行为的指导，而且信徒立足信仰，即根据《圣经》中耶稣基督对信仰生活和现实生活道德行为的准则与典范作用，通过对信仰生活的反思，能够促进对道德责任的认识与理解。

古斯塔夫森指出：

> 我们对自己作为世界中不同整体之部分存在的理解是通过亲眼观察和价值评价获得的。⁶⁷⁸

---

⁶⁷⁴ James M. Gustafson. *Theology and Ethics: Ethics from a Theocentric Perspective*. Chicago: The University of Chicago Press, 1981. pp. 252—256.

⁶⁷⁵ 本节第三部分将对这一点作进一步的解释与分析。

⁶⁷⁶ 2004年，古斯塔夫森出版 An Examined Faith: the Grace of Self-doubt. (Minnesota: Fortress Press, 2004) 重申他一贯坚持的思想方法：强调反思性的怀疑在信仰中的重要性。对于神学家、伦理学家而言，在所处时代和文化环境中不断地反思传统和反思自我，持守受检验的信仰，是一种恩典。

⁶⁷⁷ James M. Gustafson. *Christ and Moral Life*. Louisville: Westmister John Knox Press, 2009 (reprint). p. 265.

⁶⁷⁸ James M. Gustafson. *Ethics and Theology: Ethics from a Theocentric Perspective*. Chicago: The University of Chicago Press, 1984. p. 283.

第五章 道德责任的承担

人作为管家，这是人通过思考在生命秩序中自我定位的问题，同样重要的是，这也是关涉我们情感的问题。[479]

在古斯塔夫森看来，信仰者和非信仰者总要经历到生存所依赖却无法把握的外在于己的力量，并在心中激发出神圣感。在信徒那里，这种情感就可能激发敬虔的情感体验（piety），对这种自然与理性情感反应的理性反思，则可以成为受检验的信仰，即使这种理性而反思的信仰不一定具体指向终极主宰，却可能具有宗教性质和伦理意义；而对非信徒来说，生活实践中对这种力量产生的感激、敬畏等情感反应，就是感性认识在理性反思和引导下进一步提高认识能力的过程，能引导行为者对价值和自我责任进一步的理性认识与道德反思。无论从信仰或非信仰的角度，行为者都应当利用这种宗教性的情感经验及不断的理性反思，最大程度也最可能准确地获得道德认识和价值的理解。[480]

责任伦理学大师马丁·费舍指出：

道德责任的认识和理性的道德反应同等重要，而（对道德责任的）理性认识的要求比对理性反应的要求更迫切。[481]

只有综合、全面平衡并协调在各种关系和各个方面所获得的认识，才能为道德实践提供最大程度的合理性和可能性。即使撇开古斯塔夫森执守的信仰立场，我们也不能否认，人类认识活动和实践活动不可分离而且相互渗透。道德认识和道德观念不能凭空产生于人的头脑，而是通过实践并且在实践中不断地产生、修正和提高。行为者反思已有的认识和实践经

---

[479] James M. Gustafson. *Ethics and Theology: Ethics from a Theocentric Perspective.* Chicago: The University of Chicago Press, 1984. p. 284.

[480] James M. Gustafson. *Theology and Ethics: Ethics from a Theocentric Perspective.* Chicago: The University of Chicago Press, 1981. pp. 205—208；p. 196.

[481] 约翰·马丁·费舍，马克·拉维扎：《责任与控制：一种道德责任理论》，林绍刚译，华夏出版社，2002，第59页。

验,是提高认识与实践能力的重要途径。为合理承担道德责任,行为者应当不断深入批判和反思追求道德价值的实践行为,对所追求的价值进行批判、反思与再反思。在实际生存活动中不断认识、反思所处历史、自然、社会、文化等多种关系及其相互依赖性,进而获得并提高对道德价值、责任和自我能力的认识。惟有如此,才能够拓展人类理性和自由的空间,为合理的道德行动提供更大可能性。

知善未必一定行善。然而,通过道德认识活动获得道德知识,以及通过进一步反思从而不断提高道德认识,却是道德行为必要且重要的前提。我们当然不应将道德认识仅仅寄托于宗教信仰。但是,如果信仰者能在生活中真正实践信仰的伦理要求,非信仰者能够客观、反思自己的认识和实践活动,无疑能很大程度避免因道德认识错误或道德无知而导致的恶果。人类历史上各种盲目行为及其严重的破坏后果,很大程度就归因于错误的价值理解和道德上的无知。在这一点上,古斯塔夫森的批判并不夸张。在西方哲学和宗教传统中,人类中心主义和惟人类利益的思想本质,归根到底是道德无知和道德认识错误的表现,而这种价值认识上的错误与无知,恰恰就是人类诸多不道德行为的主要根源,因为对这种错误和无知的无意识,愈发促使人类更加不道德。

二、参与道德实践

道德认识必须进入实践,才能不断得到检验和合理应用;只有在道德认识不断深入和提高的前提下,责任承担的行为实践才能不断增强其合理性和有效性。有限之人的道德认识和道德实践永远不可能达到完善。但是,

> 我们对上帝负有不可推卸的责任,应当在人类有限且有偏差的条件下采取行动。[482]

---

[482] James M. Gustafson. *Theology and Ethics*:*Ethics from a Theocentric Perspective.* Chicago:The University of Chicago Press,1981. p.37.

第五章 道德责任的承担

行为者应当发挥道德认识的积极作用，自觉自愿地进入到从认识到实践、再从实践到认识这一循环提升的道德实践过程，最大限度地参与维护、促进共同善的实践。行为者要以参与者而非观察者的角色承担相应的责任，应当置身进入与自然交往的活动过程，参与到社会、文化、历史等各种关系的合理秩序过程中。

人类参与自然秩序的生存活动，很重要地表现在我们生物性的发展过程之中；我们人类之所以成为今天所是，就是在宇宙中我们内在自然发展的结果，是在这颗星球的发展过程之中，哺乳动物自然发展进程的结果，我们将继续依赖于这些生物性内在发展的过程和规律，在参与介入自然发展的过程中，我们人类将继续学会避开那些威胁人类和一切生命的因素，而且，当我们看到火山喷发、飓风、海啸、地震时，我们就学会去接受我们控制能力的局限。[83]

上帝创造了人和人赖以生存的世界，而人参与世界的生存实践，一定意义上也在维护并促进人与世界的发展，体现了上帝对人之责任的核心要求是管理、看护世界整体的合理秩序。我们要负责任地参与到与自然合理交往的关系进程之中，在利用自然中各种资源的同时，将利用与开发自然的参与行为控制在合理限度内。在此，古斯塔夫森突出了两点：人类自身内在的生物性发展要求人类应当维护、促进生命的生存与延续，尽量减少生命链条中任何存在的危害；在与自然交往而获得自身与其他生命共同生存与发展的过程中，为了合理把握与自然之间的良性互动，人类应当在无法把握和控制的自然力量面前，承认自己的能力局限。[84] 自然和生态环境发展的后果，很大程度上受到我们在其中活动的影响，而在终极意义上，

---

[83] James M. Gustafson. *A Sense of the Divine: Environmental Ethics from the Theocentric Perspective.* Cleveland, Ohio: The Pilgrim Press, 1994. pp. 103—104.

[84] James M. Gustafson. *A Sense of the Divine: Environmental Ethics from the Theocentric Perspective.* Cleveland, Ohio: The Pilgrim Press, 1994. p. 149.

我们却根本无法掌握和控制我们的行为对环境的影响,无法掌握和控制环境变化对人类及一切存在物的影响。

施韦克和罗尔斯顿从信仰、责任的角度和生态学、进化论的角度,表达了人合理参与世界秩序、在与自然交往过程中有所"为"、也有所"不为"的要求,支持了古斯塔夫森的主张。施韦克也指出,我们应当按照符合世界共同善的目的,参与自然生态系统动态循环与平衡的过程,既有目的地与自然合理交往,又有意识地为此行为承担责任,"在一切行为和关系中,我们都应当在上帝面前尊重并促进生命的完整性。"[65] 罗尔斯顿强调人与环境的相互作用,提倡应当感激我们生存所依赖的环境。他从作为价值存在的自然而引出人对维护自然价值的义务,在终极意义上强调人类维护和促进神圣自然秩序完整性的义务。因为只有合理、谨慎地研究自然秩序,我们才有可能参与进入生命的圣境;更重要的是,我们才有可能在终极意义上与自然秩序和睦相处,变得聪明起来。我们必须综合协调自身利益与其他存在物共同的利益,将之共同置于合理的生态循环系统,为维护其他存在物的利益,合理回避和克制破坏性行为及其后果。[66]

古斯塔夫森更强调人类从感激之情而激发和培养合理参与的道德自觉,通过合理参与自然生态系统的行动来回应所依赖的自然环境,使相互依赖的世界整体朝着合乎上帝目的的方向发展。承担责任就意味着合理参与自然秩序进程和积极行动,以维护自然整体生态的平衡和发展。参与生命秩序进程的行为实践不仅仅与人的生存利益相关,也与自然中其他存在和自然整体发展的要求相关,与自然中关涉价值评价的诸多因素相关。人之生存及延续既是自然造就的结果,也是人类积极行动参与自然和干预自然的结果。同样,自然中一切存在物合理地存续,也是自然秩序内在发展规律和人类合理干预的行为共同作用的结果。人类参与维护与促进自然整

---

[65] William Schweiker. *Responsibility and Christian Ethics*. Cambridge University Press, 1995. p. 125.

[66] 霍尔姆斯·罗尔斯顿:《哲学走向荒野》,刘耳,叶平译。长春:吉林人民出版社,2000年,第24页。

体合理秩序进程，应当是与自然合作、而绝非是与自然抗争的道德实践过程。如果人不能通过与自然合理交往从中适当获取满足自己的生存所需，就是行为者在履行责任上的失败。我们必须保护一切赋予人类生存延续以价值的条件，这些条件就是整体生态秩序合理、和谐的进程。一旦这些条件遭到毁灭，就是人类自身和自然世界整体的毁灭。

古斯塔夫森发出先知式的警告：

面临环境危机和其他灾难，我们所有的人都处在汉斯·忧纳斯所描述的我们能够理解的邪恶之中，同时我们也在对抗着这种邪恶，我们是一方面在……参与着邪恶，也在参与着与邪恶的对抗。在此，只要从上帝为中心或从去人类中心的视角来分析，而不需要站在开放和扩展的宇宙观的角度，就能使我们意识到，人类应当克制我们自己能够判断出的造成破坏性后果，以及克制我们所不希望的道德上的恶，或者应当克制甚至是在自然自身的秩序过程中、以及我们参与自然的行为中道德上的恶。只要以上帝为中心，将人置于与自然世界连续的相互依赖的系统之中，就能使我们意识到，正当合理地干预自然的行为能够为自然和人类带来可能的利益；同时也能够使我们意识到，在从我们赞赏的意图出发来控制一切后果方面，我们的能力是有限的。'上帝是在具体之中。'希望亦即保存和提高我们正当珍惜的价值的可能性也是在具体之中，实现这种希望要求我们对具体的细节做出相应的合理性回应。[480]

如果将目光转回到如今在生态学意义和社会学意义上越来越失衡的世界秩序，转而思考人类各种利欲攻心的不道德的冒险行为，深入体会古斯塔夫森对人类命运和世界整体秩序合理发展的深切关注，感悟他内心对人类向自然承担责任与义务的殷切希望，我们就不得不与之产生深度共鸣。

---

[480] James M. Gustafson. *A Sense of the Divine: Environmental Ethics from the Theocentric Perspective.* Cleveland, Ohio: The Pilgrim Press, 1994. p. 48.

人类今天的生存状态就是参与自然秩序进程的结果。要为自然负责、向自然负责，我们必须谨记人在时间和空间上的规定性及局限性，我们永远不可能摆脱自然的束缚将自己独立于世界之外，同样也不能反过来任意操纵自然规律。人类对自然的责任，与其说是开发自然、引导自然，更不如说是尊重自然和在自然面前保持做人所必需的谦卑，愿意成为自然的伙伴和合作者。即使可以将自然作为服务于人类生存和延续目的之手段，那也不是说自然仅为了人之目的才有价值，更不保证人类具备充分理性和道德能力，为了一切存在的整体目的而去合理利用自然的价值。在向自然索取的同时，我们应当警惕开发利用自然资源对环境可能的破坏，决不能继续为了某一地区、集团、民族的发展或当代人的眼前利益，去任凭世界整体环境、未来生存环境、生态系统合理延续遭到不可补救的破坏。

伦理学家诺兰发出类似警告：

如果我们人类生存的代价是人类自身的堕落，那么，在道德上就没有任何理由来保证这种生存。因为，虽然这种生存最终获得了胜利，但毕竟是付出了极大的代价的。[48]

人是相对的自我个体性的存在，更是家庭、群体、组织等多种社会成员的复合性存在。要实现做人的伦理本质，我们应当以整体善为尺度，置身进入与社会、文化、历史和他人及群体的合理交往的关系秩序进程，最大程度合理地协调各种社会责任、文化责任、历史责任，依赖并参与的各种关系进程以促进完整的道德生活。行为者应当从作为家庭、社区、各种不同利益集团、甚至民族国家的成员，合理平衡不同组织群体间的利益，跨越民族国家的界限，超越个体和不同级次群体之利益，使自己参与各种群体的行为来维护和促进全球共同善的目标。这是"世界公民"（global citizen）的理想，也是宗教普世思想的一种表达。古斯塔夫森主张，人应

---

[48] 诺兰：《伦理学与现实生活》，北京：华夏出版社，1988，第447页。

作为世界中平等的成员,坚持人与自然的平等,即同样作为上帝的创造物,平等参与到上帝整体创造的目的之中。[689]

首先,家庭成员应积极参与家庭生活以维护和促进家庭整体幸福。应当根据自身在家庭中的不同身份,彼此关心,彼此爱护,积极分担家庭负担,尽力维护家庭的完整和幸福。成员及家庭整体都有责任合理组织和引导家庭生活,克制各自的利益要求,使个体的利益要求与家庭整体利益的要求保持一致,最终促使家庭生活有利于促进社群和社会整体的和谐与统一。[690]例如,为缓解世界人口急剧增长以及由此引发部分地区的饥饿问题,每个家庭都有责任合理计划生育和控制家庭人口,有责任与其他家庭及所在群体和社会合理交往,合理规划并引导家庭生活与所在社群和社会的经济、政治和文化生活达到和谐。每个家庭及其成员又是不同社会群体的成员,应当参与社区、群体、组织甚至社会公共决策的商讨与制定,使个体和自己家庭的利益追求与群体和整体利益一致。为了维护群体利益和更广泛的社会利益,成员应积极参与社会生活,执行旨在维护群体利益的权威性法规,克制自我和一己家庭的不合理欲求。

任何群体及其成员都有责任积极参与社会生活、文化生活和政治活动,合理平衡并协调自身利益及价值的追求与更广泛的社会和文化甚至世界整体利益。个体成员、家庭整体、社会群体和文化群体,如果将自身抽离于彼此之间的相互关系,就失去了作为社会性存在的根基,失去了作为责任主体和行为者的伦理本质。当社会成员和群体积极努力促进群体利益和成员之间的和谐关系时,才能在长远意义上保障不同个体和群体的部分

---

[689] 古斯塔夫森也使用"低等"存在为"高等"存在服务的表达。但他认为,这仅仅是利用比喻的方式。他真正想表达意思是:即便所谓"低等"的受造物为人类服务,也不是为了人类的利益服务,而是为了人能够实现为人之本质和为人之目的—荣耀上帝,参与整体创造的和谐与统一。James M. Gustafson. *Moral Discernment in the Christian Life*: Essays in Theological Ethics. Westminster: John Knox Press,2007. p. 117.

[690] James M. Gustafson. *Ethics and Theology*: Ethics from a Theocentric Perspective. Chicago: The University of Chicago Press,1984. pp. 167—170.

利益。在秩序混乱和被私利、投机行为统治的文化群体中，当每个个体或群体都执着地追求一己利益而对他人和社会公共利益漠不关心时，就无从谈起成员和群体的自身利益，更无法谈起彼此之间的协调。自私自利的行为不仅是不道德的，而且任何基于自私自利价值追求的个体和群体，其生命都是短暂的。人人冷漠的环境必然是人人受害的环境；而人人参与的社会，才可能是个体和群体、部分与整体都受益的社会。

三、多因素形成合力

伦理和道德的核心是价值的善。道德和伦理要真正有效地发挥社会生活调节器的作用，必须综合考察那些影响并促使各种价值观形成的因素，深入到产生价值冲突的具体问题之中，从多维度考察人类生活的实际状况，揭示和探讨相关领域各种因素及其相互作用。伦理问题的探究与解决，决不能仅仅限制在某一领域或者完全依赖伦理自身的力量。古斯塔夫森指出，尤其在公共行为选择方面，单凭伦理和道德的力量，不能彻底解决现实中复杂的伦理问题。伦理学必须走出自身理论的局限，与政治、经济、法律、科学等因素形成合力并综合发挥作用，才能促进行为者道德责任的承担。尤其是作为关系主体和行动主体的家庭以及婚姻，当社会政策与家庭和婚姻中的道德行为选择发生冲突时，社会政策必须综合政治、经济、法律、科学等因素，多方面来考虑社会政策的实施给家庭和婚姻可能带来的影响，以及家庭婚姻又如何反过来对整体社会的道德行为产生影响。[⑩]

古斯塔夫森尤其注重科学与伦理学的合力。道德和伦理的目的是从实然世界指向应然世界，因而不能将事实等同于价值。然而，行为选择和价值判断却不能无视客观存在的事实，不能对科学对于人类客观生存状态的事实性解释视而不见。无论是以信仰为基础还是自然主义的方法，行为者

[⑩] James M. Gustafson. *Ethics and Theology: Ethics from a Theocentric Perspective*. Chicago: The University of Chicago Press, 1984. pp. 167—170.

要做出合理的价值选择，必须将科学提供的解释考虑在内。[492] 尤其是对与人类整体生存密切相关的生物医学科技的应用、与全球环境秩序和生态平衡密切相关的物种保护问题，仅仅依赖人对自然客观规律的敬畏体验和一般经验事实的观察，依赖文化传统、习俗或信仰传统的伦理规范，非但不能解决问题，反而可能令人更加束手无策。

科学技术对现代人类生活的主宰作用越来越强大，与此同时，越来越复杂的科学技术所产生的令人难以预测的后果正在困扰人类生存与发展。伦理学家和应用科学技术专家，仅凭自己的专业知识和信息，都难以成功应对新的伦理问题。他们应当走出各自的领域，彼此开放，借助于各学科和领域的知识和信息的交叉、渗透与互动，通过各学科和不同领域的自我反省、相互批判与支持，尽可能全面、综合平衡与协调具体伦理问题涉及的多维价值，更全面认识和理解伦理问题及其价值冲突。[493] 通过积极的道德对话和伦理商谈，寻求知识和信息互补，在综合各种相关因素的前提下，在条件许可范围内，做出合理化程度最高的行为选择与价值判断。[494]

古斯塔夫森的主张既是应用伦理学的要求，也是各个学科真正解决自身领域的实际问题、使学科真正承担起自身责任所必须遵循的方法。科学探索是人类开发世界和开发自我的实践，也是人类实际认识和探索世界秩序与规范的过程和手段。即使科学技术的研究和发现不能确保信息准确无误，却无疑能一定程度帮助人类减少行为的盲目性，降低对合理秩序和价值的可能性破坏，应用伦理学家和宗教伦理学家绝不能对此视而不见。

例如，一种原生长于加拿大俗称为"黄花草"的植物，其外观之美令

---

[492] James M. Gustafson. *Theology and Ethics: Ethics from a Theocentric Perspective*. Chicago: The University of Chicago Press, 1981. p.151.

[493] James M. Gustafson. *Intersections: Science, Theology and Ethics*. Ohio: Pilgrim Press, 1996. xiv.

[494] 例如，在进行医疗研究和医疗保健基金的分配时，古斯塔夫森提出，这不仅仅是伦理问题，而是一个必须综合参考四个标准的选择：医学的、经济的、伦理的和政治的。James M. Gustafson. *Ethics and Theology: Ethics from a Theocentric Perspective*. Chicago: The University of Chicago Press, 1984, p. 259—271; 古斯塔夫森的著作 *Intersections: Science, Theology and Ethics*. (Ohio: Pilgrim Press, 1996.) 专门论述科学、神学与伦理学相互交叉渗透的重要性。

人惊叹。但经过植物研究和土壤结构的科学分析发现，该植物繁殖生长速度过快已经极大危害其他植物的生长，对土壤结构及营养的破坏性极强。这个科学发现就从事实层面为人的合理行为提供了帮助和要求，在生长这种植物和土壤营养薄弱的地区，应当采取措施限制该植物的生长数量，或者在必要时根除该植物或培养克制其生长的其他植物，以保护土壤和其他物种的合理延续。假如无视这些科学知识的提醒，盲目要求人类被动地服从自然规律，与自然相处过程中不采取任何积极的"创造性行动"，一味保护"黄花草"这一植物品种的无知行为，将会对自然和人类造成双重危害。

古斯塔夫森通过深刻检讨人类意识形态和价值立场，谴责人类破坏自然和世界秩序的自私自利不负责任的行为，尤其强调要利用科学发现的知识来约束人类干预世界的行为。由于人无法完全预测在干预世界的活动过程中其行为可能或实际造成的后果，也无法控制其行为所产生的破坏性力量，人类必须充分发挥有限的理性和自由能力，利用科学已经发现的客观世界的规律，而绝非人为地操纵规律。[⑨] 人类要意识到自己在理性与自由方面的局限，要在生存实践中不断发展理性和自由的能力，积极切实地行动以及控制行为来履行自己的责任，使理性和自由的行为选择能够服务于神圣秩序的道德目的。人类要负责任地解决现实生存中重大伦理问题，同样应当注重向神学、社会学、人类学等社会科学开放并相互合作，使自然科学、人文社会科学研究的优势互补；也应当与政治、经济等社会控制力量有效地形成合力，将对事实的探索和意义的追求结合起来，更合理有效地履行人之为人的责任和使命。

四、培养道德人格

道德责任的承担与符合目的性的行为相关，也与行为的后果相关，还

[⑨] 古斯塔夫森在提出检验其神本主义伦理学内容的充分性和完备性的四个要素当中，其中的第三要素就是：利用科学在当时的历史条件中所提供的信息，伦理学通常不应当违背科学已经在历史当中被检验和证明的事实、知识和信息。参见 James M. Gustafson. 1984, 143.

与行为者及所在群体的德性密切相关。古斯塔夫森主张,行为者应当坚定对世界整体合理秩序的价值信仰,将外在的道德命令内化为主观的道德认同和道德努力,将价值追求和道德目标作为内在的行为动力,不断培养为他人、群体、社会及世界整体善而舍己的德性,努力成为道德人,过符合道德目标要求的、美善的生活。[96]

德性是行为者履行道德责任的一个重要保证,这首先是基督教对信徒的绝对道德命令,是人向上帝交代的当然要求。这一要求更重要的意义在于,德性是在现实生活履行责任过程中调节利益分配、平衡和解决利益冲突的重要因素。在利益分配的问题上,古斯塔夫森主张的目标是部分利益与整体利益相互促进。[97]然而,现实中共同善或整体利益不是绝对或抽象的,而是在具体关系中的价值选择和平衡,不仅整体善的价值确定要求进行多方面关系的平衡与协调,部分利益和整体善的要求之间也总有一定的冲突与矛盾,部分或个体利益与整体利益的要求之间常出现失衡甚至严重冲突。为了尽可能促进个体利益、部分利益与世界整体利益协调一致,行为者应当坚持兼顾"个人的合理需要"与维护整体善的要求。当利益之间产生不可调和的冲突,尤其当个体利益与部分利益、部分利益与整体利益难以达到平衡而危害整体秩序时,个体或群体应当坚定整体价值观,自觉克制(restrain)乃至舍弃(self-deny)[98]个体或部分利益,培养自我牺牲的道德品格,尽可能使维护和保障整体善的道德责任得以履行。[99]

这种道德要求主要表现为以下几种情况:

首先,当个体或部分的利益追求是以损害乃至牺牲他人利益甚至集体

---

[96] James M. Gustafson. *Moral Discernment in the Christian Life: Essays in Theological Ethics.* Westminster: John Knox Press, 2007. p. 40.

[97] James M. Gustafson. *Ethics and Theology: Ethics from a Theocentric Perspective.* Chicago: The University of Chicago Press, 1984. p. 19.

[98] James M. Gustafson. *Ethics and Theology: Ethics from a Theocentric Perspective.* Chicago: The University of Chicago Press, 1984. p. 6.

[99] James M. Gustafson. *Ethics and Theology: Ethics from a Theocentric Perspective.* Chicago: The University of Chicago Press, 1984. pp. 19—21.

利益为条件时，追求与维护自身利益的行为就是自我中心的不道德行为。在此情况下，个人和部分必须克服自我中心的利益欲求，服从整体或集体利益的要求。其次，由于整体福利非常有限或暂时短缺，因此不足以满足其成员或部分利益需求时，合理分配的公平原则要优先于成员利益需求的原则，即正义应当优先于权利需求，成员应平等地享受自己应得的份额。个体利益的需求要服从于公平分配的要求，这是缓解利益冲突最基本要求。再次，当维护未来利益与满足个人或部分当前合理利益要求发生冲突时，当前利益的合理性要以不破坏未来利益尤其是最直接后代的利益为前提，行为者应适当放弃眼前利益以保证可预见的未来利益。第四，当整体利益极其有限或匮乏不足以满足其部分或个体基本利益需求，如在战争、饥荒或某个物种濒临灭绝等极端情况下，部分和个体有责任舍弃自我利益，为整体善提供更大可能性保障。这是悲剧性的牺牲，却是行为者为实现道德要求、实现最终道德目标而应当具有的德性。[500]

行为者应当立足于具体时空与长远历史背景的立体时空，承认并关注道德冲突的事实。为缓解价值和利益的冲突，实现部分与整体利益目标之间最大程度的一致与协调，行为者应培养和实践道德自觉与自律，必要时应当效仿耶稣在十字架上的舍己牺牲。

（因为）十字架以及十字架牺牲的方式，就是神启示的象征，表示人能够而且也应当为了寻求和荣耀神而采取的道德行为。[501]

这是上帝颁发给人的新命令：舍弃自己跟从上帝。为此，人应当不断加强道德自觉，克制以牺牲整体利益为代价来满足个体或部分利益的欲望，以实现旨在增益更多生存者和整体利益的道德目标。

---

[500] James M. Gustafson. *Ethics and Theology：Ethics from a Theocentric Perspective.* Chicago：The University of Chicago Press, 1984. p. 319.

[501] James M. Gustafson. *Ethics and Theology：Ethics from a Theocentric Perspective.* Chicago：The University of Chicago Press, 1984. p. 22.

第五章　道德责任的承担

　　为加强对行为者的舍己德性要求，古斯塔夫森推崇生态智慧，倡议人类改变目前的消费方式，特别是美国消费社会，美国的消费者尤其应当在一定程度上牺牲目前利益和自我利益，更合理地保护自然资源和世界秩序发展的需要。他推崇的这种智慧是《圣经》教导人类真正得到生命、与生命源头合为一体从而使生命更加丰富的宇宙伦理智慧。人应当肯定自己作为行为者的存在，深刻思考生命的源头并回到这一源头，合理开发生存世界，合理克制自我利益和当前利益的欲望，这不是纯经济学意义上暂缓人类的自然资源需求对自然环境造成破坏的权宜之计，更不是人类中心主义的改版再现。

　　若如康德所言："唯一能够使世界成为上帝意旨的对象和创世的目的的东西，就是处于道德上的彻底完善状态的人性。"[502]古斯塔夫森相信，这种"道德上的彻底而又完善状态的人性"不是人的自我道德完善，或仅仅提高自己的内在价值，而是同时将人类自己及之外的一切作为目的和手段，自觉将提升自己的内在价值与服务于他人及一切关系的手段价值融入道德完善的努力之中。如果说康德是从伦理学即道德完善的义务来逻辑上规定了神学和宗教中关于上帝的知识和认识，那么，在古斯塔夫森这里，则正好反过来，是我们从现实经验和神圣启示获知有关上帝的知识和认识，为我们为什么要道德、如何过道德生活提供根据和目的导向。[503]因此，能够使人具备道德完美的东西是道德人负责任地行动，为他人和整体利益而甘愿牺牲自我、提高自我道德能力的努力，德性的标准和责任的目标是上帝创世的意旨和目的。如此循环就是道德人格形成的过程，是通过生活实践中道德地生活、不断提升道德人格的过程。在这个没有终结的过程中，人永远应当为整体利益负责而采取符合上帝目的性的行为。做道德人

---

[502] 康德：《单纯理性限度内的宗教》，李秋零译。香港：汉语基督教文化研究所，1997年，第58页。

[503] James M. Gustafson. *Ethics and Theology: Ethics from a Theocentric Perspective*. Chicago: The University of Chicago Press, 1984. p.137.

就是实践中的信仰或信仰中的实践，从不完美的善趋向完美的善这样一个永无止境的道德努力过程。

如果说康德为人类自己的义务建构了德福一致的道德系统，罗尔斯顿谨慎地利用人际伦理与环境伦理的类比提倡将伦理学扩展到人对环境的态度，因而提倡大地和生态系统的新诫律，那么，古斯塔夫森则强调，人类成为道德完善的主体，既是对自己、也是对宇宙秩序中的一切和宇宙秩序整体的道德义务，德的义务即德行，而"福"的回报则是适合于人类和世界和谐共存的整体秩序。因此，古斯塔夫森表达了人应当完全服从于上帝之爱的道德义务，主动乐意地接近上帝的旨意，积极回应上帝的呼召，履行自己的天职。

古斯塔夫森的主张是合理的。无论是在神学意义还是在世俗道德生活的意义上，舍己的德性都是履行道德责任的必要条件。在战争状态或价值冲突的极端状况下，悲壮的自我牺牲尤为重要。即便是日常生活中，个体、群体、组织都应当合理地舍己，才能不为人类各方面能力的局限所羁绊，才有可能维持和促进人际和谐、社会良好秩序的发展，促进文化之间的和谐共存、人与自然的平衡发展。一个没有牺牲精神和舍己美德的家庭成员，不可能享受幸福美满的家庭生活；难以想象，没有牺牲精神和舍己奉献德性的教职员工和学生，如何能够真正履行作为教师和教学服务人员的职责，又如何能够享受和谐、友爱的教育环境；当工厂为获取更多利益与保护周围自然环境的道德要求发生严重冲突时，工厂的局部利益就应当做出牺牲。当科学家的冒险欲与可能对社会秩序的破坏性后果发生不可调和的冲突时，科学家应当放弃自己的欲望。这不应完全交于法律强制，而是整体善向我们提出的舍己要求。这也不能仅仅停留于道德义务的外在约束，更需要行为者不断培养牺牲与奉献的德性，为承担责任不断提高道德自觉和道德自律。

五、合理的权威强制

古斯塔夫森强调，德性和道德努力是道德责任的主管，他强调"十字架牺牲"的道德理想,将追求终极价值的信仰和世俗社会的行为实践要求结合起来。他特别强调:上帝作为终极道德裁判,时刻监察和控制一切生命秩序进程,为行为者履行责任提供外在约束与终极担保。当人类不负责任的行为严重破坏合理的道德秩序,当行为者无法通过道德自觉和道德努力而负责任地行动,其一切行动及其后果就会置于上帝审判和惩治的权威之下。

尤其是论述人类对于自然整体环境的责任方面,他采取了类似于罗尔斯顿肯定权威强制必要性[504]的主张。古斯塔夫森他指出,仅仅依赖人的道德自觉或德性培养,公共生活领域的伦理秩序不可能稳定。伦理和道德命令在实际生活领域中真正发挥作用,还应诉诸有形的社会机构和权威、诉诸法律手段等外在的约束与强制,这样才能够使信仰生活和世俗社会生活实践共同为道德责任提供担保。[505]尽管人类具有道德意识和履行道德责任的可能性,道德责任的履行归根结底要依赖于人的道德自觉,但仍然要求对现实生活中人类道德能力保持合理谨慎的怀疑。

事实确实如此。在环境伦理等社会义务和公共生活领域,若非通过立法的形式,诉诸政策法规的干预与强制,就难以保证道德责任与义务的履行。尤其是关涉到人类维护社会群体和人类整体共同所需的自然资源及其条件的责任,即使人们对环境伦理有某些共识,也不一定都能做出负责的行为,必须重视道德外在权威强制的必要性,因为单凭个体的道德自觉和道德努力,根本无法实现保护环境的目标。

在主张利用政治、经济权威性强制和干预来促进道德义务的履行这一点上,古斯塔夫森非常警惕权威干预道德的合理性定限。他提醒说,即便是为了公共善的目的有必要实施权威强制,也必须考虑具体的时空环境,

---

[504] 罗尔斯顿:《环境伦理学:大自然的价值以及人对自然的义务》,杨通进译,中国社会科学出版社,2000年,第337页。

[505] James M. Gustafson. *Theology and Ethics: Ethics from a Theocentric Perspective*. Chicago: The University of Chicago Press, 1981. p. 307.

尽可能采取劝说、规劝的方式，因为从道德本身的特质而言，利用权威强制应当是"下下策的无奈之举"（the court of the last resort）。[506]他沿着强调人性堕落的宗教传统，最终更多寄希望于自我牺牲的宗教美德，将之作为神本主义伦理学逻辑的必然归宿，表达神学伦理学家特有的宗教理想情怀。例如，在深入剖析环境伦理和人口控制的问题时，古斯塔夫森挑战人人享有平等生育权的罗马天主教传统，主张从当代人的要求延伸到对未来后代平等生存权利的考虑，当代人平等生育权利的现实合理性必须与特定的社会、文化背景联系。为保障当代与未来人平等的生存权利，人有责任采取适当手段合理控制人口出生率。[507]他不仅论证人能够且应当自觉自主、负责任地采取控制人口措施，而且主张在特殊和紧急情况下，国家有必要采取立法、行政和经济手段等强制性的干预措施来控制人口，强制性地促使人类相关道德责任与义务的履行。[508]

在关系到人类整体生存与发展的伦理问题上，总体而言，群体和整体的行为影响深远，因而责任重大。例如，关于人口、环境问题的公共决策等，群体或整体的行为选择显然比个体的行为选择更加重要。群体或代表群体的权威做出的相关决策，需要以公共生活领域的集体道德共识为基础，才能代表群体和整体的利益，而同时相关决策必须渗透到公共生活领域，才能引导人们的行为。集体或群体的权威代表就有更高更重大的责任，既要了解成员的群体共识，又要通过自身的道德行为参与到公共决策的制订与实施的社会实践之中，这就是所谓的"权大位高责任重"。然而，不容忽视的是，即使责任的最终履行在于个体成员的道德意识和道德能力，但在执行公共决策和制度上，整个群体都是承担责任的共同主体。因

---

[506] James M. Gustafson. *Ethics and Theology*: *Ethics from a Theocentric Perspective*. Chicago: The University of Chicago Press, 1984. pp. 248—249.

[507] James M. Gustafson. *Ethics and Theology*: *Ethics from a Theocentric Perspective*. Chicago: The University of Chicago Press, 1984. p. 60.

[508] James M. Gustafson. *Ethics and Theology*: *Ethics from a Theocentric Perspective*. Chicago: The University of Chicago Press, 1984. p. 19.

第五章 道德责任的承担

此,每个成员都应当积极负责任地参与制订合理的社会公共决策,通过群体的公共道德行为促使社会公共决策的执行与实施。

我们也应当承认,仅仅依赖社会成员甚至是权威代表的德性和自愿接受社会义务,并不能完全保证公共责任的履行。为此,应用伦理学家主张,群体责任应当包括将群体或集体决策立法化的责任,将鼓励性质的伦理要求与强制性质的法律要求结合起来,这种主张是群体或集体责任得以在生活中发挥作用的保障。在群体行为或公共行为选择的基础上,社会诸多领域中的决策,实质上就成为既是人们自愿选择的伦理,也应当是一种强制性的伦理。[509] 罗尔斯顿强调群体责任和古斯塔夫森对整体和群体责任的强调,都将个体服从群体的意志作为伦理的合理要求,对伦理的强制性赋予一定的合理性,他们都认为破坏公共善的个体行为就是伤害他人利益的行为。古斯塔夫森和罗尔斯顿都肯定了群体有责任通过立法的形式对这种行为进行强制。值得注意的是,古斯塔夫森主张通过伦理引导与立法的强制,共同为群体、集体、整体甚至个体责任得以履行的保障,这一点上他与罗尔斯顿等生态环境伦理学家发出了类似的声音。然而,作为一个神学家,他更注重从舍己的德性角度,为人类自愿遵从上帝之爱的道德自律开阔领地。

对于人为强制、外在权威约束的伦理合理性及其后果和人类公共生存领域的责任,古斯塔夫森非常敏感,他对人类自身努力可能导致扮演上帝的后果特别警惕。古斯塔夫森强调,只有在极端情况和特定的社会文化时空,权威强制性的干预行为才具有合理性。[510] 这位神学伦理学家对人性及德性既悲观又盼望的悖论式心态,表现了他对人类道德生活的现实主义批判态度,他是具有悲观论调的乐观主义者,又是具有乐观主义理想的现实

---

[509] 罗尔斯顿:《环境伦理学:人自然的价值以及人对自然的义务》,杨通进译,中国社会科学出版社,2000年,第336页。

[510] James M. Gustafson. *Ethics and Theology*: *Ethics from a Theocentric Perspective*. Chicago: The University of Chicago Press, 1984. pp. 247—248.

主义批评家。他主张通过人类道德的可能性、责任能力以及利用权威强制的干预手段的综合作用，共同促进道德责任的履行。因此，与仅仅突出宽容和自我牺牲之德性的传统主张相比，古斯塔夫森的主张更接近现实；与纯粹自然主义和哲学的伦理相比，古斯塔夫森更表现出博大的宗教宽容和宗教伦理理想。

诚然，在人类复杂的现实生活中，道德和伦理必须与法律、行政、经济等手段协调作用，才能促进人类道德生活完善，促进人际关系以及人与自然关系和谐。然而，道德和伦理归根结底要以人的自由意志为基础，责任的承担最终应当诉诸行为主体的道德自觉和自律。毕竟，通过法律、行政等强制手段促使人遵行道德，本来就有悖于道德和伦理的精神实质。道德的意义在于人类自愿遵循道德要求以及对道德理性的内在追求，即人自觉、主动的道德努力，使负责任的行为和德性的培养相互促进而成为道德人。人之所以需要受到多重伦理关系的约束并在其中履行道德责任，最终是为了实现道德生活的完整和真正的自由，而真正的自由要以道德和理性为前提。法律、行政等手段的外在强制，只能是保证社会秩序的一种手段和工具。只有将法律强制限制在合理化程度最高的范围之内，强制才能真正在长远意义上成为促进社会道德的手段和方式。如果将道德法律化推向极端，就如同将法律道德化推向极端一样，都不能在有限的时空范围内有效解决人类面临的重大伦理问题，不能合理地应对伦理理论和现实生活中各种道德模糊与冲突。

第三节　道德模糊的消解

古斯塔夫森指出，将实际经验和情感体验作为道德认识的主要起点和途径，可能导致不同背景中认识主体在道德认识上的分歧，引起行为者在履行道德责任过程中的价值模糊甚至冲突。道德模糊（moral ambiguity）甚至价值冲突在道德生活中的必然性以及一定程度的合理性,并不意味着道德主体的选择和价值判断无所适从,也不意味着任何价值冲突都会导致伦理失效;相反,我们应当承认道德模糊的合理性存在,坚持伦理反思、道德宽容、坚定不移地积极努力、心存盼望、遵从上帝关于宽恕与牺牲的要求等,最大程度缓解道德模糊所可能导致的悲剧性结果,使行为选择和价值判断更好地服务于人类的道德生活。

一、道德模糊的合理性

古斯塔夫森承认道德模糊性的存在是事实,这一点与《圣经》传统中保罗的神学主张有所不同。

> 保罗主张为了寻求善应当限制恶,这在古斯塔夫森看来仅仅是道德理想,在现实生活中必须接受善恶之间的冲突是事实,诸善之间的冲突也是事实。[511]

事实上,道德模糊与不同的认识主体和具体情景相关,也是人之存在的多重关系及价值多维性的体现。人对价值和真理的认识是有限的,当经验知识和情感体验被作为认识、把握上帝创世目的的主要根据时,在认识论上就难以避免普遍又重要的道德模糊,甚至可能导致严重的价值冲突。古斯塔夫森最终将道德模糊归结为神学原因,因为有限之人不能扮演上帝,更不能操纵上帝,

> 全能者的目的是在他自己的掌握之中。[512]

在此,我们可以从三个方面,沿着古斯塔夫森的思路,探讨道德模糊及道德冲突的根源及其合理性。

---

[511] William C. Placher. "Being Postliberal: A response to James Gustafson". *Christian Century*. April 7, 1999. 116(11): 390—392. p. 391.

[512] James M. Gustafson. *Ethics and Theology: Ethics from a Theocentric Perspective*. p299; *The Contribution of Theology to Medical Ethics*. p. 90.

首先，由于认识主体和行为主体在生理和精神上的局限，各自的经历和认识能力不同，加之人自身无法完全摆脱的自我的个人视角和自我中心，最终导致不同认识主体对道德认识和价值判断的差异；[513] 其次，从动态的发展观和普遍联系的多重性来看，处于变化之中而又相互依赖之关系中的一切都有自身发展的内在规律，而认识主体和行为主体在参与其关系的活动过程中，同时要受到各种内在和外在因素的合力作用而不断变化，因而认识主体和行为主体对真理的认识和判断都是有限的；[514] 此外，人在多重关系中承担着多种伦理角色和多重责任，一切行为选择和价值判断都是对多种责任的平衡与协调，而不同个体、群体甚至人类整体，在承担责任之中角色的变换及不同时空因素的要求，这些都使得行为选择和价值判断更加复杂。[515]

古斯塔夫森伦理学的最终指向是：

> 一切创造完整的东西都是好的……这一伦理视角提供信息，并使人产生强烈的依赖感，使人意识到自然中一切存在的多维价值构成的诸多关系中存在着模糊性。[516]

从实证经验的角度分析，道德模糊的根源在于不同行为主体在经历、背景、处境及伦理思考视野的不同，不同行为者甚至同一行为者总会产生认识分歧，做出不尽全面、不尽准确的价值判断；从历史辩证的角度和动态的时空观分析，任何行为都是多重关系及其价值平衡之中的选择，因而在普遍联系、连续性的动态世界之中，行为选择和价值判断必然表现不同

---

[513] James M. Gustafson. *Ethics and Theology: Ethics from a Theocentric Perspective.* p299; *The Contribution of Theology to Medical Ethics.* p. 212.

[514] James M. Gustafson. *Ethics and Theology: Ethics from a Theocentric Perspective.* p299; *The Contribution of Theology to Medical Ethics.* p. 285.

[515] James M. Gustafson. *Ethics and Theology: Ethics from a Theocentric Perspective.* p299; *The Contribution of Theology to Medical Ethics.* p. 272.

[516] James M. Gustafson. *A Sense of the Divine: Environmental Ethics from the Theocentric Perspective.* Cleveland, Ohio: The Pilgrim Press, 1994. p. 105.

第五章 道德责任的承担

程度的道德模糊性。

现实中的人要展开认识活动和实践活动，必然要根据所获得的有限的价值认识和判断能力来确定一些前提性和优先性的价值。在承担道德责任的过程中，行为者必然要对多维、多重关系及其价值的高低和先后做出评估，进而确定各种主次责任。无论行为者怎样平衡其行为选择所关涉的全部价值，也无论其怎样将一切价值置于相互依赖的关系链条之中，总是无法摆脱"理性不及"的有限性，因而不得不为了有利于某些关系的价值而牺牲另外一些关系价值。因此，价值评估中的道德模糊性、甚至严重的道德冲突不仅是必然的，而且很大程度上为了道德之缘故，道德模糊性和价值冲突也具有现实的合理性。[517] 不仅如此，

> 理想的目标和价值之间没有自动的和谐，不止一个道德原则能够对行为提出合理的要求，因此道德原则之间的冲突总是不能在所有的情景之中都可以妥善解决。[518]

由此引起的道德模糊是必然的。古斯塔夫森对道德模糊性及其合理性的认同，极易令人将之与包括功利主义在内并与实用主义相关的人类中心论联系起来。但是，二者之间却有本质性的差别。实用主义宣称：

> 任何断言的真实性决定于它的种种后果，一切知识都是经验的，任何形式逻辑是根本不想要或者不能够来处置实在的真理的。[519]

不同的个体、群体主体是道德的判准，一切价值的标准被交于行为事后的判断，一切经验和对后果的判断都因人而异、因时而变、因境而迁，

---

[517] James M. Gustafson. *Ethics and Theology: Ethics from a Theocentric Perspective*. Chicago: The University of Chicago Press, 1984. p. 176.

[518] James M. Gustafson. *Ethics and Theology: Ethics from a Theocentric Perspective*. Chicago: The University of Chicago Press, 1984. p. 299.

[519] F.C.S 舍勒：《人本主义研究》，麻乔志译，上海：上海人民出版社，1966，第 175 页。

因此都是"人的真理",因而不具有绝对权威和普适性。实用主义所肯定或推崇的道德模糊与价值冲突,归根到底是以人的需要和判断为出发点和归宿。若此将价值判断的标准完全交于不同的头脑和经验,则不是道德多元化的问题,而是极可能导致绝对的道德相对主义和无道德主义,最终的结果不是道德模糊,而是道德的混乱和世界的无序。

古斯塔夫森肯定道德模糊存在的必然性与一定程度的合理性,目的不是将认识和判断交给一个个不同的头脑,而是要提醒行为者在现实生活中谦卑地隐退各自不同的判断,避开话语的霸权,倾听不同的声音,最大程度理解并合理回应上帝的呼召。只有肯定道德模糊性和价值判断冲突在一定程度上的必然性和合理性,才可能为合理消解道德模糊性和价值冲突的消极影响提供条件。因此,这种观点在逻辑上与其上帝中心论是内在统一的。

> 人及其他一切存在作为上帝目的的参与者、价值的多维性和关系的价值理论,以及其中不可避免的道德模糊性,都是相互连贯一致地融于其理论之中的。其中,上帝是相互依赖的生命因素的终极力量和至高主宰。然而,却不存在这样一种明确优于其他价值的目的或目标:该目标精确地规定自然和人参与其中的优先价值,以便能够为人的一切干预行为提供完美道德确证。[29]

伦理学的主要任务,是为复杂情景中的道德行为提供合理的建议和指导,引导行为者对自身的能力和责任有更合理的认识,以便更合理引导事件的发生和发展,因此不可能完全消除道德模糊。[30] 在多元化甚至相互冲突的文化中,伦理学更应当为越来越复杂情景中的合理价值分析提供引

---

[29] James M. Gustafson. *A Sense of the Divine*: *Environmental Ethics from the Theocentric Perspective*. Cleveland, Ohio: The Pilgrim Press, 1994. p. 72.

[30] James M. Gustafson. *Ethics and Theology*: *Ethics from a Theocentric Perspective*. Chicago: The University of Chicago Press, 1984. p. 276.

导，在方法上合理引导人们的价值判断。古斯塔夫森的伦理学既依据《圣经》和传统，也充分考虑包括信仰作为重要部分的人的实际生活经验，将之作为获得道德认识的根据之一。这是古斯塔夫森与主流的宗教伦理思想家的主要差别之一，也是他在神学界受到攻击的一个重要原因，这恰恰是他的宗教伦理学对世俗化和复杂化的多元生活的贡献和意义。

一切存在所具有的多重关系这一本质，蕴涵着一切存在的价值多维性。鉴于价值的多维性、关系的复杂性、人类生活和实践的发展变化性，具体的行为选择要避开或完全否认道德模糊性与价值冲突，道德和伦理则会失去其存在的现实基础。例如，愈来愈严重的环境问题和愈来愈复杂的生物医学的伦理争论，典型地表明了道德模糊甚至冲突的不可避免性。由于神学、生物学、生态学等学科之间的巨大差异，学者和专家在认识和理解问题、在价值的分析和判断上都有很大分歧，因而很难在伦理沟通与对话中取得完全一致的意见。环境问题所涉及一切关系之间非常复杂的相互依赖性，如伦理理想要求物种之间的平衡和人应合理捕杀一些物种以达到所期待的结果，二者之间总是存在着一定的张力。在不具备充分、全面的道德认识和道德能力的前提下，自然就会遇到价值判断和行为选择方面的模糊性和冲突。

人类在生物医学方面获得了越来越多的自然科学认识和经验知识，也相应提高了介入自然生理性机制的技术，使具体操作程序更加精确化。但是，生物医学研究在延续生命的努力和被延续生命之意义二者之间的选择，总是难以达到完全合理的协调，这种道德模糊性和行为选择中的价值冲突，非常明显地表现在有关基因医疗工程和"安乐死"的争论中。例如，在社会医疗资源和家庭财富极其有限的情况下，为延续一个长期处于不可逆植物状态或无自我意识的生命，同时很可能为家庭和社会带来精神和物质负担。当二者之间出现严重冲突时，从生命价值的多维性进行思考与争论，对医疗资源公平合理分配的争论，以及思考与平衡当事人与家人和社会等相关生命的价值关系，都会使安乐死本身成为道德争论的焦点，并且常常不可避免地导致行为选择中的道德模糊与冲突。

在道德认识、行为选择和价值判断以及行为过程等方面,道德模糊与价值冲突是我们必然面临而且应当接受的事实。尤其在解决具体伦理问题时,我们首先应当意识到合理行为选择的难度,才有可能为消解模糊及其可能的不利后果做多方面的准备,为之付出有效的努力,才能够冷静地在各种不同意见和各样的疑难选择中,更加谨慎地自我批判和内在反思,进而促使我们在不可知、不可完全把握的领域和力量面前谦卑下来,敞开思想,也敞开心扉,听得见自己的良知,发现自己的无知,也愿意去倾听并与不同意见商谈,才更有可能合理地积极"行为"和克制性地"不为",更有条件在知情、综合平衡各种关系和利弊的前提下,尽可能保持"为"与"不为"之间合理的张力,最佳程度地实现道德责任。

承认道德模糊甚至价值冲突的必然性和合理性,非但不会消减我们的责任能力,反而会有助于培养道德认识和实践能力。因为客观冷峻的态度可以使我们与经验世界保持合理距离,克制和避免不合理的干预行为。即在"无利益关涉"(disinterestedness)和"参与"(involvement)之间采取平衡而合适的中间立场。[22] 我们既是观察者,又是参与者;是作为参与者的观察者,同时又是作为观察者的参与者,应当始终保持观察者的冷静与谦卑参与世界秩序,才能既充分、又合理地发挥道德行为者的能力,最大程度地消解道德模糊带来的消极后果。

二、道德模糊的合理消解

尽管道德模糊有其合理性和必然性,但道德模糊的存在本身仍然会带来道德意志无法践行以及道德理想受挫的结局,相比于承认道德模糊的合理性,消解道德模糊才是更为重要的任务。为最大程度缓解道德模糊和价值冲突可能导致的悲剧性结果,在实际情景中符合整体善的道德要求,古

---

[22] James M. Gustafson. *Ethics and Theology: Ethics from a Theocentric Perspective*. Chicago: The University of Chicago Press, 1984. p. 147.

第五章 道德责任的承担

斯塔夫森曾先后提出三种相互作用的方式：超越性地"爱邻人"、乐观地盼望、恳求上帝宽恕和彼此宽恕。我们应通过伦理反思，将利益和行为目的思考扩展到更广的关系整体，以解决道德模糊或者至少使道德模糊能被容忍；[523] 同时，要坚定不移地心存盼望："即使我们犯了具体的悲剧性的不可逆转的错误，也总会有一些好的后果"；[524] 我们还要通过彼此宽恕而得到上帝的宽恕，尽管

> 人类行为的一些后果比其他行为后果更具有破坏性……但上帝却宽恕人类的一切错误，上帝有更新人的力量和改造犯严重道德错误的人走向道德的能力。[525]

古斯塔夫森的思想核心强调，人类共同而普遍的自我中心价值取向，是人类道德秩序混乱和道德滑坡的主要根源。要合理地消解道德模糊，

> 首先须将人类整体从居于中心的位置归回更广的关系背景，人才能够领悟什么是合理的。[526]

惟有回归到合理的关系之中，人才可能根据合理的道德认识，最大程度合理地消解道德模糊和道德冲突。根据"爱邻人"扩展关系的原则要求，我们应立足于现实中特定的时空关系，尽可能超越直接的生存关系和利益范围，向更广阔的关系范围确定自己与所在群体及人类整体、乃至世界整体相一致的合理利益和道德责任。例如，不同的道德主体要最大程度地获得道德共识，合理地消解环境伦理问题中的一些道德模糊与冲突，应

---

[523] James M. Gustafson. *Ethics and Theology: Ethics from a Theocentric Perspective.* Chicago: The University of Chicago Press, 1984. p. 289.

[524] James M. Gustafson. *Can Ethics Be Christian?* Chicago: Chicago University Press, 1975. p. 144.

[525] James M. Gustafson. *The Contribution of Theology to Medical Ethics.* Winsconsin: Marquette University Press, 1975. p. 106, p. 39.

[526] James M. Gustafson. *Theology and Ethics: Ethics from a Theocentric Perspective.* Chicago: The University of Chicago Press, 1981. p. 266.

当从整体主义的价值观和物种平衡的角度,尽可能将道德思考从所处情景扩展到与道德相关的更广阔的关系及进程之中,从人与非人类生命共同生存的角度,协调人与一切生命的关系及价值,既要关注行为后果,也要摒弃静态的惟目的论和价值等级观。

将利益关系从人际关系扩展到人之外的生态秩序,有助于缓解不同利益群体之间的冲突。当人与自然世界的价值和利益发生冲突时,冲突的利益群体将彼此双方共同作为类的存在和世界整体之部分,同时将自然与人置于共同伦理关怀,以有利于关系整体、促进更大整体秩序之要求为尺度,这些都将有助于消解个体和部分与整体利益的冲突,有利于引导人类在冲突的价值和利益中更合理的取舍使之平衡。当某个物种而不是个体的生存与延续受到严重威胁甚至濒临灭绝、而这个物种的灭绝会严重破坏生态系统时,保护该物种的责任应优先于人类自我利益的责任,人类应当为此目的而甘愿放下自我利益。

泰勒曾从公平的要求出发,提出自卫、均衡、最小失误、分配公平性和重构公平性五个原则。其中,人类的自卫是第一优先性原则。当人的利益受到严重威胁时,人的利益追求具有优先性。而在人的利益没有遇到严重威胁时,则采用其余的四个原则。[22] 反过来说,当人之外的生命延续还没有危及人的生存时,在自卫的前提下,人类有责任在尽量减少破坏性后果的同时,不断地协调和平衡与其他物种之间利益冲突,以尽量实现人与人之外生命之间生存机会的公平。显然,泰勒对人与自然之关系的理解,基点仍是人与自然对立又合作的二元论,而不是从人与自然共构生态系统的整体角度来协调人与非人类生存的利益冲突。古斯塔夫森主张,只有整体和关系整体善的要求才具有绝对优先性。他没有首先思考人类是否受到威胁,也没有从人类应当自卫的首要前提出发,而是从非人类生命受到威

---

[22] 转自戴斯·查丁斯:《环境伦理学——环境哲学导论》,林官民,杨爱民译,北京大学出版社,2004年,第163页。

胁的思考出发,㉘强调人类应当对此付出责任,将自己的需求置入更广的生态关系之中,进而最大程度、合理地消解道德模糊与冲突。

从现实可行性上说,古斯塔夫森提出的方法比泰勒的主张更具伦理合理性。举例来说,一个森林探险者由于过度饥饿而受到死亡威胁,为了获取食物来挽救自己生命他可能会杀死最后一只稀有动物,最终致使一个物种的灭绝而破坏了生态系统的完整。根据泰勒自卫原则优先的方法,这种行为虽然是悲剧性的,但在道德上却无可指责。而在古斯塔夫森这里,该行为却是不道德的。因为,探险者个体的生命与最后一只稀有动物的生命不是等级差别,也不是生命数量的差别,而是个体与类即物种的价值取舍。只有在类或物种的整体立场,自卫或保存生命的思考才是合理的。当人类整体利益和其他生命作为一个物种生存和延续的权利发生不可调和的冲突时,相对于其他生命个体的存在,人类利益的优先性才具有合理性;相对于人类个体和私人利益,其他生命作为物种的存在权利具有优先性才是合理的。

合理地扩展人际关系范围,也有助于消解道德模糊和道德冲突。例如,在生物医学研究中,如果仅仅考虑延续人的生命和考虑生物医学技术的发展,而不从社会和人际秩序和谐、统一、平衡的整体角度来思考,就可能造成一系列更加复杂的道德冲突。作为一个物种,人类在世界上的存在有始有终,人类历史也是有始有终的宇宙整体过程中的部分。㉙医学专家延长人寿命的努力应当适可而止,应当将延续寿命的医疗"冒险"控制在合理限度。就如古斯塔夫森所言,死亡不是本质上善、恶的价值问题,而是人之局限性的事实表现。古斯塔夫森指出:

> 医疗专家过度关注延长人类寿命,似乎认为死亡是不自然的,似乎将

㉘ James M. Gustafson. *Ethics and Theology*: Ethics from a Theocentric Perspective. Chicago: The University of Chicago Press,1984. p. 30.

㉙ James M. Gustafson. *Theology and Ethics*: Ethics from a Theocentric Perspective. Chicago: The University of Chicago Press,1981. p. 184.

死亡看作是恶、是需要人要靠生命力量来战胜的恶。[530]

即使认为死亡是恶，人类也应当"接受死亡是一个必要的恶"（a necessary evil）。[531] 如果开发利用医疗技术仅仅是为了避免或推迟生命死亡时间，则违背了生命秩序和社会秩序的合理要求。人类将死亡作为敌人而与之抵抗，以及为此而付出医学和社会上的努力，已经在不同时期为人类生存和世界秩序带来了难以控制的后果。

为此，生物医学专家应同时考虑与整体价值系统相关的其他因素，如：医疗技术的进步在延续寿命的同时，带来了人口老龄化、对老龄公民的漠视、医疗资源的分配不公、人口增加对社会的压力、被延续生命的无意义化等技术本身无法控制的社会问题。[532] 如果将生物意义的生命价值与其精神价值联系，就可能避免单纯为延续肉体生命的医学努力所导致其他方面的严重后果。如果将个体乃至某个群体的生命置入与其他群体基本生存对医疗资源需求的关系之中，置入与减轻疾病痛苦的需求之关系之中，就可能更合理地缓解老龄化社会中的人情疏离的生存窘境，更合理平衡医疗资源在不同年龄段和社会阶层人群中分配不合理等问题。[533]

早于古斯塔夫森20年，塞森斯格曾立志重建经验主义伦理学，明确提出了对人类扩展人际关系保守与肯定的态度，表达他为消解道德模糊和冲突而对人的善良意志和美德所寄予的厚望：

我怀疑社会科学家能够证明最有利于人的好生活的条件包括他是大量共同体的一个充分一体化的成员，而不是一个掠夺成性的个人主义

---

[530] James M. Gustafson and Landau. "Death is not the enemy," *Ethics and Theology: Ethics from a Theocentric Perspective.* pp. 24—58. p. 26.

[531] James M. Gustafson and Landau. "Death is not the enemy," *Ethics and Theology: Ethics from a Theocentric Perspective.* pp. 24—58. p. 26.

[532] James M. Gustafson. *Ethics and Theology: Ethics from a Theocentric Perspective.* Chicago: The University of Chicago Press, 1984. p. 273.

[533] James M. Gustafson. *Ethics and Theology: Ethics from a Theocentric Perspective.* Chicago: The University of Chicago Press, 1984. p. 273.

者。在 20 世纪，任何一个共同体的福祉都受到另一个共同体的福祉的影响，也许，所有共同体未来的福祉都依赖于人的理想共同体和国家的理想共同提转变为现实，这一点正日益变得明显。就这些信念可论证为真的程度而言，真正冲突的数量将会减少；在许多表面冲突中，我们能够证明，对个体实际上最好的东西就是对于一个更大的共同体最好的东西。在这里，对经验主义的承认，也许被反映在对于伦理学问题更一般的一致之中。但是，即使这些一般的陈述已证明是真的，也不能保证它们适用于每一种特定情况。我确信，真实的价值冲突将持续地存在，在真实冲突存在的地方，如果要达到一种理想的解决，就需要参与者的善良意志。[34]

塞森斯格关注现实价值冲突可能导致义务冲突、行为选择困难及相关道德模糊，比较明智地表达了他敏感又谨慎的态度。古斯塔夫森比塞森斯格更具现实合理性之处在于，他以道德命令的形式，强调将利益思考扩大到范围更大的共同体，加强个体和部分培养自我牺牲的德性以维护共同体利益的责任，表达神学伦理学家的乐观以及对拯救人类道德良知的希望。古斯塔夫森指出，人类过分狭隘缩小的利益思考视域是狭隘的利益观和价值观，其最终结果就是自我利益中心和极端人类中心主义，[35] 这是引起道德冲突和道德模糊的始因。

古斯塔夫森对人类将自己融于更广大关系以消解道德模糊的积极努力，同样保持着社会批评家应有的谨慎，这在很大程度上继承了尼布尔的社会批判主张。尼布尔坚持人应当遵循"爱人如己"和"爱邻人"的原则，不断扩大伦理关系以实现"爱"的伦理教导，但对社会群体的道德持怀疑和批判的态度，因为

---

[34] 塞森斯格：《价值与义务：经验主义伦理学理论的基础》，江畅译，北京：中国人民大学出版社，1992，第 141 页。

[35] James M. Gustafson. *Theology and Ethics: Ethics from a Theocentric Perspective.* Chicago: The University of Chicago Press, 1981. p. 306.

从个人之间的一般关系到社会群体的生活，其范围越大，关系越复杂，爱的精神在解决这种大范围的更为复杂的问题时表现出来的无能为力就变得日益明显。㊱

无论如何，要求人们尽可能将利益的思考扩大到更广的关系范围而承担责任，并将之作为一种普适性的方法，只能为消解道德模糊性提供一种可能，而非真正有效的保障。正如尼布尔指出，在相互冲突的行为者个体与部分之间，当行为能力达不到或者现实中共同体并不真正存在的情况下，扩展关系范围反而会引起更多道德冲突的危险。㊲ 古斯塔夫森同样意识到，无论是神学解释还是现实经验，将共同体扩展到更大范围关系层次的能力与努力是有限的。尤其是在宗教信仰冲突、民族关系冲突等多种因素的综合影响下，有时扩展关系范围极其困难。某些情况下，即使具有自我牺牲德性的个体或部分愿意为了共同体利益而放弃自我利益，但因其认识与能力的限制，为履行道德责任的舍己努力未必能够真正解决价值冲突和消解道德模糊性，"这在根本上是神学层面的原因。"㊳ 而且，在与其他学科交汇对话背景中，伦理学根本不可能消除道德选择上的模糊性。因此，古斯塔夫森的目的在于：在现代科学、哲学、神学、社会科学等不得不互相开放的处境中，为伦理学尽可能合理地实现多渠道交汇、互通提供一个可借鉴的方法。㊴ 这种方法不是为各种情况下的道德模糊和价值冲突提供确切的解答，而是一种"元方法"（"Meta-approaches"）。㊵

㊱ 莱茵霍尔德·尼布尔：《道德的人和不道德的社会》，1932. 蒋庆、王守昌等译，贵阳：贵州人民出版社，1998，第60页。

㊲ James M. Gustafson. *Ethics and Theology*: *Ethics from a Theocentric Perspective*. Chicago: The University of Chicago Press, 1984. p. 20.

㊳ James M. Gustafson. *Ethics and Theology*: *Ethics from a Theocentric Perspective*. Chicago: The University of Chicago Press, 1984. p. 21.

㊴ James M. Gustafson. *Intersections: Science, Theology and Ethics*. Ohio: Pilgrim Press, 1996. xvii.

㊵ James M. Gustafson. *Intersections: Science, Theology and Ethics*. Ohio: Pilgrim Press, 1996. p. 133.

第五章 道德责任的承担

在此，我们可以通过具体事例来为古斯塔夫森的主张进行辩护。例如，在战争中当被俘士兵面临两难选择：或者透露己方的军事情报来保全生命、或者牺牲生命以挽救更多生命、或避免己方更大的军事损失。有时，即使士兵情愿选择后者，也未必能够真正实现良好的道德愿望。假如敌人在他能够采取自杀行为之前给他使用了化学药物并控制其行为，使其无法自杀或无法抵制透露军事机密，这种情况下，被俘士兵将利益思考扩展到更大利益关系之中的可能性就不复存在。可见，通过扩展关系范围和强调培养自我牺牲的德性以消解道德和义务冲突，也应当将关系范围的合理性与主体能力和客观的时空情景联系起来。

在以后的著作中，古斯塔夫森更冷静地意识到，为合理消解道德模糊而扩展人际关系，是引导道德行为的指导性原则和伦理理想，只能作为道德努力的一个方向在一定限度内发挥作用。当然，从上帝中心论整体主义伦理学的理论而言，最理想的扩展关系范围的程度是扩展到终极存在（Being）这一最高层次的抽象本身，[541] 但事实上，现实生活中必须将扩展关系范围的努力与实际可操作性和普遍的公正结合起来。因为

> 不成熟地圈定（或缩小）思考范围则会导致过于简单的行为，有可能导致极端有限的行为——或许甚至是不明智的行为。[542]

当行为者的能力和条件在现实中受到多种因素限制时，主观上为了道德目的将关系扩展得越多越大，选择的可能性和机会就会越多，但引起冲突的可能性也越大，这种努力反而加剧了道德冲突。而且，在现实利益冲突的情况下，责任范围不可能无限延伸。事实上，行为主体承担的多维与多重责任经常出现冲突，尤其在资源短缺或特殊情形中可能产生不可调和

---

[541] James M. Gustafson. *Ethics and Theology: Ethics from a Theocentric Perspective*. Chicago: The University of Chicago Press, 1984. p. 15.

[542] James M. Gustafson. *A Sense of the Divine: Environmental Ethics from the Theocentric Perspective*. Cleveland, Ohio: The Pilgrim Press, 1994. p. 146.

的矛盾。延伸责任视域在有利于解决冲突的同时，也极可能带来新的冲突。因此，要最大程度消解道德模糊，还有赖于培养道德人格，通过关系中多方、同一利益群体内部和不同利益群体之间的道德宽容和商谈，甚至借助于外在权威的强制性约束。

古斯塔夫森肯定不同时空处境、不同领域及从不同视角对道德认识和价值分析的差异，同时提醒行为者应承认各自的局限，通过道德商谈和相互宽容，最大程度实现信息互补和判断上的纠偏，以达到更大范围的道德共识，形成最大限度的道德共同体，消解道德模糊和冲突带来的消极后果。[53] 他既强调责任优先，又注重通过社会生活实践中公正与分配正义的要求，协调个体、群体和人类整体责任的冲突，协调绝对义务与现实对道德宽容的要求。这种伦理不是为义务而义务的绝对道德命令，不是忧那斯的直觉式责任伦理，也不是哈贝马斯的交谈主体参与其中的有限公正，而是以上帝为最高善来加强人的责任，是将上帝作为终极目的和绝对价值的爱与公义的伦理学。

古斯塔夫森倡导宽容的伦理精神，呼唤人们将行动约束于上帝的目的，将现代社会中行为合理性的差异看作是非本质的，是不同处境中的人为采取合目的性行为表现的不同行为方式。[54] 本着如此整体善为终极目的的行动原则、符合神意的目的性原则和尊重差异的宽容原则，人类实践则有可能朝着合作的方向共同承担责任。他主张道德宽容与道德商谈的思想，既照顾到当代人之间的公正与利益协调，也照顾到与未来人之间的利益协调；既关注近距离人际关系的利益协调，也关注更大范围关系之间的利益平衡，因此是立足现实又具理想性的伦理主张。

---

[53] James M. Gustafson. *Ethics and Theology*: *Ethics from a Theocentric Perspective*. Chicago: The University of Chicago Press, 1984. pp. 248—250; pp. 288—290, p. 317.

[54] James M. Gustafson. *Ethics and Theology*: *Ethics from a Theocentric Perspective*. Chicago: The University of Chicago Press, 1984. p. 170.

第五章 道德责任的承担

古斯塔夫森强调宽容的伦理精神，他因此不赞同伦理学的"基督教"性质，甚至反对使用"宗教伦理学"的概念。[548] 在他看来，不能将伦理学仅仅狭隘地局限于宗教领域，更不能局限于基督教领域，而应基于普遍事实和社会生活。例如，在讨论"人口与营养"（Population and Nutrition）的伦理问题时，古斯塔夫森尊重和理解基督教关于人人享有平等生育权的主张，同时他又强调合理处理和解决相关伦理问题的另一前提保障，即应当对不同地域采取不同的方法，并对之给予理解和宽容。[549] 要实现维护世界整体利益的伦理任务，不应将绝对单一或普遍性准则应用于不同时空处境，而是应当在更大的关系范围之中，在所处的各种关系和利益之中做出价值选择，在道德模糊及冲突的不同行为者之间实现商谈和彼此宽容。而彼此宽容就是要尊重不同意见，愿意为了尊重不同的主张和他人的利益而放弃自己的利益。

在社会文化多元化的当今世界，话语霸权必然违背伦理精神。同样，有多少人就有多少意见的情况则是无价值的混乱状态。不同的认识主体和行为主体也仍然存在着不同的视角，在实际态度和行动中，必须承认自身在道德认识和道德实践上的局限。尊重是理解的前提，行为者愿意倾听不同的声音，才能让不同声音得到自由表达，也才能在了解他人和世界整体秩序和谐发展的同时，深入自我认识并拓展道德实践，促进自己的言行反思。即便说"真理越辨越明"的希望可能显得天真，但是在有限之人有限的经验世界，尤其是在当今人类科学技术发展的速度已经迫使人们来不及思考其后果如何的处境之中，如果没有对于所陈事实的辩论和讨论，则绝对不可能有真理的显明。

---

[548] Richard J. Neuhaus. "God as the Ground of Ethics." *Interpretation*, *A Journal of Bible and Theology*. 37 (April) pp. 197—200. (refer to his 1983, p. 198).

[549] James M. Gustafson. *Ethics and Theology*: *Ethics from a Theocentric Perspective*. Chicago: The University of Chicago Press, 1984. p. 298.

尽可能合理地消解道德模糊和道德冲突，并非指望实现完全绝对的道德共识。在不断地发展变化且各有局限的行为者及其有限的道德实践中，要达到绝对普适性的行为指导原则，是天真的理想。为此，不同行为者更应彼此尊重以求彼此理解，更应彼此宽容以达到和谐生存的目的。通过宽容而承担责任，是神本主义伦理学倡导的为人之要。按照《圣经》中耶稣的教导，弟兄犯了错误我们就要原谅到 77 次，无论如何总要原谅。因为如果不饶恕弟兄，也必得不到天父的饶恕。[547] 事实上，古斯塔夫森就是按照《圣经》的如此教导，主张将爱和宽容统一到为人的责任之中，为了履行天职，我们应当以谦卑的态度和宽容的胸怀，接纳多种声音和意见，要以德报怨。

  道德模糊与价值冲突，很大程度上也是行为者多重伦理角色及其责任之间的冲突。为了不辱上帝交托的神圣使命，当维护个体与部分的生存和维护整体秩序的目的要求发生不可调和的冲突时，当维护眼前的利益要求和长远意义上合理秩序之目的要求发生不可调和的冲突时，整体与长远善的要求应当优先于部分之目的。为了协调各种责任并促进道德生活的完整性，我们应当既保证对整体善之责任的优先性，又要有利于保证和促进行为者自我利益的自我责任。同时，在资源短缺和主权国家仍然为世界主要格局的实际情况中，伦理学更应当提倡对他人和社会的责任优先于保护自我利益的责任。[548] 在对己和对人、对社会、对整体的利益与责任发生不可调和矛盾的极端情况下，我们应通过道德商谈，尽可能争取相互理解和彼此宽容，在必要时舍弃个体与部分利益。[549] 这是神本主义伦理对个体和部分的舍己德性的要求。古斯塔夫森强调舍己牺牲来消解部分与整体之间的

---

[547] 《马太福音》18：21—22。

[548] James M. Gustafson. Ethics and Theology：Ethics from a Theocentric Perspective. Chicago：The University of Chicago Press，1984. pp. 275—276.

[549] James M. Gustafson. Ethics and Theology：Ethics from a Theocentric Perspective. Chicago：The University of Chicago Press，1984. pp. 18—19.

第五章 道德责任的承担

冲突，认同公共福祉相对于其他特殊非道德利益的优先性，认同在一般情况下直接的和原初的道德责任优先于间接的和远距离的责任。但他更突出"角色—任务性"责任应指向更大关系，强调生态整体和谐相对于人与社会利益（即使是公共福祉）的优先性。

现代责任伦理强调责任总与权利相关，同时与利益分配直接相关。但古斯塔夫森却更加关注人的责任本身。他意识到，以上帝为中心的道德命令不能保证人的道德行为和道德责任的实现。因此，他将道德责任的履行和道德目标的实现，寄希望于人类加强舍弃自我狭隘利益的道德信念、道德品格和道德实践。在他看来，要根本解决价值和利益冲突可能导致的严重后果，关键在于改变价值立场，将利益核心和行动宗旨引向他人利益和整体利益。

古斯塔夫森指出，功利主义虽然也承认整体（即最大多数人），但功利主义仅仅将整体看作实现个体利益的条件，其最终目的是实现个体利益最大化，是利己主义的一种明智表达，不能从根本上解决义务与利益的冲突。[59]康德的道义论也很难在实证层面解决道德义务与利益的冲突。为了在现实中解决义务与利益的冲突，古斯塔夫森将注重义务的道德命令与强调后果的功利主义结合起来，在强调整体功利的同时赋予行为主体道德责任，在履行道德责任的同时将道德责任的目标指向整体利益。因此，舍己的德性既是实现道德要求和目标的最终途径，也是消解道德冲突的最终方法。[60]人类要在上帝面前负责任地生活，应当将自己生命的完整意义置于服从世界完整和谐的目的性要求，舍弃一己利益乃至生命将之归于更大、更高的道德目标，最终归向上帝，我们就在失去生命的同时获得了生命。

---

[59] James M. Gustafson. *Ethics and Theology: Ethics from a Theocentric Perspective*. Chicago: The University of Chicago Press, 1984. p. 103.

[60] James M. Gustafson. *Ethics and Theology: Ethics from a Theocentric Perspective*. Chicago: The University of Chicago Press, 1984. p. 21.

在通过牺牲自我而成就德性的过程中，我们实现了德与福的一致。[58]

　　古斯塔夫森的主张在现实生活中更具合理性。现实生活中的资源总是有限的。在利益和责任的分配中，正义和公平也是有条件的。因此，任何情况下的正义和公平都是相对有限的。越是在条件有限的情况下，人就越有责任合理的协调未来发展的需求与当下的需要，将自己的需要和他人的要求进行平衡。[59]尤其是在利用自然资源和开发生态资源的问题上，我们有责任克制过度的要求，及时采取合理的行动，以恢复自然的自组织能力和再生殖能力。当自然环境和人类社会的整体发展面临严重危机时刻，我们甚至应当放弃一些合理的自我要求，以成就更大的善。

　　古斯塔夫森既强调责任，又突出人应当宽容和自我牺牲，表面看来这二者之间存在着逻辑的矛盾。然而，责任的源泉是上帝创造世界并交托于人要遵行的道德命令。责任和利益互为条件地统一于整体世界和谐的道德秩序之中，十字架上的舍己牺牲，是为他人和整体的无条件、绝对的爱。这种牺牲是美德，是人类履行道德责任应当具备的伦理品质，与人类维护整体历史和实现最终道德目标的责任相辅相成。基督教强调人绝对服从上帝命令、效法基督无条件的"爱"与"宽恕"的道德行为，在现实世界中被誉为"不可能之可能性"。在人类生存的历史中，这种精神却始终给人以寻求超越现实的精神力量和行动动力。

　　公平、公正、平等地承担责任的要求，与整体利益遭到严重破坏的情况下牺牲个体和部分利益以促进整体秩序的和谐与统一的要求，从更长远的世界整体秩序来看，二者之间没有本质的冲突。义利并举和舍生取义，

---

[58]《圣经·福音书》中强调关于牺牲美德的伦理教导："保存生命的反而丢失生命，而失去生命的反而得到生命。"（马太福音 10:39；路加福音 17:33）耶稣的背反式的教导，意义在于教导人们将生命意义和价值的追求指向完整的生命整体，服从于上帝所赐的有意义的永恒的生命，即通过人与人之间的平等互爱达到生命的"合一"、进而达到与上帝"合一"。在伦理的意义上，就是教导人们要将自己奉献给生命整体的统一，就像葡萄树的枝子，如果与树体连接，将自己归于树体的整体性，便能得到生命，而为了保持自己独立的生命脱离树体生命的整体性，则失去自己的存在意义。

[59] 同前。p.148.

都是我们做人而当为之举。正如没有尊重和宽容的世界是不可想象的世界一样，如果人人都一味地要求他人履行义务、到处主张自己的权利和利益，如果人人仅满足于实现一己要求而不肯为他人和整体利益做出牺牲，道德模糊和价值冲突会将世界变成人间牢狱。

古斯塔夫森的伦理理想有力地批判了陷于道德滑坡的社会现实。他为解决道德模糊和价值冲突而在现实社会中协调道德责任（义务）与利益所做的伦理努力，对人类道德生活实践有重要的指导意义。这也恰恰证明，为什么众多神学批评家追讨他在神学体系内的不充分性和背离传统，与此同时却会有更多神学家和伦理学家因此而发出由衷的赞叹。[58]

第四节　道德生活的憧憬

施韦克曾提出，一个伦理学能够得到确证，当且仅当它能满足三个条件：

第一，能够满足在交流行为中包含的程序要求；第二，能具体澄明一种道德生活，这种生活能够澄清对立道德立场中的道德模糊和疏漏；第三，具体说明为给我们实际经历提供应有的条件人类必须有怎样的经历。[59]

古斯塔夫森对第一个条件的观点非常明确。他多次重申，从不同的伦理视角同样可以获得与他一致的伦理主张。他也要求在关涉应用伦理问题的对话中，不同立场和不同领域的对话者能相互宽容、相互理解。在斯塔夫森这里，道德交流行为中所包含的程序要求，即是参与对话交流者都能

---

[58]　下一章讨论古斯塔夫森的神本主义责任观对理论、学术和社会道德生活实践的贡献，以及他在学术理论界和实践应用方面引起的争议与质疑。

[59]　William Schweiker. *Responsibility and Christian Ethics*. Cambridge University Press, 1995. p. 221.

彼此向不同的立场和观点开放。他的历史、动态的时空观和从现实经验与其他学科沟通对话的主张，本身就使他的伦理学成为一个开放的系统。

从第二个标准来说，古斯塔夫森是立足于对人类中心主义和个人利益中心的批判，力图用神本主义的整体价值取向，为解决社会文化和人类生存困境寻求出路。他将道义论、目的论有机综合起来，将科学、神学和伦理学加以整合，论证、补充各自在理论与现实中的道德模糊和疏漏。

从第三个条件来看，古斯塔夫森从多元角度，为人之经验提供描述性分析和规范性论证，论证人为什么应当是道德的，进而为人类在实际生活中如何过道德生活和采取道德行动提供方向性引导。他利用人的现实经验接通了现实生活和道德生活目标即神性的生活，接通"是"与"应当"，将道德生活理想融于现实道德要求，使他立足于现实经验的伦理学有助于引导人类参与现实与道德理想的构建，达到超越现实生存经历的道德目标。

古斯塔夫森希望，神本主义的伦理视角能一定程度改变人的道德选择和在思考道德问题重要性的次序，影响人们改变思考道德问题的方法。[59]他致力于各学科间的相互理解，致力于不同群体、文化和历史阶段的开放与共识，比其他神学思想家更关注道德模糊和道德多元化可能出现的悲剧性后果，更注重人作为道德的行为者应具备的道德品格和道德责任，更关注人类应当如何道德地、负责任地生活。通过强调义务、目的、责任、德性的综合作用，他希望神本主义的伦理视角能引导人们在各种关系中采取合理而道德的行动，通过对思维和行为的责任约束，培养人的善良德性，并且通过遵循宇宙秩序的目的准则，成为有道德的责任行为者，成为道德良善和自觉承担责任的人，过道德良善的生活，促进人类社会和谐的道德秩序和世界整体和谐的秩序进程。

古斯塔夫森以世界整体善为其伦理学关注焦点，构建了个体与共同体或整体和谐的道德理想。其中，个体对善的追求应当服务于他人和整体福

---

[59] James M. Gustafson. *Ethics and Theology: Ethics from a Theocentric Perspective*. Chicago: The University of Chicago Press, 1984. p. 150.

第五章 道德责任的承担

利。人有道德自主性和行为能力，道德自律和德性是保证良好社会秩序和道德生活的重要因素。但这种行为能力总是有限的，因而也是需要反思的。甚至在极端情况下，也需要给予外在的道德强制，其中包括权威的强制，为良好的社会秩序和道德生活提供保证。反过来，行为者遵行道德命令和履行道德责任，应当充分发挥道德自主性和行为能力，培养为他人和整体而放弃自我利益需求的美德，尽可能满足道德命令的要求，实现道德目标。任何个体和群体都要通过相互依赖而共同促进。如果人仅仅作为脱离于群体和关系整体的个体，其对善的追求和对共同善的理解就会是盲目狭隘的。如果忽视其部分之间和部分与整体之间相互依赖关系的多重性和多维性，对共同善的理解和追求则是自私而虚假、平面而单向度的。因此，公正而合理的社会秩序应当是个体寓于整体之中，整体又为着部分而存在，个体、部分和整体互为条件和目的，共构良性互动的关系秩序。

或许我们可以批评说，无论如何古斯塔夫森也只是为那些信仰者加强了宗教信仰和道德信念，而对非信仰者仅仅是表达了美好的伦理愿望，对他们提升道德或解决伦理困境却没有实质性帮助。但塞森斯格却道出了其中奥妙：

> 哲学家必须面对他所处时代的特殊问题，努力发挥他的才能，努力培养寻求解决问题办法的能力，以给那些没有清晰和宽广视力的人以指导。也许没有一个人会留心听！但至少他将会做他应当做的事情。[50]

无论是作为方法，还是作为仍需系统化的伦理学，这种伦理都是在古斯塔夫森时代应运而生的一种宗教责任伦理。古斯塔夫森做了他应当做的，也做了作为一个神学伦理学家应当做的正确的事情。他的理论和对实际问题的探讨，唤起众多同行的回应，引发人们对现实生活和自我行为的反思。尤其是他倡导的人际关系的和谐与利益的平衡，人与自然关系的和谐与协调，既

---

[50] 塞森斯格：《价值与义务：经验主义伦理学理论的基础》，江畅译，中国人民大学出版社，1992年第2版，第161页。

提供了生态智慧[59]和道德生活方式的引导，也促发人们对人作为类和整体之存在的义务的思考，促发人们对终极价值和意义的追问，是对全球生态环境建设和世界和平共存的责任思考的理论反思和实践的批判。

古斯塔夫森提供的生存智慧，不是自我保存的权宜之计，不是中世纪神学家的神秘体验或玄思，而是对人之为人的本质、目的和要求的理智而深刻的反思，以及在反思和行为实践中实现这些要求的道德生存智慧。人应当以世界合理秩序及进程为出发点和唯一目的，进而重新把握、审视和调整人在各种关系中的合理位置。人必须从开放的关系之中，立足点更高，思考更全面，眼光更远，这是人类走向幸福生存的希望。这种立体、开放、动态的上帝中心视角，要求人将自己和相关的一切都置于合理的关系之中，作为道德的行为主体，承担其呵护和管理世界整体秩序的责任。

这是人类生存的智慧。如同《圣经》中的教导："你们要先求他［上帝］的国和他［上帝］的义，这些东西都要加给你们了。"[60] 人遵从上帝的旨意，就是在自觉自愿遵循道德命令的过程中，实现人类自身的利益需求。履行道德责任的前提和目的，都是为了社会道德生活和世界良好的道德秩序；而遵循道德要求的结果，则是人类利益得到满足的可能而非必然。如果将次序颠倒，人首先丧失的是自己，然后最终丧失的是一切。这是上帝为中心的伦理方法给人的生存智慧，也就是耶稣的教导：求生命的

---

[59] 《牛津哲学指南》对智慧的释义强调："把反思的态度与实践的关切统一起来的一种理解形式。这种态度的目的是要理解实在的根本本性及其对过好生活的意义。这种实践关切的对象是要在主体的品质和环境既定的情况下构成一种关于过好生活的合情合理的概念，并对他们不得不在其中做出决定和行动的情景作出评价。作出这些评价因为许多情景的复杂性而是困难的，好生活是不完全地构成的，个体的品质和环境的可变性使一般原则成为不充分具体的。因此，智慧可以与评价复杂情景的好的判断、由于对人的条件的反思性理解所获得的好的生活的概念等同起来。"转自江畅："论本体论的性质及其重建"，《哲学研究》，2002年第1期，第24页。

[60] 《圣经·马太福音,6:33》。耶稣在教导门徒如何向上帝祷告时，核心就是要尊上帝为大，将上帝的国度和上帝的旨意作为当思虑的最重要的事情，因为人的日用饮食需要就在上帝的旨意之中。但是，这里的核心就是要在与上帝建立美好关系、恢复人真正本质的伦理思考和行为中，要摆正主次秩序，先求神的国和神的义。古斯塔夫森进而阐发这一点，强调求神的国度和神的旨意目的不在于人的利益和好处，神是造世界的神，并不单单看顾和保证人的自私需要。

反倒失去生命，舍弃生命的反而得到生命。因为，生命的源头不在人那里，而在世界整体和谐平衡的秩序之中。

  为此，个体的人、群体的人和人类整体，都应当不断反思自身在各种关系中的位置及行为，使各种关系中相互依存的一切既能合理生存及延续，又能合理发展。人应当维护和促进更广大的关系秩序之合理进程，将利益和责任的思考扩展到他人、社会、文化、自然、历史及其合理的关系之中，合理平衡各方面的利益与责任，使人与自然、人与社会、人与文化、人与历史和人与人类自己的关系处于合理的动态秩序之中。人类应当以长远永恒的幸福生存为要求，来促进当前真正的责任生存之方式和行为。人类生存的智慧就是与世界共存，这是人之为人应当为世界承担责任而必须努力和奋斗的方向。我们应当积极行为、过合理的道德生活，尽可能使相互依赖的一切都各得其所、各得其宜、和谐共存、平衡发展，又要合理地克制不合理冒险，最大程度避免盲目、片面的人类中心主义思维和行为，减少自私自利的狭隘价值观对世界合理秩序及进程的破坏，使人类对幸福的终极追求与世界秩序的平衡及合理进程保持一致，或至少能尽可能减少破坏性的冲突。

第六章　古斯塔夫森伦理思想的贡献

古斯塔夫森的伦理学在基督教神学界引起众多争议。神学家声讨其伦理学之神学理论基础的合法性，批评他对基督教正统的背叛，谴责他对科学的偏好。但是，当人类正得意洋洋沉迷于自我在世界中的优越性因而疏忽对世界和他人存在的责任时，古斯塔夫森重倡从"上帝中心"来审视人之为人在世界中的合理位置及其责任，为唤醒人类道德良知而大声疾呼，对人类道德心灵是一次不小的洗刷荡涤。他透过神学伦理学与世俗哲学伦理学彼此开放、互相吸纳的重要视角，为神学家和伦理学家提供了共同借鉴的研究方法。古斯塔夫森探究人类共同面临的应用伦理问题而表现出的伦理实践精神，既是对人类道德生存的积极回应，又从学术理论和道德实践层面给人以深刻的启示，激发人类站在整体生存的历史、社会、文化和世界整体秩序与具体时空的交汇之处，更理性地思考究竟应当如何真正成为世界的道德行为者和世界秩序的护理者。本章讨论其思想方法与内容的贡献，以启发世俗伦理、宗教伦理和各种科学共同应对重大伦理问题的理论研究和实践。

第一节　社会文化的现实批判

古斯塔夫森的突出贡献在于他对人类中心论的无情批驳。他从宇宙观高度重新倡导"神本主义"，即"上帝中心论"，将整体世界秩序进程的要求即世界共同善作为最高价值,几乎对基督教伦理传统和道德哲学传统、尤其是启蒙运动以来的道德哲学进行了大盘点,批判了将宗教工具化的宗教伦理学传统,重新审视了道德何以是道德的、人为何应当道德的问题,深刻批判了美国的社会文化现实。

"上帝中心论"是一种整体主义的伦理学立场,突出世界的普遍联系性和整体主义的价值观,强调"上帝"是人类信仰、实践和经历的主宰力量,是人之责任的根据和归宿。其根本出发点和目的是批判人类中心主义和极端的自我利益中心,谴责一切以人之利益和人类需求的满足为最高要求的狭隘价值观,声讨将个人价值置于一切价值的中心、并且将之凌驾于一切价值之上的个人主义自利观。古斯塔夫森没有突出以道德神启或信仰体验为主要根基的认识论,而是代之以亲睹亲历的经验,综合宗教传统、人之生存经验、《圣经》及其传统、科学信息等多种资源。他更注重借助信仰以外领域的知识,淡化信仰者作为个体与其他个体之间、个体与上帝之间的关系的思维方式,代之以个体和人类整体的相互关系,以整体善为宗旨来反思人类思维与行为实践的道德合理性。他不单单强调人在精神上与上帝亲近,而是更注重人在现实生活中扩展其物质生存世界及其伦理视域。

在形式上,这种神学伦理学具有极强的伦理批判精神。这是分析哲学之后正在复归的神学规范伦理学的一种表现。这种伦理方法,从一开始就表现出融合经验、理性和信仰的倾向与特征,不仅作为构建神学伦理的理论方法,也成为其伦理思想的目的。这种方法既立足神本主义的信仰,又利用实用主义方法,既吸收利用现代自然科学发展的成果,又试图超越科学和工具理性,将科学理性、信仰和伦理结合,建立一种综合的伦理学的"形上学"基础。

在生存论层面,古斯塔夫森批判地继承了海德格尔在本体论上主、客统一的主张,也继承了其主体与环境共生的"缘在"观点,他同样强调存在与存在者的区别,试图从本体意义上将存在独立于一切存在者之上,将一切存在者置于为了存在、受制于存在的相互联系的共在之中。但古斯塔夫森又在此基础上强调，人的现实经历和一切关系秩序是神圣秩序的体现，即神圣主宰力量的体现。因而，在认识论上，他又将海德格尔本体意义上的存在与现实中的存在者连接起来，将之理解为沟通客观、实在、自然的现实与宇宙世界超然力量的中介。

古斯塔夫森的神学伦理主张，将永生盼望从天堂拉回到实实在在的人的生活和经验世界，而且又将在地上实现上帝旨意的道德要求，最终归于世界整体合理和谐之秩序进程的道德命令。基督教信仰的本质是强调关系，其核心在于个体与上帝的关系。基督教新教尤其突出这种关系是个体与上帝之间直接的心灵和精神关系。古斯塔夫森进而将关系展开在人之生活的多元维度，主张一切道德认识都来自于融主观和客观、信仰与理性、心理情感体验和现实经历反思为一体的实践活动，从关系整体的角度检验人在其作为部分之存在相应的道德要求。这种思想进路，是特定时代美国文化、社会和生活方式的必然表现。即：以实用主义为主导精神、以实在论为基本态度、以自然主义为思想方法，突出人在各种关系中有限的道德能力和应当承担的责任，也是宗教伦理学在世俗化社会和多元文化中为挽救人类伦理道德的必然努力。

古斯塔夫森特别强调，人要着眼于关系的扩展和实际生存的文化历史处境，重置人之存在的合理位置和责任，这是其伦理学建构的一大贡献。古斯塔夫森与众不同，他并非以神学家或者伦理学家作为第一身份认同，而是始终作为神学伦理学家，执着于从现实的文化环境和从关系的视角来理解并应用神学即伦理学原则。这种学术建构的立场，冲破了神学和伦理学脱离现实及无视文化环境的绝对理想性，也避免了后现代主义以文化处境作为道德及行为判断标准的相对主义倾向。丽萨·卡希尔称赞说：这种神学和伦理学立场中的"社会性定位"（"social location"）倾向，是伦理学原则在现实生活中真正发挥作用的重要立场。[59]

在人类极端自我中心的时代浪潮之中，古斯塔夫森为神学伦理学重新思考人的生存及其道德行为提供的这个关系扩展性的视角，更加突出了人的责任及其承担责任的可能性和解决道德模糊的可能性。他将神学、科学、情感、理性综合起来的思考方法，从严格神学意义上看，似乎表现出实用主义的特点。但是，伦理道德就是生活，直接关涉人如何过善的、有意义的生活，尤其在科技发展为人类提供各种无法预知后果的今天，他为道德思考提供了一个重要视角。因为，道德为维护和促进生活的善服务，而在特定时空环境中直接面对现实问题，正是伦理学家的责任所在。

古斯塔夫森并不否认神学伦理学依赖于神学前提，因此建构理想道德理论的神学家必须获知关于上帝的知识，还应当有胆量确定能从神的视角来理解和评估世界及其中发生的事件，以此为基础进行合理的道德分析、道德判断和道德评价。然而，古斯塔夫森更加强调神学伦理学的社会实践性，强调一切的道德判断都不能脱离文化与历史因素，在不断发展变迁的历史和文化之中，人应当谦卑承认自己在道德判断分析方面难以达到尽善尽美。[60] 神学伦理学应当在不断发展的社会和文化中，始终接受发展之中的文化批评和社会批判，以更好地实现伦理学持续的内在反思和理论建造。信仰是文化和历史中的核心因素，

> 没有一种信仰永不改变，人们寻求的目的是连贯性的、而不是单纯完全地前后一致。因为人们是在永远发展的解释和证明过程中检验、改变和适应信仰。[61]

宗教实质上就是人类生存经验的一种表现和维度，当人的生活在不同

---

[59] Lisa Cahill. *Family：a Christian Social Perspective.* Minnesota：Augsburg Fortress, 2000. xiii.

[60] James M. Gustafson. *Ethics and Theology：Ethics from a Theocentric Perspective.* Chicago：The University of Chicago Press, 1984. p. 146.

[61] James M. Gustafson. *Theology and Ethics：Ethics from a Theocentric Perspective.* Chicago：The University of Chicago Press, 1981. p. 178, pp. 233—235.

的历史、文化和社会背景中发生改变，当历史、文化、自然和人相互交织的影响不断地纵深延展时，传统影响甚至决定着人的生活经验，生活经验也同时在影响乃至创造着新的传统。神学对宗教生活经验的总结与反思，必须是一个不断检讨、接纳、批判、修正的扬弃过程。

古斯塔夫森深入美国多元文化中个人主义至上的价值观和人类的文化历史，发出如此深刻的神学检讨与道德批判。这种方法，与其说是神学方法，毋宁说它更像是社会科学方法。古斯塔夫森坦言，他"一生都一直是作为一个社会相对论者（a social relativist）"[63] 他从未打算将基督教伦理学的思索和探讨蜷缩于神秘的精神体验为之辩论，也决不会跟从某一宗教派别或正统坚决地守护教义，或者作为完全的旁观者，或者与信仰决裂而将基督教神学和基督教伦理作为纯粹的批判对象。他是同时作为保持一定距离的参与者和深入其中的旁观者，对人类社会文化进行伦理反思与批判。这是古斯塔夫森对神学和伦理学的内在批判，也恰是神学批判和基督教文化批判应当特别重视的研究视角。

当思想家谴责现代技术社会人类责任意识淡漠、痛惜我们被摧残的自然家园时，矛头就会指向人类中心主义；而对人类中心主义的批判，又大多直指基督教传统。例如，从自然主义的角度（如罗尔斯顿、利奥波德等）、或者从宗教信仰根基（如佛教、自然神论、泛神论等）为生态整体主义所做的论证，都是对基督教将人置于万物之尊的发难。但是，当批评的声音完全是从截然相反的立场发出时，无论其攻击的力度多么强烈，都不能完全保证其批判的公正和客观性。正如有神论者竭力批判无神论者如何荒唐一样，猛烈的攻击要么遭到更猛烈的反攻，要么可能会遭遇被攻击者的视而不见和充耳不闻。汉斯·昆从宗教领域发出全球伦理的呼声：

---

[63] James M. Gustafson. "Panel Discussion" in *James M. Gustafson's Theocentric Ethics: Interpretations and Assessments*. Harlan R. Beckley, Charles M. Swezey Macon. (eds). Georgia: Mercer University Press, 1988. p.234.

"没有宗教间的和平就没有人类的和平。"[59] 但宗教界的相互理解与宽容、宗教界和世俗文化相互建设性的批判,也只有深入与对方真实的沟通对话,才能更了解其实质,批判才能达到其目的。这可谓是思想批判者应持守的思想批判的客观性。

古斯塔夫森正是作为基督教神学伦理学家,深深扎根于现实的社会问题,切中时弊之道德根源,从神学和宗教的角度对基督教传统进行内在的反思与批判。他既从《圣经》创世纪的神学教义批判人类中心主义的宗教传统,又从人类现实社会、文化和历史的实际经验举证人类中心论的错误,极力推崇以整体世界合理秩序为中心的伦理视角和价值取向。尽管这种方法不能在逻辑上保障其神学立场的充分有效性,但如果深入到他所处的美国社会,就不难发现,这是他在自由主义和后现代社会多元文化的背景当中,为适应现代科技社会对人类伦理思考和责任行为的要求,为挽救神学伦理和人类道德,对神学(宗教)传统的反思与批判,对人类社会和文化、特别是美国的自由主义和个人主义的深刻反思与检讨。他不仅支持了人类中心论的反对者,也更有可能说服人类中心论的倡导者。将内在反思与外在检验相结合,这种综合神学与社会批判的方法,无论是对神学伦理学,还是对社会道德批判,都极具理论和现实意义。

波尔指出:

> 所有人在历史中的基本经验归根到底是依赖自然环境的经验,这就导致人类中心主义的一个基本理论假设:人类中心主义相对独立于实证性依据。因此,对抗人类中心主义,就不应当依赖实证性的材料,真正的讨论和批判应当集中于我们如何运用实证性材料,如何将这些材料与人类经历中非实证性材料进行联系。否则,仅仅利用人之经历中的实证性材料,来批判并非根源于人类现实经验的人类中心主义,这

---

[59] 汉斯·昆:《世界伦理构想》,周艺译,三联书店,2002,第91、139页。

种批判仅仅可能说服人类中心主义的批评者,而不能说服它的支持者。�56

来自外部的批判,能够在一定程度上有效地校正理论的偏差。一种理论将攻击对象作为其对立面而痛斥其弊,也是自我保护的有效手段。但是,内在的反思与批判,往往要比来自反对立场的外在批判更能切中要害,更容易引起同行思想的碰撞与激荡,也更容易令非神学界人士信服,推动道德理论和道德实践的真正进步。正如当今各种反对和批评同性恋的意见的尴尬遭遇,单从异性恋的角度反对和批判同性恋,无论逻辑多么周密、论证多么周全、批判多么彻底,都只能折服异性恋爱者和同性恋的反对者,而无法真正驳倒同性恋者自己的论证,更难说服同性恋的支持者们。

当汉斯·昆从宗教领域提出共建全球伦理而被批驳,甚至被威胁逐出天主教正统时,却反证了神学勇敢而清醒地面对所处的社会现实和生存现状进行内在反思与批判的重要性;同样,我们更能理解,古斯塔夫森这种开放的神学与文化批判视角,对今天的神学和伦理学乃至科学研究方法更具重要意义。生态整体主义、世俗多元主义等对基督教神学和伦理传统中人类中心的批判,应当耐心倾听并与基督教的自我检讨和批判积极合作。神学和神学伦理的自我批判也要回到其根本:既批判神学教义、经典和传统,又不脱离宗教生活及相生相伴的社会文化和历史背景。只有神学家从神学内部力图沟通社会文化、并力图从社会文化和人的生活经验世界反观神学时,其神学和文化的批判才有可能做到令人信服。

古斯塔夫森伦理学建构的特点,综合了他对基督教传统和神学教义的检讨与对美国社会文化现实的批判。他从人之生存的多元维度和立体关系网的视角,强调人作为多重整体之部分的存在,对人类中心主义及科学主

�56 Theodore A. Boer. *All Things in Relation to God: a Critical Analysis of James M. Gustafson's Theocentric Ethics.* (PhD. dissertation) Uppssala: Uppsala University, 1995. pp. 206—207.

义进行了神学的、伦理的和社会性的批判。他加强行为者的道德责任，向竭力主张个体权利的美国自由民主社会发出强烈的道德谴责，疾呼美国公民和人类整体要回归人之根本，并重塑道德责任，为改变人对世界和自身的思考以及更合理道德的生活实践指引方向。波尔精炼地总结出古斯塔夫森的三个贡献：

> 提供了一个不同的视角；对道德品格的资格认定；对道德行动的指导。[500]

古斯塔夫森之所以被如此认可，关键之一就是他从现实的批判入手，突破了神学伦理学专注于神学框架和传统的讨论，将神学、哲学、科学等整合融入伦理学，同时批判性地整合规范、德性和和责任伦理，他在学术和实践中寻求多元文化中全球责任的共识与可能性的努力，同时推动了美国应用伦理学的发展。

第二节　道德责任边界的拓展

古斯塔夫森整体主义的责任伦理学，以开放、立体、动态的关系视角和人之生存的多维角度，重新审视"人是什么"、"当是什么"和"当如何行为"的伦理核心问题，既拓展了人的道德思维，也在当今科技社会和多元文化中加强了人的道德责任。古斯塔夫森立志重新以神本主义视角取代传统中占主导地位的人类中心论，实际上是将伦理讨论视角拓展到更广阔的关系背景，以便能够更全面、准确地理解人作为复合、立体、动态的存在，取代对人及其道德责任的单向度的理解。

马尔库塞将其意识形态的批判指向现代西方哲学中的实证主义、分析哲学和操作主义，他批判科学技术对人之奴役的异化现象，批判科学哲学

---

[500] Theodore A. Boer. *All Things in Relation to God*: *a Critical Analysis of James M. Gustafson's Theocentric Ethics*. (PhD. dissertation) Uppssala: Uppsala University, 1995. pp. 189—196.

研究中的片面性。㊶ 古斯塔夫森是从神学伦理学的角度，批判单向度的人的宗教、社会和文化传统，批判科学主义的人类中心价值观和宗教思想的自我封闭。这不仅仅意识形态的批判，而且也是立足于社会现实的政治和文化批判，他将宗教和科学同归于神本主义伦理目的的理论与实践尝试，是在世俗社会挽救宗教神学和进一步加强人类责任的努力。

古斯塔夫森将人类社会和文化置于更完整、广阔的整体关系秩序系统，拓展人的伦理思维，讨论人如何建立并维护与外界一切的合理关系，以加强人对己、他人、人之外的存在乃至世界关系整体的责任。其目的不是为了消弥人作为个体的创造性，不是为了将个体融于集体之中，而是将个体作为一个完整关系的存在，将群体和人类整体作为世界整体之部分的存在。

古斯塔夫森认为，康德关于可普遍化伦理准则的主张既不现实也不可能。因为，在具体应用中，伦理准则不一定对任何具有理性的人都有效，因为"任何伦理的判断都不可能脱离行为者和行为所处的具体社会、文化、历史背景和条件。"㊷ 道德命令的根据在不同文化、社会和历史处境中并不完全相同。当代伦理学家施韦克在其《权利、价值和信念》中，高度赞扬古斯塔夫森将关系视角作为判断当代伦理价值的方法，将人之行为放在人之外的利益思考之中，试图沟通社会文化价值和神本主义提倡的终极价值，进而强调人对世界整体责任以及过道德生活的重要性。㊸

与之相关，古斯塔夫森也合理补充了传统伦理忽视道德模糊性和伦理歧义的不足，由此加强了人应当谨慎行为的责任。他认为，道德相对性和价值判断的模糊性，是价值多维性和人作为关系中存在的必然表现，没有直接现成的方法解决道德歧义和伦理模糊性。

㊶ 赫伯特·马尔库塞：《单向度的人》，程志民等译，重庆出版社，1988年，第202页。

㊷ James M. Gustafson. *Theology and Ethics*: *Ethics from a Theocentric Perspective*. Chicago：The University of Chicago Press,1981. p. 185.

㊸ William Schweiker, *Power*, *Value and Conviction*: *Theological Ethics in the Postmodern Age*. Pilgrim Press,1998. p. 194.

道德神学家和道德哲学家的任务,就是要为不可普遍化却可一般化的价值判断和行为选择提供指导。⑩

现实可行的方法是将一切置于世界秩序关系之中,通过平衡、协调人类生存的多维关系,在现实中沟通对话,尽量减少和消解道德模糊性及其导致的不良后果。

古斯塔夫森集中于对行为主体"存在"与"行为"之关系的伦理思考,与尤尔根·哈贝马斯(Jürgen Habermas)对伦理理性的分析类似。不同的是,哈贝马斯将康德单一主体或独白式的主体中心扩展到交互主体,提出"我是谁?我愿意成为怎样的人?"⑪的伦理问题,立足于道德共同体的共同意识来对这两个互为前提的问题进行道德分析;古斯塔夫森却将行为主体放置于关系之中,更倾向于从关系整体和关系中的他人的角度来思考道德共识,进而从不同范围的人类群体(整体),拓展人对有关"存在"与"行为"的伦理思考。哈贝马斯仅探讨社会领域内道德规范和制度化规则,古斯塔夫森则将道德生活和实践理性扩展到人与自然的关系之中,既拓展了康德的义务论思考,也拓展了哈贝马斯的伦理学思考范围,最终将个人与社会、人与自然的关系统一置入个体与群体、部分与整体利益协调与平衡的宇宙整体主义伦理学。

在加强人的道德责任时,古斯塔夫森事实上也支持了黑格尔关于人之存在的观点,将人作为实现伦理实体目的之手段。⑫但古斯塔夫森的伦理实体不是共同体主义主张的社会共同体,而是包括社会各种共同体及人之外存在在内的多样化整体,这个伦理实体就是个体、部分与整体相互依赖的关系统一体。他反对个体和部分追求无条件的、绝对的自我生存和延

---

⑩ James M. Gustafson. *The Contribution of Theology to Medical Ethics*. p. 107, p. 42.

⑪ 尤尔根·哈贝马斯:《道德认知内涵的谱系学考察》(二),曹卫东译。上海:上海人民出版社,2002年。http://www.aisixiang.com/data/23070.html. 2008—12—09.

⑫ James M. Gustafson. *Theology and Ethics: Ethics from a Theocentric Perspective*. Chicago: The University of Chicago Press, 1981. p. 118.

续，主张将自我生存和延续的追求服从于整体秩序的存在和延续之目的，为了维护和促进整体利益而放弃自我利益，在必要时个体和部分甚至有责任自我牺牲，被强制去服从共同善的目的。

古斯塔夫森批判个体至上，同时合理矫正和补充了共同体主义湮没个体自主性的缺陷。他肯定合理的个体和部分利益，但更注重个体和群体为他人、人类整体和世界一切的存在和延续而承担道德责任，以抵制自由主义和个人主义对自我利益的不合理欲望和权利要求的过分高扬。个体和部分的理性反思，是批判和保证共同善合理性的条件。个体和群体不仅能够而且有责任将自我生活要求自觉服从于实现和促进共同善的目标要求。古斯塔夫森强调公共参与，重视共同体归属，呼吁人要加强对人类整体甚至未来人类幸福的责任，强调人有责任尊重自然与整体世界的价值，有机综合了个体与共同体的责任。布卢默（Blumer）对此称赞有加：

> 在当今宗教教义竞争纷乱的时代，听到这种真正呼唤责任的声音，让人感觉耳目一新……他以音乐般的声音清晰地发出他呼唤人类责任承担的心声，既是谦虚的、又是有力而不具委婉含混的呼声，他呼唤人类进入更广阔的道德意识之中，唤醒我们来正视所有参与自然的人对世界提出的合理要求与面临的生死攸关的问题。⑬

从关系出发最终归于关系整体善的伦理思考和责任承担，确实是人作为伦理之存在所必须采取的思维和行为方式。整体善与其部分之善的关系从来就不会是绝对的和谐。总有一些价值是处于更根基性的地位。⑭ 当众多思想家将人类对责任的疏忽归咎于基督教的历史罪责时，古斯塔夫森却同时关注了促成并强化这一狭隘利益观的美国自由主义的思想意识和文化

---

⑬ James M. Gustafson. "Foreword" *A Sense of the Divine: Environmental Ethics from a Theocentric Perspective*. Cleveland, Ohio: The Pilgrim Press, 1994. viii.

⑭ James M. Gustafson. *Ethics and Theology: Ethics from a Theocentric Perspective*. Chicago: The University of Chicago Press, 1984. p. 302.

形态。他突出的贡献之一就在于，他在世俗化社会中向人高喊要回到世界整体善的核心和目标，从而承担起做人的责任。他提醒人们，只有在参与世界秩序进程的合理位置和道德责任行为之中，才能真正合理地确立自我位置的认同，并且过道德的生活。他反复重申人与自然是相互依赖并作为自然整体之部分的关系中的存在，他突出人应当在参与责任共同体的关系中确立一个责任的自我，在合理限度内与自然合作、承担起伙伴性交往的责任，他突出将人际伦理和人与自然关系的伦理辩证地结合于道德思考和行为之中，表达了他对现代人类自封自主性的危险有深切的担忧。

古斯塔夫森将关系和责任的思考，深入到综合平衡长远历史与现实时空的关系之中，为人的道德存在和责任行为的根据提供开放的视角。他主张，应当将人类社会文化传统、历史发展的长远要求和人类现实的具体处境有机结合起来，综合平衡各种时空关系中人的位置，综合协调当前利益和责任与对未来利益和责任的关系，保持历史整体观与具体时空观之间适度的张力。

在此意义上，古斯塔夫森加强并且拓展了尼布尔关于人作为责任者的伦理学思想，将"人之所是"界定为负责任的参与者，建立的是积极的责任伦理学。

人作为完整的个体和作为类的存在，其本质就是综合关系网中的存在。人之为人的过程，是在参与、构筑、平衡、协调各关系之整体的动态关系网中展开和延续的。任何个体都是家庭和社会的一部分，是多种身份和角色的综合性存在；人作为类的存在，也必须在人类所处的各种关系中才能获得意义。一个人成为自我并不只是为了他自己，也要为了他人，为了社会、文化、历史、自然和整体世界之和谐共存。无论作为个体的存在如何独特和重要，只有在所处的社会、文化、历史、自然等更广大的关系网之中，思考个体利益与更广大关系网中各方面的深刻关联，加强人之生存在各方面的责任以及责任的平衡，其个体性才能获得意义，也才能实现人之生存的伦理意义。这种拓展性的责任视角，对矫正当代物质主义盛行的社会中人们的道德思考和实践极为重要。

在当今美国社会乃至世界文化中,一个明显的倾向就是将自己确信为一个自由和独立的个体,这个个体尤其注重为自我利益和自我权利的实现而欲摆脱与社会或整体的关系牵累。个人利益和权利的实现,当然是社会繁荣和良好道德秩序的必要前提。但是,个人利益和权利的实现与其责任和义务的承担总是互为条件。只有将责任与利益有机协调起来,将义务与权利合理地结合起来,个体利益和权利才能真正实现。不可忽视的是,在个人主义和自我中心至上的美国社会文化中,[573]自我实现在诸多方面都似乎被强调和推崇得过了头,人作为关系之存在的伦理本质被忽视和削弱。这是古斯塔夫森对人类道德困境的独特性解读——世界秩序的问题以及在人类社会中的表现,归根到底是人对关系秩序的破坏,根源在于人疏忽了自身作为行为者对他人、群体和关系整体的责任。

古斯塔夫森采取责任拓展的方法加强社会道德批判,强调去人类中心和反对自私自利的主张,他期望通过呼吁人类承认自己的有限性和局限性,唤醒行为者对他人、社会和世界的道德敏感,引导人们提高责任和获得道德智慧。其意义不仅仅在于谴责美国社会个人主义及其破坏社会公共利益和世界道德失衡的后果,更重要的是,他抨击个人主义和人类中心主义思想及行为所导致普遍性的道德失范,同时是在抨击个体、群体乃至人类整体对他人、社会及世界整体的责任疏忽,力图将人的伦理思考从单一的物质或精神维度拓展到物质与精神的共在,将人类伦理的关注焦点从个体存在拓展到与他人、社会、自然、文化和历史之关系中的共在,力图扭转现代世俗社会中根深蒂固的自由主义和个人主义的生存方式,将人对责任的思考纳入到对自己利益和权利的思考之中,加强人对人之外一切存在的责任,挽救人类整体的集体道德意识和道德良知。

---

[573] 其实,在当今的中国社会,这种过度强调自我实现的片面观点更加强烈,对我国构建和谐社会秩序更具有破坏性,这反证了加强和谐社会建设重点在于使各方面利益平衡与统一,在于使个体、部分和社会整体的利益达到最大程度的协调与一致。

和平与发展是当今世界两大主题。无论是人际之间的和平、文化之间的和谐、民族之间的共存，还是人与自然的和平与共同发展，实质就是人类如何深刻理解并合理承担作为道德行为者的责任的问题。也就是说，当今世界和平与发展的主题归根到底就是人类的责任问题。我们不得不认同施恩克的赞扬，古斯塔夫森以先知的声音，热切地呼唤人类在地球上生存的责任和承担责任的大智慧。

第三节 生态整体伦理观

古斯塔夫森伦理学建构的旨归，是将其学术理论与方法应用于对人类生存困境的分析和对实际问题的道德探讨，以寻求更好的解决方法。他践行作为神学家、哲学家和伦理学家的责任，强调群体、社会、整体和责任、义务的价值取向，表达他对生态整体深切的伦理关怀。他对环境伦理、生物医学研究、世界人口和营养匮乏等应用伦理问题的关注与讨论，与利奥波德、罗尔斯顿等生态伦理学主张，共同推动了应用伦理学的发展。特别是他突出责任在应用伦理学中引导道德思考和道德实践的重要性，这一点对生态伦理学意义重大。

利奥波德被誉为生态伦理学的创始人，他提出大地伦理，将是否有助于保护生物共同体的和谐、稳定和美丽作为区别道德与非道德的原则。他认为"大地"是包括自然中一切存在物的完整生态系统，人应当作为大地共同体中有道德责任的普通成员而不是征服者。[576] 法国思想家施韦泽（A. Schweizer，1875—1965年）从一切生命都有生存愿望来建构"敬畏生命"的伦理，将保存生命和促进生命作为必然、普遍和绝对的伦理原则，主张人类应当尊重一切生命的神圣性和平等性。他认为，完整的伦理学不

---

[576] 奥尔多·利奥波德：《沙乡年鉴》，侯文蕙译，吉林人民出版社，1997年。

仅思考人与人的关系,而且要包括人与其他生命的伦理关系。㊗ 自然主义生态学家罗尔斯顿,从论证自然价值的角度加强人对荒野自然的义务,并从生态进化的角度论述人对不同等级次序之生命和生命共同体的义务,将世界生态整体作为人类道德关怀的对象和责任的对象。这些思想家主要是从生命和自然的价值引出人对人之外生命、大地及生态系统的责任。施韦泽提出敬畏生命的道德原则,实质上就是调整人与其他生物之间的关系,肯定其他生命与人的生命同样具有内在价值即目的价值,因而有权利得到其生存及延续的条件,人有责任尊重并保护它们的生存及延续。同样,利奥波德和罗尔斯顿是从人与大地自然中其他生物及非生物之间相互依赖的关系,根据人之外的一切生命和存在物的内在价值,为一切非人类存在与生存及延续的权利辩护,论证人应当向整体生态系统承担的责任。

　　古斯塔夫森认同生态整体伦理观中保存生命的最基本原则。但不同的是,他是基于宇宙连续的完整秩序来突出生命之间无等级序列区分。他进一步扩展"敬畏生命"的伦理主张,将无生命的存在物也作为人类生命关系网之部分和道德关怀对象,最终将道德目标指向整体宇宙和谐合理的秩序进程。古斯塔夫森同样注重人对自然和生命秩序的敬畏情感,但不同于施韦泽对人之自然敬畏的强调,古斯塔夫森是将这种自然情感与宗教敬虔联系起来,突出敬虔作为道德情感不仅仅指向宇宙本体或神圣生命秩序,而且是人对宇宙和生命秩序的至高主宰即超越性宇宙主宰力量的道德依归。他不仅肯定了人所依赖的一切存在物及宇宙整体秩序的价值,而且从关系的多维性为一切存在物的多维价值进行辩护,将一切价值的合理性及其多维价值之间的平衡与协调,与人类在宇宙中的位置及相关道德行为的要求联系起来,最终归向宇宙秩序动态地协调与平衡这一终极目的。古斯塔夫森在发展生态伦理学合理主张的基础上,将

㊗ http://en.wikipedia.org/wiki/Reverence_for_Life 2011—06—13.

第六章 古斯塔夫森伦理思想的贡献

他对世界或宇宙整体的伦理关注最终归结到神圣超越主宰，为人的伦理责任寻求终极根据，提供终极价值的保障。

德尔（Thomas Derr）深受古斯塔夫森宇宙整体主义立场的影响，他也撇开纯粹环境的概念，从创世论的神学伦理立场支持古斯塔夫森神本主义的生态整体伦理观，[578]为人作为世界管家的基督教伦理主张辩护。他赞扬古斯塔夫森上帝中心论的生态整体伦理观，称赞他关于人类保护人之外自然环境的主张，继续在生态伦理学领域拓展古斯塔夫森的生态整体伦理观。德尔重申："我们是被委托来管理不属于我们的地球"，[579]应当为我们利用地球而向我们的主人（上帝）交代。

德尔的神学解释更突出人类对自然奥秘知之甚少，强调人类真正面对自然就会发现自己仍然是"深居'无知之幕'背后，因而对自然的神圣命运根本上仍是无知。"[580]这一点加强了古斯塔夫森对人类向自然整体负责的主张。古斯塔夫森强调人对自然的责任和自然万物自身的价值，目的是为了宇宙（生态）正义（ecojustice），[581]呼吁人类既积极行动又合理克制欲望，自觉承担呵护与保护自然的责任。他提出宇宙正义的整体论主张，原本就没有将人之利益排除在责任关怀之外，而是将之作为责任总目标的一部分，以突出伦理责任的开放性和完整性。

古斯塔夫森发出施洗约翰那样旷野悲怆的呼喊："在价值意义上，我

---

[578] James M. Gustafson. *Intersections: Science, Theology and Ethics*. Ohio: Pilgrim Press, 1996. p. 114, p. 145.

[579] Thomas Sieger Derr, "The Challenge of Biocentrism." in Patricia Beattie Jung and Shannon Jung, *Moral Issues and Christian Responses*. 7th edition. California: Thomson Wadsworth, 2003. p. 338.

[580] Thomas Sieger Derr, "The Challenge of Biocentrism." in Patricia Beattie Jung and Shannon Jung, *Moral Issues and Christian Responses*. 7th edition. California: Thomson Wadsworth, 2003. p. 338.

[581] 1975年世界教会委员会第五届大会强调需要创造一个"正义的、参与性的和持续性的社会"，此次会议之后在1979年大会以"信仰、科学和未来"为标题，明确贯穿了持续性（sustainability）、充分性（sufficiency）、参与性（participation）和整体性（integrity）的标准；1983年，世界教会委员会第六届大会要求所有成员致力于"正义、和平和创造一体性"的整合，这个时代的主体一直持续到1990年的第七届大会，此次大会题名为"圣灵请来——更新您的整体创造"。

们生存的星球已经处于失衡状态（disequilibrium）"。[582] 为此人类应当悔改！他批评人类导致宇宙秩序失衡，强调神学伦理与哲学伦理或者世俗伦理应当立足于生态整体观的，强调人类应当共同关注生态伦理问题的责任，统统都是对全球性伦理问题终极意义的探索。在这一点上，古斯塔夫森与宗教普世运动和全球责任的主张共同推动着生态伦理学的实践，也推动着应用伦理学在理论上的研究和发展。

生态整体伦理观不仅促发和推进生态伦理学的研究，也促发了政治家的认同，影响着公共政策和社会行为的道德合理性辨别。阿尔·戈尔[583]曾就环境问题出版《濒临失衡的地球》（*Earth in the Balance*：*Ecology and the Human Spirit*，1992）一著，呼吁人类要关注环境伦理。[584] 他无疑是从政治家的视角重申古斯塔夫森反复强调的亘古之理：当人类将自己的命运和利益追求置于一切生命和自然之上并达到极端地步的时候，事实上就是将人类自己推向自我毁灭的境地。人无论如何也不能离开这个地球而生存，无论人类对自然的奥秘处于无知，抑或了解得更多，都永远不能改变人与人之外世界及其存在物的共存这一事实，人应当作为行为主体参与到维护生态整体和谐的过程之中。古斯塔夫森提醒：

> 神圣主宰是人类一切利益的源泉，但不确保人类的利益，这种神圣性力量明显地是在维持宇宙整体，但是这种神圣力量却没有为个体、人

---

[582] 《圣经·马可福音》和《圣经·约翰福音》都在第一章记载，耶稣道成肉身来拯救人类之前，神已经差派使者约翰先到犹太地，向犹太全地和耶路撒冷的人传悔改的洗礼，使罪得赦，为救主来临和拯救预备道路。耶稣也是按照神的吩咐作为一个完全的人在约旦河接受约翰给他施洗、接受圣灵，正式开始传扬拯救的福音。因此，约翰被成为"施洗约翰"，区别于耶稣最亲近的门徒约翰。

[583] 1992年曾准备竞选美国副总统席位，因儿子意外车祸受重伤，他主动选择放弃竞选，以便有更多时间照顾家庭。1996年又与克林顿竞争总统席位。

[584] Al Gore. *Earth in the Balance*：*Ecology and the Human Spirit*. Boston：Houghton Houghton Mifflin，1992.

第六章　古斯塔夫森伦理思想的贡献

类或其他某个物种的目的、仁慈或拯救的属性。[568]

从上帝中心论视角来协调与平衡人与自然万物的关系，其根本实质是强调公正，既包括人际间在资源分配和使用上的分配正义，也包括当代人中个体、部分和整体之间以及代际之间在分配和使用资源上的公平与正义，还包括人在开发利用与保护人之外存在物上协调力度与限度的公正。

古斯塔夫森没有像彼彻姆那样明确提出应用伦理研究的普遍性原则，但在探讨重大现实伦理问题时，他突出人之责任的根本在于：要符合维护世界整体秩序进程的前提要求，符合保存生命即类的存在这一合理前提，协调与平衡当代人个体、部分与整体、当代人与未来人之间的利益要求，协调与平衡人与人之外的生命及非生命的存在物之间的要求，将人之外的存在被开发利用和它们为了合理生存及延续而需要被保护的要求综合进行协调与平衡，尽可能使行为选择和道德分析体现生态正义和人类社会的公正。他对各种控制人口手段的合理性、生物研究和医疗基金配置的合理性与公正性、对生态整体秩序的协调与平衡的探讨与分析，都始终论证并坚持了应用伦理学中的普遍原则：尊重自主性原则、尊重生命权的原则、不伤害原则和仁慈的原则。[569] 他对具体情景中各种应用伦理问题及解决道德冲突的讨论，也贯穿着对这些原则的综合应用。然而，众多神学家的批评

---

[568] James M. Gustafson. *A Sense of the Divine: Environmental Ethics from the Theocentric Perspective*. Chapter 1 and 3. Cleveland, Ohio: The Pilgrim Press, 1994. Nash. "Loving Nature," pp. 233—234. no. 10. *Commenting on Gustafson's Theocentric Ethics*. Vol. 1. Chicago: University of Chicago Press, p. 106, pp. 183—184, pp. 248—250, pp. 270—273.

[569] Beauchamp TL, Childress JL. *Principles of Bioethics*. 4th ed. New York: Oxford University Press, 1994. 这些原则得到更多的评论与支持。如：Gillon R, ed. *Principles of Health Care Ethics*. New York: Wiley; 1994. 也得到更多的批评。如：Holm S. Not just autonomy: the principles of American biomedical ethics. *Journal of Medical Ethics* 1995, 21: 332—338. Hayry M. Ethics committees, principles, and consequences. *Journal of Medical Ethics* 1998, 24: 81—85; Takala T. What is wrong with global bioethics? On limitations of the four principles approach. *Cambridge Quarterly of Healthcare Ethics* 2001, 10: 72—77. 欧洲的一些伦理学者认为这四项基本原则太具美国化色彩，因此根据欧洲社会的特点，对这四项基本原则做了些微的修补与调整，将尊重自主权的原则替换为尊重生命尊严的原则(respect for dignity)，将公正的原则替换为团结的原则(solidarity)。如 Holm S. Hayry M. Takala T. 等。

却忽视了古斯塔夫森在应用伦理学上的这一重要贡献。

或许，凯洛尔（Carol Christ）同样将生命置于宇宙整体高度的立场，最好地支持了古斯塔夫森对人类责任的敏感对推动应用伦理学研究和发展的意义：

> 对宇宙的生命而言，我们并不比田野的花朵更有价值……决定我们最终结果的神圣性力量是非人类的生命、死亡和转化的过程……生命的力量关注人类创造和选择，并不比关注在树上苔藓生成的能力更多，人类像其他物种一样，或许有一天会消失，死亡而结果是其他的生命仍然存在。⑧

从神学意义上说，这无异于末世论的警告，但并非是悲怆绝望的呼喊。这是一种启示，类似于古斯塔夫森对人类积极责任行为的疾呼。无论是神学家的警告，还是哲学家的严格论证，都不同程度支持了古斯塔夫森合理的生态整体伦理观，肯定了他对应用伦理学的贡献。

古斯塔夫森伦理学所强调的神本主义视角提醒我们，人类世界确实是出了问题，即便不在信仰的视野内分析，单凭人内心深处对世界和人类自己生存境况的不满、对更美好世界的期盼、对身处其中的各种问题所产生的罪疚感以及改变人类和世界的愿望，我们就可以知道，人类短视追求自我实现、改善短期生活条件的努力，都是人自身没有合理反思和调整人类在世界中的地位和行为的必然表现。因此，若是更加谦卑一些，我们可以说，即便人类发挥自身的能力是人生活的一个目标，但是人必须承认自身的局限，承认人类自我实现不是唯一的目的，而是应当在合理限度内与人之外的生命和谐相处，共同参与世界整体的合理秩序。正如古斯塔夫森所言：

> 人的独立性即主权性，既不是自身的目的，也不是从认识论和本体论

---

⑧ Carol Christ, "Rethinking Theology and Nature," pp. 171—181. in Michael E. Zimmerman(ed.), *Environmental Philosophy*. Englewood Cliffs, NJ: Prentice, 1990. p. 174.

视角甚至不是从价值论视角而言的唯一目的。[58]

所以,人应当是作为行动者拓展责任的边界:对他人负责,为未来的人类负责,为人之外的世界和普遍联系的整体世界负责。

第四节 宗教伦理与科学的交叉互动

古斯塔夫森始终强调跨学科进行伦理学研究的意义,突出世俗与信仰相互沟通的重要性,这显示他对世俗化社会中人们能够达成伦理共识和人类共同承担世界责任的伦理宿愿。他希望神学、伦理学与科学相互平等对话,在非信仰的伦理学家当中找到商谈对话的伙伴,最大程度获得关乎人类自身和世界的知识并且获得伦理共识,使交谈的双方或多方形成互补,使相关问题尽可能得到合理的解决,引导人类过更全面合理的道德生活。在早期作品中,古斯塔夫森就号召从事宗教伦理学研究的年轻学者,要积极沟通当代道德哲学和基督教伦理学,既要澄清话语,也要与世俗道德哲学家展开有意义的商谈,提高基督教伦理工作的实际成效。他激励学者迎合时代要求,走出自己研究领域的象牙塔,将对人类社会突出的道德问题和社会现实的讨论,拓展为更重要的生活实践。[59]

古斯塔夫森认为,神学或宗教伦理和哲学伦理或世俗伦理并不冲突,他否认将之割裂或对立的二分法。在古斯塔夫森看来,伦理学是所有关于人类生活探讨和科学研究的最终目的。所谓世俗与信仰之间的冲突,主要体现在研究方法上的差别,体现在各自所关注的人类生活经验的具体不同层面。但无论是从神学信仰的角度还是从世俗世界出发,伦理传统归根到

---

[58] 转引自:Theodoor A. Boer. *Theological Ethics after Gustafson. A critical analysis of the normative structure of James M. Gustafson's theocentric ethics.* Netherlands:Uitgeverij Kok-Kampen,1997. p. 289.

[59] Beckley, Harlan R. and Swezey. "Introduction" in *Theology and Christian Ethics*. Philadelphia:United Church Press,A Pilgrim Press Book,1974. p. 49.

底都是建立在关于"一些事物事实上及终究是如何"[④] 的前提假设之上。即使是学理上对宗教伦理学和哲学伦理学加以区分，也意味着在哲学和宗教研究之间划了一条界限，这已经违背了西方伦理学传统的事实，而且不具备理论研究的合理性，也不具备在现实社会中的实践可行性。

在《交汇：科学、神学和伦理学》一书中，古斯塔夫森表达了更成熟的主张。他借用里德的比喻，将伦理学比喻成一条由三部分技术构造而成的快艇：人的现实经验、哲学判断和基督教与犹太教传统。[⑤] 神学和哲学都是对人类生存经验的探索，在哲学方法和伦理本质上，宗教伦理学和哲学或者说世俗伦理学有诸多相似性。任何一个神学家或伦理思想家，都不可能从各自的单一角度建立完备而有效的道德理论。人是现实中的人，任何精神和理想的追求都不能脱离现实生存的环境和条件。信仰产生于实践而又超越生活现实，只有在人类现实生活的实践当中，世俗和信仰才能结合起来，共同为伦理的追求和伦理理想的实践提供资源和可能性。信仰领域和世俗领域的精神生活都是对物质生活的现实反映，也反映了人对物质、精神生活等方面的理想追求。为了对人之生存经验及其意义提供更合理、更全面的解释，亦即为了伦理学之目的，从神学角度和科学角度、从信仰视角和世俗经验的视角所做的探索，都应当在人的生存现实层面交融汇合。古斯塔夫森将宗教情感从神秘的宗教崇拜还原至人的普遍经历，呼唤人要超越这种实际生存经验，上升到对所依赖力量的崇敬。道德哲学对人类道德生活的探讨，应当利用神学、哲学、自然科学和人文科学等研究的积极合力，为多视角的价值和意义探讨提供可对话的平台，不断促成更全面而合理的伦理共识，以引导人们既能从信仰领域、又能从科学领域和现实的生存角度，通过思维视角的转变来实现人类道德思维方法的改变，

[④] James M. Gustafson. *Ethics and Theology*: *Ethics from a Theocentric Perspective*. Chicago: The University of Chicago Press, 1984. p. 98.

[⑤] James M. Gustafson. *A Sense of the Divine*: *Environmental Ethics from the Theocentric Perspective*. Cleveland, Ohio: The Pilgrim Press, 1994. p. 46.

进而调整道德实践。

古斯塔夫森试图在宗教伦理和世俗伦理学之间开辟一条能沟通二者的中间道路，让人能够从现实生活中共同体悟、认同并承担责任。海格塞尔曼极力支持古斯塔夫森。他指出：

> 一个好的道德哲学家要利用他在当今可获得的多种形式的帮助来澄清问题，因为好的道德哲学家并非是一个拒绝使用望远镜或无线电望远镜的宇航员……好的道德哲学家明白，要澄清问题，就必须要利用科学及各学科的发现与技术；好的道德哲学家懂得，为了对道德问题进行多学科、跨学科反思而建立一个讨论平台，这是道德哲学的核心任务，好的道德哲学家发挥的作用是他应当促进跨学科讨论的伦理平台得以建立。[592]

宗教的基础是人心灵深处源于生活的体验，以及对更美好秩序的追求与渴望。宗教必须源自生活，即康德假设的"从某种被视为经验的启示出发。[593] 人的宗教情感是一种普遍性倾向，这既是人欲望超越自身局限的一种情感反映，也是人在突破自身局限过程中对外在于人自身的那种超越性力量的肯定；同时，宗教与人的情感和心灵对永恒与意义的追求，即使是一种情感体验和生活经历，也是个体和类的存在与发展过程中的现实表现。人追求永恒与意义的情感来自客观的现实生活和心理活动，是被现实生活和生存经历激发而表现出来的主观精神需求。任何宗教伦理如果忽视现实的生活经验，忽视科学在现代人生活中的重要作用，必然是片面的和无效的。

人本主义哲学家舍勒就曾给宗教做出如下解释：

---

[592] Rainer Hegselmann. "What Is Moral Philosophy and What Is Its Function?" E. Morscher et al. (eds.) *Applied Ethics in a Troubled World* Kluwer Academic Publishers. Printed in the Netherlands, 1998. (pp. 251—272). p. 268.

[593] 康德：《单纯理性限度内的宗教》，李秋零译。香港：汉语基督教文化研究所，1997年，第10页。

任何人只要是具有一种理想的，而且是能够设想一个比其实际经验更好的景况的，那就基本上都是具有宗教性的。所以，基本的宗教，本质上就是一种系统的抗拒（思想）……这种抗拒思想之后推动我们产生一个信仰，即对于我们可能得到的一个更高级的和更良好的事物秩序的可能性的信念……[594]

古斯塔夫森肯定宗教与科学之间冲突的必然性，因而他更加强调神学与科学、信仰与哲学相互交叉与互补的意义。若要建构令没有宗教信仰的公众也能理解的神学伦理阐释，并且对神学能够提供一种非纯直觉的证据来支持神学立场，神学与科学、信仰与哲学之间积极的互动渗透尤为重要。古斯塔夫森认为，神学伦理学应当是建立在对信仰的反思基础上，具有哲学的理性精神，但是道德哲学却不必是具有神学性。[595] 神学对人类信仰及活动的伦理反思应当是客观理性的，而科学对包括宗教信仰活动在内的世界的探索与解释，也应当同时关涉情感和意义。神学家能够而且应当在描述和解释人类经历时向科学开放，利用科学知识和证据来支持神学主张，共同服务于人类的道德生活目标。

古斯塔夫森从伦理方法上，将康德所谓的现象世界和理念世界联系起来，在神学、哲学和科学之间，为其伦理学寻求一条实用的、可通约的中间道路，为更大程度达成伦理共识和共同的责任意识，提供了理论基础和道德实践的可能性。只有接受科学检验的信仰和接受被信仰所批判的科学，才能为人类更合理的生存活动提供指导。[596] 这种乐观又谨慎的态度，表明他始终是一位致力于与世俗社会沟通的神学家，而他作为神学家对科学热衷而又不失理智的批判性与敏感性，又表达了神学伦理的开放襟怀和极强的自我批判意识。

---

[594] ［英］F.C.S 舍勒：《人本主义研究》，麻乔志译，上海人民出版社，1966 年，第 180 页。

[595] James M. Gustafson. *Ethics and Theology：Ethics from a Theocentric Perspective.* Chicago：The University of Chicago Press，1984. p.97.

[596] James M. Gustafson. *Intersections：Science，Theology and Ethics.* Ohio：Pilgrim Press，1996. p.137.

第六章 古斯塔夫森伦理思想的贡献

  古斯塔夫森不满足于仅仅从信仰角度来维护神学伦理，不满足于继续恪守与现实伦理要求相抵触的信仰解释，他反对神学理论自说自话式地自救，而是力图在时代前沿深刻反思和自我批判，[501] 既要以科学的批判精神和开放的态度与世俗互动而实现自我更新，更要由此互动性的渗透来加强神学和科学都应当具有的现实批判性，以解决人类现实生存中的重大伦理问题。这种尊重科学的神学伦理学的态度，已经为科学、神学伦理和人类生存的历史事实所确证。一方面，学科间交叉渗透和积极互动是解决实际伦理问题的必要方式；另一方面，神学向科学开放是实现信仰与非信仰领域对话的重要条件。要真正实现科学与信仰之间的双向互通，信仰就必须恢复并真正发挥价值理性的作用；科学要真正发挥工具理性的作用，价值理性和工具理性之间应当形成互相推动、互相支撑的亲合力。只有使二者协调性地统一于神本主义的伦理学中，才能尽可能全面理解上帝使世界整体和谐的整体善的意图，更好地批判和引导人类现实的生存和行为。

  古斯塔夫森在神学伦理建构中的科学关怀表达了对世俗的开放性，也给当今宗教伦理学和科学的研究与实践极为重要的启示。科学和神学都应当立足于人类的现实生存，服务于人之合理生存与世界秩序和谐的伦理目的。科学的核心在于研究事实，神学关注的焦点是信仰，前者主要追问是怎样的原理，而后者则追问即使这样、那又有何意义和价值。

  尽管神学、科学的互动作用为伦理学基础提供解释，并不能明确地解

---

[501] 天文学研究和太空探索的结果宣告：地球并非是宇宙的中心。这一宣告至今也只有五百年的历史，但是对于基督教传统认为地球中心及人类中心的创造论理解越来越构成极大的挑战。随着人类执着于太空探索的进展，人类登上月球、哈勃望远镜传回太空的图像，宇航员惊叹宇宙之大及奇妙，人类也从科学的角度意识到地球在浩瀚宇宙中的渺小，这一点与基督教传统强调人类受造的尊卑形成冲突，开始激发了信仰解释传统认真思考应当如何对待科学的发现，应当如何以开放的胸襟来审视科学发现对圣经传统解释带来的挑战，使得圣经解释得到更新及纠正。基要主义强调圣经无误，严格捍卫圣经的字面解释，对抗进化论的主张。同时，一些开明的进步的福音派神学家对科学研究的发现采取开放的态度。古斯塔夫森属于后者，他对科学的自由态度并不表明他是自由神学家，而是表明他愿意以谦卑的姿态随时审视他对世界和自我的认识，这种态度也是他伦理学主张的表达。

决具体的道德分歧和争议，但是这种方法至少能够为强烈认同宗教传统的人和其他人能够在医学道德方面对话提供支持，既从道德立场或道德态度方面、也从一些综合的原则方面提供支持。这种方法与众多非宗教信仰者所承认并且确实拥有的神圣性的感觉一致。[598]

有学者批评古斯塔夫森有"背叛改革传统向世俗社会示好"的表现，[599]这种批评反而恰恰说明，古斯塔夫森的伦理学对帮助无信仰群体思考他们真实的生存处境和做人的责任大有裨益。古斯塔夫森站在人类生活方式交替的转接口，站在神学传统的批判和反思立场，建构了一个可以跨越神学伦理学和哲学伦理学的系统伦理学模式。换句话说，他始终是沿着他立志要实现的目标而不断地深思：神学伦理学不仅仅应当被学术界理解，而且也应当被普通信徒群体理解；同样，神学伦理学应当立足人类的生存事实和经验，不仅为教会即信仰群体提供实际的道德思考和引导，而且也应做到被宗教外的群体所理解。[600]这种承前启后的努力，基本上结束了一个时代，同时开启了应用伦理学的时代。这或许是"变乱"（巴别塔）之后的神学伦理学发展道路的一种必然路径吧。[601]

"道德哲学不是独立的学科，仅凭自身不能提出道德问题也不能解决道德问题。"[602]如今，科学、伦理学和神学绝对不能相互替代，更不能在完全与其他学科割裂的情况下孤芳自赏来保留其自主性和理论的自洽性。"道德哲学家和神学伦理学家同样面临学科之间交叉渗透的伦理问题"，[603]

---

[598] James M. Gustafson. *Intersections*: *Science*, *Theology and Ethics*. Ohio: Pilgrim Press, 1996. p. 72.

[599] Theodoor A. Boer. *Theological Ethics after Gustafson. A critical analysis of the normative structure of James M. Gustafson's theocentric ethics*. Netherlands: Uitgeverij Kok—Kampen, 1997. p. 272.

[600] James M. Gustafson. *Intersections*: *Science*, *Theology and Ethics*. Ohio: Pilgrim Press, 1996. p. 147.

[601] Jeffrey Stout. *Ethics after Babel*: *the Languages of Morals and Their Discontents*. Boston: Beacon Press, 1988. p. 181.

[602] Rainer Hegselmann. *What is Moral philosophy and What Is Its Function?* E. Morscher et al. (eds.) *Applied Ethics in a Troubled World*. pp. 251—272. 1998. Kluwer Academic Publishers. Printed in the Netherlands. p. 269.

[603] James M. Gustafson. *Intersections*: *Science*, *Theology and Ethics*. Ohio: Pilgrim Press, 1996. p. 130.

尤其是对人之本质和人类活动本质的理解、对世界秩序和人在其中行为的理解，不同学科都面对着同样的伦理问题。神学、伦理学和科学以不同的方式讨论人的生存和行为，不仅彼此相关因而需要彼此进行思想和信息的交流，更需要彼此批判以弥补各自解释中的缺陷，纠正各自存在的可能性偏误。神学能够为科学提供神圣的意义和终极目的的解释，科学又能够为神学提供实现其意义和伦理追求的一种途径。这不是说科学应当依托于神学对价值意义的追问，而是说神学应当参考科学提供的事实证据，最大程度合理地进行价值追求和终极目的的探索。也不是说科学应当成为神学发展的基础和决策者，而是说科学与神学应当互相促进、协调发展，既非将工具理性束缚于纯意识形态的神圣目的之下，也非使"科学主义"扼杀价值和意义的指向性功能。

世俗伦理和神学伦理并非完全对立的两极。在多元化、世俗化社会中建构神学伦理学和哲学伦理学，不可能也不应当将研究限制于玄思和纯思辨的领域。在学术界和实际的社会活动中，神学家和科学家应当像古斯塔夫森那样，采取多视角综合的方法，走出各自领域借鉴和关注对方的理解和解释，尝试与对方对话、交流，彼此相互开放，互相提供信息和批评性修正，以便能更合理、全面、准确地认识世界和认识人类自己。在多元文化共存的时代，多种学术研究之间互相开放并积极对话，是更合理而且最有可能产生效果的学术行为，是更符合伦理精神的选择。任何一种垄断式、帝国主义式的话语，都不可能触动多元文化和多元价值困境中的人类生活。

人类一直在以科学和信仰等多种方式探索着外在世界和内在精神世界。人类发展的历史是不断发现、认识和合理改造外在世界和内在世界的历史，世界的发展也应当是人类通过合理道德的生活使世界合理秩序进程得以延续的过程。科学技术为人类的物质生存带来前所未有的改变，但近代以来工业文明导致主客二分以及理性与信仰的对立，同时导致为了科学而完全排斥宗教批判的科学主义，科学被推崇成为至高无上的社会主宰，人的存在被割裂、简化为单一的物质生存，人的精神在领会自身、领会普遍的意义方面却无能为力，最终导致人的精神意义的失落，人因此丧失了在世界秩序中的地位。

科学要真正解决人类的生存问题，就必须思考人之生存的目的和意义，决不能对人类的宗教活动和信仰反思的意义视而不见，更不能极端地推崇惟科学主义。科学既要纠正信仰的偏差，更要在接受信仰和伦理批判的前提下修正内在错误。神学伦理学的建构应当利用现代科学研究成果，为人发挥有限度的自由寻求根据，更加合理地把握人之行为能力的局限性。人类对待科学采取的合理态度，应当像伯特尔特在《伽利略的一生》中的根本立场那样，坚持"科学之目的不是为了永不朽坏的智慧打开大门，而是要为永远存在的错误设置限度。"[64] 人永远不可以将科学作为人类生存的目的。

雅斯帕尔斯（Karl Jaspers，1883—1969）在论述科学认识与主客观融为统一整体的关系时指出："科学认识总是意味着舍弃整体。"[65] 科学归根到底都只能是关涉人类生存的部分问题，所采取的往往是简约主义的方法（reductionism）。此外，在人类历史上，无论科学如何发达，人之生命的有限性同时决定了人之能力的局限，人永远不能在有限的生命过程中通过科学解决自身面临的各种问题。而且，科学自身存在的不合理性和冒险性，也不断地为人类生存带来新的更复杂的问题，许多问题科学自身无法做出回答。从科学自身发展的轨迹来看，科学总是在否定以往发现和解释的基础上获得进展，因而科学始终就是一种冒险。然而，科学却不能仅仅成为人类的冒险和满足好奇心的手段。当科学冒险危害了人类生命意义、对世界神圣秩序造成不可挽回和逆转的破坏时，尤其当科学探索仅为满足一些人自私的好奇心而严重违背科学造福世界的宗旨时，仅仅靠科学家的自觉

---

[64] Bertolt Brecht. 1948. "Essay on Man" in opening of "*Life of Galileo*". xvi.
[65] 雅斯帕尔斯：《真理与科学》，译文引自刘小枫主编：《20世纪西方宗教哲学文选》(下)，上海三联书店，1991年，第1559页。

第六章 古斯塔夫森伦理思想的贡献

和科学内部反思，永远不能达到应有的目的和效果，神学应当有力、有效地约束和批判科学的傲慢以及破坏性的冒险。尤其是在当前蓬勃发展的生物学和基因科学领域，科学家究竟如何拓展、深入其研究并如何应用其成果，根本上取决于他们如何理解生命价值和世界整体的生命秩序，取决于他们如何判断生命的目的和意义。

科学需要接受神学的批判而不断地反省，也需要在社会现实和历史中进行自我批判和调整。科学探索最终应服务于改善人类生活，促进世界和谐与平衡的整体秩序进程。古斯塔夫森指出，美国神学领域对待科学技术及其发现的方式不符合伦理的要求，也不符合科学精神。

> 更多来自诸多科学的新知识提供了关于个人生活、社会关系和自然世界的描述和解释，但这些新知识要么被神学伦理学忽视，要么被当作基督教生活和思想实践中非常重要的内容和行为引导。[606]

这种现实已经影响了神学伦理学判断的合理性。我们必须意识到，人类开发和驾驭科学力量的能力是有限的。如果对科学存有天真的希望，就如同对科学的无知和对宗教的盲目信仰一样陷入自我编织的幻境之中。当人类把工具性的科学作为目的而将自己交付于科学时，实质上就是将科学代替了上帝。一旦将科学的作用无限地扩大，将科学作为自身的目的，人类必然以自我牺牲和破坏世界秩序的代价，最终被自己孜孜以求的科学神话所毁灭。

我们在发挥神学、信仰和伦理的力量以调整对待科学的合理态度上，必须跟随古斯塔夫森而谨记拉姆塞的格言：

> 人在学会做人之间不应当扮演上帝，而人一旦学会了做人，人就不可

---

[606] James M. Gustafson. 2007. "Preface", in *Christ and the Moral Life*. Louisville & Kentucky: Westminster John Knox Press. 2009 (reprint). xv.

能再扮演上帝。[607]

事实上，且不说由于人的局限致使科学与信仰的发展更多表现出此消彼长的张力，即便是科学与信仰更加发达同时达到彼此间更加和谐的地步，人的精神领域的探索也不可能实现完全的发展，科学探索也不可能真正穷尽人之精神所欲求的空间。在伦理学领域和科学研究领域，保持并强化人对世界和人类自身的这种惊异感，对人类自身内在世界和外在世界的奥秘的敬畏感，对科学采取乐观而又谨慎的态度，这是人类精神和世界秩序能够持续和谐地发展的重要条件。科学家不应仅仅将生命分解成无意义的组合因子，而是应当借助于神学的批判和伦理的引导来克制不必要的冒险。科学家应当像古斯塔夫森提倡的那样，勇敢地走出科学研究的机械方法，与宗教和神学对生命价值和意义的解释积极对话，将人的生物学自然性与生命所赋予的价值和意义联系起来。神学伦理的相关判断也应当向科学研究对生命奥秘的解释和信息开放，既乐观积极地开发人类生存领域的可能性空间，又高度警惕人僭越自身和科学的局限性而带来的不可逆的破坏性后果。

> 宗教生活和神学思想不是孤岛，如果神学和神学伦理要保持丰富、有活力并且能保持时代气息，就必须与其他学科研究的多领域，尤其是自然科学研究领域的学科交叉互动。[608]

学术性研究要求学科之间的互渗互动，学科之间应实现平等的交流，这本身就是一个实际的道德问题。多学科、多领域相互提供信息，既有助于扩展研究思路，也有助于人们在现实生活中更合理的选择。尽管在解决具体伦理问题的过程中，代表不同利益和各自领域权威的群体从各自立场可能产生不同的选择和判断，但来自多渠道的观点和信息的交流，更重要

---

[607] Paul Ramsey. *Fabricated Man*. New Haven, Conn.: Yale University Press, 1970. p. 138.

[608] Nov. 1, 2003. http://www.pilgrimpress.com/books/book—1137—0.html.

的目的在于促进相互批评和补充，在现有条件下得到尽可能精确、全面的信息，为尽可能合理的选择提供事实基础。

神学家应当立足于信仰和人的实际生存现实，借助于科学，并且利用科学的积极力量，帮助人类拓展并深入对上帝整体创造秩序及其目的的理解，进一步提高认识和实践能力。神学家还应从神学角度对自然做出意义性的解释，对科学的不确定性和可能造成的破坏性进行神学和伦理学的反思与批判，从神学和伦理学意义上为人类的生存行为提供意义。如果神学伦理从惟信仰出发而将道德知识与认识完全诉诸神的启示，或者纯粹从经典出发寻找道德根据而将目光从生活中移开，并且宁愿相信信条也不相信现实经历，那么，神学伦理学就必然使道德从生活中剥离出去，伦理道德必然失去对人类生活应有的指导效用。神学要探究人之生命和在宇宙中生存的意义，就必须将科学对包括人之生命规律在内的一切自然规律的研究考虑在内，神学如果将科学对自然的研究成果完全排除在外，同样会给宗教和现实生活带来很大的困惑和迷惘。伦理学家和科学家应当相互借鉴、相互批判，也应不断地关注来自信仰和神学对科学和人类现实道德生活的批评。

如康钠所言，在人类认识世界和理解人之本质的各种研究活动中，我们应当既相信科学和智慧，利用生物学等科学研究的发现，依赖科学的研究基础，又坚持科学的自我批判精神，在从科学角度积极探索世界和人类生存活动的过程中，还要强调伦理应当将对人之精神的关注作为其焦点，关注人之所以为人而独有的作为精神之核心的"惊异感"。[69]

蒂利希（Paul Tillich）同样声明：

> 尽管神学不能建立在科学理论基础之上，但神学却必须将对人的理解与宇宙自然的理解联系起来，因为人是自然的一部分，并且关于自然

---

[69] Melvin Konner. *Tangled wing: Biological Constraints on the Human Spirit*. New York: Holt, Rinehart, and Winston, 1982. p. 435.

的说明就奠定了对人的理解。⑩

我们可以借用波普（Popper）在《论人》（Essay on Man）中的观点，强调人类对科学的怀疑精神和宗教信仰批判精神的重要性，我们人类既不能将自己看作神，也不能将自己看作是野兽。

> 我们必须再次将人的心灵作为心灵来经历，而不仅仅是生物电磁波的嗡嗡作声，我们必须将之作为人的意志来经历人的意志，而不是荷尔蒙的涌动；将人心作为理解力的比喻性的器官来经历人心，而不仅仅是纤维状的、粘性的血泵。⑪

惟有如此，才可以使我们最终能够竭尽全力，利用科学方法对人类的本质和人类行为作出尽可能全面的解释"，达到对"人的'本然'和'精神'奇妙组合"的理解。⑫

同样，当神学和宗教实践严重危害人类的健康生存时，仅仅靠神学内在批判，难以实现神学对人类宗教生活经验的引导，当原教指主义和宗教狂热危害人类和平乃至世界秩序时，我们不仅需要宗教的批判，更需要科学和政治的合力与之对抗。

古斯塔夫森是一位有自我风格的神学伦理学家，他积极走出神学领域，主动与科学和世俗社会沟通和对话，他突出强调世俗伦理与神学伦理对话交流的现实可能性，并且邀请其他神学伦理学家与他共同探讨，邀请其他学科领域的研究者与他的伦理对话和交流，邀请不同领域的学者和思想家共同商谈，使具有不同兴趣和意识形态的群体能够相互理解，从而在交流与交谈的过程中相互补充、相互纠偏，既拓展各学科研究和理解的范

---

⑩ Paul Tillich. *Systematic Theology*. Chicago：University of Chicago Press，1963. pp. 3；5.

⑪ James M. Gustafson. *A Sense of the Divine：Environmental Ethics from the Theocentric Perspective*. Cleveland，Ohio：The Pilgrim Press，1994. pp. 9—10.

⑫ 转自：James M. Gustafson. 2001，"Explaining and Valuing：An Exchange between Theology and the Human Sciences". in *Zygon* 30.02，2001，ATLA Serials，2001. pp. 159—190. p. 159.

第六章 古斯塔夫森伦理思想的贡献

围与角度，又在最大程度上实现世俗伦理与神学伦理之间的理解与沟通，在最大的合理化程度上解决伦理问题。[⑬] 古斯塔夫森不仅深刻检讨和反省神学传统，也深刻批判人类现实社会和文化，强调神学伦理与哲学伦理或者世俗伦理可通约性的主张，是对全球性伦理问题所做的终极意义的探索，为多元化和世俗化社会寻求普遍的伦理基础和道德对话的可能性、为人类筑起共同承担责任和达成伦理共识的平台做了积极努力。

古斯塔夫森强调神学必须与科学进行交流，推进了施莱尔马赫关于科学与神学之关系的主张。施莱尔马赫（Friedrich Daniel Ernst Schleiermacher）认为科学和神学可以交流，但是要各自保持自己的前提，不互相跨越界限。[⑭] 古斯塔夫森则将科学引入神学，并且借助科学的发现来思考并获知关于上帝的知识。事实上，科学的发现，特别是基因图谱的发现使人们更加惊叹生命的神奇奥妙，对于有信仰的人尤其如此。

深入理解古斯塔夫森神学伦理学中的科学关怀，我们应称赞他开放的伦理态度，钦佩他革新神学伦理思想的大胆与睿智。他肯定神启对道德知识和道德生活的作用，神学伦理学应当立足神学，广泛吸收借鉴其他学科，特别是借鉴自然科学研究的成果和发现，深入对神学和科学的批判与批判的批判，更有助于实际伦理问题的解决，更有助于世俗和神学领域之间的伦理共识和责任共识。他清醒的现实批判性思维和丰富宽广的伦理智慧，使他始终能够以开放的胸怀和客观冷静的态度，从神学信仰出发与科学携手来共同审视现实伦理问题。他的方法更具开放性和综合性，对匡正破坏人文精神的惟科学主义和（惟）人类中心主义，具有重要的理论与现实意义。

现代社会价值越来越呈现多元化，社会生活越来越复杂，在人之生存

[⑬] James M. Gustafson. *Ethics and Theology: Ethics from a Theocentric Perspective.* Chicago: The University of Chicago Press, 1984. p. 67.

[⑭] Friedrich Schleiermacher. *On the Glaubenslehre: Two Letters to Dr Lücke.* (1829). Atlanta: Scholars Press, 1981, p. 60.

经验层面沟通科学与神学，是信仰领域与世俗领域互相开放、取得伦理共识和共同承担全球责任的必然要求和前提，这是当今科学研究、神学探究和哲学论证所必须正视的要求。这种具有实用主义特色的方法，是任何试图沟通神学伦理和世俗哲学伦理的尝试不可避免的，对当前神学伦理学研究和科学研究及应用，都是极有现实意义的方法启示。伦理学家和科学家、神学伦理学家和哲学伦理学家都面临着实际的问题，尤其要警惕科学技术的发展为人类带来的仍然无法预知其真正后果的问题，这将既有利于神学伦理在现实社会中发挥作用，也有利于信仰生活与世俗社会生活实践的相互渗透、交流与理解。无论是世俗伦理还是神学伦理，都已经不能完全依赖传统的理论模式和行为模型解决现实的伦理难题。如果哪个学科想独享完全的自主而对相关学科的知识漠然无知，非但不能实现其独善其身的目标，反而一切努力终将成为悲哀的叹息。

第七章　古斯塔夫森伦理思想的批判性思考

对古斯塔夫森的批评主要来自神学界，批评主要瞄准他的神学理论基础、认识论以及对科学、哲学与神学交叉渗透之关系的阐释。在理论层面上，古斯塔夫森确实存在着内在逻辑矛盾；而在伦理实践的现实应用层面，他的整体宇宙观、认识论、伦理方法促使他十分强调群体、整体利益及相应的道德责任，他逆社会主流思想和宗教传统对美国社会意识形态和世俗文化所做出的批判，也一定程度上表现出对个人主义和人类中心主义批判的矫枉过正，在引导公共行为及决策上可能会导致个人利益被忽视，在公共决策及实施中可能导致违背伦理精神的权威专制。

第一节　神学理论正统性的批判

按照基督教《圣经》传统，古斯塔夫森难以被尊为正统基督教神学家。其上帝观，在诸多地方偏离《圣经》核心教义，因此遭到神学家的责难。

首先，一些神学家指责他具有自然神论的倾向。在神学批评家眼中，古斯塔夫森的上帝是非人格化的自然神，是没有意志的神，是既不仁慈又无恶意、既维持又威逼世界整体平衡与和谐秩序的客观力量。

理查德（Richard A. McCormick）不满古斯塔夫森的非位格神。他责问到:"古斯塔夫森的上帝:是谁?什么?在哪里?"[615] 他认为古斯塔夫森没有确立终极实在,而是实际上设计了上帝离开人之现实生存世界的神学伦理学。其中,人可能以相当抽象的方式,将上帝理解为是人主要通过理性而不是启示可以部分把握的自然秩序的内在规律,是维持和发展生命的必要条件,而非认识和接近那位真正与人亲近和交流的上帝。尽管古斯塔夫森突出神本主义的核心概念而表示与当代主流神学的区别,但如果将上帝纯粹作为一种与人之现实联系的象征,实际上就不可能将上帝作为完全超越于现实世界的绝对客观力量,那么,其神学理论基础"纯粹是隐晦的、最终是不可救药的"。[616]

图尔冈也批评他的老师取消了事实与价值的界线,最终设定了一个自然的上帝(a Nature's God)。图尔冈认为,按照古斯塔夫森的主张,人通过实际经历中的理性来认识自然秩序和规律,就可以不断获得对神的认识,即不断获知神圣秩序进程即终极道德秩序。古斯塔夫森对此批评提出反驳:

> 如果我在世界中遭遇上帝,我是在自然和历史的具体事件中,遭遇人们所认识的(discern)那既维护又威逼人类幸福的上帝。[617]

可见,为了伦理学之目的,古斯塔夫森不仅赋予这种客观主宰超然、外在的神圣道德权威,将一个自然的神作为其伦理基础,而且,他也有将宇宙及其万物与神相互等同的嫌疑,似乎更强调世界的存在与神圣性主宰的不可分离性,因而他同时表现出泛神论的倾向。

古斯塔夫森因强调上帝的客观绝对权威而不可避免地突出上帝的非人格化,进而削弱了神学正统关于启示的上帝的神圣性。一旦将上帝作为人

---

[615] Richard A. McCormick, S. J. "Gustafson's God: Who? What? Where? (etc.)" *The Journal of Religious Ethics* vol. 13, no. 1(pp. 53—72), p. 53.

[616] Richard A. McCormick, S. J. "Gustafson's God: Who? What? Where? (etc.)" *The Journal of Religious Ethics* vol. 13, no. 1 p. 54.

[617] James M. Gustafson. "Response" *The Journal of Religious Ethics* vol. 13, no. 1, p. 199.

第七章　古斯塔夫森伦理思想的批判性思考

在世界中经历所把握的主宰世界的客观力量，无论古斯塔夫森怎样辩解，作为其神学核心的那无刻不在、无形无象、又无处不在的客观力量，就不再是基督教神学正统中那位父、子、灵同质又合一的全能者。无论他检讨基督教神学的道德意图如何良善，也无法避开具有自然神论和泛神论倾向的指责。

其次，古斯塔夫森因其筛选性地引用《圣经》、将耶稣基督作为道德典范、认可自杀在特定条件下的合理性等，使其伦理学的神学基础正统性显得脆弱，甚至偏离了基督论。他对人类中心论宗教传统矫枉过正的批判，在理论与逻辑上都应受到检讨。

古斯塔夫森强调，要扭转仅将上帝作为拯救人类进入天国的工具性宗教，就必须坚持世界的客观主宰"（上帝）不能被操纵，上帝不能被忽视，上帝就是上帝"。[618] 为避开他所憎恶的人类中心主义，他的神学故意避开道成肉身的耶稣，将之作为道德榜样而否定神学启示的意义，以突出强调上帝对世界整体善的主张，强调上帝对所有受造物即整体宇宙世界的眷顾是建立在

一种组合的比例关系之上，这种比例关系适应于接受荣耀上帝目的（通过科学知识来理解）的义务，建立在对那些目的的相关保证的基础之上。[619]

当然，在人类社会物欲横流、连上帝都被物化为人类利欲之工具的时代，我们应当赞赏古斯塔夫森检讨与批判神学与人类文化现实的苦心及其伦理学意图。然而，在攻击人类中心主义因突出耶稣拯救人类导致宗教工具化的倾向和事实时，古斯塔夫森却从另一极端有意削弱、乃至谴责信仰

---

[618] James M. Gustafson. *Ethics and Theology*: *Ethics from a Theocentric Perspective*. Chicago: The University of Chicago Press, 1984. p. 322.

[619] John P. Reeder, Jr. "Dependence of Ethics", *James M. Gustafson's Theocentric Ethics*: *Interpretations and Assessments*. Harlan R. Beckley, Charles M. Swezey Macon. (eds). Georgia: Mercer University Press, 1988. p. 131.

者对道成肉身的上帝拯救人类的盼望，一定程度上肢解了神学核心教义。无论是在神学内部还是在神学伦理的理论与逻辑层面，他都已经因为偏离《圣经》教义和基督教传统而难以自圆其说。

从神学理论基础来说，其理论逻辑矛盾使他离开基督教神学正统，他简单地将《圣经》看作人在面临终极力量的经验反思；而且，在他看来，即使宗教生活中最重要的敬虔体验，也是从宗教角度理解人之现实经历的体现。他对《圣经》的世俗化解释偏离了基督论，自然背离了上帝通过耶稣基督道成肉身启示给世界的加尔文传统及主流宗教传统。尽管古斯塔夫森不是有意弱化耶稣在其主张中的伦理意义，但他对宗教和神学工具化的批判和对神学教义的纠偏，却是矫枉过正的表现。

神学家对他肢解《圣经》传统的神学阐释方法，尤其对他以科学和实际经验取代神学教义的简单方法提出强烈反驳，哲学伦理学家奥迪不满于古斯塔夫森对世俗文化表现出的特殊偏好。奥迪指责古斯塔夫森上帝观的"遥远性和严厉性"（the remoteness and austerity），批评其上帝观导致斯多葛主义的倾向。[20] 甚至也有神学家批评他将上帝客观化、非人格化，对神学教义的纠偏已偏离基督教正统太远，似乎是为了去掉人类中心主义这一稗子，最终却连基督教正统中的麦子也一同毁掉了。[21]

先于古斯塔夫森在美国基督教伦理学领域坐第一把交椅的神学伦理学家拉姆塞，也因此为他私交多年的学友深感遗憾。他指责古斯塔夫森的上

---

[20] Robert N. Bellah "Gustafson. as a Critic of Culture." in Beckley, Harlan R. and Swezey, *James M. Gustafson's Theocentric Ethics: Interpretations and Assessments.* Georgia: Mercer University Press, 1988. pp. 143—154；p. 153.

[21] *James M. Gustafson's Theocentric Ethics: Interpretations and Assessments* Edited by Harlan R. Beckley and Charles M. Swezey Macon. Georgia: Mercer University Press. 2003—11—08, http://theologytoday.ptsem.edu/oct1989/v46—3—bookreview7.htm.《圣·马太福音》记载耶稣关于稗子的比喻，当稗子和麦子一同成长，到收割时，收割的人先将稗子薅出来，留着烧，而将麦子收在仓里。意思是在世界的末了，恶人如同稗子一样被挑出来丢进火里，而义人如同麦子一样进入天国。

第七章 古斯塔夫森伦理思想的批判性思考

帝"注定是客观模糊的，就如同经历的多种客体一样，既隐晦又不清不楚。"㉒

这种批评不无道理。古斯塔夫森有选择地引用《圣经》和借鉴神学传统，注重借鉴奥古斯丁和加尔文的上帝中心论，但在竭力避免惟基督论的同时，他却对传统的批判走得太远，又篡改神学正统（如：否认永生），给人以迎合世俗社会和多元社会非信仰的嫌疑。在回应批评者的指责时，古斯塔夫森承认，他没有为自己的立场提供明确且充分的理论解释。㉓ 他批判惟基督论和宗教传统，原因在于它们将《圣经》和耶稣仅仅限定于旨在人类的福祉和救赎。而他的目的则是为了突出：

> 上帝中心论并没有完全排除对人有意义的价值，但是，以上帝为中心的价值不能与为了人的价值合二为一，除非（复数的）'价值'和（复数的）'目的'。如果神圣目的与人类自我实现的目标完全一致性得到证明，才能将为了人的价值与上帝中心论的价值观等同起来。㉔

再次，古斯塔夫森将现实经验及其情感体验作为获得终极实在的首要途径，与其上帝中心论的主张在逻辑上形成矛盾。他认为，人的现实经验而非圣经启示是获得关于上帝认识的主要渠道，但他同时主张，这种认识依赖于主体对世界整体幸福（well-being）的把握及其相关实际经验。如此，出自人的经历和人之理解而获得的道德知识（实在），就是有限之人对无限之上帝的有限认识。无论人如何想象主宰和统管世界的客观终极力量，这种力量最终还是要停留在人的具体思维和经验之中。批评者指出，他原本不必冠之以"神本主义"和基督教伦理之名，"对古斯塔夫森来说，

㉒ Paul Ramsey. "A Letter to James Gustafson" *The Journal of Religious Ethics*. vol. 13, no. 1, pp. 71—100.

㉓ James M. Gustafson. "Response" *The Journal of Religious Ethics*. vol. 13, no. 1. Spring 1985. pp. 185—208.

㉔ James M. Gustafson. "Response" *The Journal of Religious Ethics*. vol. 13, no. 1. Spring 1985. pp. 185—208.

伦理学是核心主词,而基督教是修饰词。"㉕

威廉·J.梅耶（William J. Meyer）批评指出,古斯塔夫森"取消了形而上的哲学（神学）基础,他坚持了前后不一的理解,这种自相矛盾削弱了他神本主义的主张。"㉖ 而且,"他没有从综合的属性方面,以充分的实在来解释上帝的确定性。他仅为宗教敬虔的情感反应提供了理性论证,却没有提供定义性的神学对象或中心（上帝）。"㉗ 事实上,古斯塔夫森将现实经历作为宗教伦理学最具优先性的伦理根据,自然就在他伦理目的与理论基础中留下了人、神之间难以合一的鸿沟,或者至少是不明确的界限。戈登·D.卡夫曼（Gorden D. Kaufman）、爱德华·法雷、约翰·H.约德（John Howard Yoder）和罗伯特·奥迪等,都对此提出质疑。卡夫曼指出,如果古斯塔夫森的上帝几乎是"一般意义上所称的'自然'",那么他就无法合理为他的上帝中心伦理学充当神学基础,因此古斯塔夫森是或者"神学自然主义者"（"theological naturalist"）。㉘

这种批评确实切中了古斯塔夫森伦理学基督之神学的软肋,却又恰恰为他的伦理学意图提供了反证。事实上,批评家眼中,古斯塔夫森的自然神更接近于约翰·希克（John Hick, 1922—）㉙ 那位日常生活中的上帝：

> 信仰者与上帝的相遇不仅发生在礼拜的时候,而且也发生在良心的召唤使他感到上帝的诫命对他自己的生活具有强制力的时候；发生在朋友的善举使他理解了神恩的时候；发生在自然的奇迹与美妙使她觉察

㉕ Richard J. Neuhaus. "God as the Ground of Ethics." *Interpretation*, *A Journal of Bible and Theology*. 37 (April) pp. 197—200. (refer to his 1983, p. 198).

㉖ William J. Meyer. "Ethics, theism and metaphysics: an analysis of the theocentric ethics of James M. Gustafson," *International Journal for Philosophy of Religion*. 1997, 41: 149—178, p. 149, p. 166.

㉗ William J. Meyer. "Ethics, theism and metaphysics: an analysis of the theocentric ethics of James M. Gustafson," *International Journal for Philosophy of Religion*. 1997, 41: 149—178, p. 149, p. 166.

㉘ Gordon D. Kaufman. "How Is God to Be Understood in a Theocentric Ethics?" in *James M. Gustafson's Theocentric Ethics: Interpretations and Assessments*. Georgia: Mercer University Press, 1988. pp. 13—35.

㉙ 当代杰出的英国宗教哲学家。

第七章　古斯塔夫森伦理思想的批判性思考

到了造物主的手笔的时候；发生在他在生活中对各种要求作出回应而越发领悟上帝的意图的时候。简言之，这位普通的信仰者领悟上帝的在场和行动所依凭的经验并不脱离世俗生活，而就在生活之中，无论它是多么的不完美和不完全。[630]

古斯塔夫森神本主义伦理学目的之一就是将"基督教"仅仅作为可有可无的修饰词，伦理学才是他要立志确立的核心。

第二节　道德认识论的批判

古斯塔夫森强调，上帝是其上帝为中心论的"伦理原则和价值判断的最终根据"，[631]但他主要依赖人的现实经历和宗教体验沟通经验事实与价值，将人在反思经验的过程中所获得的道德认知作为道德选择和判断的主要根据。这使他处于"人类中心论"与"上帝中心论"既交叉又对立的临界位置，出现了论证上无法避开的逻辑循环。他注重敬虔在道德认识中的重要作用，认为敬虔是获得道德认识的中介与途径，而不是"通过自然界所获知的对上帝力量的反应"。[632]因为

很多人都有一种共同的、深深的宗教和道德敏感性，这种敏感性可以从神学的方式解说清楚并得到发展。[633]

---

[630] 约翰·希克：《信仰与知识》，1957。转引自：《大问题：简明哲学导论》，罗伯特·所罗门，张卜天译，广西师范大学出版社，2004年，第92页。

[631] James M. Gustafson. *Ethics and Theology: Ethics from a Theocentric Perspective*. Chicago: The University of Chicago Press, 1984. p. 298.

[632] James M. Gustafson. *Theology and Ethics: Ethics from a Theocentric Perspective*. Chicago: The University of Chicago Press, 1981. p. 165.

[633] James M. Gustafson. *Theology and Ethics: Ethics from a Theocentric Perspective*. Chicago: The University of Chicago Press, 1981. p. 189.

敬虔的体验是从人在现实中依赖于外在力量的意识及其反思中反映出来的。不同主体、不同经历和不同的情感都可能导致不同的道德认识，人对道德要求的思考与理解，也因此不可避免地带有各自的主观性。因而，有限之人要从无限的上帝的视角来理解并把握上帝的旨意，就无法避开人自身的经验和情感体验，因此对神圣道德秩序的认识就是有限的、近似的。最终，神本主义的伦理学似乎就是：行为者在自己的现实生活经历中尽量立足于上帝的目的、"代表"上帝作为道德立法者和判断者，获得关于上帝之目的的道德认识，并进入实现这一目的的道德实践。尽管古斯塔夫森关于道德认识和实践的历史性、社会性的主张是合理的，然而，神本主义伦理学必须摒弃为人的出发点和目的，他在道德认识论上却无法避开此逻辑循环的矛盾。里德指出：

> 在基于事物本质善的理论或目的的奥古斯丁-托马斯理论（an Augustinian-Thomistic theory）与将价值建立在喜好之上并否认根本善的自由主义理论二者之间，古斯塔夫森做了中间性的理论性尝试。（其根本错误在于）坚持要在人之有限性的前提条件下去寻找这样一种［上帝的，笔者注］秩序原则（an ordering principle）。而就我们的经验而言，善是不可通约的，没有一个元价值（metavalue）可供来为他们排位，没有元价值或原则将属于整体的各个不同团体的善的价值联系联系起来。我们经常遇到多种情况的必须解决的道德两难问题。[34]

爱德华也指出，古斯塔夫森从"常识的本体论"（"commonsense ontology"）引出经验主义和实证主义的认识论，违背了神启认识论。[35]理查

---

[34] John P. Reeder, Jr. "The Dependence of Ethics," *James M. Gustafson's Theocentric Ethics: Interpretations and Assessments.* Harlan R. Beckley, Charles M. Swezey Macon. (eds). Georgia: Mercer University Press, 1988. p. 134.

[35] Edward Farley. "Theocentric Ethics as a Genetic Argument," *James M. Gustafson's Theocentric Ethics: Interpretations and Assessments.* Harlan R. Beckley, Charles M. Swezey Macon. (eds). Georgia: Mercer University Press, 1988. p. 135.

第七章 古斯塔夫森伦理思想的批判性思考

德一方面肯定古斯塔夫森在道德认识论上批判人类中心主义的努力，同时批评古斯塔夫森将人类中心论与上帝中心对立的二元论方法实在是徒劳无益。理查德也指出，古斯塔夫森将人从伦理学中彻底分离出去仅仅是一种幻想，人类中心论并不影响他的伦理构建方法，"宇宙中心主义不必将人类中心主义排除出去。"[630]

古斯塔夫森坦称，他的伦理方法区别于同时代其他伦理学家，其主要原因在于，

> 他将道德价值、原则、目的和责任（义务）的基础建立于人类生活经历之上，而又将人类生活经历作为了'客观实在'的一部分。[631]

玛格丽特却为古斯塔夫森如此经验优先的道德认识论方法提供辩护，对否认现实经验在神学伦理中重要性的神学批评提出反驳。她认为，神学伦理至少不能将现实经验排除在外。古斯塔夫森没有以人对上帝的内在神秘体验来担保经验对神学伦理的重要性，而是从人在现实世界、即神学所理解的开放世界中的一般经验来论证其重要性；古斯塔夫森也肯定，即使基督教对有关上帝经验的解释也是多元的，是人对终极实在之经验多维性的表现。古斯塔夫森认为，仍可利用传统概念和神学象征来理解人之经验对神学伦理的意义。同时，他也肯定上帝在整体创造的目的中对人类利益和福利的眷顾，没有将人之尊严置于自由的高贵话语中进行讨论，而是将其置于自然秩序的整体利益或共同善的目的之中。因此，古斯塔夫森没有因为强调经验的伦理意义而否认神学传统对（个体）人之尊严和自由的强

---

[630] Richard A. McCormick, S. J. "Gustafson's God: Who? What? Where? (etc.)" *The Journal of Religious Ethics* vol. 13, no. 1. pp. 53—72.

[631] James M. Gustafson. *Ethics and Theology: Ethics from a Theocentric Perspective*. Chicago: The University of Chicago Press, 1984. p. 8.

调。⑱ 即使如此,我们仍然需要从神学伦理学的理论角度,深入检讨其道德认识论中矫枉过正的努力。古斯塔夫森

> 对人之生存经历的描述独立于其神为中心的伦理思想,这种出发点既非出自《圣经》,也非出自神圣启示,也非来自自然科学或社会科学的相关方面。⑲

卡夫曼由此指出,古斯塔夫森的认识论,首先不能为以神为中心的伦理学提供理论基础,也不能论证其为人类提供委身于如此"与我们最重要的事情没有联系"的上帝的合理性;此外,古斯塔夫森在神本主义的基础上构建伦理学存在前后逻辑矛盾。⑳ 如果以上帝为中心是替代人类中心论的合适的伦理方法,人类中心论的地位就应当完全被上帝中心替代。然而,当人类主要通过对自然世界和人类历史、文化等方面经历的自我理解来获得上帝力量时,人类中心论仍然是其伦理参照的中心。如果神圣道德知识仅仅是在人头脑中的思考和理解,无论古斯塔夫森多么强烈和坚决地声明"上帝不允许被操纵……上帝就是上帝",㉑ 无论他多么坚决地阻止人扮演上帝的可能性,人仍然无法避开这种欲望和尝试,而且可能得出不尽相同的认识、理解与道德判断。因此,古斯塔夫森的认识论自然使他无法彻底避开他所批判和竭力摆脱的人类中心论的立场。

如果神圣秩序启示在自然之中,而人又是自然中的部分存在,人就难以在置于其外的情况下去理解和把握世界整体的秩序,更难以将自己置身

---

⑱ Magaret A. Farley. "The Role of Experience in Moral Discernment", in Lisa Sowle Cahill and James F. Childress(eds.) Christian Ethics: Problems and Prospects. Ohio: The Pilgrim Press, 1996. pp. 139—140.

⑲ James M. Gustafson. "Introduction;"in Theology and Christian Ethics. Philadelphia: United Church Press, A Pilgrim Press Book, 1974. p. 4.

⑳ Gordon D. Kaufman. "How Is God to Be Understood in a Theocentric Ethics?" in Beckley, Harlan R. and Swezey, Charles M. (eds.), 1988, Pp13—35. pp. 27—34.

㉑ James M. Gustafson. Ethics and Theology: Ethics from a Theocentric Perspective. Chicago: The University of Chicago Press, 1984. p. 322.

其外而准确把握人应当在世界中处于怎样的位置、应当如何道德地行为，就如同人无法揪拉着自己的头发离开地面。在如此循环矛盾中，古斯塔夫森提出应当在关系中采取"取与舍"的态度（a give-and-take attitude）。[62] 这使他在批判人类中心主义的同时，更突出了行为者在道德认识和道德实践中的主观性。有限之人究竟如何从上帝中心论视角把握取与舍的最佳合理度、并做出合理化程度最高的平衡，必须在现实的伦理关系和具体情景中做出分析，这同样无法避开人的主观因素和对自身利益的思考。

第三节 温和的"人类中心论"

古斯塔夫森无法避开自身理论构建上的内在逻辑矛盾。一方面，他坚持以宗教信仰为基础的世界观和价值观，力图摒弃人类中心论，另一方面，他对"人是什么"和"人应当做什么"这两个基本伦理问题的追问，又无法绕过主体对自身利益的思考。

从其神学理论基础、道德认识论上看，古斯塔夫森在理论形式上，与其所批判的人本主义有某些相似之处。他们都从人自身获得的道德认识和经验出发，强调人为自己行为负责，强调人对包括自己在内的生存环境负责。然而，从其伦理思想的实质内容来看，他从行为者个体和群体延伸到人类整体的责任，并将责任的目的扩大到整个宇宙秩序。古斯塔夫森警告说，上帝不在人的头脑当中，而是在人的真实经历之中，但他并不能为避免人在头脑中"创造"一个上帝（即道德知识和道德要求）的可能性提供充分论证。获得关于世界整体善的道德认识及道德能力，关键在于人自身的经历、情感体验及其反思，这就很难避免体验和反思者将个体或主观的理解加在客观、外在的道德要求之上。

---

[62] James M. Gustafson．"preface" in *Christ and Culture*. H. Richard Niebuhr. San Francisco：Harper Collins Publishers，2001.

尼维尔·理查森（Neville Richardson）指出，古斯塔夫森本来不必非要从上帝中心的视角来对人、上帝和伦理做出神学的理解与解释。他提出两个问题：神本主义是否就是反人类中心的唯一有效的方法？也就是说，是否只要采取以上帝为中心的视角，人类中心论的立场就立即被抛弃而消逝？这种交叉渗透的方法来倡导上帝中心论，究竟在何种意义上有可能消除人类中心主义？[643] 从其他方法，同样可以获得与他从上帝中心视角对人在世界中的位置和相应道德责任的一致见解。波尔在解读古斯塔夫森的认识论方法时指出："如果以上帝为中心代替人类中心主义却导致人类屈从于客观自然神，我们宁愿选择人类中心主义。"[644] 古斯塔夫森本人也意识到，无论他多么强烈地提倡"神本主义"，都不可能成功地将之替代"人类中心"。[645] 所以，他坦言：即便是从科学角度来理解和解释世界，也"不可能逃避'主观主义的陷阱'"。[646]

古斯塔夫森赞同罗特莎费尔（Rottschaefer）的主张，认为

> 科学发现不仅影响我们如何理解道德选择的情景，而且，就关于道德主体、行为及其情景等的一些描述作为伦理学以基本前提这一点来说，科学发现也应当影响伦理学理论……我们对道德主体的理解确实受到人类相关科学的影响，也应受到人类相关科学的影响，科学应当为理解人类在更广大的规划中所处的地位提供信息。[647]

在古斯塔夫森看来，神本主义并不必然要忽视人类价值、使人类价值萎缩，也并不必然表示人能抽离于人的世界而从上帝的眼光来获得对事物

---

[643] *Journal of Theology for Southern Africa* 60. 1 Sep. 1987, "A Theocentric Ethic in a Scientific Age?" p. 46. http://66.77.30.29/pls/eli/ashow? aid = ATLA0000980187. 2004—3—24.

[644] 引自 Theo. A. Beo *All In Relation to God*. p211.

[645] James M. Gustafson. *Theology and Ethics: Ethics from a Theocentric Perspective*. p. 264.

[646] James M. Gustafson. *Theology and Ethics: Ethics from a Theocentric Perspective*. p. 264.

[647] James M. Gustafson. "Response to Rottschaefer, Beckley, and Konner", in *Zygon*, 30, 02, 2001, p. 224.

第七章 古斯塔夫森伦理思想的批判性思考

的全景式理解。否则，就是人僭越上帝的主权，是人企图扮演上帝那种傲慢与无知的表现。[68]

此外，古斯塔夫森关于整体善的主张引发权威专制的可能性，也使他处于无法完全摆脱人类中心论的尴尬境地。我们肯定整体善相对于个体和部分善的绝对优先性，然而，整体善与部分（个体）善之间不可调和的冲突，往往不是简单的比例关系，而是植根于文化、历史和价值观等非常广泛而又复杂的因素。人的认识能力和道德实践能力有限，不同群体、文化与历史情景，往往使人对整体善和实现整体善的行为要求产生不同的理解。要解决不同主体在道德认识上的差异，需要说服对方或者彼此妥协达成一致意见。否则，就可能产生道德混乱，各自的选择难以维护真正的整体利益。现实社会生活中要避免和解决可能造成的道德混乱局面，不仅需要行为者各自的道德自觉、彼此宽容和相互理解，而且需要诉诸多种公共决策，并通过公共行为强制实施公共决策。然而，利用制度性的权威强制来解决价值分歧和冲突，不仅其行为本身违背伦理精神，而且也极有可能产生权力专制乃至暴政。尤其是强制实施公共决策和制度的行为，更有可能因整体善的缘故而扼杀个体和部分的合理性要求。

如果由于不合理的整体善或者对整体善的误解而导致扼杀个体和部分的合理要求，则可能导致权威中心或精英专制主义，也可能导致反伦理精神的"父权主义"或"霸权主义"。例如，少数权威人士、有时甚至群体中的多数就会妄自成为上帝的代言者，利用上帝的名义剥夺他人的话语权利。如果少数具有权威者站在一己立场，利用各种权威力量压制其他人的自由，就极有可能导致社会不公平，压制和摧残人的尊严，导致权威专制主义或个人专制主义，这也是一种人类中心主义的典型表现。

古斯塔夫森终究无法彻底解决和澄清"人类中心主义"这一概念的模糊性难题。其中的一个原因就是，

---

[68] James M. Gustafson. *Ethics and Theology: Ethics from a Theocentric Perspective*. Chicago: The University of Chicago Press, 1984. pp. 319—321.

神学课题的认知层面总是最麻烦的问题。有史以来，对事物真正意义上和终极意义上究竟是什么，神学家已经太过肯定地讲了太多。[49]

约德指出，与人类将自己作为尺度来要求权威并确定关于上帝的知识这种做法相比，古斯塔夫森的上帝为我们获得关于上帝的知识提供了条件，而人还是获得这种知识和能力的核心，因而是比较温和的人类中心论。[50]尽管古斯塔夫森被指责站在了"人类中心主义"邻近的立场、或者类似于"温和的人类中心主义"的立场，但无论如何，将人排除在外而谈论恢复人与自然和谐秩序的责任，以及在利益冲突时的行为选择与价值取舍，都是根本不可能的事。因此，在认识论层面避开人的视角是绝不可能的，在价值论上避开人的视角，也是极其有限的。

我们不能将古斯塔夫森与其所批判的人之价值至上的人类中心论等同起来。因为，人类中心主义是将人独立于世界中心、独立于他物之上的狭隘的分裂主义，将行动与自我中心的动机联系起来，将行动的动机与人类所获得的报酬直接等同，其行动总是在与所得酬报的计算相比较而付出的。如果可持续发展的人本主义主张也强调为人类的长远利益打算，那么古斯塔夫森本人并没有完全抛弃人类中心主义。然而，即使将古斯塔夫森与人类中心主义联系，那也只能是较弱意义上的联系，因为古斯塔夫森本人所力主强调的是人类整体的责任。这里不妨借用人本主义的合理观点，为这种特殊而温和的"人类中心"的合理性辩护："如果使理想脱离人的生活，建立理想便是枉费精力。"[51]

---

[49] James M. Gustafson. 1981b, "Say Something Theological". *Moral Discernment in the Christian Life*: *Essays in Theological Ethics*. Westminster: John Knox Press, 2007. p. 9.

[50] John Howard Yoder. "Theological Revision and the Burden of Particular Identity," *Gustafson's Theocentric Ethics*: *Interpretations and Assessments*. Beckley, Harlan R. and Swezey, Charles M. (eds.), Harlan R. Beckley, Charles M. Swezey Macon. (eds). Georgia: Mercer University Press, 1988. pp. 63—94.

[51] F.C.S 舍勒:《人本主义研究》，第187页，第40页。

第四节　神学伦理学的亲科学倾向

神学家不约而同地立足于神学与科学（特别是自然科学）的二元对立，以神学正统和《圣经》传统，质疑古斯塔夫森宗教伦理学的正统性与合法性。这种批评角度，恰与古斯塔夫森本人的伦理目的和方法相背。古斯塔夫森的立足点是多学科交叉和人之生存多维经验综合的互动与渗透，其目的正是要促进世俗伦理和神学（宗教）伦理的相互沟通，并使得这种相互沟通服从世界整体善的要求。在神学家指责他背离传统、挑战和反叛正统之处，恰是他的伦理学及其方法的贡献所在。古斯塔夫森强调科学与神学不应一方压制或代替另一方，警告两个极端方法的危险性。但是，在调整和解决实证科学发现与神学信仰解释之间的价值冲突时，一方面，他肯定科学发展受到神学立场影响，另一方面，他又更倾向于调整神学命题来适应科学理论的解释，也注重神学借助科学对宇宙的发现和解释，来反思人类价值中心的神学教义和科学立场，以便使相关神学教义的伦理蕴涵得到科学的合理修正。

古斯塔夫森认为，在神学与科学交叉渗透的对话与交流中，应将科学为神学提供的事实性的、解释性的信息作为前提。

> 首先，敬虔（而非相信）是令有关上帝的观念具有主观意义和智慧性劝导作用的必要条件……其次，有关上帝的观念的'实质内容'不能与相关科学确立的证据和解释性的原则不一致（而不是必须与之'和谐'），而且必须在某种方式上被科学证据和解释性原则所表现。[62]

要解释这种交流互动造成的结果，则需要超越科学所提供信息的事实

---

[62] James M. Gustafson. *Theology and Ethics: Ethics from a Theocentric Perspective*. Chicago: The University of Chicago Press, 1981. p.257.

层面，在价值层面作出神学和伦理学的解释。在某种程度上而言，伦理学是建立在对自然的科学性的理解基础之上。在多处讨论中，古斯塔夫森明确表达他对科学在解决伦理问题中的权威的偏好，有时，他甚至直言不讳地宣称神学和伦理学从属于科学的地位：

> 人们如何能过一种合适的生活作为对世界结构的理性的衡量……如果我们关于自然和人与自然的连续性的知识与使世界人道化和人格化的生命政策发生严重分歧，其结果在很大程度上应当是神学放弃自己的见解。[63]

在古斯塔夫森看来，在神学和科学交叉渗透的背景中，

> 神学不能就上帝与世界的关系提出与已经确证的科学证据和理论相悖的主张。[64]

根据这个主张，解决"促进世界人性化和人格化的生命政策"与科学之间的不一致及冲突，可靠有效的方式就是神学必须放弃自己的生命政策，因为神学主张人是受造世界的中心，具有比其他一切受造物更高的优越性。这种人类中心论的神学主张必须得到修正。科学已经证实地球和宇宙有限的历史，因而神学中的末世论，也应当在科学和技术发展提供的证据的基础上得到修改。[65]

古斯塔夫森对科学浓厚的兴趣，可以从他使用的术语"在公共商谈中的创造科学"（"creation science in public discourse"[66]）表现出来，他努力将

---

[63] James M. Gustafson. *Theology and Ethics: Ethics from a Theocentric Perspective*. Chicago: The University of Chicago Press, 1981. p. 266.

[64] James M. Gustafson. *Theology and Ethics: Ethics from a Theocentric Perspective*. Chicago: The University of Chicago Press, 1981. p. 258.

[65] James M. Gustafson. *Ethics and Theology: Ethics from a Theocentric Perspective*. Chicago: The University of Chicago Press, 1984. p. 313.

[66] James M. Gustafson. *Intersections: Science, Theology and Ethics*. Ohio: Pilgrim Press, 1996. p. 4.

第七章 古斯塔夫森伦理思想的批判性思考

神学伦理学拉近科学。在其科学与神学双向交流的主张中，他使神本主义伦理学明显亲近于世俗经验。他认为，科学解释更能符合大众的理解，更能迎合信仰者和非信仰者的经验思维。这种理论矛盾，一定程度上反映了后现代实践性的神学迎合世俗、甚至向世俗的妥协，也折射出多元价值观和科学权威对人类道德生活的重大影响。

在科学技术作为主导人类生活的重大力量的今天，神学伦理必然应当谨慎又诚实地与科学交流，因而古斯塔夫森的科学倾向是可以理解的。但是，这必然会引出他无法回答和解决的问题：神学和科学如何在同一个世界中为人类生活提供指导却又各自保持其传统和独立性？当神学与科学对价值意义的分析发生冲突时，二者间应当怎样达成共识？如果将科学不能解释和解决的问题简单地交于神学，或者继续用神学的标准度量和诠释科学，或者将以科学为标准来修改宗教信仰中的道德尺度，对科学和神学都没有实质性的意义；对人类理解、探索世界、认识自我的物质活动和精神活动，也都没有实质性帮助。如果为了伦理学之故，神学应当参考旨在改善人类幸福之科学所提供的证据和结果而得到修改，那么，神学伦理学如何能避免走上为人类谋福利的道路从而与科学殊途同归？这岂不是明智的人类中心主义的翻版？因此，古斯塔夫森必须首先回答：科学的目的何在？科学为解释世界和人类生存经验所提供证据与结果的信度和效度究竟如何？科学作为修改神学和伦理学理论基础的根据究竟有多大合理性？科学究竟在多大程度、哪些方面、哪个层次上与上帝创造整体世界的意图重合一致？

根据古斯塔夫森的科学倾向，很难确定神学家究竟应当在与科学解释发生冲突的时候，如何进行相互的补充与纠偏。即使说科学探索和发现的目的不是为了挑战《圣经》权威和宗教传统，但事实上，从近代科学革命一直到今天，科学探索和发现却是在攻破中世纪神学信仰和传统的过程中爆发其力量的。因此，科学家与神学家之间谦逊而积极地沟通和合作，则更可能是在双方都无法解决的难题领域。在神学家、科学家和哲学家都无法解释的领域,更可能产生彼此的尊敬和对话,而在各自都在固守已经做出解释但解释却互相冲突的地方,更可能是相互的谴责、攻击和鄙视。这正是当前世界宗教与科学之桥在相向而行的过程中,仍然未能真正坚固建立深刻关联的主要原因。

古斯塔夫森在科学领域寻找交谈伙伴的意图和努力,不仅使其理论出现内在逻辑矛盾,而且更从与其意图相悖的角度突出了科学与神学之间不可调和的张力与冲突。弗莱德里克·菲尔(Frederick Ferre)并不认为科学能够使人对自然产生敬虔的情感,他指责古斯塔夫森对科学的天真,否认科学能够有助于反驳人类中心论,因为科学一直是从望远镜的一端在观察,即使在科学提供的实质内容解释之中,人是被客观化的极其渺小的客体对象。弗莱德里克指出:

> 科学的方法论和认识论自身就是极端人类中心主义,科学探索者采取'我/他'关系主客二分的对立立场来对待其知识客体,因此科学极有可能导致激进的人类中心主义,科学的核心恰恰是极端人类中心主义……科学丝毫无情地看待其实验对象。⑰

利莎·S. 伽希尔也批评说,古斯塔夫森混同了科学的事实解释与神学的意义和价值判断。如果神学对科学开放就意味着要接受科学理性的检验,那么,

> 古斯塔夫森的'上帝'究竟在哪些具体方面证实、或者补充了一般意义上理解的'自然神'?其'以上帝为中心的宗教敬虔,'究竟在哪些方面与自然科学家真正的事实欣赏有所差别?当自然科学家遇到纯粹事实时,无论人们愿意与否、或者无论人们是否对之进行控制、或者无论人们是否要依赖于该科学事实的服务,科学家都要以实事求是的

---

⑰ Frederick Ferre, "In Audi discussion" in *Gustafson's Theocentric Ethics: Interpretations and Assessments*. Beckley, Harlan R. and Swezey, Charles M. (eds)1988. pp. 183—184.

态度来寻求真正意义上的理解。⑱

奥迪则从哲学家的立场，对古斯塔夫森关于科学能激发宗教情感的主张给予支持。奥迪反对将宗教信仰传统与敬虔情感之间的联系作为一条不证自明的必然前提。他指出："在高层次上系统地进行科学实验，有可能激发非常自然的敬虔情感。"⑲例如，在科学实验中，我们日复一日地使用工具以达到科学实验之目的，对于那些在科学实验的日常工作中以自然态度使用的材料，我们则可能产生一种尊重的情感。奥迪自己也认为，那种情感体验具有宗教性，日常生活经历就经常是产生这种宗教情感的源泉，因此，敬虔的情感体验不专属于宗教信仰领域。古斯塔夫森本人意识到，他简单综合了科学认知层面与宗教情感和价值判断，意识到他关于科学与神学之间相互开放的主张，实质上却将科学事实、人普遍一般或个人的情感与基督教信仰中对神的敬畏及神学价值判断简单地作了类比，因而这种逻辑上的缺陷使他没能充分论证其良好的伦理愿望。

无论是多元社会中神学家受益于科学而产生的科学情结，抑或是实践性的神学家有意投靠科学和世俗社会的努力，当古斯塔夫森将科学认知层面和事实解释与宗教情感和神学伦理的价值层面在逻辑上简单地合一时，他表现为一位世俗及科学社会中的神学觉悟者，但他却是站在离科学和世俗更近的地方高呼要回到上帝，在祛魅的世界里呐喊要复魅。即便如此，我们仍可质疑其利用科学实证经验来检验并修改神学教义的努力。尽管科学已经驳斥了地球平面说和地球中心说，但这种停留于事实层面的解释是对世界现象"是"的说明，并不必然地导致某种确定的关于价值和意义的判断，更不必然地确立神学伦理对人类中心论的价值批判。正如"知识不等于美德"一样，科学或经验事实不能混同于（神学）伦理学的价值判

---

⑱ Lisa Sowle, "Consent in Time and Affliction: The Ethics of a Circumspect Theist." *The Journal of Religious Ethics.* Vol. 13, no. 1. Spring, 1985. pp. 22—36.

⑲ Frederick Ferre, Audi, "In Audi discussion" in *Gustafson's Theocentric Ethics: Interpretations and Assessments.* Beckley, Harlan R. and Swezey, Charles M. (eds), 1988. p. 185, p. 184.

断。科学之所以为科学，就是因为它要始终处于被证实和证伪的过程之中。如果古斯塔夫森仍执拗地坚持以科学检验神学，那么，他就违背了自己关于科学、神学与伦理学"对话和双向交通"的主张，走上了"利用科学解释来取消或重建神学"的道路，提供了"解决科学—神学之关系中科学优先"的方法，或者说他是给"神学提供了科学模式。"[60] 无论他努力使科学来补充和修正神学的愿望多么良好，这其中的逻辑漏洞仍然成为他理论中的缺憾。

我们还可进一步提出问题：即便科学和技术发现能够在一定程度上纠正人类中心论的宗教传统，也能够一定程度上消解科学与人类历史传统中的自我中心，那么，神学与科学相互开放，如何确保能激发人对世界终极主宰的敬畏之情？近代以来科学所推崇的客观性和工具理性以及主客对立的态度，恰恰是以抵制人对超自然力量的敬畏为手段和目的。科学主要通过分析、解剖的方法来具体理解和解释人的生存经历和事件，而神学和伦理则主要从整体和综合性的角度诠释事件和事物的意义。科学常采用简约主义的方法（reductivism）来归纳和分析事物的规律。在现实的生存活动中，素朴的宗教信仰或伦理追求，则有可能比具体科学提供更广泛、更全面而综合的解释。严格地讲，科学解释的有效性仅仅对于其领域的专家而言是可分析的，对于非专家的普通人而言，绝对依赖科学的解释如同盲目信仰上帝一样。

如果从科学角度对信仰的解释提出怀疑与纠正，同样有完全同等的理由从信仰角度对科学的解释提出怀疑。[61]

因此，神学从与自己领域相距遥远的科学角度来自我检验进而否定自

---

[60] Audi Robert,"Theology, Science, and Ethics in Gustafson's Theocentric Vision" in *Gustafson's Theocentric Ethics: Interpretations and Assessments*. Georgia: Mercer University Press, 1988. pp. 160—161.

[61] Theodore A. Boer, *All Things in Relation to God: a Critical Analysis of James M. Gustafson's Theocentric Ethics*. (PhD. dissertation) Uppssala: Uppsala University, 1995. p. 102.

我，或者完全以自己为标准否定对方，这两个极端态度都是错误的。

针对他将科学作为神学批判的工具和伦理根据的批评，古斯塔夫森的回应则显得更加成熟，他对科学的态度更加谨慎。他指出：

> 道德学家并不是基于（科学）'专家'权威而天真地接受这些（科学）'事实'。但为了作出负责任的政策抉择，神学道德学家需要了解这些'事实'……科学信念为敬虔和神学理解提供的信息越是确定，我们之'在'（being）（即我们在世界中的位置）就越是确定；偶发性研究愈是为我们的道德和伦理反思提供信息，我们之'行为'（doing）就愈加具有道德和伦理合理性。[22]

古斯塔夫森不断补充并拓展他关于神学、科学、哲学等学科交流中伦理优先性的主张，提醒说神学与科学互动的目的不在于谁决定谁，根本上是为了伦理之目的，即世界秩序及进程的和谐，因此应当警惕科学和科学活动为人类带来无法控制的破坏性后果。首先，在某些问题上，神学和伦理具有独立于科学的自主权威，如在医学和生物学研究方面，在关于环境方面的政治决策或政策提议方面，神学具有独立的权威从自身角的度作出解释。例如，从"创世论"引用《圣经》经文来分析同性恋的神学伦理学上的不合理性。其次，基督教中"爱"的伦理原则适用于复杂的伦理冲突问题，无论其他学科的知识和信息如何，都无法摇动基督教"爱"的伦理原则在经济、军事或生物学等各种伦理问题上的道德指导优先性。也就是说，任何经济、军事、政治或生物科技之目的与力量的冲突，都必须以爱的原则为至高无上的检验尺度。再次，神学和伦理学之所以能够具有独立权威，前提基础就是神学和伦理学能够为重大的道德冲突事件和现象提供最重要的方法，因为人类生存活动中最根本、最核心的问题，归根结底往

---

[22] James M. Gustafson. "Afterword." in *Gustafson's Theocentric Ethics: Interpretations and Assessments*. Georgia: Mercer University Press, 1988. p. 249.

往是宗教性质的问题或者是道德冲突问题。[63]

为此,我们必须警惕采用科学技术干预自然与人类文化的良善意图对自然及社会造成的破坏性后果。例如,在军事和政治力量与神学伦理要求发生冲突时,我们决不应当削弱(神学)伦理的权威,伦理道德应当清醒地审视政治和军事的力量及其目的。无论为了某些人群、人种、甚至人类整体生存之目的,或者以怎样的科学或正义的理由,人类都应当以整体世界秩序为绝对、最高的伦理目标要求,任何情况下都不能使用核武器,也绝对不能威胁要使用核武器。[64] 同样,当神学和神学伦理学与生物学(尤其是基因学)的互通发生冲突时,神学和神学伦理学也应当对生物学研究及成果的应用提供约束与批判。尽管基因学并没有深厚的神学传统支持,基因学的研究也很少借助神学思想资源来解释人的本质和行为选择的倾向,但有关基因干预所涉及的伦理问题探讨,也应当参考神学和神学伦理学的批判,以便能够对基因工程研究及其结果的应用作出更合理、全面和谨慎的价值判断。古斯塔夫森提出,对基因学研究及其结果应用中的任何价值判断,都应当参考各个方面的批判意见,尤其是来自神学思想的批判,以便能够作出尽可能综合性的判断。例如,可以成立伦理委员会,在广泛讨论的基础上推出联邦国家的公共决策性规定等等,而不能仅仅依赖有关基因的知识和发现。[65]

古斯塔夫森注重神学向科学开放而进行自我反思的重要性,表现出他作为神学家的理论自觉,也表现出他作为一个伦理学家极强的责任意识。在科学主义盛行的当今时代,神学伦理学更应担当起检验科学之目的和意

---

[63] James M. Gustafson. *Intersections: Science, Theology and Ethics*. Ohio: Pilgrim Press, 1996. pp. 2—3, pp. 136—144.

[64] James M. Gustafson. *Intersections: Science, Theology and Ethics*. Ohio: Pilgrim Press, 1996. p. 129.

[65] James M. Gustafson. *Intersections: Science, Theology and Ethics*. Ohio: Pilgrim Press, 1996. pp. 87—92.

第七章 古斯塔夫森伦理思想的批判性思考

义的批判功能，向科学高声疾呼："上帝不仅仅为了人类的福祉。"⑥ 今天，我们必须清醒地反思：科学是否仍然可以趾高气扬、不遗余力地为了发现人、发掘人和为了人的利益在转动着人的世界？尤其是科学是否在为一少部分人和当代人之利益不合理地控制着人的思维和生活？我们既要从神学的立场，对古斯塔夫森以亲科学倾向来对神学立场的"善意背叛"保持适度的警醒，也应当同时支持他在神学内在批判与检讨中表现出的神学家应有的谦卑。古斯塔夫森代表作的言辞恳切的尾声，可谓是点睛之笔：

上帝不会被操纵。
上帝不会被忽视或者否认。
上帝永远是上帝。⑥

---

⑥ James M. Gustafson. *Theology and Ethics：Ethics from a Theocentric Perspective*. Chicago：The University of Chicago Press,1981. p. 267.

⑥ "God will not be manipulated. God will not be igored or denied. God will be God."James M. Gustafson. *Ethics and Theology：Ethics from a Theocentric Perspective*. Chicago：The University of Chicago Press,1984. p. 320, p. 321, p. 322.

第八章 古斯塔夫森伦理思想的后续阐发

无论古斯塔夫森的伦理思想在神学伦理学传统中的合法性受到怎样的质疑和批判，他立足整体善对责任的强调、对德性的加强、关注宇宙整体之和谐统一而对人努力向外扩展伦理关怀的热切呼唤，都是对人类中心主义和个人利益至上的美国乃至整体人类社会极有力的批判，对归正人之伦理本质的认识和道德生存的实践，有极强的针对性和合理性。我们需要进一步思考：如果撇开植根于"犹太—基督教"一神论传统的社会文化，抛开古斯塔夫森为自己伦理思想立论和确证的支点——绝对超越的上帝，暂时搁置其神本主义对绝对超越的宇宙终极主宰的宗教信仰立场，这种责任伦理主张是否仍不失其合理性？在不接受上帝或者没有绝对超越性上帝的社会文化中，伦理学研究如何仍然能沿着古斯塔夫森所倡导的开放与对话的逻辑，在理论和实践上开发、借鉴并吸纳其合理之处？这是伦理学研究的普适合性要求无法避开的问题。在中国文化语境中介绍这种责任伦理学，尤其需要深入思考并回答：古斯塔夫森的主张究竟多大程度能对中国社会文化有所启示？这一章将从古斯塔夫森之后的道德哲学批判，反观其伦理思想的影响，并且尝试使古斯塔夫森的伦理主张与我国儒家"天人合一"的传统相互照面，分析其责任伦理学的普适性，挖掘这种思想在两种异质文化中开展跨时空对话上的可能性。

第一节 整体主义伦理普适性之分析

应用伦理学和责任伦理学的蓬勃兴起是当代西方伦理学突出的特点之一。应用伦理学多与权利相对而言来讨论分析相关行为者的责任，而对权利和责任的对等性探讨，又是立足于个体行为者、或者权利与责任的各方来展开对应性的分析。在应用伦理学探讨所必须关注的道德共识这一目标上，如果根据古斯塔夫森的立场、抛弃人的尺度而将目光转向神的尺度，是否会对达成伦理共识、或者至少对促进伦理共识有所妨碍？

根据古斯塔夫森的主张，人是有限的道德的行为者，人能够而且应当维护和促进道德根据及最终归宿的整体善。在此，人的责任来自人的行为能力及其定限。古斯塔夫森突出人之责任这一根本的主张，是将责任作为道德保障的前提，同时突出德性为道德责任得以履行提供担保的终极性意义。人之所以应当承担责任，前提是人具有道德行为的可能性；人要使责任得以履行并成就道德，则应当培养德性。可见，责任与德性相互加强并为道德提供担保。但需要指出的是，道德的实现并不必然要求责任一定要与权利联系。

古斯塔夫森遵循宗教伦理的神本主义立场，与宗教伦理的本质有必然的联系，更与他本人反复强调上帝创造世界之多重目的合一的整体善有内在一致性。在古斯塔夫森这里，"神本"并不意味着排斥人的因素，也绝非拒绝与应用伦理学对话。神本的目标旨在受造整体，其中人是非常重要的道德行为代理者，是参与、维护和促进整体善的责任受托者。古斯塔夫森从以神为中心或者说从神本主义视角突出其伦理核心是人的责任，而人的责任是一个复合的综合概念，包括了合理认知、体悟、把握整体善及其相关要求，以及从合理的认知导向合理地行为。如斯陶德所言，可以将宗教伦理学作为最重要的手段来检验任何一种解释道德多元性的世俗哲学。

因为，如果道德哲学完全采取世俗导向自说自话，道德哲学就无法对成就自身独特性而使其区别于其他学科的差异作出合理的解释。[68] 信仰的核心是与超越的造物主建立合一的关系，但这种关系的表现，却需要透过自然鲜活的生命得以彰显。尤其对于基督教信仰群体而言，爱神、爱人的十字交叉的纵横关系总是合二为一。基督徒坚持信仰及其道德生活原则，积极参与社会生活，与众多的生命相连，实现道德生命的共同建造，这是基督徒的本份。卓新平教授在肯定信仰对社会的积极作用方面指出："信仰生活的主要外在表现就是道德实践。"[69] 古斯塔夫森的伦理学力图为信仰领域的道德思考与世俗导向的道德哲学提供对话交流的空间，是关涉人之道德生活更整全的伦理思考方法。无论如何，离开了人的世界和人的判断，理论伦理学和应用伦理学都将失去活水之源；同样，宗教伦理学的思考离开神的视角而孤立地谈论人，也决不能为之合理正名。

若继续深入思考古斯塔夫森的道德认识论为何受到神学正统的声讨，分析他有关科学对伦理学之意义和重要性的主张，关注他对婚姻与家庭、世界人口与营养问题、生物医学研究基本配置、自杀问题等应用伦理学的探讨，则可以发现，古斯塔夫森非但没有离开上帝创造世界整体善这一参照点，反而他更将这一参照点的责任交付于人应当合理谨慎地思维与行动的要求。这种伦理建构的进路，尽管招致对他迎合科学和媚俗的批判，却反证了他通过应用伦理学探讨而致力于不同道德群体、利益群体和不同视角获得更普遍伦理共识的积极努力，这正是他的一大贡献。事实上，任何旨在扩展和实践其普适性的伦理学研究，既不能忽视基于神学立场的伦理学主张及其合理性，而且也应当如同古斯塔夫森一样，时刻愿意敞开思想，搭建相互沟通的对话交流平台，使伦理共识从理论形式走向现实

---

[68] Geoffrey Stout. *Ethics after Babel: The Language of Morals and Their Discontents*. Boston: Beacon Press, 1988. pp. 4—5.

[69] Xinpng Zhuo, "Religion and Morality in Contemporary China", *Irish Theological Quarterly*. March 2000. vol. 65 no. 1, pp. 65—71. p. 65.

生活。

　　强调责任并不意味着必然忽视权利。古斯塔夫森主要遵循宗教伦理的德性论传统来为责任和道德提供确证，由此比较容易引人质疑的问题是：若离开权利来强调责任，是否可能导致对权利、特别是个体权利的压制乃至剥夺？古斯塔夫森甚至主张自我牺牲的德性来加强责任的担保，那么，加强责任与德性以成就整体善的这种主张，是否能合理避开压制个体权利乃至剥夺个人权利？这种主张是否与当今强调权利、平等和公正的精神背道而驰？在大力弘扬民主政治和公民权利的全球文化尤其是在中国社会中，如此突出整体主义的立场和牺牲个体及部分利益的德性要求，是否与加快民主政治和公民社会建设的意图相左？突出维护和实现整体善与强调个体权利得到保护、保护公民个体的积极自由和消极自由权利不受集体侵犯，伦理学如何能够促进彼此间的协调一致？

　　从根本意义上讲，权利的保障的前提是对责任和义务的加强，这是权利与义务（责任）对等性的根本要求。如果说公民个体权利得到保障依托于他人义务和责任的加强，那么，在根本意义上说，公民个体的权利要得到保障，归根到底在于公民个体真正落实自身的义务和责任。从逻辑上讲，自我履行道德责任和义务是获得权利的前提条件，而不是相反。当行为者个体乃至群体通过努力而担当责任和履行义务，其同时就是在争取和维护自己的权利，而决非在保证得到自我权利的前提下滞后地履行责任和义务。"如果你给我抓背，我就给你挠痒。"这是权利与义务对等逻辑的最好描述。但是，即便这种典型的"权利—义务"对等性、契约式的逻辑，其有效性也必须建立在双方诚信的基础上，建立在各自作出足以令对方能够产生信任的自我责任承担的行为之上。总需要有一个人先背转过身接受对方的付出，总必须有一方愿意让对方先转过身而自己先履行责任。因为，如果权利、义务的双方面对面地坚持向对方要求，结果就只能是谁也无法信任对方的监视，如此而来所促成的将不是权利与义务的对等，反倒有可能是道德投机、诚信缺失、强权辖制。因此，维护和保障权利，当然需要他人义务和责任的履行；权利得到维护和保障，最根本意义上在于每个行为者的责任意识，在于所有行为者愿意为担当责任而付出努力，甚至培养并实践自我牺牲的德性。

个体或部分善应当与整体善一致，这是古斯塔夫森整体主义责任观的基本主张。整体善的成就和个体与部分善的维护，总是相互促进、相互影响。道德共同体的利益与其部分之间的利益及部分与部分之间既相互冲突，又相互促进。但是，只有在部分与部分、部分与整体相互协调一致时，才能既促进共同善、又有利于部分善。整体主义的主张绝非强调功利主义组合式的数量累计，而是共同体主义的集合共生。具体而言，部分善的自我维护和个体利益的自我保障，并不必然促成整体善，而在整体善没有得到合理有效的维护和保障时，根本上损害的是个体善。这在家庭和婚姻的伦理关系中的表现最为明显。强调家庭整体幸福，决不意味着是剥夺家庭个体成员的幸福。假如妻子或丈夫都各自为自己的利益奔忙，并不必然成就家庭和婚姻牢固的关系和彼此合一的幸福，反而可能导致家庭婚姻的破裂，为所有家庭成员带来不幸。因此，古斯塔夫森强调整体善，并由此突出个体与部分维护和促就共同善的德性要求，必然就支持了对个体和部分善的肯定，同时也是在强调个体与部分乃至行为群体对维护个体与部分善的责任，决非是压制个体乃至剥夺个体与部分合理权利而虚妄地追求根本不存在的整体善。

公民社会和民主政治的本质意义在于公民自觉自愿地参与公共事务管理，公民参与的目的最终不在于保障个体的利益，而是在于通过个体与他人在社会公共生活中合理有效的合作，使公共权力、公共决策更有利于整体与部分、部分与部分之间的和谐一致，在更广泛和最根本的意义上，促进个体与他人、部分与群体、人与自然的整体和谐。

我们并不否认，在中国传统政治制度中，民主和权利的意识几乎总被边缘化和受到压制。甚至在当今社会，民主和权利的意识仍存在极大的发展和改进的空间。但是，我们首先不能将之归咎于集体主义价值取向对个

第八章 古斯塔夫森伦理思想的后续阐发

体权利的漠视，而应认识到，民主、公平、权利意识缺失的根本原因，乃在于某些特权个体剥夺其他众多个体权利，在于少数贪赃枉法者作为虚假集体的代表以权谋私，在于他们为谋取个体私利而对公共权力的无限滥用。因此，是个体或部分对私利欲望的无限膨胀及亵渎公共职权，压制和剥夺其他个体和群体的基本正当权益，才严重危害了社会公共利益，进而危害更多其他公民个体和群体的基本权利，最终导致了民主政治进程缓慢，导致建设公民社会的步伐受阻。这不是集体主义价值取向的过错，更不是整体主义道德立场的罪责。个体私利无限膨胀和极端狭隘的个体主义，才是其真正的祸根。我们恰恰可以反过来说，是整体主义的价值取向和认同他人利益、共同利益的道德缺失，才使得少数不法个体盗取整体和集体之名，亵渎公共权力，亵渎权力承载的责任，为自我谋取私利。

个体、群体、整体的权利得到维护与保障，关键在于各层各级的行为者获得共同利益和价值取向的认同，在于行为者为维护和促进自己生存的关系合理和谐而尽职尽责。行为者认同个体权利，就要为维护这种权利承担责任。认同他人和群体平等的权利，同样要求对此认同承担责任。人的责任有分工，责任承担的能力有大小，时代特定情景的要求与长远时空历史性的要求也各不相同。无论是主张权利、正义、公平，还是特定情景下对德性的特殊要求，归根到底在于行为者对这些价值的认同；而认同这些价值，就意味着为此价值付出努力，为认同和追求的价值尽到行为者的本分，这归根到底还是在于行为者为实践对其责任的认同而不断培养德性，使德性的培养与责任的履行互相加强。如果没有对他人利益的关注，没有自觉自愿地维护所在关系整体利益的他者价值取向，人则会或者沦为没有行为能力的非道德人，或者变成一个孤立的侥幸生存者，除非他是尼采誓死推崇的超人，但那种超人永远是仅存于其头脑想象中的非人。如果人没有宽容的胸襟和饶恕的德性，非但德福不可能一致，却反而导致恶的循环更为加剧。

在此，我们可以套用美国著名法学家哈罗得·J. 伯尔曼（Harold J.

Berman）的名言，支持责任与德性辩证合一的重要性："道德必须被信仰，信仰的道德必须通过责任而得以实践，否则它就形同虚设。"[60] 无论是以超越的、外在的终极主宰为信仰目标的宗教文化，抑或是多神论的、泛神论的、不可知论的和唯物主义的社会文化，如果失去对道德的信仰，最终摧毁的不仅仅是对道德的信仰，不仅仅是人类对善的追求，而是根本上在抽掉人之生存的根基，摧毁人之物质生存的家园，人类精神栖息的大厦同时就会轰然垮塌。

这也从一个独特角度说明，责任与德性是内在联系、互相支持的，责任的讨论与确证，不必当且仅当与权利联系才有意义。恰恰是这一点，可以为古斯塔夫森对责任与德性相互加强之普适性提供辩护。至少古斯塔夫森倡导整体善中心的责任伦理学转向，强调人回到生命源头和相互依赖的关系整体之中思考人的生存本质和相关道德责任，能够为今天人类共同面对的伦理问题、生态问题提供一个实质性的参考视角。古斯塔夫森的目的，原本就不是为了说服他人承认其思想方法是最佳的道德思考，而是为了从现实出发，并且从信仰的视角，与其他伦理方法和思想展开交流对话。

第二节　古斯塔夫森之后的道德哲学批判

古斯塔夫森回顾和思考美国宗教伦理学从1948到1998年的发展历程，总结出半个世纪来宗教哲学发生的四个明显转向：从基督教伦理学转向宗教伦理学；从规范伦理学转向描述性、比较性和分析性伦理学；

---

[60] 美国法学家伯尔曼在其著作《法律与宗教》中写道："法律必须被信仰，否则形同虚设。"哈罗得·J.伯尔曼：《法律与宗教》，梁治平译：三联书店，1991年。第28页。

第八章 古斯塔夫森伦理思想的后续阐发

从哲学假设到批判性哲学意识；从社会福音传统到更加多样性的现实问题。[671]

古斯塔夫森的总结命准了当今社会和文化的发展动向。在当今文化多元化和价值观互相竞争的时代，古斯塔夫森的伦理学主张究竟如何在现实中发挥其效能？波尔颇有洞见地指出：

> 古斯塔夫森的这种拓荒者的努力唯有满足三个条件才可以卓有成效：第一，古斯塔夫森的神本主义伦理学被尽可能完全、充分地分析和综合性地呈现出来；第二，任何对其分析所做的批判必须针对其内在逻辑连贯合一和外在的充分性；第三，这种批判性的分析应当以某种形式与规范性的理论框架相联系、与一种世界观相联系、与一种道德传统相联系，就分析的材料而言，应当允许这种批判性分析既有批判性也有建设性。[672]

换句话说，只有站在古斯塔夫森的理论逻辑上，对其思想的理解才能够更全面合理，学术批判才可能具有建设性。斯坦利由此评论说，20世纪70年代之后的神学伦理学，不再以独特的话语来进行系统建构，而是专注于神学家所关注的一系列具体问题的讨论。例如：社会公平、经济正义、婚姻和家庭、民族国家地位等。古斯塔夫森是继尼布尔之后，通过仔细分析历史和当下的各种可能性，然后从人之为人即人的品格和美德开始系统地探讨基督教伦理学的一位神学伦理学家。古斯塔夫森的伦理学，是在系统构建理论的基础上转向具体道德问题的讨论，其重点在于论证伦理学不必囿于基督教性质，因为基督徒和

---

[671] James M. Gustafson. "Anniversary Supplement." *Journal of Religious Ethics* 25, no. 3, 1998, 25. pp. 3—22.

[672] Theodoor Adriaan Boer. *Theological Ethics after Gustafson. A critical analysis of the normative structure of James M. Gustafson's theocentric ethics*. Netherlands: Uitgeverij Kok-Kampen, 1997. p. 242.

非信徒都有诸多相同的经验，在道德要求方面都要求具备共同的品格和美德。这种进路就是二十世纪末基督教伦理学转向应用伦理学和实践应用神学的表现。㊉

古斯塔夫森有意识地在神学伦理学理论上冒险，为基督教思想和实践方面提供相对于传统而言后自由时代的道德探索。这种开放而自由的神学伦理精神并不表明他站在自由神学的立场，因此他不是自由神学家，他的神学伦理学方法更加鼓励人们进行自我反省和信仰的自我批判。㊉

内尔森中肯地称赞，古斯塔夫森对抗人类中心主义的责任伦理学是"极其重要的遗产。"㊉ 斯陶德也指出，在强调一种普遍性语言即道德话语的同时，古斯塔夫森坚定地主张实践性神学，他放弃了基要主义者的野心，强调历史时空的特定性，从而区别于从同时代的其他哲学家。㊉ 古斯塔夫森可被看作是美国尝试建构系统性、理论性宗教伦理学的最后一位基督教伦理学家，也是美国宗教伦理学交叉学科和实用性神学转向的一位开路先锋。

回溯近二十年从社会学角度和宗教角度共同关注的道德伦理问题，我们发现，讨论中出现频率最高的问题是：同性恋及同性婚姻的问题、克隆的问题、堕胎的问题、胚胎实验、食品添加剂和转基因食品的培育及推

㊉ Stanley Hauerwas, "Reframing Theological Ethics", in Stanley Hauerwas *Reader*. Duke: Duke University Press, 2001. pp. 66—69.

㊉ James M. Gustafson. "Reply," *Christian Century*. June 29, 2004. pp. 33—35.

㊉ James B. Nelson. "Love, Power, and Justice in Sexual Ethics." in Lisa Sowle Cahill and James F. Childress(eds.) *Christian Ethics, Problems and Prospects*. Ohio : Pilgrim Press, 1996. p. 296.

㊉ Geoffrey Stout. *Ethics after Babel: The Language of Morals and Their Discontents*. Boston: Beacon Press, 1988. p. 167.

广、生态环境保护问题等等。⑰ 所有这些问题，都是人类当下的生存处境抛在自己面前关涉生存的道德难题，这些道德难题必须从不同角度来对其进行综合与分析。即便如此，人类各种的有限性，也迫使人不得不谦卑下来将自己的利益暂时退居次位，去考虑保护更大群体的利益、代际关系和生态整体利益。如果坚持从一个单一的传统来思考和解决这些问题，只能陷入无路可走的困境。

跨入21世纪以来，美国的宗教伦理学几乎是在忙于应对世俗化和宗教信仰在社会中被边缘化的趋势，以及由此带来的各种价值冲突的争论。当美国社会中同性恋的问题不断从道德问题转化为人权问题时，当美国新一代逐渐以精神性来代替信仰、越来越认同不同宗教殊途同归的理念时，基督教伦理学也不得不陷入到问题讨论的模式，而再难以有系统的理论建构和讨论。正如有评论所言：

> 现代性的模式已经将神学分析和神学反思推向了知识分子的生活和大学的边缘。为了存活，神学不断吸纳神学上自我理解的偏离性的视角和自我评价的标准，所有这些都在潜移默化地促使神学家偏离他们研

---

⑰ 上世纪80年代兴起的美国文化战争，核心集中于对现实中以传统家庭观、基督教传统性道德和人之价值等道德问题的争论，由于基督教右翼与政治力量的联合，使得道德问题和宗教价值的讨论升级为美国社会文化中一场意识形态的战争，这是美国社会中世俗化趋势对信仰传统的冲击而导致世界观争夺战在文化中的表现。从上个世纪末至今，道德争论的声音在衰弱，基督教右翼在政治中的势力开始衰退，尤其是奥巴马执政之后，基督教不同群体内部、基督教信仰群体与世俗社会之间的价值争论，逐渐转向生态环境问题、解决世界贫困问题、干细胞研究、无性生殖辅助医疗技术开发、同性恋婚姻及其权利合法性等问题。这一明显的伦理学转向强烈地证明了，古斯塔夫森之后伦理学理论的系统性建构日渐式微，代之而起的是一个一个问题的争论，更普遍的是不同学科、不同的道德探讨视角在互相关注，加强道德商谈，甚至不同信仰领域展开建设和平、推进美国社会和世界和平的跨信仰的道德对话。这为古斯塔夫森的伦理学倡议提供了说服力很强的实证性支持。例如，在社会学、宗教社会学和基督教伦理学交叉学科领域，推出了极具影响力的学术研究著作：James Davison Hunter. *Culture Wars: The Struggle to Define America*. New York: Basic Books, 1991. James Davison Hunter. *To Change the World: The Irony, Tragedy, and Possibility of Christianity in the Late Modern World*. Oxford University Press, 2010. Andy Crouch. *Culture Making: Recovering Our Creative Calling*. IVP Books. Downers Grove, Illinois, 2008. Jeffrey Stout, *Democracy and Tradition*. New Jersey: Princeton University Press, 2004.

究的主题。神学成为碎片性的神学。[678]

面临此种情势，宗教伦理学对具体的社会问题进行道德分析和讨论，以解决问题的方式参与到社会生活之中，最明显的特点就是与具体问题相关的专业学科领域合作，展开交叉学科之间的交流。即便是在基督教内部领域，普世化运动不断得到深入和推广，不同宗教对话更加频繁，不同宗教信仰群体及学者共同努力来寻求更深层的合作来维护和平。虽然还难以认定种种努力及成果一定是进步，但可以说是人类更合理、更谦卑的一种表现，同时也是学术和行动上进行合理探索的一种表达。道德哲学研究的这种表现，也是古斯塔夫森伦理学思想和方法所预见的必然路径。

当社会学和神学共同来关注社会现实处境的时候，神学伦理学和其他学科必然在方法、理论等方面促成深度合作。现在神学家深入社会背景进行实证性研究，必须与社会科学和自然科学面对同样的事实，需要借助社会学和自然科学的方法，从自己领域做出解释，为解释和引导人类的生存和行为发出自己的声音。同时，与神学相关交叉学科的研究，已经为宗教伦理学思考社会现实和人类生存问题提供了更广阔的视角。例如：生命医学和神学伦理学的交叉讨论，为医学伦理学提供很多关于人生命意义的探讨，就使得生命不再单单被看作是一个细胞组合的生物有机体，而是一个完整的、有价值、有意义的生命，为生命尊严提供一种有力的辩护。

在美国社会中，尽管科学发展和经济繁荣在公共决策和社会公共生活领域仍然是主导性力量，但面对美国社会不断上升的犯罪率、越来越凸显的道德问题、公民幸福指数的下降等严峻现实，神学家、社会学家和科学家也越来越达成共识，学科专业知识的发展和科学技术的突破，并不能解决美国社会的道德问题，更不能满足美国公民对生存意义和幸福的追求。

---

[678] Reinhard Hutter. "The ruins of discontinuity: Reinhard Hutter looks for answers to the fragmentation of Catholic theology in America and finds some" (Viewpoint essay). *The First Things*, (*Monthly Journal of Religion and Public Life*). Jan. 21, 2011.

第八章 古斯塔夫森伦理思想的后续阐发

美国社会开始重新注重邀请神学伦理学家参与生物医学伦理、环境保护伦理问题的商讨，并且

> 要求参与讨论的双方成为对话伙伴，具有高度的彼此开放性。如果没有伙伴性的关系，最好的方法就是各自保持沉默。[69]

而如今面对生存性的道德难题，参与讨论的各方都不再沉默。尤其是今天推崇多元化和文化多元主义的时代，伦理学、自然科学和社会科学等，都在研究方法、基本概念上表现出多元化开放性的特点，但即便针对同样的事实和现象，不同学科也难以达成完全一致的理解和解释。因此，在今天的交叉学科讨论中，古斯塔夫森对道德哲学家始终要保持谦卑的提醒，显得尤为重要。

事实上，从尼布尔开始，神学家就很少在绝对封闭的神学系统中将自己与神学以外的声音隔绝起来进行神学伦理学研究。同样，一个真正有社会责任担当的社会科学者，也不能拒绝来自神学批评的声音。

在今天的美国社会当中，关于信仰和道德问题的探讨，社会学家和历史学家的声音影响力更强。这种发展趋势的必然，也昭示着随着全球化在深度和广度上的发展，道德哲学的批判也必然如同古斯塔夫森所坚持的那样，从人类面临的实际问题出发，跨越学科领域、跨越文化、跨越代际、跨越人类自身的利益关切，立足当下并胸怀未来世界，将道德责任的目标从地域和自我的狭隘视域，不断拓展为全球化、普世化和宇宙性的关怀。神学伦理学和世俗社会科学研究应在此过程中共同担当促进人类生命繁荣的积极作用。

---

[69] Robin Gill. *The Social Context of Theology: a methodological enquiry*. London: Mowbrays. 1975.

第三节 与中国"天人合一"传统对话的可能性

古斯塔夫森强调宇宙整体善,其核心是要求人将自己作为宇宙整体的一个部分,将道德关怀从人自身转移并扩展到人之外的世界,参与并维护所依赖的合理而统一的世界整体秩序,即宇宙整体善。这种主张既体现了人作为伦理存在之本质的规定性,也是人实现其为人之本质而付出道德行为的要求。因而整体善,即人与自然万物合一和谐的宇宙伦理秩序,既是道德出发点,也是人之为人的最终道德归宿。这些核心思想与我国传统"天人合一"的观念有着诸多关联。

在孔子以前,我国古代就有"以德配天"这样"德治"思想的表达。后来《中庸》篇明确:"唯天下至诚,为能尽其性。尽其性,则能尽人之性。能尽人之性,则能尽物之性。能尽物之性,则可以赞天地之化育。可以赞天地之化育,则可以与天地参矣。"[60] 这就明确突出了人、物各尽其性,并且相互促进,以达天、地、人合一的儒家"天人合一"说。到宋代时,张载首次公开以"天人合一"的命题形式提出天、地、人相参而一的思想:"儒者则因明致诚,因诚致明,故天人合一,致学而可以成圣,得天而未始遗人。"[61]

总体而言,"天人合一"的主张,主要体现了儒家强调人积极地修身养性、成就道德圣人、弘扬天道、人与自然万物相和共生等思想。与古斯塔夫森突出人作为行为者来参与整体善、促成与整体善之间和谐统一性的思想主张,有契合之处。挖掘这些类同思想的对话空间,吸收古斯塔夫森对当下社会针对性的洞见,对重识我国古代伦理智慧并赋予其现代生命力,意义重大。

---

[60] 《中庸》。

[61] 《正蒙·乾称》。

第八章 古斯塔夫森伦理思想的后续阐发

首先，在作为判断人之行为的道德尺度这一层面上，儒家传统的"天"与古斯塔夫森的宗教信仰中的上帝，二者间有相互交叉性。基督教的上帝是超越万有之上的终极主宰，是绝对超越者。上帝是人世间一切价值的源头，上帝作为宇宙创造主即道德源泉和道德裁定标准，其中一个层面就是绝对的道德尺度和道德主宰。但是，宗教伦理更强调宇宙整体善作为人的行为要求，人通过自然秩序中的相互依赖性，以及人在关系中的各种可能性与局限性，获得对这一道德尺度渐进却不完善的认识。这些主张，更有助于加强"天人合一"主张对人之道德行为和道德努力向外的、超越性的要求。

"天人合一"中的"天"，主要是指道德层面。尤其是新儒学所指的天，更多意义上是道义之天、义理之天，是与作为非道德、甚至道德羁绊的人欲对立的。"天"既是道德的根据，又是引导和判断人之行为的道德尺度。相比较而言，在道德尺度这一层面上，儒家尊崇的义理之天与上帝的道德属性相契合。

比较而言，古斯塔夫森更强调，人是在自然秩序和经验世界中体悟神圣的道德秩序，把握道德要求，他甚至将人对自然秩序的情感体验和经验反思作为道德认识的优先途径。古斯塔夫森又特别强调，即便抛开信仰立场，也可以从自然主义的哲学立场得到同样的伦理主张。这恰恰是他伦理建构的逻辑出发点，因为他原本就没有将自己的伦理主张限制于信仰的视角而独享其合理性。这也证明，就人的道德行为要求而言，古斯塔夫森愿意张开双臂，也可能张开双臂，与"天人合一"的主张热情握手、敞开切磋，这有助于我们对道德之天的理解更具有离开人本身的拓展性视野，尽可能实现人与天合一的道德行为努力，也更可能具有指向世界整体秩序的超越性。

其次，中国古代关于人参天地化育而达"天人合一"的主张，表达人有责任发挥能动性，辅助和保护万物依其本性充分发展。此外，"天人合一"也表达"仁民爱物"的思想，包括天、地、人相参的自然整体内在合一的关系，表达了人之社会和人与自然关系合一和谐的重要思想。这一点与神本主义关于人与自然相互创造的动态性合一主张有契合之处。在诠释人之存在的本质及其伦理意义上，古斯塔夫森强调，人作为道德的行为者和世界秩序整体善的参与者，这在一定程度上与儒家突出人参天地而使天、地、人相参合一的主张彼此关联。

儒家传统的"天人合一"强调人参天地之化育，突出人参与自然世界整体秩序进程的行为要求，其中强调了人要扮演自然秩序发展中能动的行为者的角色，其核心指向则是借人弘道。正如孔子所言："人能弘道，非道弘人。"⑫ 即便人要参天地的目的是突出人对自然秩序进程的行为责任，其实质也是更加强调人使天人合一而成就道德义理的能动性，却没有充分强调人参天地之能动性的发挥是极其有限的。

然而，古斯塔夫森的道德主张，既突出人参与道德目标的能动性，又强调护理天地之化育的行为合理性要求，更强调将人作为自然整体中的部分，其能动性是有限的，而有限的能动性的发挥始终是为了成就关系整体，而非最终指向道德圣人的实现。儒家肯定"为仁由己"、欲仁则可仁的道德乐观主义，而古斯塔夫森则更突出强调人在自然万物面前的谦卑，从而更合理地与自然万物合作，成为参与和护理的伙伴。我们如果强调人积极参与，并且同时警惕参与带来的负面效应，则更会有利于天、地、人之间内在的和合与平衡。

借鉴古斯塔夫森关于人作为世界秩序参与者兼护理者的责任思想，更有利于彰显人参天地之化育的行为合理性，更加明确人合理参与关系秩序进程的责任要求，也更有利于加强人对天地化育之规律要求和自我责任能力的客观认识，使人更加积极、更可能合理地发挥参天地之化育的道德行为能动性。

再次，传统儒学有浓厚的道德论色彩，儒学提倡"天人合一"的最终道德目标仍然是指向成就道德人。古斯塔夫森竭力追求的作为道德归宿的

---

⑫ 《论语·卫灵公》。

整体善,最终成就的是人与自然万物相互连续而形成整体合一的世界道德秩序,其中也包括旨在成就道德之人的存在,包括对人实践其作为伦理存在之本质而与所依赖的一切和谐共存的行为要求。因此,古斯塔夫森责任伦理学所强调的整体善的目标,既指向整体合一的道德世界,也指向完整的道德人的实现,这与我国古代"天人合一"强调合天道、成就道德圣人的主张有一定的关联,虽然古斯塔夫森的主张更有可能削弱人对自我的伦理关怀,但这种主张却更具有宽广的宇宙伦理关怀倾向,使人的道德努力由内向外,延伸到人所依赖的更广大的生存环境之中,拓展物质性和精神性生存更广阔、更开放的空间。

此外,宋明理学对"天人合一"主张的发展,尤其强调人竭力向内追求、发掘本心从而成就完整的道德人,这一点与古斯塔夫森强调人加强内心道德责任和德性培养的主张相契合。但是,古斯塔夫森加强人的责任与德性内在统一的主张,前提却是与社会的不公正、人之道德能力的局限相联系,更有助于警惕行为者因孤立的道德努力而限于道德自满和道德骄傲。

无论人是否承认一个超越的上帝,当我们认真思考古斯塔夫森关于人参与整体秩序并与之和谐相生的道德主张时,我们就会发现,他的主张不仅与"天人合一"在诸多层面有共性,而且单就人类追求美与善的生存共性这一点来说,我们就必须承认,道德的地域性、历史性和文化性,都不能驳倒道德本身作为人生存之本的意义。如果这一点不容辩驳,那么人对道德的信仰、对道德的坚定信念,就必然是使道德之所以成为人之生存和人之行为的根据与人生之意义追求的永恒支点。

尽管古斯塔夫森依据基督教信仰提出人与上帝合一的主张,与儒家主流传统中的天、人及天人合一的主张,二者根脉不同,发展的路径各异,但为了伦理学研究与应用的目的,在以上几个层面对两种伦理主张间契合性的挖掘,有利于拓展异质文化伦理思想跨时空对话的可能性,更有可能促使中外和古今伦理智慧相得益彰,更加勃发其时代性的生命力,从而服务于现实道德建设及伦理学研究。

结 束 语

当下正是呼唤责任、宽容、爱心、美德与奉献的时代。道德责任是每一个人都应当面对的问题，无论他是信仰者还是非信仰者；责任不仅是科学家和思想家关注的焦点，更应当是每个个体、群体、社会自觉履行的道德要求；宽容和爱心、美德和奉献是当今世界的道德主题。着眼于人类和世界伦理文明发展的要求，审视并合理借鉴古斯塔夫森重新诠释的以神为中心的伦理学，由此触发几点思考：

第一，任何个体、群体、社会，都应当为自己、他人、社会和世界而负责任地生存，这是人类必须接受的生存智慧和道德选择。

人要负责任地生存，就必须经常辩证地反思自己的"being"和"doing"这两个根本问题。只有在不断的反思过程中，真正理解人仅仅是世界中的部分存在，是普遍联系又矛盾发展的世界统一体中的一个部分，我们作为人才有可能冷静地处理与人之外世界的关系；同样，只有在不断的反思和调整思维与行动的过程中，真正理解任何个体、群体和社会也是相互联系、相互依赖的存在，我们才有可能将自我放在更广大的关系之中，才更有可能意识到人类自己制造的愈来愈危害人类生存并破坏世界和谐的诸多问题。例如：狭隘的民族主义导致霸权主义，狭隘的自我中心导致人类社会的道德混乱和专制，狭隘的人类中心论导致人类在世界中的霸权等。惟有人类有了负责任地思考的意识，才有可能采取更合理的行动来应对、讨论和解决问题。

第二，人必须放下在自然面前的傲慢和自以为是的狂妄，愿意谦卑在

结 束 语

自然面前,愿意谦卑在自己能力的局限性面前,合理而谨慎地采取科学冒险,在与自然交往中更多地懂得自然、更合理地开发自然,更深入地认识自我,为人类更道德地生存创造更宽广、更丰富的可能性。

伦理学的使命在于帮助人不断得出更加合理的价值判断,并且做出更合理的价值选择,不断解决生存面临的多种现实的道德问题,引导人们创新伦理生活,不但解决已经出现的问题,也研究将要面临的各种价值冲突。古斯塔夫森提倡人们合理地冒险并为冒险行为承担责任,使合理的"为"与"不为"之间保持一种张力,使宗教与科学之间相互借鉴与交流更加必要。

人类的种种能力和局限辩证地统一于人的存在。这个存在的事实说明,人参与世界合理秩序及进程的"应当"行为,必须是合理"为"与"不为"的过程。人只有在有所为、也有所不为的责任行为过程中,才能为自己更加合理地参与各种关系的行为提供反思和进步的空间。为了拓展实践领域和探索人类面临的新领域,我们应当积极而为;而在未知的领域,选择一定的不为,实质上也是进一步为合理而"为"的参与活动创造了更大的空间,使我们更有能力在"为"与"无为"交互推进的过程中,更合理地参与到维护和促进世界整体利益或共同善的活动之中。

约翰·马丁·费舍和马克·拉维扎指出,道德责任的履行,主要关涉与控制相关的意志自由和可替代的选择的可能性,亦即行为者自己的管理控制,可以在多种选择之间提供有意识的自由的行为方式,同时也包括不具备可代替的选择可能性的情况下行为者对自我行为有意识的控制,即指导性控制。[63] 古斯塔夫森在肯定人之理性和自由的基础上,提醒我们应当同时服从关系秩序的和谐与平衡而有所不为。我们要学会做人,就应当积极、谨慎、合理地与自然交往;而我们要与自然的合理交往,就要肯定人类与自然之间的合作与伙伴关系,理智而勇敢地为人与自然和谐相处的目标承担责任。为此,我们既要科学地开发和利用自然,又应当合理避开人

---

[63] 约翰·马丁·费舍,马克·拉维扎:《责任与控制:一种道德责任理论》,林绍刚译,华夏出版社,2002,第230—231页。

类预测到的破坏行为,避开人类仍然无法控制其可能破坏后果的科学冒险。要在与自然交往中学会做道德人。

无疑,人类仍需继续开发和发展物质生存所需要的科学技术。然而,目前人类生存所面临的重大问题和现实困境,主要的根源不在于科学技术的有限,而在于人类开发这些技术资源和物质资源所持的价值导向。科学在不断解决问题的同时,也不断带来更多仍待解决的问题。因此,在继续丰富物质生活、开发科学技术的同时,我们更应当在思想深处经常地采取伦理的暂停,好让我们能以更清醒的、负责任的头脑,使科学技术不偏离其应在的轨道。正如有学者指出:

> 人与自然界的特殊关联使人永远也变不成神的话,那么,人与神的特殊关联又使人永远不会成为动物。[64]

为此,我们既应当使自我利益追求与世界整体善的要求保持合理距离而"有所不为",又应当"积极有为"将二者有机统一于互动的关系系统之中。我们应当对人类之外的一切存在物都采取合理谨慎的态度,以深邃而冷峻的伦理态度"像山那样思考",[65]又要以深厚的情感和伦理智慧像人那样思考,合理利用和开发人的积极性和创造性,承担责任来维护人与人之外的一切存在物之间合理的关系,在不断合理扩大的关系范围内协调人际之间的利益关系。并且将作为"山那样的思考"与作为人那样的思考,辩证地统一于履行道德责任的行为过程之中。

第三,当下我们正值世界全球化和文化多元化发展的强劲势头,时代的发展更要求宗教与世俗、信仰与科学之间的沟通,这是人际和谐、社会和谐和人与自然和谐的必要前提。

---

[64] 戴茂堂:《西方伦理学》,湖北人民出版社,2002年,第75页。
[65] 利奥波德是提出荒野价值的第一人,他在"像山那样思考"一文中,呼吁人类要置身进入自然的关系之中,作为生命关系系统一体之中的一成员,才能理解和懂得自然中存在物的深刻意义。奥尔多·利奥波德:《沙乡年鉴》,侯文蕙译,吉林人民出版社,1997。

结 束 语

伦理学必然是关于人和人之生活的事实描述、价值分析与评价的学说。任何伦理探讨和伦理对话的可能性，都必须在共同关注的问题上搭建对话交流的平台。伦理对话和交流应当关注人之生存经验的整体性和合一性，既包括物质的，又关注精神的；既尊重科学的解释，又给不同信仰以宽容与理解；既关注群体内部的利益，又思考群体之间的平衡与和谐；既关切眼前利益，又放眼世界和历史发展的要求。使人生存的多维度能合理、合宜地协调和平衡起来。

为了引导人类在生存之中调整各种关系、过合理的道德生活，哲学、神学、科学都应当互相开放，世俗领域和信仰反思都应当交叉渗透。不夸张地说，一个社会中宗教自由和宗教与科学对话的发展程度，是衡量社会文明与进步的主导因素之一。宗教自由不是狭隘地指宗教内部和不同宗教派别之间的自由，更不是听任邪教、迷信恣意横行，而是指宗教与社会相互开放交流、互相吸纳、共同建构宽容与尊重的社会文化，促进和谐的社会秩序。开放和宽容的宗教一定是尊重科学又批判科学的，良好的社会伦理文化一定也是尊重不同宗教信仰的文化，和谐的社会秩序也一定是建立在科学与宗教信仰相互批判和互相交流的前提之上。

第四，整体主义的价值取向、集体主义的价值观和奉献精神，应当是继续奏响时代伦理凯歌的主旋律。我们应着眼于世界历史与人类文明的长远时空，使宽容与奉献永远作为引领人类道德生活的航标。

每一个价值判断和价值选择都必定是在特定的时空当中进行，离开了价值判断和选择的主体所处的现实的文化和社会背景，离开其所接受的价值处境和自身的经历，就无法展开与伦理相关的讨论。在对待传统的普遍性和文化历史具体性的问题上，合理的态度应当是将发展与改造、连续性与不连续性进行整合，既注意到传统和文化的综合全面性，又注意到社会文化具体性对传统的依赖性。

基督教神学和伦理学的任务就是要将历史的具体性和普遍性的重要性作为重要核心，既非单从神学又非单从哲学各自角度而存有偏见地理解和解释，也不是尝试将二者简单地完全综合在一起。⑱

传统与现实、普遍性与历史文化具体性，应当动态地结合和融合在神学和伦理学的构建之中。全球化进程中的价值多元是不可忽视的事实。但是，决不应以价值多元主义来扼杀人类文明进步对奉献与牺牲美德的要求。无论人类的物质文明发展到何种程度，都永远要求个体和部分有责任，为了维护和促进关系整体和世界和谐秩序进程，而放弃有违于整体利益要求的个体和部分利益。人类文明历史的发展到任何时候，都必须以道德努力和伦理精神的弘扬作为前导和强大后盾。人类面对价值多元化的处境，实现责任伦理的自觉，才是现代人应具备的基本价值意识。⑲ 这也恰恰有力地支持了中国建设和谐社会的愿景，这不仅是时代的迫切要求，是人类道德生存的要求，也应当是人类永恒的道德追求。

在这个特别呼唤责任、美德和爱心的时代，我们必须清醒地意识到，人类创造性的颂歌与人类破坏性的挽歌，始终在同声荡漾在人类的现实生活之中。我们应当认同，我们都是同一个世界上的行为者，而且我们幸福生存的前提就是要担当责任，来维护和促进我们幸福生存所依赖的各种环境和条件。为此，我们必须有向外的伦理关怀，培养并实践宽容、奉献的美德。为了人类和谐生存、为了人与自然万物和谐共存，无论是个体、群体还是人类整体，都应当勇敢地承担作为道德行为者的责任，老老实实地做人类自己的管家，做自然万物的管家兼呵护者，维护并促进个体、群体、社会乃至人类及世界万物共同生存与和谐发展的利益。

小至一个家庭、一个组织和机构，大到一个民族、社会乃至人类整体和整体世界，彼此之间的和谐共存必须以彼此的尊重、协商和宽容为基础。如果人与人之间缺少了沟通与必要的宽容，家庭生活就无法正常进

---

⑱ Gene Outka,"The Particularist Turn in Theological and Philosophical Ethics", in Lisa Sowle Cahill and James F. Childress (eds.) *Christian Ethics: Problems and Prospects*. Ohio: The Pilgrim Press, 1996. p. 115.

⑲ 贺来："现代人的价值处境与'责任伦理'的自觉",《江南学刊》,2004 年第 4 期, 第 41—46 页。

结 束 语

行,组织关系就必然混乱,社会和人类生存的世界就会变成一个斤斤计较和尔虞我诈的名利场,最终成为人人编织的人间地狱。在资源分布与分配不均衡并且利益冲突无处不在的现实社会中,人不仅应当积极开发各种可能性,而且应当心存谦卑来让出个体与部分的自我利益,以他人的利益、群体的需求和整体发展的要求为目标,最大程度地实现相互宽容与理解。这是人类共同面临的道德责任,是人人必须努力学习和实践的道德功课,是公民树立正确价值观并将之付诸积极的道德实践的要求,是改善社会风气、构建和谐社会以促进世界和谐的责任要求。

附录　古斯塔夫森的论文和手稿馆藏档案[68]

在 Emory Pitts Theology Library 的特藏馆，收藏了 1951—2002 年期间古斯塔夫森公开和未公开出版的期刊论文、未出版的手稿、个人的来往信件、学期论文以及布道讲稿，以及他曾在耶鲁大学、芝加哥大学和埃默利大学的课程教学大纲。

CONTAINER LISTING

Box	Folder Description	Date
Correspondence：		
11	Correspondence and misc. —Washington and Lee Symposium.	1985
12	Letters to authors of Festchrift article	1997
13	Letters at Festschrift time	1997
14	SCE[Society of Christian Ethics]	1997
121	Correspondence	1953—2002
Course material：		
15	Course syllabi-Yale	1956—1966

---

[68] http://www.pitts.emory.edu/Archives/text/mss256.html. 2011—07—10. 有关古斯塔夫森在 1984 年前公开出版的著作、主编的著作以及发表的论文，参见 Charles Swezey,"Bibliography of the Writings of James M. Gustafson, 1951—84," in The Journal of Religious Ethics 13：1（Spring 1985）, pp. 101—112.

16	Course syllabi-Yale	1956—1966
17	Course syllabi-University of Chicago	1974—1987
18	Course syllabi-Emory	1988—1994

Lecture notes-Christian ethics-Yale:

21	Christian ethics, 1963—64	1962—1964
22	Christian ethics lectures, First term	1962—1965
23	Christian ethics lectures, 2nd term	1965—1967
24	Rel. 220	1962—1969
25	Rel. 220	1969—1970
26	Rel. 220	1969—1970

Lecture notes-Chicago:

27	CT 345 System[atic] Christian ethics	1973
28	Catholics and Prot ethics	1973
29	Uses of scripture course CT 352	1974
210	Jewish ethics, Winter '75	1975
211	CT 306 Intro to Christian ethics	1978
31	History of Christian social thought	1981
32	[Introduction to theological ethics]	1983—1987
33	Intro to theol ethics [sic]	1987

Lectures and Presentations:

122	Miscellaneous Presentations	1953—1966
123	Post-Retirement Lectures	2001—2004
124	Warfield Lectures	2002

Writings by Gustafson:

Published:

34—20	Articles	1951—1969
4	Articles	1970—1987
5	Articles	1988—2002
514	Bibliography	1951—2002
61—5	Book reviews	1953—1997
66	Dissertation: Max Weber's methodology, Chicago Theological Seminary	1951
67	Dissertation: Community and time in the Christian church, Yale University	1955
68	Theological Education in America bulletins	1954—1955

Unpublished manuscripts:

126	Critique of Nguyen's Agape and Eros	1948
127	An Analysis of the Writings of Gerrard Winstanley	1950
128	A Christological Statement	1950
129	John Dewey and D. C. Macintosh: A Study in Liberalism	1950
1210	Max Weber's Interpretation of Calvin	1951
1211	Puritanism and Calvinism in the American Scene	1951
1212	Ritschl's Theory of Religion and Culture	1951
1213	Religion and the Intellectuals in America [research proposal and bibliography prepared for H. R. Niehbuhr as part of Ph. D. exams]	1953
71	A working paper... for a consultation sponsored by the Institute of Ethics and Politics, Inc.	1954 or 1955
72	Toronto YWCA	1956
73	Authority in puritan and congregational church order; A study in the problem	

	of authority in congregational church-order	1957
74	Lordship of Christ in the world	1958
75	Theology of the Niebuhr brothers	1959
76	Discussion paper on Tillich's "The spiritual and theological foundations of pastoral care" ca.	1950s
77	Christian self-denial in an affluent society	1963
78	UTS lectures: Divergence and consensus in moral theology	1964
79	Critique of two aspects of the view of religion and western society found in Weber and Parsons	1965
710	Freedom and virtue	1965
711	Keeping faith: race relations as a human problem	1965
712	The protestant ethic today	1965
713	Ethicists and activists: relations between the academic and practical orders	1968
714	Ethics and experimentation	1969
715	Ethics and experimentation: Some propositions for discussion	1969
716	Yale National Alumni Convocation	1969
717	Ethical and theological issues in informal consent	1970
718	Marriage: Its contemporary meaning	1970
719	The university as a community of moral discourse	1971
720	The issues in biology: is biological technology manipulative?	1972
721	Report of the committee on philanthropy and the university [of Chicago]	1974
722	Vancouver, B. C. workshop: Minister as moral counselor and minister as leader of moral discourse	1975
723	The nature of the ministry from a reformed perspective	1979
724	Spirituality and morality	1979

725	A dialogue about the corporate leader and the ethical resources of religion	1980
726	Dialogue on income and wealth differences in a market economy	1980
727	Man in the universe: a critique of theology and ethics	1980
728	Ecumenism and ethical methodology: the theological choice	1981
81	Problems and possibilities of comparative religious ethics	1981
82	The professions: responsible to whom? for what?	1981
83	If it ain't local, it ain't real	1982
84	Matthew 5:21ff.: some ethical interpretations	1982
85	Piety and morality	1982
86	The church, the university and moral discourse	1983
87	The limits of human flourishing	1984
88	Patterns of moral choice: an assessment Coe College lectures	1984
89	Persons in relations: a critique of some medical ethics	1984
810	Hiram College lectures: Issues in contemporary ethics	1985
811	The recovery of our creatureliness	1986
812	An analysis of church and society social ethical writings	1987
813	Doing theology and ethics in a university context	1987
814	Uppsala University job	1987
815	Uppsala University job	1987
816	Varieties of moral discourse: prophetic, narrative, ethical and policy	1987
817	Waits consultation on university divinity schools	1987
818	Trust/doubt: the thin wedge of intellectual life	1988
819	Jim Fowler's seminar	1989
820	Human being/being human	1989
821	Lecture for Clark-Atlanta University	1989
91	Ethics: a growth industry	1990

92	Center and periphery: on being called	1991
93	Nazi doctors symposium	1992
94	In honor of Bobby Paul	1993
95	Gustafson for Cahill	1994
96	Religious beliefs: why they matter	1994
97	The human, the humane, the humanities	1996
98	Roman Catholic influences on protestant ethics	1996
99	Explaining and valuing the human: where science and humanities meet; The human: where disciplines meet	1996—1997
910	Particularity/universality: retrospective tracking of a career	1997
911	Unpublished manuscripts	undated
912	Unpublished manuscripts: Sermons	1972—1985
913	Unpublished manuscripts: Sermons	1986—1997

Writings about Gustafson:

Book reviews and correspondence:

914	Treasure in earthen vessels	1961—1963
915	Christ and the moral life	1968—1970
101	The church as moral decision-maker	1970—1972
102	Christian ethics and the community	1972—1973
103	Theology and Christian ethics	1974—1976
104	Can ethics be Christian?	1975—1978
105	Protestant and Roman Catholic ethics	1978—1981

Ethics from a theocentric perspective

106	Pre-publication correspondence	1980—1992
107	Letters, etc.	1981—1984, 1990

108	Reviews, Vol. 1	1982—1986
109	Reviews, Vol. 2	1985—1987
1010	A sense of the divine	1995—1997
1011	Intersections: science, theology and ethics	1996—1997
111	Published and manuscript responses	1958—1968
112	Published and manuscript responses	1983—1989
113	Published and manuscript responses	1990—1993
114	Published and manuscript responses	1994—1997
115	Published and manuscript responses	undated
116	Emory Magazine article on Gustafson	1989
1214	Capetz, Paul E. Theocentric Piety and Revisionist Theology: Gustafson's Development of the Reformed Tradition	undated

主要参考文献

一、中文文献

工具书

1. 《马克思恩格斯全集》,人民出版社,1979 年。
2. 《圣经》(和合本)。
3. 《论语译注》,中华书局,1980 年。
4. 《四书集注》,岳麓书社,1987 年。
5. 朱贻庭主编:《伦理学大辞典》,上海辞书出版社,2002 年。
6. 冯契、徐孝通主编:《外国哲学大辞典》,上海辞书出版社,2000 年。
7. 《新世纪经典美语大辞典》,文曲星电子词典,E700 版本。

中文专著和期刊文献

8. 陈建明、何初主编:《基督教与中国伦理道德》,四川大学出版社,2001 年。
9. 戴茂堂:《西方伦理学》,湖北人民出版社,2002 年。
10. 甘绍平:《应用伦理学前沿问题研究》,江西人民出版社,2002 年。
11. 贺来:"现代人的价值处境与'责任伦理'的自觉",《江南学刊》,2004 年第 4 期,第 41—46 页。
12. 胡景钟、张庆熊主编:《西方宗教哲学文选》,上海人民出版社,2002 年。
13. 江丕盛、彼得斯等编:《科学与宗教》中华书局(香港)有限公司,2003 年。
14. 刘小枫主编:《20 世纪西方宗教哲学文选》,上海三联出版社,1994 年。

15. 苗力田:《古希腊哲学》,中国人民大学出版社,1989年。
16. 余谋昌:《生态伦理学——从理论走向实践》,首都师范大学出版社,1999年。
17. 张庆熊主编:《西方宗教哲学文选》,上海人民出版社,2002年。
18. 赵明:"康德论'自然权利'"(下)。《法意》2006年第2辑。http://www.txwtxw.cn/Article_Print.asp? ArticleID=435

译　著

18. [美]奥尔多·利奥波德:《沙乡年鉴》,侯文蕙译,吉林人民出版社,1997年。
19. [美]巴伯·G.伊安:《科学与宗教》,阮炜等译,四川人民出版社,1993年。
20. [美]查尔斯·L.坎默:《基督教伦理学》,王苏平译,中国社会科学出版社,1994年。
21. [美]戴斯·查丁斯:《环境伦理学—环境哲学导论》,林官民等译,北京大学出版社,2002年。
22. [英]F.C.S舍勒:《人本主义研究》,麻乔志译,上海人民出版社,1966年。
23. [美]哈罗得·J.伯尔曼著,《法律与宗教》,梁治平译,上海三联书店,1991年。
24. [瑞士]汉斯·昆:《世界伦理构想》,周艺译,三联书店,2002年。
25. [美]赫伯特马尔库塞:《单向度的人》,程志民等译,重庆出版社,1988年。
26. [英]亨利·西季维克:《伦理学方法》,廖申白译,中国社会科学出版社,1993年。
27. [美]霍尔姆斯·罗尔斯顿:《哲学走向荒野》,刘耳、叶平译,吉林人民出版社,2000年。

28. [美]霍尔姆斯·罗尔斯顿:《环境伦理学:自然的价值以及人对自然的义务》,杨通进译,中国社会科学出版社,2000年。

29. [德]卡尔拉纳,《圣言的倾听者》,朱雁冰译,北京:三联书店,1994年。

30. [德]康德:《单纯理性限度内的宗教》,李秋零译,汉语基督教文化研究所,1997年。

31. [德]康德,《康德著作全集》第6卷《道德形而上学》李秋零译,中国人民大学出版社,2010年。

32. [美]莱茵霍尔德·尼布尔:《道德的人与不道德的社会》,(1932)蒋庆、王守昌等译,贵州人民出版社,1998年。

33. [法]卢梭:《社会契约论》,何兆武译,商务印书馆,1980年。

34. [美]罗伯特·所罗门:《大问题:简明哲学导论》,张卜天译,广西师范大学出版社,2004年。

35. [美]马尔库塞:《单向度的人:发达工业社会意识形态研究》,上海译文出版社,1989年。

36. [英]密尔:《论自由》,顾肃译,译林出版社,2010年。

37. [美]诺兰:《伦理学与现实生活》,姚新中等译,华夏出版社,1988年。

38. [美]塞森斯格:《价值与义务:经验主义伦理学理论的基础》,江畅译,中国人民大学出版社,1992年第2版。

39. 托马斯·阿奎那:《阿奎那政治著作选》,马清槐译,商务印书馆,1997年。

40. [英]亚当·斯密:《道德情操论》,商务印书馆,1997年。

41. [德]尤尔根·哈贝马斯:《道德认知内涵的谱系学考察》(二),曹卫东译。http://www.aisixiang.com/data/23070.html. 2008—12—09。

42. [美]约翰·马丁·费舍,马克·拉维扎:《责任与控制:一种道德责任理论》,林绍刚译,华夏出版社,2002年。

43. [英]约翰·希克:《理性与信仰:宗教多元论诸问题》,陈志平等译,四川人民出版社,2003年。

二、英文文献

James Moody Gustafson 的著作及论文

1. 1968　*On Being Responsible: Issues in Personal Ethics.* New York: Harper and Row, Harper Forum Books, pp. 3—18, pp. 111—119, and pp. 175—183.
2. 1970　*The Church as Moral Decision-Maker.* Philadelphia: United Church Press, A Pilgrim Press Book.
3. 1971　*Christian Ethics and The Community.* Philadelphia: United Church Press.
4. 1971.　*What is the Normatively Human?* Washington D. C.: Catholic University of America Press.
5. 1974　*Theology and Christian Ethics.* Philadelphia: United Church Press, A Pilgrim Press Book.
6. 1975　*Can Ethics Be Christian?* Chicago: The University of Chicago Press.
7. 1975　*The Contribution of Theology to Medical Ethics.* Winsconsin: Marquette University Press.
8. 1976　*Treasure in Earthen Vessels: The Church as a Human Community.* Chicago: University of Chicago Press, Midway Reprint.
9. 1976　*Christ and the Moral Life.* Reprinted. Chicago: University of Chicago.
10. 1978　*Protestant and Roman Catholic Ethics: Prospects for Rapprochement.* Chicago: University of Chicago Press.
11. 1981　*Theology and Ethics: Ethics from a Theocentric Perspective.* Chicago: University of Chicago Press.
11. 1984　*Ethics and Theology: Ethics from a Theocentric Perspective.* Chicago: University of Chicago Press.
12. 1994　*A Sense of the Divine: the Natural Environment from a Theocentric Perspective.* Cleveland, Ohio: The Pilgrim Press.

13. 1996　*Intersections：Science, Theology, and Ethics.* Cleveland, Ohio：The Pilgrim Press.
14. 2004　*An Examined Faith：The Grace of Self-Doubt.* Minneapolis：Fortress Press.
15. 2007　*Moral Discernment in the Christian Life：Essays in Theological Ethics.* (eds) by and with an introduction by Theo A. Boer and Paul E. Capetz. Louisville：Westminster John Knox Press.
16. "What is the Contemporary Problematic of Ethics in Christianity?" *Central Conference American Rabbis Journal.* 1968. (January). pp. 14—26.
17. "Ethical Theory and Moral Practice." *Christian Century.* 1969. 86. no. 51 (December 17), pp. 1613—1617.
18. "Education for Moral Responsibility." *Moral Education：Five Lectures, with an Introduction.* Nancy F. and Theodore R. Sizer. Cambridge, Mass：Harvard University Press, 1970. pp. 10—27.
19. "The Contribution of Theology to Medical Ethics." *Perspectives in Biology and Medicine.* 19, no. 2 (Winter 1976), pp. 247—270.
20. "Say Something Theological!" *Noera and Edward Ryerson Lecture.* University of Chicago (April 25, 1981). Chicago：The University of Chicago Public Information Office.
21. "Nature：Its Status in Theological Ethics." *Logos.* 1982. 3：5—23.
22. "A Response to Critics." *The Journal of Religious Ethics.* Vol. 13, no. 1, Spring, 1985. pp. 185—208.
23. "Moral Discourse about Medicine：A Variety of Forms." *Journal of Medicine and Philosophy.* 1990：15(2)：125—142.
24. "What Is the Normative Human?" *The American Ecclesiastical Review.* Vol. CLXV, No. 3, November, 1971. pp. 190—207.
25. "The Idea of Christian Ethics", in Peter Byrne and Leslie Houlden, eds.,

Companion Encyclopaedia of Theology. London: Rutledge, 1995. pp. 691—715.

26. "Don't Exaggerate!" The Christian Century. Vol. 114, October 29, 1997.

27. "The Use of Scripture in Christian Ethics." Studia Theologica. 51. 1997. pp. 15—29.

28. "Anniversary Supplement." Journal of Religious Ethics 25, no. 3, 1998, 25. pp. 3—22.

29. "Just What Is 'Postliberal' Theology?" The Christian Century. March 24, 1999. Vol. 116, March 24—31. pp. 353—355.

30. "Liberal Questions: A Response to William Placher." The Christian Century. April 14. 1999. Vol. 116(12). p. 422.

31. "Explaining and Valuing: An Exchange between Theology and Human Sciences." Zygon. 2001. 95:30(02). pp. 159—190.

其他参考文献

1. Al Gore. 1992. *Earth in the Balance: Ecology and the Human Spirit.* Boston: Houghton Houghton Mifflin.

2. Alasdair MacIntyre. 1984. *After Virtue: A Study in Moral Theory.* 2nd edition. Indiana: University of Notre Dame Press.

3. Albert R. Jonsen. 1968. *Responsibility in Modern Religious Ethics.* Washington: Corpus Book.

4. Alfred North Whitehead. 1925. *Science and the Modern World.* New York: Free Press.

5. Alfred North Whitehead. 1932. *Science and the Modern World.* revised edition, Cambridge: Cambridge University Press.

6. Alfred North Whitehead. 1933. *Adventures of Idea.* Macmillan Publishing Company.

7. Alister McGrath. 2001. *Christian Theology：An Introduction*. Oxford：Blackwell.
8. Andre Guindon. 1982. "Review of ETP I. "*Egise et Theologie*. 13：253—255.
9. Andy Crouch. 2008. *Culture Making：Recovering Our Creative Calling*. IVP Books. Illinois：Downers Grove.
10. Bryan G. Norton. 1987. *Why Preserve Natural Variety?* Princeton, NJ：Princeton University Press.
11. Bryan G. Norton. 1991. *Toward Unity Among Environmentalists*. Oxford：Oxford University Press.
12. Charles E. Curran. 1999. *Moral Theology at the End of the Century*. Marquette：Marquette University Press.
13. Cook Martin. 1997. "Reflections on James M. Gustafson's Theological-Ethical Method. "*American Annual of the Society of Christian Ethics*. 17：13—17.
14. David A. Hoekema. 1991. "Ethics from a Theocentric Perspective：a Critical Review of the Thought of James M. Gustafson. " *Vera Lex*, 11（2）：14—16,18.
15. David Cooper. 1968. "Collective Responsibility" in *Collective Responsibility：Five Decades of Debate in Theoretical and Applied Ethics*. 1991. Rowman & Littlefield Publishers, Inc.
16. David M. Holley. "Disengaged Reason and Belief in God. " *Faith and Philosophy*. Vol. 19, no. 3, July 2002.
17. David Schenck. 1987. " Prophecy, Polemic and Piety：Reflections on Responses to Gustafson's Ethics from a Theocentric Perspective. "*The Journal of Religious Ethics*. 15(1)：72—85.
18. Dieter Hessel. 2001. "The Church Ecologically Reformed. "*Habitat Earth：New Dimensions of Church and Community in Creation*. Minneapolis, MN：Fortress Press.
19. Edmund N. Santurri. 1987. *Perplexity in the Moral Life：Philosophical and Theological Considerations*. Virginia：University Press of Virginia.

20. Emil Brunner. 1976. "Man and Creation" in Millard Erickson, ed. *Readings in Christian Theology, Volume 2:Man's Need and God's Gift*, Grand Rapids: Baker.
21. Eugene Schlossberger. 1992. *Moral Responsibility and Persons*. Philadelphia: Temple University Press.
22. Frederick Ferre. 1995. "A Sense of the Divine:The Natural Environment from a Theocentric Perspective."*American Journal of Theology and Philosophy*. 16 (3):342—345.
23. Hans Jonas. 1984. *The Imperative of Responsibility:In Search of an Ethics for the Technical Age*. Chicago:University of Chicago.
24. Harlan R. Beckley and Charles M. Swezey, (eds). 1988. *James M. Gustafson's Theocentric Ethics: interpretations and assessments*. Macon, Georgia:Mercer University Press.
25. H. Richard Niebuhr. 1963. *The Responsible Self:An Essay in Christian Moral Philosophy*. New York:Harper and Row.
26. H Tristram Engelharedt Jr. (ed.). 1981. *The Roots of Ethics:Science,Religion and Values*. New York:Plenum.
27. Holmes Rolston III. 1988. *Environmental Ethics:Duties to and Value in the Natural World*. Philadellphia:Temple University Press.
28. Hywel David Lewis. 1948. "Collective Responsibilities" in Larry May and Stacey Hoffman(eds.)1991. *Collective Responsibility:Five Decades of Debate in Theoretical and Applied Ethics*. Rowman & Littlefield Publishers,Inc.
29. Immanuel Kant. 1949. "Foundations of the Metaphysics of Morals," in Lewis White Beck, translated and ed. *Critique of Practical Reason and Other Writings in Moral Philosophy*. Chicago:University of Chicago Press.
30. Immanuel Kant. 1951. *Critique of Judgment*. Par. 84, in Lewis White Beck. Introduction to the *Critique of Practical Reason*. Para. 39. Translated and introduction by J. H. Bernard. New York:Hafner Publishing Co.

31. Immannuel Kant. 1960. *Religion within the Limits of Reason Alone.* New York：Harper.

32. Immanuel Kant. 1963. *Lectures on Ethics*, trans. Louis Infield, New York：Harper Torchbooks.

33. Isaiah Berlin. 1958. "Two Concepts of Liberty." In Isaiah Berlin(1969) *Four Essays on Liberty.* Oxford：Oxford University Press.

34. James Davison Hunter. 1991. *Culture Wars*：**The Struggle to Define America.** New York：Basic Books.

35. James Davison Hunter. 2010. *To Change the World：The Irony, Tragedy, and Possibility of Christianity in the Late Modern World.* Oxford：Oxford University Press.

36. James F. Childress & Stanley Hauerwas. 1985. "Introduction," *Journal of Religious Ethics.* 13(Fall)：1.

37. James W. Walters and Lawrence J. Schneiderman. 1997. *What Is a Person? An Ethical Exploration.* Illinois：University of Illinois Press.

38. Jeffrey Stout. 1988. *Ethics after Babel：The Language of Morals and Their Discontents.* Boston：Beacon Press.

39. Jeoffrey Stout. 2004. *Democracy and Tradition.* New Jersey：Princeton University Press.

40. John Baillie. 1942. *Invitation to Pilgrimage.* New York：Charles Scribner's Sons.

41. John Calvin. 1965. *Commentary on Genesis.* Vol. I. Baker Books.

42. John Stuart Mill. 1863. *Utilitarianism*, Longman, Roberts, and Green. Google eBook.

43. Julian N. Hartt. 1977. *Theological Method and Imagination.* New York：The Seabury Press.

44. Jurgen Habermas. 1990. *Moral Consciousness and Communicative Action.* Massachusetts：MIT Press.

45. Karl Barth. 1957. *Church Dogmatics*. G. W. Bromiley, J. C. Campbell, et al. trans. Edinburgh: T&T Clark.

46. Karl Rahner. 1973. *Theological Investigations*. New York: Herder & Herder.

47. Larry May and Stacey Hoffman. (eds.) 1991. *Collective Responsibility: Five Decades of Debate in Theoretical and Applied Ethics*. Maryland: Rowman & Littlefield Publishers, Inc.

48. Larry L. Rasmussen. 2003. "Is Eco-Justice Central to Christian Faith?" in *Moral Issues and Christian Responses*. Patricia Beattie Jung, Shannon Jung, 7th edition, Thomson Wadsworth.

49. Leonard Trelawny Hobhouse. 1951. *Morals in Evolution*. London: Chapman and Hill;

50. Lisa Sowle Cahill. 1985. "Consent in Time and Affliction: The Ethics of a Circumspect Theist." *The Journal of Religious Ethics*. 13(1):22—36.

51. Lisa Sowle Cahill and James F. Childress. 1996. *Christian Ethics: Problems and Prospects*. Cleveland: The Pilgrim Press.

52. Lisa Sowle Cahill. 2000. *Family: a Christian Social Perspective*. Minnesota: Augsburg Fortress.

53. Lynn White, Jr. 1967. "The historical roots of our Ecological Crisis." *Science*, Vol. 155(3767):1203.

54. Lynn White, Jr. 1991. *Toward Unity Among Environmentalists*. Oxford: Oxford University Press.

55. Martin Buber. 1958. *I and Thou*, translated by Ronald Gregor Smith. New York: Charles Scribner's Sons.

56. Melvin Konner. 1982. *Tangled Wing: Biological Constraints on the Human Spirit*. New York: Holt, Rinehart and Winston.

57. Michael Banner. 1999. *Christian Ethics and Contemporary Moral Problems*. Cambridge: Cambridge University Press.

58. Michael E. Zimmerman (ed.) 1990. *Environmental Philosophy*. Englewood

Cliffs, NJ: Prentice.

59. Murray Bookchin. 1982. *The Ecology of Freedom: the Emergence and Dissolution of Hierarchy.* CA: AK Press,

60. Norman L. Geisler. 2002. *Christian Ethics: options and issues.* Baker Book House Company.

61. Patrick Wilson-Kastner. 1997. "Creative Fiction and Theological Ethics: The Contribution of James M. Gustafson". *American Annual of the Ssociety of Christian Ethics.* 17:29—35.

62. Patrica Wilson-Kastner. 1983. *Faith, Feminism and the Christ.* Philadelphia: Fortress Press.

63. Paul Ramsey. 1985. "A Letter to James M. Gustafson." *The Journal of Religious Ethics.* 13(1):71—101.

64. Paul Ramsey. 1970. *Fabricated Man.* New Haven, Conn. : Yale University Press.

65. Peter Byrne. 1999. *Philosophical and Theological Foundations of Ethics.* London: London Macmillan.

66. Peter A. French. 1972. *Individual and Collective Responsibility: The Massacre at My Lai.* Cambridge: Schenkman.

67. Philip J. Kain. 1988. *Marx and Ethics.* Oxford, New York, Clarendon Press Oxford University Press.

68. Rainer Hegselmann. 1998. "What Is Moral Philosophy and What Is Its Function?" E. Morscher et al. (eds.) 1998. *Applied Ethics in a Troubled World.* pp. 251—272. Kluwer Academic Publishers. Printed in the Netherlands.

69. Reinhard Hutter. "The ruins of discontinuity: Reinhard Hutter looks for answers to the fragmentation of Catholic theology in America and finds some" (Viewpoint essay) *The First Things*, (*Monthly Journal of Religion and Public Life*). Jan. 21, 2011.

70. Richard A. McCormick, S. J. 1985. "Gustafson's God: Who? What? Where?

(ETC.)" *The Journal of Religious Ethics.* 13(1):53—70.

71. Richard J. Neuhaus. 1983. "God as the Ground of Ethics." *Interpretation, A Journal of Bible and Theology.* 37(April):197—200.

72. Richard McKeon. 1990. "The Development and Significance of the Concept of Responsibility." *Freedom and History and Other Essays.* Chicago: The University of Chicago Press,

73. Robin Attfield. 1987. *A Theory of Value and Obligation.* London: Croom Helm.

74. Robin Gill. 1975. *The Social Context of Theology: A Methodological Enquiry.* London: Mowbrays.

75. Roman Ingarden. 1983. *Man and Value.* translated by Arthur Szylewicz, Washington D.C.: The Catholic University of America Press.

76. Stanley Hauerwas. 1985. "Time and History in Theological Ethics: The work of James Gustafson." *The Journal of Religious Ethics.* 13(1):3—21.

77. Stanley Hauerwas. 1981. *A Community of Character: Toward a Constructive Christian Social Ethic.* University of Notre Dame Press.

78. Stanley Hauerwas. 2001. "Reframing Theological Ethics." *Stanley Hauerwas Reader.* pp. 66—69. Chicago: Duke University Press.

79. Stanley Hauerwas, John Swinton. 2004. *Critical Reflections on Stanley Hawerwas' Theology of Disability: disabling society, enabling theology* New York: The Haworth Pastoral Press.

80. Stephen Toulmin. 1985. "Nature and Nature's God." *The Journal of Religious Ethics.* 13(1):pp. 37—52.

81. Stephen Toulmin. 1982. *The Return to Cosmology: Postmodern Science and the Theology of Nature.* Berkeley: University of California Press.

82. Steve Wilkens & Alan G. Padgett. 2000. *Christianity and Western Thought: A History of Philosophers, Ideas and Movements.* Vol. 2. "Faith and Reason in the 19th Century." Downers Grove, Illinois: InterVarsity Press.

83. Ted Honderich (ed.). 1995. *The Oxford Companion to Philosophy*. Oxford: Oxford University Press.

84. Theodore Adriaan Boer. 1995. *All Things in Relation to God: a critical Analysis of James M. Gustafson's Theocentric Ethics*. Ph. D. Dissertation. Uppsala: Uppsala University.

85. Theodoor Boer. 1997. *Theological Ethics after Gustafson: A Critical Analysis of the Normative Structure of Jame's Moody Gustafson's Theocentric Ethics*. Netherlands: Uitgeverij Kok-Kampen.

86. Thomas D. Parker. 1997. "A Sense of the Divine: The Natural Environment from a Theocentric Perspective" *Zygon* 32(2):270—272.

87. Thomas Hobbes, *Leviathan or The Matter, Forme and Power of a Common Wealth Ecclesiasticall and Civil*. xiii. http://en.wikipedia.org/wiki/Leviathan_(book).

88. Thomas L. Schubeck. 1995. "Ethics and Liberation Theology. *Theological Studies*. Vol. 56.

89. Timothy J. Aspinwall. 1999. "ntersections: Science, Theology and Ethics by James M. Gustafson" *Zygon*. 33(3):530—633.

90. William C. Placher. 1999. "Being postliberal: A response to James Gustafson". *Christian Century*. April 7. 116(11):390—392.

91. William Schweiker. 1995. *Responsibility and Christian Ethics*. Cambridge: Cambridge University Press.

92. Xinping Zhuo. 2000. "Religion and Morality in Contemporary China", *Irish Theological Quarterly*. 65(1):65—71.

后 记

差不多五年前，我的博士论文以不错的成绩通过专家评审，之后又以不错的成绩顺利通过答辩。学术长辈们的肯定给予我莫大鼓励，同时他们对我的学术成长给予殷切的期待，希望我能够深入思考并进一步修改论文，以期最终交付出版。

我的论文围绕这样一个问题展开：在中国这样一个无神论主流的社会，既没有基督教文化的底蕴，也没有基督教信仰和价值传统的积淀，古斯塔夫森整体主义的责任伦理主张可否发挥其效用？学术长辈的期待始终是激发我进入社会观察和学术思考的动力。随着对中国社会道德现状观察的深入，这些问题的思考愈发成为我心中放不下的负担，催促我不断地发问：若心无敬畏，在道德败坏、良心昏昧的社会文化中，人如何能够放下一己私利而甘愿努力去维护关系整体的善？

毒奶粉事件，幼儿园和小学发生的疯狂报复社会的极端杀人案，大学校园门口肆无忌惮地兜售假文凭、假证件、假发票的漫天叫喊。面对中国当前道德缺失、价值迷乱、良知麻木的现状，我们的道德思考更需要透过令人心寒的表象，切入到人之生存本质和意义缺失的源头上来。既然多元文化社会中各种声音都在争取说话的权利，基督教价值和伦理道德观念也应当发出其声音。社会发展到今天，宗教普世化和全球化的发展，已经再难以圣与俗为界限理解人类生存于其中的社会和文化，中国社会自不例外。所谓世俗，实质上是指与神圣相对二元论的世界观表达，"世俗"并非是指无信仰或无神论，而是指以工业化、城市化为特点的现代社会将宗

后 记

教信仰不断排挤到私人空间的一种文化发展趋势。在中国社会，世俗更表现为是一种生活态度和生存方式，是宁愿牺牲长久、永恒和精神追求而不断向这个物质世界、短暂的物欲追求妥协的过程。越是在这样的世俗文化之中，越是有必要鼓励和引导人们安静地回到内心，审视自己的良知，重新找回人类在生存世界的位置，面向良心诚实地思考并探寻生命的价值和意义。

坦率地讲，在当前中国社会的公共生活空间里，期待基督教伦理价值与中国道德问题的深入交汇，很大程度上仍是理论上有解、实践中难行的一大课题。但作为一个愿意付出努力进行伦理学术思考的研究者，一个对中国社会道德进步和人类和谐幸福生存心存美好盼望的实际行动者，我愿意诚实谦卑地接受古斯塔夫森的倡议："做自己当做的，努力去做自己认为是善的事情。"因此，我认定一个原则：我虽人微言轻，仍然必须顺服良知的催逼，宣扬促进生活更加美好的价值和道德观念，无论这些美好的价值观念能在何时、以怎样的方式、或者是否能够被世俗社会关注、乃至完全接受。至少，这是我的本职，是我出于道德良知的为人之责，是我的职业使命。我必须作为一个负责任的行动者，宣扬对人、对社会、对世界美好的东西，同时开放自己以得到众人的监督，帮助我竭力活出我作为责任行动主体所追求的美好品德和有意义的生命。或许这个世界的嘈杂喧嚣会淹没我这微言，但我仍然必须去完成这个任务。此外，我也不能辜负学长们的殷切期待，不能辜负亲友们的真切关怀，愿意以此拙著抛砖引玉，期待得到学长和同仁的扶正和指教。

回首我从开始涉足这一课题直到如今所经历的点点滴滴，心中充满无限的感恩。对于我这样一个兼具教学工作、三代人的家庭负担和课题研究这三重压力的所谓职业女性而言，挑战与重负之大自不必言。然而，正是这些挑战和压力成为我满满的祝福，因为每陷入困惑时，总有一盏明灯在前指引。一路上，恩师的帮助、良友的激励和家人默默的支持常令我感动，我也常因所思、所感的些许收获心得安慰。我更加深切感受到，以爱激励的生命会迸发强大的力量,充满力量的生命又能激发更深厚的感恩,使人生更加散发光彩。

拙著交付出版之际,越是思想走过的路,心中越是充满对所有搀扶我走过这段路程的师友家人的感恩,充满对所经历的看似偶然却实为必然的恩典之路的惊异赞叹。

攻读博士学位期间,我的导师龚群教授给予了我悉心的指导与帮助。我在赫尔辛基大学访学期间,神学系罗明嘉(Miikka Ruokanen)教授与其夫人李珺女士给予我无私、慷慨的帮助,在学术上给予我大力支持,他们自始至终关注我的学术进展,关心我的生活,扶助我的心灵成长。如今他们是我学术上的导师,更是我生活的挚友。赫尔辛基大学神学系主任、教授 Jaana Hallamaa 夫妇,在我选题和查阅资料方面提供诸多帮助。中国人民大学哲学院李萍教授,是我的良师更是益友,她始终如一在我最需要帮助的时候,向我传道、授业、解惑。2005年香港浸会大学和中华基督宗教研究中心邀请我参加"中国青年学者暑期密集研修班",接受为期一个月的指导,使我对宗教伦理学的散乱思维得到系统和完整的梳理。罗秉祥教授、江丕盛主任、(香港)中华神学研究院院长周永健教授等,为我提供重要的资料、耐心的答疑和积极的勉励。在论文的写作和修改过程中,得到了中国人民大学何光沪教授、孙毅教授、杨慧林教授和客座教授 Samuel Pearson 的悉心指导,得到焦国成教授、葛晨虹教授和温金玉教授的帮助。远在美国的作家朋友兼我的美国文学教师 Robert Abel 从美国给我提供资料,并常以信件鼓励,十九年的师生兼友情使我人生异常蒙恩。

感谢评审我博士论文的专家和答辩委员会专家。何光沪教授、卢枫教授、甘绍平教授、任俊华教授、李秋零教授和孙毅副教授都提出了宝贵建议,鼓励我对论文作深入的思考和进一步修改。这些教授还以各种方式多次鼓励我争取能够出版专著,向学术界发出自己的声音。李萍教授既是鼓励又是督促,亲自字斟句酌地为我修改论文。这些学长们对晚辈的无私扶持,实在给我带来太多的感动,成为我学习的榜样。

后 记

  感谢我的学友和我的同事及好友。当我不自觉地抱怨学术环境污浊而无意识地开始学术消沉时,学弟双华斌及时提供学术机会的援助,同事兼好友吴红云、郝彩虹、刘墨菊、李华成为我随传随到的姐妹和挚友,或深夜或凌晨的肺腑交流、提醒、鼓励和真切的帮助,令我铭刻在心。同事兼好友李平同期在美国耶鲁大学作访问学者期间,主动提出为书稿作文字语言上的修改和把关。我的师兄周枫博士在百忙之中为我书稿的文字语言作了大量的修改。所有这些令我感动不已。

  我要感谢我的领导、学长和同事。张勇先教授、王建平教授、贾国栋教授多次给予我鼓励。在我出国进修的申请程序遇到困难时,张勇先教授付出大量的时间亲自沟通并出具证明,办公室的严晓霞老师和罗冬梅老师为我申请学校 985 项目基金支持付出了很多辛苦,所有这些我铭感在心。

  感谢耶鲁大学神学院为我提供一年学术进修的机会,感谢耶鲁神学院提供丰富的图书资源,感谢我的导师 Gene Outka 教授、Paul Stuehrenberg 教授和 Chloe Starr 教授在生活和学术上的帮助。感谢耶鲁大学神学院老校友兼朋友 Rev. Richard C. Stazesky 提供的各种帮助,他坚定不移的鼓励常常令我内心获得更新,他丰富的人生阅历和积极乐观的人生态度常令我倍受鼓舞。特别感谢"海外事工研究中心"(OMSC)主任 Jonathan Bonk 与其夫人 Jean Bonk、其他工作人员和来自世界各地的朋友,他们不仅为我提供安静舒适的生活居所,更对我的生活、学术需要给予历尽所能的满足。尤其是他们以生命所见证的基督徒谦和、善良、宽厚、勤奋的美好品格,是永远激励我为学为人的榜样。

  感谢此书的责任编辑冯章副编审为此书交付出版所付出的一切辛苦。早在三年前,我们就谈及此书的出版,对冯章老师一如既往的支持表示深深的谢意。

  感谢我的丈夫李树太和儿子李晓坤对我百般的呵护、支持和忍耐。在我承受学术和工作压力的过程中,他们同样承受了莫大的压力。我在芬兰赫尔辛基大学一年的进修和在美国耶鲁大学神学院一年的访学期间,他们为了支持我的学业而独自承担了家庭的一切重担。他们随时的安慰、无悔无怨的付出、贴心周到的照顾、及时的提醒，让我倍加珍惜照着我身量恩赐给我的这个幸福家庭。感谢我的父母，他们不仅养育我的生命，而且无私地支持我的学业。他们扶持我走出深山乡村直到完成大学学业，搀拉着我开辟了一条与前辈不一样的人生道路。我在芬兰进修结束回国前一周，父亲突发心脏病辞世；我在耶鲁大学作访问学者的第四个月中，母亲病故。回想这些人生中的遗憾，我更加充满对他们的感恩，充满了对他们作为父母为女儿无私付出的敬佩。感谢我的公婆，他们对我的宽容常让我感动也让我羞愧，年迈的他们对我几乎有求必应。为了支持我的学业，他们替我照顾我的母亲，为我预备一日三餐。感谢我的哥哥和弟弟，为了不影响我的学业，父母先后病故我均不在身边，他们承担了一切的劳苦，并且还以安慰的话语抚慰我心中的内疚和不安。

今天呈交拙著，是几年思考的又一次总结，是对恩师、良友和家人不尽满意的交代。他们曾经给予我的一切，将继续激励我一如既往地坚守我的人生信条：以诚实、勤奋的努力，竭力追求为学精进、为人宽容、为事厚道。

2011 年 5 月 1 日　记于 OMSC，New Haven，CT，USA

中央编译出版社（教育出版分社）学术文库

1.《党的领导与民主监督》
　刘书林　主编

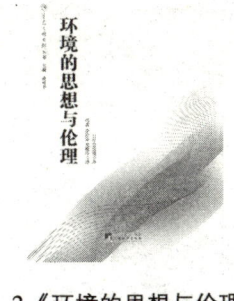
2.《环境的思想与伦理》
　[日]岩佐茂　著
　俞可平　主编

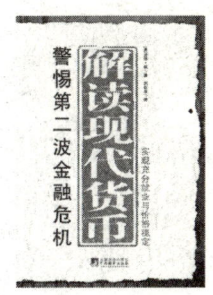
3.《解读现代货币》
　[美]兰德·瑞　著
　刘新华　译

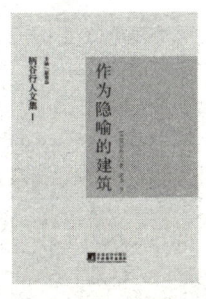
4.《作为隐喻的建筑》
　[日]柄谷行人　著
　赵京华　主编

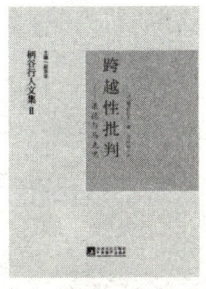
5.《跨越性批判》
　[日]柄谷行人　著
　赵京华　主编

6.《历史与反复》
　[日]柄谷行人　著
　赵京华　主编

7.《人生的智慧》
　[德]叔本华　著
　韦启昌　译

8.《突破金融危机》
　[法]弗郎索瓦·沙奈等　著
　齐建华　胡振良　译

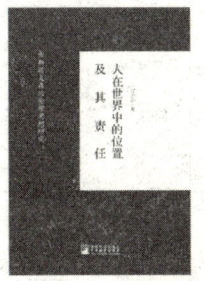
9.《人在世界中的位置及其责任》
　江庆心　著